中等教育
理論與實際

謝 文 全 著

美 國 愛 荷 華 大 學 哲 學 博 士
國 立 臺 灣 師 範 大 學 名 譽 教 授

五南圖書出版公司 印行

作者簡介

學　歷

臺南師範學校畢業
國立臺灣師範大學教育學士及教研所肄業
美國俄亥俄州立大學碩士（主修教育行政學）
美國愛荷華大學哲學博士（主修教育行政學）

經　歷

中小學教師、兼人事管理員、訓導主任
國立臺灣師範大學副教授、教授、進修部主任、系主任
中國教育學會理事、祕書長
中華民國比較教育學會理事、秘書長
中華民國師範教育學會理事長

現　任

國立臺灣師範大學名譽教授

自　序

　　教育系統一般概分為初等、中等及高等教育三個階段，中等教育為居於承先啟後的地位，既關係著初等教育功能的持續發展，也影響了高等教育基礎的穩固性，可說是整個教育系統成敗的樞紐。其次，中等教育的主要對象是青少年，而青少年即是最有活力的一輩，也是最易產生問題的一輩，其發展的良窳視所受中等教育的好壞而定。故中等教育可以使青少年時期成為一個轉機，也可以使之成為一個危機，重要性不言可喻。從事中等教育工作的人要研究中等教育，才能善盡其教育學生的重責大任；一般國民也是研究中等教育，才能善於利用中等教育來發展自己及子女，並善盡監督促進中等教育之國民責任。

　　中等教育必須要發揮其應有的功能，才能達成其目標。而要能發揮功能達成目標，就有賴中等教育各有關因素的良好配合，這些因素包括師資、學生、課程、教學、制度及行政。基於此，本書於第一章討論中等教育的意義與重要性之後，即分章依序討論其目標、功能、制度、課程、學生、師資、教學，及行政。因他山之石可以攻錯，故另以一章討論各國的中等教育，以供我國從事改進之參考。最後則根據各國的趨勢、專業學者的研究報告，及作者個人的研究體驗心得，提出對我國中等教育未來改革的展望，以供有關單位及人員參考，並就教於諸位先進。

　　中等教育的實施，必須依法為之，這是民主法治社會的要件之一，故書後附錄多項相關法令，以利查考。中等教育的範圍廣泛，本書只就其中較重要部分予以討論，遺漏之處頗多，請自行參閱其他相關書刊。雖說本書只論及一部分，但篇幅也不少，若因教學或學習時間有限，無法全部教學或學習，則可從中選擇較合需要的部分進行教學或學習，其餘則留供學生自習或日後再慢慢閱讀。

作者雖教授中等教育已二十多年，但因學識簡陋，故錯誤之處恐不能免，敬請大家不吝指正，則不勝感激。

最後，謹將此書獻給辛苦教養我的父親謝養及母親謝李藝。老人家的教誨永遠指引著我，慈祥的形象永遠活在我心中。另要感謝內人賀紉德及女兒謝之馨用心幫我校對，並隨時支持我。

謝文全 謹識

民國九十年

於臺北市泰順街文德軒

目 錄

緒　論

第一節　中等教育的意義

要給中等教育（secondary education）下一個明確的定義，是一件困難的事，其主要原因有三個：其一是教育原為一個抽象而連續的歷程，很難把它截然劃分成若干個性質完全不同的階段；其二是中等教育制度因國而異，隨各國的歷史、文化及政經背景之不同而有所出入；其三是各有關專家學者的理念及著眼點不盡一致，彼此亦因此而爭論不休，故連名比較教育學者康德爾都感嘆著說：今日教育家與政治家所面臨的困難問題，莫過於中等教育。（Kandel, 1933: 625；王家通等，民 71：1；瞿立鶴，民 74：1）

壹・專家學者意見

為中等教育下定義固然很困難，但仍有不少專家學者努力嘗試予以界定，以求逐步釐清。這些專家學者所下的定義雖不盡一致，但歸納起來大約有四種說法，係分別就中等教育的內容程度、實施場所、實施對象，及教育目標等四個著眼點加以界定，茲分別申述於下。（王家通等，民 71：1-3；謝文全，民 81：1-4；瞿立鶴，民 74：2-4）

一、中等教育是介於初等和高等教育之間的中等程度教育

此係以中等教育的「內容程度」為著眼點所下的定義，認為中等教育是屬於中等程度的教育，惟中等程度並無絕對的界線，它只是相對於初等及高等程度而言的，是介於兩者之間。某種教育內容（即教材）屬於何種程度會隨著時空移轉，並非永遠固定的，故說是相對而非絕對的。譬如就數學上的「集合」教材而言，在一九六〇年以前完全被列為高等程度（即高等教育）的教材，但隨著課程理論的發展、知識的爆增、社會需求的變化，及教學方法的改善等原因，目前部分的「集合」教材已被改列為中等程度（即中等教育）的教材，另有一部分甚至被列為初等程度（或教育）的教材，此為教育內容的程度隨時間而移轉的例子之一。英文的 ABC 等二十六個字母在英美國家被列為初等程度（教育）的教材，而在我國則被列為中等程度（教育）的教材，此為教育內容的程度隨空間而改變的一個例子。總之，中等程度是相對於初等及高等程度而言的，是介於兩者之間，並無固定絕對的界線；其界線須視教育當時的特定時空，參酌初等及高等教育而訂定之。

秉此觀點下中等教育定義的例子很多，譬如新牛津圖解辭典（*The New Oxford Illustrated Dictionary*）即將中等教育定義為「介於初等及高等教育之間的教育」。（Coulson et al., 1978; 1536）

二、中等教育是在中等學校所實施的教育

此係以中等教育的「實施場所」為著眼點所下之定義，認為中等教育是在中等學校所實施的教育。秉此觀點下定義的例子亦不少，如國際教育辭典（*International Dictionary of Education*）即將中等教育定義為「在中等學校（secondary schools）所提供的教育」。（Page and Thomas, 1978: 305）

中等教育是在中等學校所實施的教育，那麼中等學校又是包括那

些呢？這答案因國而異；惟就我國而言，中等學校應包括國民中學、高級中學，及職業學校三類。每一類又可分為日間部、夜間部，及補習學校三種，故合起來共有九種學校屬於中等學校。惟依我國現行有關法令的規定，國民中學及高級中學並無夜間部之設置，故實際上我國現有中等學校，只包括有國民中學日間部、國民中學補校、高級中學日間部、高級中學補校、職業學校日間部、職業學校夜間部，及職業學校補校等七種，其情形如表1-1所示。

表1-1　我國現行中等學校的種類

	國民中學	高級中學	職業學校
日　間　部	√	√	√
夜　間　部			√
補　　　校	√	√	√

三、中等教育是對青少年所實施的教育

此係以「實施對象」為著眼點所下的定義，認為中等教育是針對青少年的需要而設計出來的教育，以別於為兒童所設計的初等教育及為成人所設計的高等教育。秉此觀點下定義的例子頗多，如古德（Good, 1956: 491）在其所編的教育辭典（*Dictionary of Education*）中，即將中等教育定義為「對大約十二至十七歲的青少年所特別設計的教育階段」；辛克雷等人（Sinclair et al., 1991: 1305）在所編的英語辭典中，亦將之界定為「對大約十一至十八歲的學生所實施的教育」。

青少年（adolescent）又稱為青年，各學者對青少年的起迄年齡說法不盡一致。如何林渥茲（L. S. Hollingworth）認為始於十二歲而終於十八歲；布魯克斯（F. D. Brooks）認為始於十二歲而終於二十歲；柯爾（L. Cole）認為始於十三歲而終於二十一歲，而古德洛（F. L. Good-enough）則以為始於發身之時，而止於十八（女子）或二十（男子）

歲。（邱維城，民 54：7）各學者說法雖不一致但卻大同小異，吾人可歸納說：青少年期約起自於十一、二歲而止於二十歲。惟應注意的是青少年期的起迄年齡，會隨時間與空間之不同而改變的。

四、中等教育是升學及就業預備的教育

此係以「教育目標」為著眼點所下的定義，認為中等教育即是升學預備及職業預備兼顧的教育。持此定義的人，認為中等教育的學生畢業之後，不外有兩條出路，一是繼續升學，一是到社會就業。對繼續升學的學生，應施予升學預備教育；對志在就業的學生，則應施予職業預備教育。持此定義者，在專家學者中很少有，但在一般的社會大眾中卻有不少人，甚至從事教育工作的人也有類似的想法。

貳‧評析與綜合歸納

以上四種定義各有其著眼點，亦各有其優點與缺點。惟就邏輯觀點來看，以第一種最為適切，其餘三種均有其不周延之處，茲逐一分析如下。

名詞的訂定都有其著眼點，如男人、女人二詞是以人「性別」為著眼點所訂出來的名詞；智人、愚人二詞則是以人的「智力高低」為著眼點所訂定的；而農人、軍人等詞則是以人的「職業」為著眼點所訂定的。據此而論，若要界定男人、女人二詞，就須從人的性別為著眼點去下定義才會妥切；否則若從「智力」或「職業」為著眼點來界定，就會發生不適宜及不周延的問題。同理，中等教育一詞是以「教育程度」為著眼點所訂定出來的，係相對於初等教育（primary education）及高等教育（higher education）而言。換言之，當初於訂定這些名詞時，是將教育依其程度高低分為初級、中級，及高級三個階段，屬於初級程度的階段稱之為初等教育，屬於中級程度的階段稱之為中等教育，而屬於高級程度的階段稱之為高等教育。如果上述的敘述正確的話，以其教育內容的程度為著眼點，將中等教育界定為「中等程

度的教育」是最合乎邏輯的，而所謂中等程度又是相對於初等及高等程度來說的，故亦可進一步界定為「介於初等及高等教育之間的中等程度教育」。

以其「實施場所」為著眼點所下的定義，是有助於對中等教育的進一步瞭解，但並不完全適當而周延，一則因中等教育不一定要在中等學校實施，二則因在中等學校所實施的教育並不一定是中等教育。中等教育不一定要在中等學校實施的例子各國均有，如我國的國民依法得在「家」自學進修，經自學進修學力鑑定考試及格後，即可取得中等教育的學力資格。國民教育法亦規定：為保障學生學習權，國民教育階段得辦理非學校型態之實驗教育。又如美國的國民亦得在「家」自學進修，經學力鑑定考試及格者，亦可取得中等教育的學力資格。（教育部員工消費合作社，民 83：11829－11830；廖傳淮，民 63：51－55）中等學校所實施的教育不一定是中等教育的例子亦頗多，如我國中等學校所辦理的推廣教育，即有一部分不屬於中等教育的範圍。又如美國中等學校裡所實施的「高級安置課程」（advanced placement program），亦不屬於中等教育，而是屬於高等教育的範疇。

以其「實施對象」為著眼點而下的定義，原則上亦有助瞭解，但同樣並不周延。因中等教育的實施對象，固然多數係屬青少年，但並不全限於青少年，而有兒童及成年人接受的情形存在。許多國家為適應學生的個別差異而採用跳級制，結果會造成尚不及青少年年齡的兒童就接受中等教育的現象。其次許多國家都非常注意失學民眾的補習教育，而補習教育極少有年齡的限制，故目前在接受中等補習教育的人中，有許多是屬於成年人。

以其「教育目標」為著眼點而下「中等教育是升學及就業預備的教育」之一定義，雖仍有助於釐清意義，但仍不周延。因中等教育除為學生的升學及就業預備外，尚為學生的生活做預備。換言之，人接受中等教育除為準備升學及就職業外，尚有準備日常生活的目標在內。譬如中等教育的課程常包括體育、美術及音樂等科目在內，對一

位既不升入大學體育、美術或音樂科系，未來又不以體、美術或音樂為職業的中學生，而且升學考試也不考這些科目，但學校及教育當局規定他還是要修習這些體育、美術及音樂課程。其理由無他，乃因這些課程是人生日常生活所必需的知能。中等教育是以培養全人為目的，而非只是升學及就業的工具而已。

綜合以上的分析，中等教育的最佳定義為：介於初等與高等教育之間的中等程度教育。惟為更具體起見，吾人亦可綜合上述四種著眼點而將之定義為：中等教育是介於初等與高等教育之間的中等程度教育，以青少年為主要施教對象，以中等學校為主要施教場所，以升學、就業及生活預備為其目標。此一定義包括四個要點：

1. 就程度言，中等教育是介於初等及高等教育之間的中等程度教育。所謂中等程度的教育，並無絕對明確的界線，而是相對於初等及高等教育而言的。亦即比初等教育的程度要高，但比高等教育的程度要低。初等、中等、高等的程度，又會隨時空而變化；因此在研訂中等教育課程的程度時，應和初等及高等教育一起考量，才能恰到好外，符合其承先啟後的任務。

2. 就對象言，中等教育是以青少年為主要施教對象，但並不全限於青少年。所謂青少年，其起迄年齡會隨著時空而改變，目前大約介於十一、二歲至二十歲之間。但隨著人類成熟速度的加速及壽命的不斷延長，青少年的開始年齡有提早，而結束年齡有延後的趨勢，未來可能會變為十至二十五歲之間。中等教育的施教對象雖以青少年為主，但並不限於青少年，此係由於教育日益重視個別差異適應、特殊教育、補習教育及生涯教育，故兒童及成人接受中等教育的情形與日俱增之故。教育必須配合學生的需要，才易有效。因此在設計中等教育的教材教法時，應先研究青少年等施教對象的需要，以供設計之依據。

3. 就場所言，中等教育以中等學校為主要施教場所，但並不全限於中等學校，而且在中等學校所實施的教育也不見得全部屬於中等教

育。所謂中等學校，各國有不同的名稱與制度，我國目前則包括國民中學、高級中學，及職業學校三類，至於正在試辦中的綜合中學及完全中學亦屬於中等學校。中等教育除以中等學校為主要實施場所外，也可能在家裡、社會教育機構、工廠、軍隊等地方實施。其次，在中等學校實施的教育，除以中等教育為主外，也可能有屬於初等教育或高等教育的情形存在，譬如中等學校為適應個別差異，對成績極差的學生可能施以初等教育程度的補救教學，對成績優異的學生可能施以高等教育程度的充實課程。

4.就目標言，中等教育以培養全人為目標，除為擬升學大專者作升學預備，為畢業後擬就業者作職業預備外，均須為所有的學生實施生活預備教育，使其能過適當的家庭生活、公民生活，及休閒生活。換言之，升學及就業只是人生的一部分，只是為營取完美生活的手段而已，所以中等教育的課程及教學設計，應以培養學生的全人生活為鵠的，絕對不能只為升學及就業做預備而已。換言之，中等學校及其人員不能只重視與升學及就業有直接關係的科目，而忽視或放棄其他生活有關的課程，否則會培養出「只會做事，不會做人」的國民。如此一來，不只個人無法過完美生活，社會也會受到傷害。

第二節　中等教育的重要性

一位良好的中等教育人員至少必須具備兩個條件：一個是要具備專業的知能，另一個是要具備專業精神。從事中等教育工作的人，若能清楚地瞭解到中等教育的重要性，則於從事此項工作時必較具有責任感，亦即較具有專業精神。職此之故，中等教育人員有瞭解中等教育重要性的必要。

我們可以從很多觀點來說明中等教育的重要性；但其中有些觀點是初等、中等，及高等教育所共有，我們在此不談。在此節所談的，是中等教育所較獨具的重要性。

以下將分別從四方面來討論中等教育的重要性，其一是中等教育具承先啟後的功能；其二是中等教育的主要對象易生問題；其三是中等教育對人的影響普及而深遠；其四是中等教育是多數人的終結教育。

一、中等教育具承先啟後的功能

中等教育介於初等及高等教育之間，除了要繼續強化初等教育的功能外，尚須為高等教育作預備。此種承先啟後功能的成敗，影響了初等及高等教育的成敗，重要性不可謂不大。就承先功能而言，學生在小學所學的只是微弱的基礎，這些基礎有賴中等教育續予強化，才能趨於堅固而發揮影響力。否則若中等教育未做好繼續強化的工作，學生就容易忘掉小學所學的東西。這就如剛生長數年的嬰孩或樹苗一般，若無人再繼續給予一段時間的養護培育，便容易夭折或長不好。初等教育所做的就如育嬰及育苗的初段工作，而中等教育所做的便是讓其茁壯發展而能獨立。就啟後的功能而言，高等教育的基礎須賴中等教育奠定，若中等教育未發揮功能，則高等教育的基礎不固，實施起來就不易成功。此道理甚明，無庸贅述。

其次，中等教育因介於初等及高等教育之間的關鍵地位，得以承擔較複雜的功能，關係著學生一生生活的完滿程度甚鉅，其重要性不能低估。蓋初等教育的兒童尚在基礎學習階段，只能教予基本的課程，不能授予太複雜的內容，否則會難以吸收，也承擔不了繁重的課程負擔。至於高等教育的學生，雖已有相當穩固的學習基礎，但已進入專精學習的階段，不再適宜廣博的學習。中等教育的學生已有初等教育奠下學習基礎，又不必如高等教育那樣做太專精的研究，故最適於承擔廣博的功能。

由於中等教育最適於承擔廣博的功能，在課程設計上乃將人生所必備的各類知能，均在此一階段教授給學生。職此之故，中等教育的課程領域最為龐雜，凡初等教育有的課程領域，如國文、數學、史

地、音樂等，中等教育也都具有；但中等教育有的一些課程，卻是初等教育所沒有的，如物理、化學、生物、家事、童軍教育，及職業科目等。同樣地，凡高等教育學生共有的課程領域，在中等教育裡也都有；但中等教育有的一些課程，在高等教育裡已非人人所必修，如一般科系（尤其人文科系）通常不再教授數學、音樂、美術、公民與道德、生物、化學、物理等科目。由此可見中等教育的課程，涵蓋了人一生必具的各類知能；若中等教育失當的話，學生未來的生活知能可能就有某種欠缺，致無法過完滿的生活。譬如中等教育若未做好音樂及美術教育，很多學生升到大專後就沒有學習音樂及美術的機會，則將來便會欠缺這方面的休閒生活。再如中等教育若未教好健康教育，則學生升入大專後就無這類課程，其未來的健康生活必有所欠缺。

總之，中等教育介於初等及高等教育之間，具承先啟後的功能，其成敗關係著初等及高等教育的成敗。其次，中等教育居於適合承擔全人廣博教育的關鍵地位，其成敗亦關係著學生長大後生活的完美，重要性太大了。

二、中等教育的主要對象易生問題

中等教育的主要對象為青少年，而青少年時期是人生中最易產生問題的時期。因此中等教育若有不當，就易使學生變為問題人物。而人一旦成為問題人物之後，就很難再完全改過向善或恢復常態，故中等教育顯得很重要。

中等教育的主要對象是青少年，此在前面已說明過，在此不再贅述。

青少年時期是人生當中最容易產生問題的時期，這是大家公認的一個事實。若將整個社會的人口分為兒童、青少年，及成人三類，再比較各該類的問題人數（或犯罪人數）占各該類的人口總數之比率，則青少年這一類的比率通常高於其他二類。換言之，問題或犯罪青少年人數與青少年人口總數之比值，通常高於問題或犯罪兒童人數與兒

童總人口數之比值，也高於問題或犯罪成人數與成人總人口數之比值。此種現象過去如此，現在亦然，以民國六十五年為例，全年青少年犯罪案件有 3,106 件，六十六年增至 3,712 件，六十七年超過了 4,500 件。七十一年時，青少年犯罪人數為 13,965 人，八十年時高達 24,778 人，八十三年時再增至 28,172 人，其成長速度十分驚人。（崔岡，民 68；版 3；法務部犯罪問題研究中心，民 81；行政院教育改革審議委員會，民 84：37）

問題青少年與犯罪青少年的涵義是一樣的。只要行為上有問題的青少年，即屬問題青少年；而觸犯了刑法及刑事特別法的青少年，才稱為犯罪青少年，故問題青少年包括了犯罪青少年在內。根據專家學者的分析，青少年最常犯的問題行為可分為三大類，每大類之下又可分為若干小類，它們是：(1)違規犯過的行為：包括偷竊搶奪、吸食藥物、不當娛樂、異性行為、逃避家庭、逃避學校、攻擊人物、課堂違規、違抗師長等；(2)心理困擾的行為：包括疑心妄想、憂鬱悲觀、焦慮緊張、敵意行為，及心身徵候等；(3)學習困擾的行為：包括討厭功課、考試緊張，及注意力不集中等。

根據統計，近年來犯罪青少年所犯的罪刑以竊盜、傷害、殺人、搶劫、強姦、恐嚇、賭博、詐欺、煙毒等案較多。青少年犯罪具有六大趨勢：(1)犯罪動機以「貪圖享樂」居最多；(2)趨向攻擊及暴力性，如搶奪及傷害案件增多；(3)趨向於集體犯罪化；(4)在校學生犯罪者日增；(5)少女犯罪率提高；(6)犯罪手法成人化。青少年犯罪日益惡化，可從下面統計略窺一二：民國八十二年時，青少年犯傷害罪者有 842 人，到民國八十三年已增至 1,330 人，增高率高達 58%；民國八十二年時犯殺人罪者有 544 人，至民國八十三年已增為 769 人，增加率高達 41.4%。（陳麗欣，民 81：163－164；行政院教育改革審議委員會，民 84：37）以上所列出的青少年問題行為及犯罪行為，中等教育人員應特別注意預防及解決。

「青少年時期最易產生問題」一詞包括兩種情形：其一是問題的

根源係肇始於兒童時期，但在當時問題行為並未顯現出來，而到青少年時最易顯現出來；其二是問題的根源最易肇始於青少年時期，而問題行為亦於此期就顯現出來，而且此種問題行為的顯現常延續到成年時期。換言之，在青少年時期，人已有的潛在問題最易爆發顯現出來，而且最易在此時期種下日後產生問題的根源。許多問題成年人的問題根源，即肇始於青少年時期。那麼青少年時期最容易產生問題的原因為何，在此只略加提及，詳細情形在第六章討論。大致說來，其主要原因有下列五項：

　　1.青少年的反抗性及獨立性極強，但心智卻尚未成熟，容易做出不明智的獨立判斷。

　　2.青少年面臨著升學及就業的重大抉擇，心理壓力極大，容易心理失衡。

　　3.青少年理想化色彩很濃，理想多而不切實際，但實踐能力卻又不足，容易遭遇挫折，因失望而失去耐性、信心及理性。

　　4.青少年屬於邊際人，介於兒童及成人之間，角色不夠明確，不只自己不知如何定位，別人亦不知該以何種角色看待，容易造成認知上的困擾。

　　5.青少年生理已漸趨成熟，有性的需要出現，但受各種條件限制，無法透過婚姻來滿足，容易造成情緒不穩，或以非法方式來滿足。

　　青少年是中等教育的主要對象，又是容易產生問題的時期。若中等教育未善盡其功能，很容易使青少年產生問題或犯罪行為，不只傷害了青少年的學習與生活，也會破壞以後的成人生活。因問題或犯罪行為一旦產生之後，要徹底解決或改正是件艱難的事，非數年或數十年不為功，有的甚至至死仍無法改過來。中等教育若能充分發揮其功能，就可預防這些問題的發生，又可造就出優良的青少年，關係其一生幸福甚鉅，重要性不言而喻。

三、中等教育對人的影響普及而深遠

中等教育不管多麼重要，若所影響的人數有限，而且影響時間短暫，則其重要性會大為降低。但事實上，中等教育影響的人數多，影響的時間又長，可說是人人皆受其長期影響，其重要性相當大。

先就影響時間而言，以我國的中等教育修業時間為例，其年限為六年。若以平均壽命七十二歲來計算，則六年已占人生的十二分之一，而且又居於人生可塑性較大的時期，影響之深遠無庸置疑。就其他國家而言，其他國家的中等教育修業年限，平均也都在六年以上。如與初等及高等教育相比較，各國的中等教育時間大多長於高等教育（以大學教育代表），而與初等教育相若（有些國家甚至超過之）。茲將各國初等教育（小學）、中等教育，及高等教育（修學士學位之大學）之修業年限列於表 1-2。當然各國中等學校常有多種且其修業年限不盡一致，同樣各國大學各科系的修業年限亦不全相同，本表所列的年限，為最具代表性的修業年限。

其次就普及性而言，在今日人人幾乎都有接受中等教育的機會，其影響的普遍性與初等教育相若，而遠高於高等教育。以我國為例，在八十八學年度時，國小學齡兒童（六至十一歲）的就學率為99.92%；國小畢業生的升學率為 99.89%，國中畢業生的升學率為94.73%。依此推斷，則國中學齡兒童的就學率約為 99.81%，而高級中等學校適齡學生的就學率約為 94.55%，普遍性由此可見。目前雖仍有一些人未就讀國中或高中職，但他們日後仍有接受中等補習教育的機會。（教育部，民 89：32-33）

表 1-2　各國各級教育的修業年限

教育級別＼修業年限＼國　別	初等教育	中等教育	高等教育
台　　灣	6	6	4
日　　本	6	6	4
韓　　國	6	6	4
美　　國	6	6	4
英　　國	6	5～7	3～4
德　　國	4	5～9	4
澳 大 利 亞	7	5～6	3～6
加 拿 大	6～8	4～6	3～4
法　　國	5	5～7	3～4

　　那麼中等教育何以在今日會如此普及呢？其主要原因有下列六點：

(一)民主政治及思想的普及

　　過去帝王專制時代所採取的是愚民政策，教育自然不易普及。今日民主政治普及全世界，強調由全體國民來共同參與國事的管理，為使全體國民均能明智的參與，故民主國家均極力開放教育的門戶，以使教育（包括中等教育）普及化。誠如華爾雪（Walsh, 1964: 22）所言：「民主政治之良窳端賴教育而定。如無教育，民主政治將無法永存。相反地，教育本身亦惟有在多數人統治組織之模式下，方能發揮其功能。」其次，民主講求人人平等的觀念，其中包括教育機會的均等，這觀念打破了過去「教育為少數人專利」的局面，使今日人不分男女、種族、階級及貧富，均有受教育的機會，形成中等教育大眾化（secondary education for all）的局面。

(二)功績社會的發展

　　社會型態已由過去的世襲制，轉為今日的功績制。在過去的世襲社會裡，個人在社會上的地位，主要取決於家庭背景的好壞，是個

「農之子恆為農，工之子恆為工」的社會。在今日的功績社會裡，個人在社會上的地位，則主要取決於個人才能的高低，是個「只要有才幹，不怕不出頭」的社會。在功績社會裡，人接受教育（包括中等教育）的動機較強，因接受教育是培養自己才能的最好方法，而自己有了才能就容易出頭。

㈢教育投資觀的建立

在一九六○年美國經濟學家薛爾茲（Schultz, 1961: 1－17）提出〈人力資本投資〉（Investment in Human Capital）一論文之前，教育常被一般人視為一種消費，是一種「以肉包子打狗，有去無回」的工作。惟自薛爾茲的人力投資觀肯定了教育是一種有利的投資之後，一般民眾及政府都樂意投資於教育事業上，因而使教育（包括中等教育）日益普及。以我國的教育經費為例，即可見是呈持續的增加。如公私立教育經費支出總額占國民生產毛額的比率，在四十會計年度時只為 1.73%，至八十八會計年度時已增至 6.57%。公私立中等教育經費支出，亦由六十一會計年度的 47.7 億元，增至八十八會計年度的 1867.5 億元。（教育部，民 89：42－43）

㈣知識的爆增及科技的發展

現在是一個知識爆增及科技發展的時代，而知識及科技的發展會造成中等教育的普及。第一，由於知識的爆增及科技的發展，人類適應社會所必備的知識及技術隨著要增高，因而必須延長受教育的時間，過去藉初等教育即可接受足夠的知能，然今天受教育必須延至中等教育，始足吸收足夠的知識量；第二，知識的爆增及科技的發展使人類的生產力提高，進而提高國民的經濟水準，並增加了國民的休閒時間，使國民有錢及有閒來接受中等教育；第三，知識爆增及科技發展使工業由勞力密集走入技術密集，而技術人才的培養有賴中等以上教育的普及。

㈤生存競爭的日趨激烈

一則由於人口的不斷增加而自然資源有限，二則由於交通日趨便

捷而使競爭的對象隨著增多，因此今日人與人之間或國與國之間的生存競爭日趨激烈。而生存競爭是無情的，其結果往往是優勝劣敗，即適者生存而不適者被淘汰。為了能在競爭中取得優勝而能生存下去，個人無不熱心接受教育（包括中等教育）以發展自己的才華，而國家亦無不全心發展教育（包括中等教育）以培養國力。人需要賴教育以求生存，當生存競爭愈激烈時，則人對教育的需求也就愈殷切，中等教育當然也就愈易普及。

(六)中等教育的義務化及免費化

　　中等教育逐漸成為義務教育或免費教育的趨勢，亦為中等教育日益普及的一個原因。義務教育（compulsory education）兼具「強迫性」及「免費性」，凡兒童屆法定義務教育年齡時，就必須入學接受教育。其家長負有送其子弟入學的義務，否則要受政府的處罰，而政府亦負有義務提供義教學齡兒童免費就學的措施。中等教育成為義務教育後，既然具有「強迫性」，則國民一定要接受，同時又具有「免費性」，國民接受的意願也一定提高，尤其對貧窮的國民更有助益，中等教育自然普及。

　　茲將目前世界幾個主要國家的義務教育年限，列如表 1-3 供參考。

四、中等教育是多數人的終結教育

　　中等教育為大多數人的終結教育，大多數人於受完中等教育之後，即要到社會謀生。而社會如戰場，生活像戰鬥，中等教育若未給予學生適應社會生活的能力，學生日後很難有補救的機會，到社會就容易成為社會的犧牲品，輕則終生生活痛苦，重則喪失生命，故中等教育顯得重要。

表 1-3　各國義務教育年限

國　　　名	義務年限
中華民國	9 年
奧 地 利	9 年
加 拿 大	9～10 年
丹　　麥	9 年
法　　國	10 年
德　　國	9～10 年
日　　本	9 年
荷　　蘭	9 年
英　　國	11 年
美　　國	8～12 年
澳大利亞	9～10 年

資料來源：Organization for Economic Cooperation and Development, 1976: 17.

　　所謂終結教育，乃是人一生中最後接受到的正式學校教育。中等教育是多數人的終結教育，是現在的一個事實，尤其是開發中及未開發的國家裡更是如此。我國已是開發中的國家，此一情形仍然存在。以八十八學年度為例（見表 1-4），我國高中畢業生的升學率只有66.64%，而比高中生多的高職畢業生之升學率只有 30.49%，又如中等教育學齡人口（十二至十七歲）在學率為 99.61%，而高等教育學齡人口（十八至二十一歲）的在學率只有 60.85%。由此可見一半以上的國民，是以中等教育為終結教育。（教育部，民 89：33－37）

　　社會像戰場是一個人人皆承認的事實；適者生存而不適者被淘汰，也是一種普遍的社會現象。中等教育既然是多數人的終結教育，則多數人於受完中等教育之後，就要馬上進入如戰場的社會。若中等教育沒教給足夠適應社會生活的能力，則學生進入社會後，必不能適應社會。或者有人會說，多數人於受完中等教育後，雖沒有再接受學校教育的機會，但他們還是可以藉「自修」來補救呀！沒錯，人的確可以藉「自修」來補救，但這種補救需要一段相當長的時間。很多人

表 1-4　我國中等學校畢業生升學率

年度　　　　校別　　升學率%	國中畢業生	高中畢業生	高職畢業生
39	51.15	39.76	
50	78.60	44.65	
60	69.62	43.47	
70	68.11	45.39	
80	86.09	51.94	13.68
85	90.70	58.88	17.71
88	94.73	66.64	30.49

資料來源：教育部，民 89：33。

在這段補救的時間內，就成為社會的犧牲品了。我們只要翻開報紙，天天都可以看到剛出校門的青少年，因適應社會能力的不足，而墜入痛苦的深淵，或墜入罪惡的陷阱，或甚而傷亡，即是最好的例證。

　　適應能力不足的青少年，到社會後所受的傷害來自兩方面：一方面來自本身適應能力的不足，如缺乏謀生的知能，或缺乏人際關係的修養等；一方面則來自他人的傷害，如走路時受不守交通規則的駕駛人撞傷或撞斃、在公共場所因瞄對方一眼而被不良青少年殺傷等。換言之，中等教育未教好的青少年，既會傷害別人，也會傷害自己。這時他們已離開了學校，又有多少人願如教師般的去諄諄教誨他們呢？古人所謂「不教而驅之戰」，或「我不殺伯仁，但伯仁因我而死」，這些話對中等教育人員應有所啟示吧！

　　在此再次呼籲，願從事中等教育工作的同仁，能切實體認上述中等教育的重要性，發揮高度的專業精神，負責盡職把工作做完美，方不致誤了學生的一生，則學生幸甚！父母幸甚！你我大家幸甚！國家社會也幸甚！

中等教育的目標

教育目標是教育活動實施的方向，和預期達成的境地。教育人員必須瞭解教育目標，才能據以選擇適當的教法和教材，也才能讓學生對學習目標有清晰的概念，而產生強烈的學習動機。如此，教育才會有效和成功。因此從事中等教育工作的人，應對中等教育的目標有清楚地瞭解。

本章先探討專家學者對中等教育目標的看法，然後再敘述我國法令對中等教育目標的規定，最後再整合這些探討的結果及筆者的看法，提出綜合的意見。

第一節　理論上的目標

對中等教育目標加以研究，並提出其看法的專家學者及專業團體很多。在此僅擇其中較重要者，加以討論。討論的順序係依其提出的時間先後而定，以便瞭解中等教育目標的演進情形。

美國教育協會（National Education Association）為研究改進中等教育，特於一九一一年組一「中等教育改革委員會」（Commission on the Reorganization of Secondary Education, 1918: 7－16），負責研擬改革辦法。經七年之研究，該會才提出研究報告，由聯邦教育局（Bureau of

Education）加以刊布。報告名為「中等教育的基本原理」（Cardinal Principles of Secondary Education），其中界定的中等教育目標有如下七項：

1. 促進學生的健康（health）：透過健康教育、體育活動，及環境衛生等方式，來培養學生的健康習慣及健康的身心。

2. 使學生熟習基本工具學科（command of fundamental tool subjects）：繼續小學之讀書、寫字、算術、說話，及作文等方面之訓練，使學生能熟練運用之。

3. 使學生成為家庭的有用成員（worthy home-membership）：使學生能明智地認識良好家庭的價值，並培養其貢獻及善用家庭生活的知能。

4. 培養學生的職業知能（vocation）：讓學生瞭解職業對個人及社會的重要性，並培養學生具有明智選擇適當職業及從事職業以謀生養家的知能。

5. 養成學生的公民資格（citizenship）：培養學生對公共福利的興趣及從事社會活動的品行，使其在所處的鄰里、鄉鎮、省市，及國家中均能作為一位善良的公民，並進而能促進國際間的和平。

6. 培養學生善用閒暇時間的能力（worthy use of leisure）：讓學生有能力去利用各種有益的休閒活動（如音樂、美術、文學、戲劇，及社交），以鬆弛愉悅身心、充實精神生活，並發展健全人格。

7. 陶冶學生的道德品格（ethical character）：培養學生的責任感、主動精神、服務精神，及其他良好的品德。

美國中學校長協會（National Association of Secondary School Principals, 1944）為研究改進中學教育，於一九四四年組成了一個「生活適應教育委員會」（The Commission on the Life Adjustment Education），來負責這項工作。該會在其提出的名為〈為美國青少年規劃〉（Planning for American Youth）報告中，提出十項「中學年齡青年之基本需求」（The Imperative Needs of Youth of Secondary School Age），作為

中等教育的目標：

　　1. 發展有用的職業知能（salable skills and knowledge of occupation）

　　2. 促進身心的健康（physical fitness and mental health）

　　3. 培養公民的資格（citizenship）

　　4. 養成家庭生活之知能（family life）

　　5. 培育購用財物及服務之知能（purchase and use of goods and servi-ces）

　　6. 培育科學知識及方法（scientific knowledge and methods）

　　7. 發展審美的能力（capacities to appreciate beauty）

　　8. 培養善用閒暇的知能（wise use of leisure time）

　　9. 養成尊重他人及守道德的習性（respect for others, ethical values, and cooperation）

　　10. 訓練思考表達及聽閱的能力（ability to think, express thoughts, read and listen）

　　美國「課程目標研究委員會」（Curriculum Workshop Committee on Goals），於一九六八年提出一篇名為〈中學的任務與目標〉（Missions and Goals for Secondary Schools）的研究報告，提出中等教育的四項目標：

　　1. 促進個人之發展與自我實現（personal development and selfrelization）：培養學生能肯定自我的價值、有推理思考記憶的能力、有讀寫算的技能、有維護身心健康的能力、有學習求知的動機、有對藝術科學及人文的廣泛興趣、有解決倫理人際關係問題的能力、有利用閒暇的知能，及有合理的獨立態度。

　　2. 發展社會責任感與人際關係（social commitment and human relationships）：培養學生能尊重他人的人格尊嚴與價值、能尊敬瞭解並關懷世界其他民族、能與同儕男女維持良好的關係、能瞭解社會次級團體的相互依賴性、能與不同年齡的人維持合理的關係、能瞭解家庭的意義並對之有積極的態度、能瞭解作為家庭成員的責任和角色。

3.培養公民能力與責任感（civic competence and responsibility）：讓學生能瞭解國家的政府與政治、公民的權利與義務、他國的政府型態及文化，及國與國間共同促進人類和平及福祉的關係，培養尊重法律及循正當程序來修改法律及不良社會環境的態度，以及教導學生能忠於國家。

4.培養經濟職業知能（economic competence）：指導學生能選擇適合自己的職業、能瞭解職業所需的條件和機會、能負責任地處理本身的財務、能發展有效的工作習慣和態度、能與別人分工合作的能力，及有維護及善用自然與人力資源的責任感；此外並指導學生瞭解國家的經濟結構、活動與他國的經濟關係。（Anderson and Van Dyke, 1972: 71－72）

美國凱特林基金會（The Charles F. Kettering Foundation）為研擬中等教育的改革方案，特成立「全國中等教育改革委員會」（The National Commission on the Reform of Secondary Education, 1973: 32－34）主其事，此委員會的成員包括各界的代表，極具代表性。該會在一九七三年提出其研究報告為〈中等教育之改革〉（The Reform of Secondary Education），其中也提出對中等教育目標的看法。該會將目標分為內容目標及過程目標兩類，每類之下再細分為若干小目標，茲列舉如下：

㈠中等教育的內容目標（content goals）

1.培養溝通技能。

2.培養計算技能。

3.培養客觀思考能力。

4.培養職業知能。

5.培養對自然及環境的清楚認識。

6.發展對經濟的瞭解力。

7.培養履行公民職責的知能。

（二）中等教育的過程目標（process goals）

　　1.指導學生能認識自己（knowledge of self）。

　　2.指導學生能瞭解別人（appreciation of others）。

　　3.培養學生適應變遷的能力。

　　4.培養尊重法律及權威的態度。

　　5.指導認清價值觀念（clarification of values）。

　　6.指導對人類成就的欣賞力（appreciation of the achievements of man）。

　　美國中學校長協會（National Association of Secondary School Principals）對全美高中校長作抽樣調查，以瞭解美國高中教育的現狀和問題，其中包括中等教育目標的研究。該會在一九七八年提出研究報告，名曰〈高級中學校長職〉（The Senior High School Principalship），其中提出有關高中教育目標的優先順序如下：（Byrne et al., 1978: 45）

　　1.培養讀寫算等基本技能。

　　2.發展積極的自我觀念及良好的人際關係。

　　3.發展批判性的心智探究及解決問題的習慣和技能。

　　4.發展道德及精神價值觀念。

　　5.培養計畫生計及特定職業的基本技能。

　　6.預備家庭生活有關知識和技能。

　　7.瞭解國家政治經濟及社會等方面的價值體系。

　　8.培養適應變動世界之能力。

　　9.培養健康的身體及有用的休閒活動。

　　10.發展操作技術社會的技能。

　　11.發展對藝術的欣賞及體驗的能力。

　　該會並將此研究所發現的優先順序，與一九六五年的一次研究結果相比較如表 2-1，由表中可知「培養讀寫算等基本技能」一直保持為首項目標；但發展積極自我觀念、發展良好人際關係、發展批判性的心智探究及解決問題的習慣與技能等目標，有日漸重要的趨勢。

表 2-1　美國高中教育目標之優先順序

目　　　　　　　　標	優　先　順　序	
	一九七七年	一九六五年
培養讀寫算等基本技能	1	1
發展積極的自我觀念及良好的人際關係	2	7
發展批判性的心智探究及解決問題的習慣和技能	3	4
發展道德及精神價值觀念	4	2
計畫生涯及訓練特定職業基本技能	5	
預備家庭生活有關的知識及技能	6	
瞭解美國政經社會等方面的價值體系	7	3
準備適應變動社會的能力	8	5
培養健康的身體及有用的休閒運動	9	6
發展參與技術社會的技能	10	8
發展對藝術的欣賞及經驗的能力	11	

資料來源：Byrne, et al., 1978: 45.

　　林本教授（民 54：241-255）為我國有名的中等教育專家，他曾利用文獻分析及問卷調查的方法，來研究中等教育的目標。根據研究的結果出版《現代的理想中學生》一書。書中分別提出初級中學及高級中學的教育目標如下：

㈠初級中學之教育目標

　　1.培養健康的身心：培養青年具有規律生活、適度運動、個人衛生及公共衛生的習慣，有身心保健、急救及一般的醫藥知識，有參加康樂活動的興趣，有安全的觀念及實行方法，能保持情緒之穩定平衡。

　　2.養成善良的家庭份子：培養青年有孝順父母、友愛兄弟、尊敬長輩、敦親睦鄰的習慣，有維持家庭、應付家庭日常生活、計畫家庭經濟與購物及擇交益友和睦鄰里的能力。有合理消費及愛護家庭的觀念。

　　3.訓練職業知能：培養青年瞭解職業的意義和價值、有從事職業

的興趣和選擇適當職業的能力、有職業的基本知能，及有勞動服務敬業樂業的精神。

4.培養健全的公民資格：培養青年有愛護國家民族的觀念、能瞭解公民的義務及權利、能認識民主的意義及地方自治的工作和組織、能有知法守法的習慣，並能有效地參加各種團體生活。

5.培養完美的品德：培養青年有互助合作、負責盡職、勤苦耐勞、自尊尊人、自我反省、誠實不欺、勇於改進，及愛護公益等習慣，並有虛心處事、謙恭待人，及捨己為人的精神。

6.培養瞭解利用及欣賞自然的知能：指導青年認識自然環境及其與人生之關係，並有欣賞、觀察及研究自然的興趣及能力。

7.培養善用餘暇的習慣修養：培養青年有善用休閒娛樂身心的興趣和能力，如對文學、美術、音樂、文藝，及其他康樂活動的欣賞、參與和創造。

8.培養對基本工具學科之熟習：培養青年有讀、寫、算之興趣及能力。

（二）高級中學的教育目標

1.建立正確的人生觀：培養青年堅強的意志、豐富的感情、樂觀進取的態度、實事求是的習慣、批判反省的精神、服務社會忠愛國家的志願，及犧牲小我完成大我之精神。

2.發揚民族文化：培養青年四維八德的道德信念、國家民族及大同的觀念，及對社會國家與全人類的責任感。

3.鍛鍊健全的身心：培養青年的保健知能、運動及康樂興趣與能力，以確保身心的健康與平衡。

4.陶融倫理道德：培養青年有孝順友愛、敦親睦鄰、公正守法、負責盡職、反省改過的習慣和能力。

5.奠定科學基礎：培養青年有辨別真偽、實事求是、解決問題，及客觀上求證的科學精神和能力。

6.啟發藝術興趣：培養青年對文藝、音樂、美術、工藝等藝術方

法的興趣和欣賞創造能力。

　　7.培養領導社會才能：培養青年的社會意識和社會責任感，並培養其領導社會及促進社會進步的能力。

　　瞿立鶴教授（民74：17－23）亦為我國的一位中等教育學者，在其《中等教育》一書中，提出中等教育的五大目標為德、智、體、羣、美，具體內容如下：

　　1.陶融倫理道德：啟發道德意識、培養道德觀念、陶冶道德精神、實踐道德行為，使個人行為合於社會行為規範。

　　2.熟練基本知能：啟發思想、陶冶心智、訓練技能、增強認知能力、充實生活內容從而吸取新知，組織經驗，以營其完美幸福之生活。

　　3.鍛鍊強健體格：發展完美體格，培養高尚道德和尚武精神。

　　4.建立人際關係：啟發羣體意識，陶融團體觀念，尊重他人人格，培養社會道德，維護他人權益，以促進個人生長及社會進步。

　　5.啟發藝術興趣：陶冶藝術感情，增進審美能力，培養藝術情操，鍛鍊藝術意念，美化人生，以營完美幸福愉快之生活。

　　綜觀前述各專家學者及專業團體對中等教育目標的陳述，可以發現彼此的看法（即所列舉的中等教育目標）雖不盡相同，但卻大同小異。如歸納前述各學者及團體所列舉的目標，合起來大約共有十七項。這十七項目標中，出現次數較多的大約有六項。茲將這十七項目標，依其出現頻率多寡，依序列舉如下：(1)培養職業知能；(2)促進健康；(3)培養良好道德；(4)培養公民資格；(5)培養休閒知能；(6)培養思考能力及科學態度；(7)培養家庭善良份子；(8)培養審美能力；(9)發展人際關係；(10)熟悉基本工具學科；(11)促進自我實現；(12)培養生活知能；(13)發揚民族文化；(14)培養消費知能；(15)培養適應社會變遷的能力；(16)培養領導社會才能；(17)培養正確人生觀。

　　綜上可知，專家學者認為中等教育的主要目標為：

　　1.培養職業知能。

2.促進健康。

3.培養良好道德。

4.培養公民資格。

5.培養休閒知能。

6.培養思考能力及科學態度。

第二節　法定的目標

現在是個法治的時代，中等教育的目標除須參酌專家學者的理論主張訂定外，尚須遵循法令的規定。各國法令對中等教育目標的規定不盡相同，本小節只探討我國法令的規定。

我國的法令依其位階的高低，依序可分為憲法、法律，及命令三種。「憲法」為國家根本大法，由國民大會制定，具有最高權威，一切法律命令都由它產生，而且都不得違反它，違憲者無效。「法律」係由立法院議決通過而由總統公布，其名稱有法、律、條例，及通則四種。「命令」係由行政機關依據職權、法律，或上級機關之委任所公布之規章，其名稱繁多，較常見者有規程、規則、辦法、綱要、標準、準則、要點、章程、簡章、原則、程式、須知、注意事項，及表等。（梅佑義，民 68：3-6；林紀東等，民 84：29）

憲法只規定整體教育的目標，對中等教育的目標並未特別規定。但因憲法是一國之根本大法，各級教育均須以憲法的規定作為最高準則，中等教育既為教育的一環，自亦應遵守憲法對教育目標的規定。我國憲法第一百五十八條規定：「教育文化應發展國民之民族精神、自治精神、國民道德、健全體格、科學及生活智能。」其中民族精神、自治精神及國民道德，均屬於德育的領域；健全體格屬於體育的領域；而科學及生活智能，則屬於智育的領域。由此可知，憲法所規定的是德育、體育及智育三者兼顧的教育目標。

法令對中等教育目標的規定，分別見於各級各類中等教育法律、

規程（或施行細則），及課程標準裡。以下分別引述國民中學、高級中學，及職業學校的法定教育目標。

壹‧國民中學的法定目標

國民中學屬於國民教育的一環，依民國教育法的規定：國民教育依中華民國憲法之規定，以養成德、智、體、羣、美五育均衡發展之健全國民為宗旨。

國民教育法施行細則，則未對國民中學的目標有進一步的規定。

國民中小學九年一貫課程暫行綱要對國中的目標規定如下：（教育部，民 90：5）

國民教育之學校教育目標在透過人與自己、人與社會、人與自然等人性化、生活化、適性化、統整化與現代化之學習領域教育活動。傳授基本知識，養成終身學習能力，培養身心充分發展之活潑樂觀、合羣互助、探究反思、恢弘前瞻、創造進取的健全國民與具世界觀之公民。為實現國民教育階段學校教育目的，須引導學生致力達成下列課程目標：

1.增進自我瞭解，發展個人潛能。

2.培養欣賞、表現、審美及創作能力。

3.提升生涯規劃與終身學習能力。

4.培養表達、溝通和分享的知能。

5.發展尊重他人、關懷社會、增進團隊合作。

6.促進文化學習與國際瞭解。

7.增進規劃、組織與實踐的知能。

8.運用科技與資訊的能力。

9.激發主動探索和研究的精神。

10.培養獨立思考與解決問題的能力。

貳‧高級中學的法定目標

高級中學法第一條規定：「高級中學以陶冶青年身心，培養健全公民，奠定研究高深學術或學習專門知能之預備為宗旨。」

高級中學法施行細則對高級中學之目標，則未另作規定。

高級中學課程標準也做如下規定：（民85：1）

高級中學教育，以繼續實施普通教育、培養健全公民、促進生涯發展、奠定研究學術及學習專門知能之基礎為目的。為實現本階段教育目的，須輔導學生達成下列目標：

1. 增進身心健康，培養術德兼修、文武合一的人才。
2. 增進溝通、表達能力，發展良好人際關係。
3. 增進民主法治的素養，培養負責、守法、寬容、正義的行為。
4. 培養服務社會、熱愛國家及關懷世界的情操。
5. 增進工具性學科能力，奠定學術研究的基礎。
6. 充實人文素養，提昇審美與創造能力，培養恢宏氣度。
7. 提昇科學素養，增進對自然環境的認識與愛護。
8. 增進對自我潛能與工作環境的瞭解，確立適切的人生走向。
9. 增進創造性、批判性思考，及適應社會變遷與終生學習的能力。

綜觀高級中學法及課程標準的規定，高級中學的法定目標是在培養青年成為健全民國，並為接受高等教育從事高深學術及專門知能研習作準備。其所要培養的健全國民，也是德、智、體、群、美五育兼備的人，與國中教育相同，只是達成的水準比國中的要高。

叁‧職業學校的法定目標

職業學校法第一條規定：「職業學校依中華民國憲法第一百五十八條之規定，以教授青年職業知能，培養職業道德，養成健全之基層技術人員為宗旨。」

職業學校規程亦進一步規定：「職業學校為實施職業教育之場

所，依本法第一條之規定，實施下列各項教育與訓練：(1)充實職業智能；(2)增進職業道德；(3)養成勞動習慣；(4)陶冶公民道德；(5)鍛鍊強健體格；(6)啟發創業精神。」

至於職業學校課程標準對目標因分類（農、工、商、家事……等類）分別規定，所占篇幅較多，在此不克敘述。

綜觀職業學校法及其規程的規定，職業學校的法定目標是在培養兼具道德及健康的基層技術人員，而基層技術人員除要具備道德及健康外，尚須具備有職業智能、職業道德，及創業精神。

第三節　綜合性的目標

茲根據前述的理論目標及法定目標，本節提出一個綜合性的目標。這個綜合性目標，是個較面面俱到的目標，既能涵蓋理論目標的重點，也能涵蓋法定目標的內容。

中等教育的目標如下：中等教育的目標，在培養學生成為智、德、體、思四育知能兼備又能自我實現的健全公民，使其能過完美的生活。這一目標包含下列四個要點：

一、中等教育的目標在使學生能過完美生活

人的生存就是生活，生活得美滿，生存才有價值與意義。人要生活得美滿，就須靠教育培養生活所需的知能。中等教育的終極目標，就在使學生經過學習之後，能過著完美的生活。這個目標是大家都認同的，如名教育家杜威（J. Dewey）即認為「教育即生活」；（林寶山，民 78：1-9）史賓塞（Spencer, 1900：1-87）也認為教育的目標，在準備完美的生活。先總統　蔣公在《民主主義育樂兩篇補述》一書中，也主張「教育的任務在充實學生生活的內容」。

完美的生活，包括學習當時生活的完美及未來生活的完美。因此中等教育除了要為學生未來的生活做預備外，也要教授學生此時此刻生活所需的知能。此外，完美的生活，包括個人生活的完美及社會生

活的完美，因此中等教育除要教授個人家居及工作生活所需的知能外，尚需教授做為國家及國際公民所需的社會生活知能。總之，生活是進行式，也是未來式；是個人式，也是社會式；中等教育都要為這四式生活作準備。

二、所培養的公民應智、德、體、思四育兼備

中等教育所培養出來的公民，應兼備智、德、體、思四育。「智」代表生活知能，又可分為職業生活知能及日常生活知能兩類。所謂「日常生活知能」，是指職業生活以外日常所需的各種生活知能，主要包括家庭生活的知能（如養育子女的知能、購物或烹飪的知能等）、社會生活的知能（如與別人建立良好人際關係的知能）、休閒生活的知能（如欣賞文藝的知能），及學習生活的知能（如讀寫算等有助於學習的知能）。「德」代表道德或品德，又可分為私德及公德。「體」代表健康，又可分為生理健康和心理健康，通常合稱為身心健康。「思」代表思考批判能力。

據此分析，可說中等教育的具體目標有五，即：(1)鍛鍊健康的身心；(2)陶融倫理道德；(3)啟發思考批判能力；(4)陶冶或訓練職業知能；(5)培養日常生活知能，這五項具體目標後面會有詳細陳述。在最後一個目標上，國中及高中偏於職業陶冶，而職校則偏於職業訓練。茲將中等教育目標之分類情形，以表 2-3 示之。

表 2-3　中等教育的目標

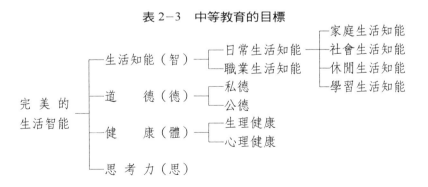

三、所培養的公民在四育方面均要能知及能行

中等教育培養出來的公民，應是智、德、體、思四育知能兼備的人。「知能」一詞在此是當複合名詞使用，包括知、能兩字。「知」指知識，「能」指行的能力或能行，亦即能加以實踐或運用。教與學的最後目的，都在讓學生能實踐及運用所學到的知識，以維持或改善生活品質。未能實踐及運用所學到的知識，則那些知識是死的。因此，中等教育的目的，除在使學生有智、德、體、思四方面的知識外，更要進一步使學生能加以實行或運用，以發揮「知」的力量。換言之，中等教育的目標在使學生能知智行智、知德行德、知體行體，及知思行思，如此才能過完美的生活。茲將這一要點圖示如圖 2-1。

	智	德	體	思
知	中	等	教	育
行		目	標	

圖 2-1　中等教育目標結構圖

四、中等教育的目標兼顧自我實現的理念

中等教育的目標，固然在使學生兼備智、德、體、思四育的知能，但並不強求每育及每人的發展程度完全相同，而是尊重個別差異的事實存在，企求各人在先天條件的限制下，能做最充分的發展，這就是所謂的「自我實現」（self realization）。換言之，自我實現包括下列三個層面的涵義：

1. 承認人與人之間有個別差異存在，不強求每一位學生都做相等的發展，而是讓學生循其本身之物性發展。故發展的結果，有的學生可能較擅長於某些方面，而有的學生則較擅長於其他方面。

2.承認同一人各方面所具備的潛能並不盡一致，也不強求同一人的各方面都做到相等的發展。

3.在個別差異及先天條件之限制下，每位學生在智、德、體、思四育的潛能，都能透過中等教育而充分發展。惟潛能的充分發展須經漫長的過程，中等教育只是發展中的一段，無法一舉達到「充分」發展的境界。基於此，吾人宜企求中等教育能促使潛能達到中度以上的發展即可。當然，若能超過中度以上，則為吾人所不禁，甚至是件值得讚賞的事。

最後再根據前面第二點（所培養的公民應智、德、體、思四育兼備）的分析，將中等教育的五項具體目標說明如次：

㈠鍛鍊健康的身心

健康為人類一切生活的基礎，有了健康，完美的生活才有可能實現。因此，中等教育應透過健康教育、體育活動、環境衛生、心理輔導、休閒教育，及各科的副學習，輔導學生，以促進學生的生理及心理健康。要注意的是：要兼顧生理及心理兩方面的健康；而且不只教學生健康知識，也要訓練其身體力行。

㈡陶融倫理道德

人不能獨立生存，必須與人合作及互動，生活才有可能。道德即為人際互動合作的行為規範或準繩。人人遵守道德，人際互動及合作才能順利而成功，生活與生存才會美滿。因此，中等教育應透過道德教育、生活教育、環境陶冶，及各科的副、附學習，以培養學生的倫理道德。培養時，應兼顧私德與公德；亦應使學生能知道德，也能行道德。

㈢啟發思考批判能力

社會變遷日益加速，而且是非常混淆不清，人在漫長的生存及生活過程中，隨時會面臨新的問題及新的挑戰。這時就須運用自己的思考批判能力，去尋求新的解決方案，來解決所面臨的問題及挑戰。缺乏思考批判力的人，一切只會率由舊章或束手待斃，很難生存或生活

得美滿。換言之，越有思考批判力的人，就能越快適應社會的變遷，生活也越完美。因此，中等教育應透過思考訓練、啟發性教學、由做中學，及各科的副、附學習，以培養學生敏銳的思考及批判能力，使之有能力分析問題、判清是非真假、建構新方案，及敢於面對新問題。培養時，除教導其如何思考批判的知識外，尚有訓練其運用的能力。

（四）陶冶或訓練職業知能

人必須從事某種職業，方能謀求生活所需。人人有職業，人人才能自謀生存，而不致成為別人及社會的寄生蟲。這樣，人人才能過著美滿的生活。因此，中等教育應透過職業陶冶，來啟發學生對從事職業的興趣，培養其對各類職業的瞭解及應有的態度；透過職業教育與訓練，來培養學生的職業知識與技能。一般說來，職業陶冶比較適合在中等教育的前段（國中階段）實施；而職業教育與訓練則較適合於後段（高中階段）實施。職業陶冶及訓練的實施，當然也需知、行兼顧。

（五）培養日常生活知能

人每天的生活，可分為兩大部分：一部分是職業生活，另一部分為日常生活。日常生活所占的時間，往往比職業生活還長，其對美滿人生的重要性，絕不遜於職業生活，甚至有過之而無不及。因此，中等教育必須透過各科的主、副、附學習，培養學生的日常生活知能。日常生活至少包括四方面，即家庭生活、社會生活、休閒生活及學習生活，中等教育至少也需培養這四方面的知能。

家人相處、養育子女、家庭消費及飲食男女的知能，均屬於家庭生活的知能。與人交際應酬、建立關係，及行使國民權利盡國民義務的知能，都屬於社會生活的知能。對文學、藝術、音樂，及自然美的欣賞，或其他休閒娛樂相關的知能，屬於休閒生活的知能。熟悉讀、寫、算等基本工具學科的知能，屬於學習生活的知能，人在日常生活中，必須藉助這些知能不斷學習，生活才會充實及進步。

中等教育的功能

在未探討功能之前，先說明一下「功能」與「目標」的區別。「目標」是教育所應達成的終極鵠的，而「功能」則為教育應具有的作用或活動。換言之，中等教育的功能是指中等教育應採取那些「手段」或「活動」來達成它的目標。誠如邊特（R. K. Bent）等人所言：「中等教育目標為中等學校所欲達成最後之標的；中等學校之教育活動及對學生所供應之設施，為達成此等目標之手段，而此等手段乃教育之功能。」（瞿立鶴，民 74：43；Bent and Kronenberg, 1955: 61）

本節先研討專家學者及學術團體對中等教育功能的看法，然後再探討法令的規定。最後參酌這些意見及規定，提出筆者的綜合結論。

第一節　理論上的功能

對中等教育的功能加以研究並提出看法的學者有若干位，在此僅擇其較重要者加以說明。

殷格利斯（Inglis, 1918: 375）在其所著的《中等教育原理》一書中，主張中等教育應具備六種功能：

1. 適應的功能（adjustive or adaptive function）：訓練學生適應環境的能力。

2.統整的功能（integrating function）：訓練學生使之具有共同的思想、理想，及習慣，而能團結一起互助合作。

3.分化的功能（differentiating function）：適應學生的個別差異，以發展學生的個性。

4.預備的功能（propaedeutic function）：奠定學生未來升學的基礎。

5.選擇的功能（selective function）：選擇適合接受中等教育的學生來接受中等教育，淘汰不適合者。

6.診斷指導的功能（diagnostic and directive function）：試探學生之能力與興趣，並給予充分而適性的指導。

布利諾斯等人（Briggs et al., 1950: 169−193）在出版的《中等教育》（*Secondary Education*）一書中，提出中等教育的十大功能：

1.統整（integration）：塑造學生的共同思想、理想及態度，使之能團結合作。

2.需要之滿足（satisfaction of needs）：適當地滿足學生的需求。

3.社會（民族）文化之啟示〔revelation of the social (racial) heritage〕：教導學生瞭解並利用文化的遺產。

4.興趣性向及能力之試探（exploration of interest, aptitudes and capacities）：試探並瞭解學生的興趣、性向，及能力。

5.知識之組織與應用（systemalization and application of knowledge）：教導學生能將零碎的知識系統化並加以應用。

6.興趣之確立與指導（establishment and direction of interests）：建立及發展學生的正當興趣並加以指導。

7.輔導（guidance）：指導學生作適性的發展。

8.獨立思考自律自發及研究方法之訓練：訓練學生使之有獨立思考、自律自發及研究的能力。

9.分化（differentiation）：配合學生的個別差異而給予適性的教育。

*10.*學生之保留與指導（retension and direction of pupils）：能將學生留校受教，直至學業結束為止，而不會中途輟學。

張文昌（民 36：13－14）在其所著《中等教育》一書中，主張中等教育應具有四項功能：

*1.*文化教育的功能：授學生以完整的知識及民族文化，使之有獨立思考、批評與應用的能力，以適應其現在和將來的環境。

*2.*診斷分化與指導個性的功能：發現學生個性並給予適性的指導。

*3.*保留學生的功能：能使學生繼續接受教育直至畢業為止，而不中途輟學。

*4.*職業訓練的功能：訓練學生的職業知能，使學生能手腦並用，善為生產。

袁伯樵在其民國三十八年出版的《中等教育》一書中，認為中等教育應具備六大功能：

1. 適應的功能：培養學生適應社會環境的能力。

*2.*統一的功能：培養學生完整無缺的公民資格道德及知識。

*3.*分化的功能：適應學生之個別差異。

*4.*準備的功能：培養學生不斷自我進修以求進步的能力。

*5.*選擇的功能：選擇適合接受中等教育的學生而教育之。

*6.*診斷與指導的功能：瞭解學生的個性並做適性的指導。

林本教授（民 54：255－272）在其《現代的理想中學生》一書中，提出其對中等教育功能的意見。林教授是參酌中外學者團體之主張、問卷調查結果，及其個人之見解來擬訂的，故頗有參考價值。林教授係分別說明初級中學及高級中學的功能。

㈠初級中學之功能

*1.*生活教育之供應：提供生活知能，以充實生活內容。

*2.*職業陶冶之實施：實施職業陶冶，以引起從事職業活動之興趣，並增進職業知能。

3.個性之試探與輔導：試探學生之性向、興趣及能力，並予以適宜輔導，以促進其自我實現。

4.升學之預備：引起學生升學之興趣，並給予適當的準備。

5.基礎教育之延續與加強：對國民小學之教育予以銜接、擴充及加強。

6.地方社會之適應與領導：配合社區需要進行教學，並領導地方民眾改善社會生活。

㈡高級中學之功能

1.民族精神之統整：強化民族文化及國家信念，以求形成、助長及發揮民族精神。

2.社會文化之啟示：指導學生接觸社會文化，以瞭解社會文化的價值並改進之。

3.分化的指導：開設分化課程供選讀，並指導學生選擇未來發展方向。

4.升學之預備：指導學生做適當的升學途徑選擇，並施以準備教育。

5.人才之選擇：運用各種方式，選擇適當的人才接受適性的教育。

6.知識之組織與運用：透過教材教法的活用，統整學生的知識並培養應用能力。

瞿立鶴教授（民 74：45－47）在其《中等教育》一書中，提出中等教育的四項功能如下：

1.適應社會生活：培養學生能適應社會的變遷，而能過完美的社會生活。

2.統整民族文化：培育學生具有共同的理想、文化與行動，以利於國家及民族之統一。

3.試探學生個性：利用各種方法瞭解學生的興趣、性向及能力，以做為適應個別差異之依據。

4.分化天賦才能：藉選擇、診斷及輔導等教育活動，分化其資賦，發展其特有之才能。

綜觀前述各專家學者對中等教育功能的陳述，可以發現各家對功能的分類雖繁簡不一，而且所使用的詞彙也有所出入，但如細究其內容實呈大同小異。

各項功能出現的頻率，依次如下：

(1)分化的功能；(2)試探或診斷的功能；(3)統整的功能；(4)指導或輔導的功能；(5)適應的功能；(6)選擇的功能；(7)文化啟示的功能；(8)預備的功能；(9)保留的功能；(10)職業訓練的功能；(11)滿足需要的功能；(12)確立興趣的功能；(13)獨立思考力及研究方法訓練的功能；(14)延續基礎教育之功能；(15)知識組織與應用的功能；(16)生活教育之供應。

綜上可知，專家學者認為中等教育的主要功能為：分化、試探、統整、輔導、適應、選擇、啟示，及預備等功能。

第二節　法定的功能

法令對中等教育的功能，並未有明確而系統的規定，因此只能從相關的規定中，去略窺一二。首先是從法令規定中等教育目標的用語來看，就前章第二節「法定的目標」的用詞來看，最常出現的用詞如下：

1. 發展：如憲法規定的「發展國民之民族精神、自治精神……」；高級中學法規定的「發展青年身心」等。

2.陶冶：如高級中學法規定的「陶冶青年身心」，職業學校規程規定的「陶冶公民道德」等。

3.啟發：如職業學校規程規定的「啟發創業精神」等。

4.教授：如職業學校法規定的「教授青年職業知能」等。

5.鍛鍊：如職業學校規程規定的「鍛鍊強健體格」等。

6.培養：如高級中學法規定的「培養健全公民」，職業學校法規

定的「培養職業道德」等。

7.增進：如國民中小學九年一貫課程暫行綱要規定的「增進自我瞭解、增進規劃、組織與實踐的知能」，高級中學課程標準規定的「增進身心健康」、「增進工具學科能力」，職業學校規程規定的「增進職業道德」等。

其他也常出現的用詞，還有充實、奠定、培育、養成、激發、促進、提昇等。以上這些用詞，是法令期待中等教育能發揮出來的功能，以達成其規定的目標。

其次，在課程標準所規定的實施通則裡，對中等教育的功能也有所提及。其中較常提及的功能如下：

1.適應功能：指適應學生個別差異的功能。亦即教師在教堂中，應重視學生個別差異，適時提供充實及補救學習之機會。對資賦優異、身心障礙等學生，均應力求因材施教，啟發學生潛能。

2.輔導功能：教師應實施生活輔導、學習輔導及生涯輔導，以培養學生瞭解自我、適應環境、規劃未來的能力，促進自我實現。

3.試探功能：教師應充分瞭解學生能力、興趣，並應協助學生瞭解其生理狀況、興趣、能力、性向。

第三節　綜合性的功能

參酌上述專家學者理論上的意見及法令規定，筆者認為中等教育應具有六項功能，即統整、試探、分化、傳授、啟發，及訓練。這些功能的意義及做法如下：

一、統整功能

統整有兩個意義，一是塑造學生的共同思想、理想及態度，使之能團結合作，二是引導學生將零碎的知識加以消化統整而成系統化。人為社會動物，不能離羣索居，必須結羣互助合作，才能生存及生活

愉快。而人們羣居在一起，需彼此有某種程度的共同思想、理想、態度及行為，方能長相廝守及戮力合作，故殷格利斯強調中等教育必須使學生具有完整的知識、共同的行動及共同的理想，方能化除文化、職業、宗教等各方面的矛盾，而達成統一的地步。（Inglis, 1918: 375；瞿立鶴，民 74：46）其次，學校的課程都採分科課程教學，各科目之間彼此很少相互呼應及緊密配合，故學生所學到的常是繁雜而零碎的知識，如不加以消化統整，就難予以有效應用，故中等教育須具有統整的功能，指導學生將零碎的知識加以組織化或系統化，以發揮提綱挈領及以簡御繁的效果。

　　發揮統整功能的具體作法如下：(1)開設一些共同必修科目，供全體學生修習；(2)實施文化、道德及倫理教育，培養共同價值觀；(3)透過社會化教學法，以培養學生的羣性；(4)教學時應用同時學習原則，使學生習得與教學單元有關係的其他知識、概念、態度與情感；(5)酌情採用合科課程、相關課程、核心課程等課程設計，提供學生統整的學習經驗。

二、試探功能

　　試探係指運用各種方式，以瞭解學生的個性、興趣、性向及能力，並協助學生探索及認識自己，以做為輔導學生分化發展及適應個別差異之依據。人由於先天遺傳及後天教養的差異，致個性、興趣、性向及能力等彼此均有所差異，故有「人心之不同，各如其面」的說法。教育的實施必須對這種個別差異有所適應，才能產生最大的效果，惟在採取適應差異措施之前，必須先對學生的個性、興趣、性向及能力有深入認識，才能有所根據，這就是試探功能要發揮的地方。

　　要發揮試探功能的具體做法如下：(1)舉行各種測驗，如人格測驗、性向測驗、興趣測驗等，以瞭解學生各方面的特性；(2)實施家庭訪問，從家人口中瞭解學生的個性；(3)與學生晤談，從學生談吐中認識之；(4)開設廣泛的課程或選修科目供學生選修，從中探索自己的性

向或興趣；(5)給予學生充分自我表現及自由發展的機會，使其真性得以顯露；(6)落實聯課活動，使學生有較多的試探機會。

三、分化功能

所謂分化功能，係指輔導學生依自己的個性、興趣、性向及能力等特質，選擇未來的發展方向，並循選定的方向逐漸做專精學習，以求潛能的最佳發揮，亦即朝自我實現的境界邁進。譬如經試探的結果，發現張生的個性、性向、興趣及能力均適於從事數理研究，而李生則適合於文學方面的發展，此時即可輔導張生逐漸增加選修數理課程，而輔導李生逐漸增加選修文學課程，兩人逐漸分途發展，是為分化功能的發揮。分化與統整是兩個相對立而又相輔相成的功能，統整使所有學生的思想及行為趨於一致而能團結合作，分化則使學生依專長分途發展，以配合社會分工的需要。分化功能實包含了前述專家學者提到的「選擇」人才及「適應」個別差異兩項功能在內。

發揮分化功能的具體做法如下：

1.隨著年級的提高，逐漸加開分化課程，漸進分流，以奠定學生進入專門教育之基礎。

2.設置若干選修科目，予學生自由選修之機會，以投其所好及所能。

3.實施能力或興趣分組或分科，給予學生有因才選修課程之機會。

4.必要時得採功能型學制，分設各類型的中等學校，讓性向及能力不同的學生得就讀不同類型學校，分途發展。

5.不管採用上列那一做法，仍須給予學生有充分自我表現、自由發展及自由研究之機會，以發展其所長。

6.設計多套的教材，依學生性向、興趣及能力之不同，選用不同的教材或教科書。

7.教學過程中要注意學生個別差異的適應，實施個別指導、補救

教學及充實教學。

四、傳授功能

所謂傳授功能，係指將已有的知識教授給學生，使學生能在短時間內快速獲得現存的生活知識。蓋世界自有人類以來，人類由於不斷的嘗試錯誤與創造發明，至今已累積了汗牛充棟的知識。這些知識可以透過教育的傳授功能，教授給學生，使學生能在短短數年之內，就可取得千萬年所累積下來的知識，而不必再費時費力的去進行嘗試錯誤的艱苦歷程。古人所謂「師者，所以傳道、授業、解惑也」，教師所傳授之道與業，泰半以上應屬已有的知識。由此可見，傳授是中等教育不可或缺的功能之一。

中等教育欲充分發揮傳授的功能，其具體的作法如下：

1. 人類的知識無窮，但學生的學習時間有限，正所謂「生也有涯而知也無涯」，故須選擇有達成教育目標重要價值之知識，傳授給學生。

2. 中等教育目標既然兼顧智、德、體、思四種能力之培養，則有關智、德、體、思的四類知識，都要傳授給學生，不能有所偏廢。

3. 傳授知識的方法應多元化，不宜光用講述或灌輸的方式，尚可採用討論、示範、輔導自習、調查採集、觀察，或其他方式為之。

4. 知識貴在知而能行，因此在傳授過程中，應兼用演習、練習、實驗、實習、操作及其他「由做中學」的方法，以訓練學生行的能力。

5. 傳授知識時，應配合學生的經驗。從與學生經驗較接近的知識傳授起，以引起學習的興趣，並讓學生容易吸收瞭解。

6. 人類知識繁多，若未經適當組織，則零碎而易忘。因此傳授時，須同時教授歸納及演繹之法，使學生能將所學的知識予以統整，建立知識結構，以求長久記憶並易於運用。

五、啟發功能

　　所謂啟發功能，係指啟發學生思考反省創造發明的能力，亦即發揮舉一反三及學習遷移的作用。中等教育須具備啟發功能的主因有二：其一，社會變化無窮，人一生所遭遇到的生活問題無數。這些問題的正確解決方案，無法一一在學校時就全部學到，而須於面對問題時，再依當時情境思考尋求答案，故需要啟發學生的思考能力；其次，教育除了傳遞（授）已有的文化及知識外，尚須創造新的文化及知識，以促進時代的進步，改善人類生活的品質，故須發揮啟發功能，以培養學生思考及創造的能力。

　　中等教育發揮啟發功能的具體做法，大致如下：

　　1.教學時要避免全用講述或灌輸的方法，而應兼用具有啟發功能的教學法，如討論教學法（discussion teaching method）、發現教學法（discovery teaching method）、探究教學法（inquity teaching method）等。（林寶山，民 77：118－146）

　　2.要在教學中教導學生解決問題的步驟及要點，包括如何發現及界定問題、如何蒐集及分析資料、如何研擬解決方案，及如何選擇最佳解決方案等要點。

　　3.教師要改變以教師為本位的態度，揚棄權威式的指示和命令，讓學生在無壓迫和束縛的教學情境中，自由運用思考，從事自發性的學習。

　　4.教師要能尊重和接納學生各種不同的意見，並容許學生有由做中學及嘗試錯誤的機會。對其嘗試過程中所發生的錯誤，應予耐心容忍，並給予適當的指導。

　　5.開設獨立學習（independent study）課程，或在各科教學中要求學生撰寫研究報告，使學生有獨立學習及思考的機會。

　　6.採取創造性教學（creative teaching）的策略，進行教學。這些策略包括矛盾法、歸因法、類比法、變通法、重組法等十多種。矛盾法

係提出似是而非、自相矛盾的論點，讓學生思考討論。歸因法係指導學生就諸多事物的特質、屬性或意義，運用不同方法加以歸納。類比法係指導學生就類似的各種情況加以比較，以發現其相似處，或將之做不同的比喻。變通法係提供學生變化多端的事例，使其瞭解宇宙事物的變動不居，及解決方法的多樣性。重組法係指導學生將一個熟悉的結構，衍生或重組成不同的新結構。（林寶山，民 77：156－157）

六、訓練功能

所謂訓練功能，係指輔導學生就所學得的知識或行為，加以反覆的運用或練習，以養成運用的習慣和能力，達成知而能行的教育目標。前一節曾討論過，中等教育的目標不只在傳授智、德、體、思四育的知識，而且更在培育其「行」的能力。光「知」無法促進學生的完美生活；能「行」其所知，完美生活才會實現。因此，訓練為中等教育的重要功能之一。

中等教育發揮訓練功能的具體做法如下：

1.教材設計及教學時，應多舉與日常生活有關的運用實例，使學生易於日常生活中運用，產生熟能生巧的訓練效果。

2.應將操作、演習、練習、實驗、實習及其他「由做中學」的方式，納入課程教材的設計中，並在教學過程中適當運用這些方法，讓學生有不斷訓練的機會。

3.在學校裡實施勞動生活教育，讓學生做些灑掃、植樹、種花、整理課桌椅等類似的工作，使其有應用平時所學的機會。

4.讓學生參與社區服務，諸如為社區打掃、修理器具、慰問貧弱婦孺、規劃社區活動等，以便有運用所學的機會。

中等教育的制度

教育制度有廣狹二義。廣義的教育制度，係包括學校制度及教育行政制度兩者；狹義的教育制度則專指學校制度而言。本章所論及的教育制度，係指狹義的學校制度。

學校制度簡稱為學制，是指各級各類學校所構成的體系。它顯示了教育分段分類狀況、各段各類教育目標、修業年限、入學年齡與方式，及各級各類學校間的彼此關係。中等教育人員瞭解了學校制度，才能瞭解中等教育在整個制度中所佔的位置，因而能善於發揮其功能，達成中等教育的預期目標。

第一節　中等教育學制的類型

中等教育人員須對學制類型有所認識，才能善盡其職責。一則因每種類型均有其設計精神所在，認識之後才能加以發揮；其次，每種類型都有其缺失，認識之後才能設法補救。尤其在民主社會裡，教育人員參與學制改革設計的機會很多，對學制有了認識之後，才能善盡參與者的責任。

中等教育學制的類型可依不同標準予以分類，本節擬從兩個標準來分類及討論：一是依功能多寡分類，二是依分段有無分類。

壹・依功能多寡分類

中等學校依功能多寡可分為兩大類，一為功能型，二為綜合型。此處所謂功能，只指升學預備或就業預備兩項而言。功能在升學預備者，課程重視普通教育；功能在就業務預備者，課程重視職業教育。以下分別說明這兩類型的意義及優缺點，以供參考。

一、功能型

功能型中學係將升學與就業兩項預備功能分別在不同學校實施的一種學制。如此一來，因每所中學的功能是單一的，或是升學預備，或是就業預備，故稱為功能型。譬如我國高級中等學校階段，設有高級中學負責升學預備的普通教育，設有職業學校負責就業預備的職業教育，即是屬於功能型。

功能型中學的優點主要有三：(1)功能單純，學校可以集中精力於此一功能，較易提高績效；(2)分化較早，學生入學後就可做專精學習，因此畢業時專精程度較高；(3)學校功能單純，課程、設備及學生也就比較單純，行政管理較容易。

功能型中學的缺點主要有三：(1)分化較早，不易發揮統整及試探的功能；(2)學生因需求之不同而須在不同類型學校就讀，容易形成雙軌制色彩，易違民主平等精神；(3)在人口稀少地區也須分設兩類學校，各校學生數可能有限，不易達到有效經營規模，成本效益易降低。

二、綜合型

綜合型中學（comprehensive secondary school）係將升學及就業預備兩項功能合併於一所學校實施的一種學制。如此一來，每所中等學校的功能是綜合性的，兼顧普通及職業教育，故稱為綜合型。我國中等教育的前段係在國民中學實施，它即是一種綜合中學，任何學生不

管未來是繼續升學或畢業即就業的適齡學生，全部都進入同一類型的學校（即國民中學）。美國的初中及高中也大多是綜合型，沒有普通中學及職業中學之分。綜合型的優缺點，與功能型正好相反。

綜合型中學的主要優點如下：(1)分化較晚，可以加強統整及試探功能的發揮；(2)任何學生均在同一類型學校就讀，比較有單軌制的精神，符合民主平等的理想；(3)學校課程較多樣化，而且互轉容易，極富彈性，較能適應學生的個別差異；(4)在人口稀少地區只須設立一個類型的學校，容易達到有效經營規模，成本效益較高；(5)兼顧普通及職業課程，比較容易培養通才。

綜合型中學的主要缺點如下：(1)分化較晚，學生專精學習起步較遲，故畢業時專精程度易遜一籌；(2)功能較複雜，因此課程、設備及學生也跟著複雜，行政管理較難；(3)功能複雜，學校必須分心於兩類課程上，辦學績效較易降低；(4)課程多樣化而且選課彈性大，如學生有避重就輕（選修較易及格的科目）的習性，容易降低教學的水準。

綜合型中學又可再細分為兩型，一為統整型，一為聯合型。

統整型係名實相符的綜合中學，升學及就業或普通及職業課程融成一體，全體學生通常先一起接受共同基礎教育，之後再借選修或分組方式分化，逐步導向升學或就業預備。換言之，在統整型的校內，普通與職業課程的界線已模糊化，統一招生而課程也只設一套，我國的國民中學即屬於統整型綜合中學，美國的綜合中學亦屬此型。

聯合型係一種變形的綜合中學，又稱為合作型、合科型或多科型。此型的校內課程明顯分為升學（普通）及就業（職業）兩套，各套分別招生。學生入學後一開始就依其報考時的選擇，分別接受不同套的課程，直至畢業。換言之，這是貌合神離的結合，只是將普通中學及職業中學合併在一個校園內而已，我國附設有職業類科的高級中學即屬此型，日本的綜合中學亦屬此型。一般說來，聯合型所發揮的試探、統整及個別差異適應功能，都不如統整型強；惟比功能型要好些。

功能型及綜合型既然各有其優缺點，則於設立之初就須依情況需要，作適當的選擇。大致說來，在居民生命短且受教機會少的地區或時代，因須早些就業，故較適合採功能型；反之，在居民生命長且受教機會多的地區或時代，因不必急於早日就業，故較適合採綜合型。其次，在急需專才早日投入建設的時代或地區（如貧窮的時代或地區），較適合採用功能型；反之，在不急需專才早日投入建設的時代或地區，則較適合採綜合型。此外，若非常重視教育的彈性與個別差異適應功能，則宜採綜合型；反之則宜採功能型。

貳・依分段有無分類

中等學校依分段的有無來分，可分為分段型及一貫型兩類。此處所謂分段，是指分成二個以上的階段而言。以下分別敘述這兩個類型的意義及優缺點，以供參考。

一、分段型

分段型是將中等教育分成兩個以上的階段，每階段各有其任務。一般都分成前後兩階段，實施前段教育的學校稱為初級中學，實施後段教育者稱為高級中學。當然也有使用其他名稱的國家，譬如日本的前段中學稱為中學校，後段中學則稱為高等學校。分段型又可細分為兩種，即分設型及合設型。分設型係將初中及高中分設在不同的校園，彼此獨立。合設型則將初中及高中合設在一個校園內，而分為初中部及高中部。

二、一貫型

一貫型是指中等教育不分階段，因此中等學校也就沒有初級及高級中學之分，學生入學後要修完全部中等教育年限後始畢業，美國的六年制中學即為一貫型的例子，又如德國的九年制文法中學亦屬之。我國近年來出現「完全中學」一詞，這是個內涵尚未十分確定的名

稱，可以指一貫型中學，也可以指分段型之中的合設型中學。

　　分段型及一貫型中學相互比較起來，各有其優缺點。就分段型而言，優點有：(1)可以分段完成學業，對清寒或不愛讀書的學生較便利，可於完成前段教育後即就業，不必苦撐太多年；(2)可以將初中及高中分設（即採分設型），校內學生年齡差距小，行政管理比較容易；(3)採用分設型時，有機會讓學生在不同學校分別接受前、後段教育，接觸不同校園文化，有益於視野的拓廣及思想的多元化；(4)可以分別針對初中及高中學生設計合適的課程，較易於適應其個別差異。至於分段型的缺點則是：(1)增加入學（考試）次數，加重招生或行政負擔；(2)學生不能長期連貫學習，專精程度可能會打折扣。

　　一貫型的優缺點與分段型正相反，其優點是：(1)減少入學（考試）次數，可減輕學校及學生的壓力；(2)學生可長期連貫學習，有助於專精程度的提高；(3)在人口稀少地區可不必分設二校，只設一校較易達到有效經營規模。至於一貫型的缺點則是：(1)不能分段完成學業，對清寒或不愛讀書的學生較為不便利，易被迫長期苦撐；(2)校內的學生年齡差距大，訓輔工作不易做；(3)學生在同一校園待的很久，較不易接觸不同學校的文化，視野及思想不易開闊；(4)學生的需求差異較大，學校課程較不易適應這些個別差異。

　　由上面的比較分析，可以發現分段型較彈性靈活，符合民主化的趨勢，故過去採一貫型的國家均有朝分段型發展的趨勢。惟兩者既然各有其優缺點，中等教育人員宜根據時空的特性與需要選擇合適的類型。一旦選擇某一類型後，就須針對其缺點採取適當的補救措施，才不致發生得不償失的現象。就選用時機而言，大致上重視中等教育普及、強調個別差異適應的地區或時代，較適合採用分段型；只重視少數菁英培養及強調專精化的地區或時代，方適合採一貫型。

第二節　學制設計的原則

　　包含中等教育人員在內的教育人員，均須對學制設計的原則有所認識。因為現有的學制並非完美無缺，必須不斷改進才能適應時代的需要，在沒有改革以前也須針對其缺失採取補救措施，教育人員瞭解了學制原則，才能有效的參與這些改革，也才能採取適當的補救措施。本節係綜合專家學者的意見，歸納出一些較主要的原則。

　　改革或建構學制時，應注意六項原則，即符合教育機會均等原則、配合學生身心發展程序、適合社會的情況與需要、有適應個別差異的彈性、結構體系要有機化、能發揮終生教育的精神，以下逐項申論之。（林本，民 56：171－194；教育部教育研究委員會，民 73：462－467；中華民國比較教育學會，民 77：181－531）

一、符合教育機會均等原則

　　在民主時代裡，人人都有均等的受教機會，如我國憲法明白規定「國民受教育的機會一律平等」。所謂教育機會均等，係指人人的出發點平等，然後各人能按照自己的能力，受到適合其能力的教育，達到人盡其才的境界。析言之，其要旨有三：

　　第一，全體國民都有機會在同類學校中，受若干年的國民教育，而不論其種族、階級、宗教、性別、黨派、貧富的差別。這是出發點的平等，或是立足點的平等。國父對此曾有貼切的闡述。他說：「圓顱方趾，同為社會之人，生於富貴之家，即能受教育，生於貧賤之家，即不能受教育，此不平等之甚也。社會主義學者，主張教育平等。凡為社會之人，無論貴賤，皆可入公共學校。」又說：「立足點平等，才是真平等。」

　　第二，全體國民都有權利受天資限度內的最高級教育。每個人的天資有高有低，在出發點給予平等教育機會之後，就應讓每個人有依

天資充分發展的機會，使天資高者受較高的教育，天資低者也受到適合其能力的教育，結果人人都能人盡其才，這才是真平等。平等是指立足點平等，而後人盡其才，而非人人齊頭式的平等。齊頭式的平等乃是一種假平等。

第三，全體國民都有發展特殊才能的機會。人類的才能有全有偏，有些人具有特殊才能，如音樂天才、數學天才、運動天才等，在學制上要讓這些人有充分發展其特殊才能的設計，方不致埋沒人才。

為使學制符合教育機會均等原則，各國都揚棄不民主的多軌制，而改採單軌制，再以「一幹多枝制」來適應個別差異。

二、配合學生身心發展程序

學制是為學生學習而設計的，學生身心的發展有其程序，在每個發展階段均各有其特性，學制若能配合此種程序與特性設計，學生在此學制的利用上，才會舒適而有效率。否則如果兩者不能相互配合，則不只學制不能充分發揮其效用，學生學習起來也是事倍功半。因此，學制中各階段教育的入學年齡、修業年限、分化時間等等，都要與學生身心發展的程序密切配合。

心理學者把人生的發展，分為幼兒期、兒童期、青年期、成人期。基於此一原則，故各國都把幼兒期列屬幼兒教育階段、兒童期列屬初等教育階段、青年期列屬中等教育階段，而成人期則列屬高等教育及成人教育階段。近年來，人的成熟速度加快，進入青年期的年齡提早，為適應這個變化，許多國家都開始把中等教育入學的年齡提早一至二年，即是本原則運用的具體例子之一。又如剛進入國中或初中的青年，其興趣性向逐步分化，需要特別觀察輔導，故許多國家就把這一階段列為觀察輔導期，並逐漸增設選修制度以引導學生的分化，亦是本原則運用的另一個例子。

三、適合社會的情況與需要

　　學制是促進國民個人發展的工具，也是促進社會發展的手段，社會更是學制運作的支援者，故學制的設計除須配合學生身心發展程序外，尚須適合社會的需要。學制能配合社會的情況與需要，才能為社會培養所需的人才，同時社會也才有能力與意願去支援學制。社會的情況及需要是多方面的，以下僅舉幾個面向以例子說明。

　　首先學制要配合社會民眾的平均壽命，平均壽命長時，整個學制的修業年限可以增加；若平均壽命短，則修業年限就要隨著縮短，否則畢業沒幾年就死了，教育又有何用。其次，學制要配合社會的經濟能力及狀況，經濟能力強，則修業及義務教育年限均可延長，否則就須減短，社會及個人才能支付得起費用；若社會的經濟屬於工業型，則須多設工業職業學校，若屬於農業型，則須多設農業職校。

　　社會所在的土地大小也須考慮，若土地十分廣闊如美國，各地的環境及需要容易形成差異，學制就須富有彈性，才能因地制宜。如果土地狹小，各地的差異也就較小，學制的彈性就可縮減些。

四、有適應個別差異的彈性

　　一國之內的各地區，其自然及人文條件有別；其所擁有的眾多居民，在先天及後天條件上亦有所差異。學制對此種差異必須妥為適應，方能可行而能發揮最大效果。換言之，學制不只要能適應地方的個別差異，也要能適應學生的個別差異。就適應地方的個別差異言，前一原則所舉的例子，從另一個角度看，也是一種適應個別差異的例子。

　　就適應人的個別差異而言，人的資質有高有低，各級教育的修業年限應有彈性，使特殊優異者得縮短修業年限，而資質頗低者得延長之。其次，人的性向有異，可設各類學校供其選擇就讀；如只設一類學校，亦可設分組或選修制度以適應。

五、結構體系要有機化

　　學制是由各級及各類學校組合而成的結構體系,在此一結構體系內的各級各類學校雖各有其獨立的職能,但彼此間卻須緊密銜接與配合,使上下一貫而左右相扶,成為一個有機整體。這就如人的五官四肢雖各有職能,但彼此相輔相成一般。

　　就縱的方面來說,教育雖分為學前、小學、國中、高中、專科及大學等級,但彼此間要相互銜接,不能脫節,使下一級教育的畢業生,都有機會透過公平的競爭升入上一級。

　　就橫的方面來說,各類學校之間要能夠互相溝通,相互轉學,使學生有機會選擇到一個最適合其發展的學校類別,往自我實現的理想邁進。譬如中等學校雖有普通中學及職業中學之分,但仍應彼此有互轉的管道,使已進入普通中學卻覺不適應的學生,有機會轉入職業中學;反之亦然。要做到此,除須訂有互轉辦法外,在課程上亦須配合,如在一、二年級開設某些共同課程,以利互轉後的適應。

六、能發揮終生教育的精神

　　在知識爆增及科技快速發展的現代社會裡,人必須活到老學到老,方能不斷適應社會,過著高品質而舒適的生活。基於此,學制就必須能提供這種終生學習的機會,使任何人在任何時候想要學習時,就有機會可以學習,至少也可以每隔一段時間就有一段學習機會,以吸收新的知識。

　　學制要發揮終生教育精神,可從幾個方面入手:一是各級學校適量辦理成人推廣教育;二是設置獨立的成人教育機構,如函授學校及開放大學等;三是結合民間組織,共同辦理成人教育;四是各級教育應逐步培養國民自我學習的態度與方法,使離開學校仍能不斷自我教育及成長。

第三節　我國中等教育制度的演進

我國立國已有數千年，教育亦已有很長的歷史。惟我國古時的教育，只分為小學和大學兩個段落，而無中學或中等教育之存在。此點可由歷史的有關記載證明之，如《尚書・大傳》曰：「古之帝王者必立大學小學。公卿之太子，大夫元士之適子，十有三年始入小學，見小節焉，踐小義焉；二十入大學，見大節焉，踐大義焉⋯⋯。」《學記》亦云：「比年入學，中年考校。一年視離經辨志，三年視敬業樂羣，五年視博學親師，七年視論學取友，謂之小成；九年知類通答，強力而不反，謂之大成。」《禮記・王制篇》亦云：「有虞氏養國老於上庠，養庶老於下庠；夏后氏養國老於東序，養庶老於西序；殷人養國老於右學，養庶老於左學」，鄭康成註解曰：「上庠、右學、東序為大學；下庠、左學、西序為小學。」

此種兩段制的教育制度相沿成習，直至清朝尚為如此。如清末於中日甲午戰敗後，為作育人才恢復國力，乃在天津設立北洋中西學堂，該學堂分頭等與二等兩級，二等學堂屬小學而頭等學堂則屬大學。學生於修畢二等學堂（小學）課程後，即升入頭等學堂（大學）肄業。

中等教育的正式產生，是始自清光緒二十三年以後所開設的上海南洋公學。該公學設有外院、中院及上院，依次遞升，中院即今之中學，開我國中等教育之始，此後我國的教育亦由過去的二段制變為三段制。中等教育自清光緒二十四年在南洋公學中院萌芽之後，距今已有近百年的歷史。這近百年的時間可以劃分為四個時期，即建立時期、革新時期、改進時期，及現代時期。以下茲分別說明這四個時期的演進情形。

壹・建立時期的中等教育

本期起自清光緒二十四年而迄於民國十年,是我國中等教育萌芽、建立及成長的時期。本期的中等教育制度係直接仿自日本,而間接仿自歐陸。茲將本期中幾個主要的事件分別說明,然後再歸納出本期中等教育的主要特徵:

一、中等教育的萌芽

我國教育自古以來為二級制,只有小學及大學之分,而無中學或中等教育之存在,此前已敍及。及至清末國勢積弱,尤其在光緒二十年(西元一八九四年)中日甲午戰爭中戰敗之後,全國震驚,乃極思興學作育英才,故盛宣懷於光緒二十二年奏請設立南洋公學,以為育才之所。此種背景可由盛氏在其「奏籌集商捐開辦南洋公學摺」中窺知,該摺中有言:「世變日棘,庶政維新,自強萬端,非人莫任,中外臣僚,與夫海內識時務之俊傑,莫不以參用西制興學樹人為先務之急。」光緒二十三年南洋公學成立於上海,先設師範院及外院,翌年(光緒二十四年)增設中院,以次續設上院。外院為今之小學,中院為今之中學,上院為今之大學,而師範院則屬培養各院師資之所。至此我國的教育即由二級制變為三級制,而中等教育於焉萌芽。外院、中院,及上院的修業年限均各為四年。(林本,民 55:2)

至於「中學」一詞之使用,則始於京師大學堂章程。清光緒二十四年,為繼續加強辦理教育,軍機大臣及總理衙門乃會呈京師大學堂章程,陳述教育之興革計畫。該計畫要旨之一即設學校以廣育人才,章程中云:「今擬通飭各省,上自省會,下及府州縣,皆須一年內設立學堂,府州縣設立小學,省會設立中學,京師設立大學。由小學卒業領有文憑者作為經濟生員,升入中學。由中學卒業領有文憑者作為舉人,升入大學。由大學卒業領有文憑者,作為進士,引見授官。」「中學」一名詞乃正式見於法令,亦為我國文獻上首次以「中學」一

詞代表「中等學校」之始。（林本，民 56:6）

二、中等教育制度之建立

清光緒二十六年庚子事變，喪權辱國，舉國上下深受刺激，僉謀改革以救亡圖存，惟圖存必須育才，育才必須興學，故清廷乃著派張百熙為管學大臣，負責草擬全國教育改革方案。該方案於光緒二十八年（一九○二年）由清廷頒布，是謂欽定學堂章程，因該年屬六十甲子中的壬寅年，故又稱為壬寅學制。此學制分教育為初等、中等及高等三段，是我國系統化建立中等教育制度之開始。

壬寅學制中的中等教育係在中學堂及中等實業學堂實施，均為一級制，修業年限均各為四年。中學堂的教育偏於升學預備，而中等實業學堂的教育則偏於就業預備。中學堂的課程有修身、讀經、算學、詞章、中外史學、中外輿地、外國文、物理、化學、博物、圖書，及體操等十二科，均為必修，每週教學總時數合為三十六小時，其中外國文就占九小時；至於中等實業學堂的課程則不詳。（林本，民 55：4；林本，民 56：7-8）

茲將壬寅學制繪示如圖 4-1。

壬寅學制公布之後，因清廷重臣的意見分歧，致使其無法實施。光緒二十九年清廷派張之洞、張百熙，及榮慶，會同重擬全國學堂章程公布，是為奏定學堂章程。是年歲次癸卯，故又稱為癸卯學制。癸卯學制所定之學制亦分為初等、中等及高等教育三級。在此學制裡，中等教育係在「中學堂」及「中等實業學堂」實施，均屬一級制，修業年限均在五年左右。中學堂實施升學預備教育，十六歲入學，修業五年，以府立為原則，如各州縣皆能設立一所者則更佳。其課程分十二科：修身、讀經講經、中國文學、外國語、歷史、地理、數學、博物、理化、法制經濟、圖書，及體操，每週授課三十六小時，其中讀經講經占九小時。（林本，民 55:10；林本，民 56:5）

中等實業學堂實施職業預備教育，計分四種：中等農業學堂、中

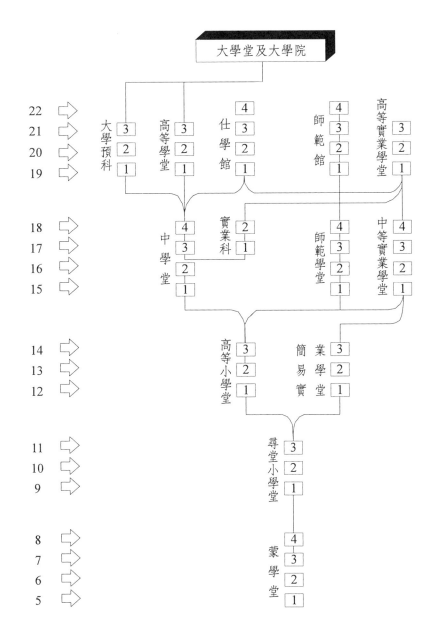

圖 4-1　壬寅學制系統
資料來源：林本，民 56：9。

等工業學堂、中等商業學堂，及中等商船學堂。

中等農業學堂以「教授農業所必需之知識藝能，使將來實能從事農業」為宗旨。設有本科及預科二種。本科三年畢業，但可酌量地方情形縮至二年以內或延至五年以內，招生對象為年在十五歲以上已修畢高等小學堂之四年課程者；至於預科則修業一年，招收年在十三歲以上已修畢初等小學堂之五年課程者。預科之課程有修身、中國文學、算術、地理、歷史、格致、圖畫，及體操等八科，此外可增授外國語。本科課程有五科：農業科、蠶業科、林業科、獸醫科，及水產科。

中等工業學堂以「教以工業所必需之知識技術，使將來實能從事工業」為宗旨。本科內分十科：土木科、金工科、造船科、電氣科、木工科、礦業科、染織科、窯業科、漆工科，及圖稿繪畫科。

中等商業學堂以「授商業所必需之知識藝能，使將來實能從事商業」為宗旨，預科及本科均不分科。

中等商船學堂以「授駕運商船之知識技能，使將來實能從事商船」為宗旨，本科內設二科：航海科及機輪科。

上列四種實業學堂內仍可酌設別科、選科及專攻科三種。別科實即簡易科之別名，講授該科必須之知識。選科為該科之一事項或數項增設之科目，供學生選修。專攻科則為各該實業畢業生尚欲專攻一科或數科而設的。茲將癸卯學制繪示如圖4-2。

國父孫中山先生領導的辛亥革命成功之後，締造民國。因政制維新，故對清末所行之教育制度乃有所興革。首先將清末的學部改稱為教育部，再由教育部召集臨時教育會議，決議修改學制，並於是年（即民國元年）九月公布，次年再予修正重新頒布，是為壬子癸丑學制。此學制的基本架構仍類似清末的學制，亦將教育分為初等、中等，及高等教育三級。在此一學制裡，中等教育係在中學校及甲種實業學校實施。兩種學校均屬一級制，修業年限均各為四年；此外另設有二年制的補習科。

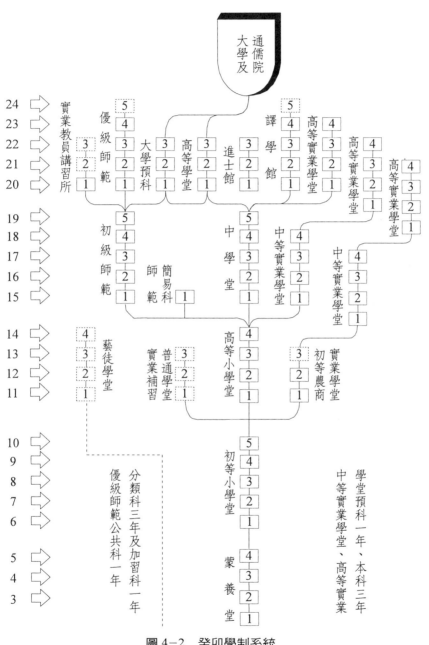

圖 4-2　癸卯學制系統

資料來源：林本，民 56: 11。

「中學校」重視普通文化陶冶，以升學預備為主。招收高等小學校之畢業生，滿十三歲入學，四年畢業。課程包括修身、國文、外國語、歷史、地理、數學、博物、理化、法制經濟、圖畫、手工、家事園藝（女）、縫紉（女）、樂歌及體操等十五科，每週上課三十二至三十五小時不等。清末所開設的「讀經講經」一科已被廢除，而代之以手工、音樂、家事、園藝及縫紉等較實用或生活化的課程。此與教育總長蔡元培所倡的「實利主義教育」及「藝術教育」有關。（林本，民55：9-10）

「甲種實業學校」實施職業教育，設本科及預科兩種，預科修業一年，本科則修業三年，分為農業、工業、商業及商船四種，惟其課程不詳。

值得注意的一件事是女子中學章程的頒布，創設了女子中學，使女子得以接受中等教育。過去因重男輕女的觀念太重，故女子一直無法接受中等教育，此種情形可由清末張之洞在奏定家庭教育法章程中窺知，該章程云：「中國男女之辨甚嚴，少年女子斷不宜令其結隊入學，遊行街市，且不宜多讀西書，誤學外國習俗，致開自行擇配之漸，長蔑視父母夫婿之風。」雖在清光緒三十三年（一九○七年）曾頒布女子師範學堂章程及女子小學堂章程，使女子得有接受師範及小學教育的機會，但仍不能接受中等教育。民國成立之後始創設女子中學，開女子接受中等教育之始。

茲將壬子癸丑學制繪示如圖4-3。

三、建立時期中等教育的特徵

從清光緒二十四年至民國十年的這段時間，是我國中等教育萌芽建立及成長發展的時期，故稱為建立時期。綜觀本時期的發展，可以歸納出本期中等教育的特徵如下：

(一)中等學校均採功能型

本期所頒布的所有學制，均將升學預備及職業預備教育分開在不

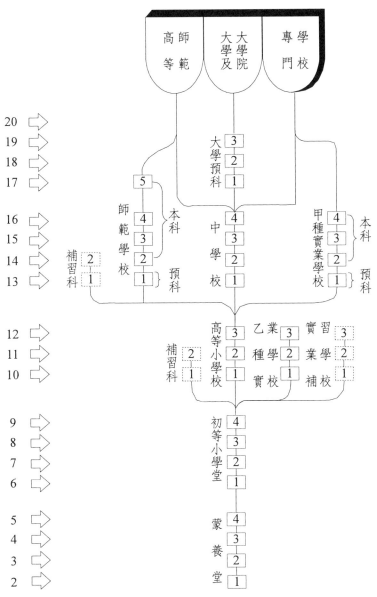

圖 4-3　壬子癸丑學制系統

資料來源：林本，民 56: 14。

同的中學實施，故是採取功能型中學的型態。在壬寅學制及癸卯學制裡，升學預備教育都是在中學堂實施，而職業預備教育則都在中等實業學堂實施。在壬子癸丑學制裡，升學預備教育係在中學校實施，而職業預備教育則在甲種實業學校實施。

(二)中等學校為一級制

本期的中等教育學校均只有一級，而無分初中及高中兩級的現象。南洋公學的中院、壬寅學制與癸卯學制的中學堂及中等實業學堂，及壬子癸丑學制的中學校與甲種實業學校均只有一級，不分初高中。

(三)中等教育的修業年限較短

本期的中等教育修業年限比較短，均在四至五年之間。壬寅學制的中等教育修業年限為四年，癸卯學制則延長為五年，壬子癸丑學制則再縮短為四年。

(四)中等教育的入學年齡較晚

本期的中等教育入學年齡較晚，均在十三歲以後。本期各學制的中等教育入學年齡分別為：壬寅學制為十六歲，癸卯學制亦為十六歲，而壬子癸丑學制則提前為十三歲。入學年齡較晚的原因是初等教育的年限較長，如壬寅學制的小學修業年限為十年、癸卯學制為九年，而壬子癸丑學制為七年。

(五)極重視外國文

本期各學制所訂之課程科目中，以外國文所占的每週時數最高，蓋我國自鴉片戰爭失敗後，因割地、賠款、通商等辱國條約而激起國人對於新教育之關心，故教育極重外國文，使學生能通曉外國文，一則藉以瞭解外國文化習俗以當折衝樽俎之任，而免為外人所欺曚；二則藉以瞭解外國之優點以供模仿學習，而能取人之長以補己之短。在壬寅學制的中學堂課程裡，外國文每週有九小時課；在癸卯學制的中學堂課程裡，外國文占六至八小時，而在壬子癸丑學制的中學校課程裡，外國文占七至八（男）或六（女）小時，平均說來都比其他各科

為高。

㈥女子受中等教育的機會較少

　　由於受傳統重男輕女觀念的影響，在中等教育建立發展的初期，女子接受中等教育的機會較男子為少。壬寅學制對於女子教育無規定，而癸卯學制則將女子教育包括於家庭教育中；迨至光緒三十三年，女子雖得接受小學及師範教育，但仍不得接受中等教育。直至民國成立之後，才開始創設女子中學而使女子有接受中等教育的機會。

貳・革新時期的中等教育

　　本時期斷自民國十一年（一九二二年），而迄於民國十六年（一九二七年）。

　　民國初年公布之壬子癸丑學制付諸實施後，由於下列原因而逐漸醞釀了改革的需求，終於導致改革：

　　1.民初所頒布之壬子癸丑學制修業年限太長，由小學到大學畢業約需十八年的時間，而當時民生凋敝，這麼長的學制實不能配合國民的經濟能力，有礙教育的普及與人才之培育。

　　2.民國成立之後，內憂外患十分頻仍，政府無暇顧及到教育的發展，致民初壬子癸丑學制公布實施後績效不彰，民眾誤以為係此一學制不佳所造成的結果，故主張加以改革。

　　3.民初所公布之壬子癸丑學制缺乏彈性，制度齊一，不能適應各地方各學生的不同需要。

　　4.民初教育規劃因多出自留日學生之手，故學制率多模仿日本。而民國成立後日本繼續加緊其侵華的步調，引起國人對日本的不滿，基於「厭屋及烏」的心理，國人遂傾向於廢除仿日的民初學制。

　　5.正當大家產生改革學制之際，加以留美學生返國日眾，彼等有鑒於美國之富強及教育之進步，故紛紛主張我國應向美國看齊，廢止仿日的制度，而能改採美國制度。

　　由於此次的改革幅度甚大，有如革命式的除舊布新，故稱之為革

新時期。本時期內只公布一個學制，稱為「新學制」或「壬戌學制」。本節先介紹壬戌學制對中等教育的規定情形，然後再歸納出本時期中等教育的特徵。

一、中等教育之改革

民國十一年，教育部因鑒於全國教育聯合會連年提議改革學制，乃於九月在北京召開學制會議，前後計開大會十一次，通過學制改革案。同年十月，教育部又將此項議案送往濟南所召開之第八屆全國省教育會聯合會議，徵求其意見，會中重加討論並修正通過。教育部乃參酌前後數案，斟酌取捨而草成法案，於民國十一年十一月一日由總統明令公布，此即所謂學校系統改革案，簡稱「新學制」或「壬戌學制」。（林本，民 56：17－18）

根據壬戌學制之規定，學校系統之改革原則凡七：

1. 適應社會進化之需要。
2. 發揮平民教育之精神。
3. 謀個性之發展。
4. 注意國民經濟力。
5. 注意生活教育。
6. 使教育易於普及。
7. 多留各地方伸縮餘地。

以上這七項原則可以歸納為一個原則，即「民主」原則，這也是美國教育制度的主要精神所在。

壬戌學制仍將教育分為初等、中等及高等教育三級。就中等教育而言，係規定在中學校實施，原則上在十二歲入學。中學校修業年限為六年，分為初、高兩級，初級三年而高級亦為三年，但得依設科性質而定為初級四年及高級兩年，或定為初級二年及高級四年。初級中學及高級中學以並設為原則，但有特殊情形時亦得分開單獨設立。初級中學實施普通教育，但得視地方需要兼設各種職業科。

高級中學分普通、農、工、商、師範，及家事等科，但得酌量地方情形單設一科或兼設數科。在課程方面，本次亦採取了學分制及選修制的兩種美制措施，以謀適應學生個性及社會之需要。如以初中課程為例，課程共含必修一百六十四學分及選修十六學分。茲將壬戌學制繪示如圖 4-4 供參考。

二、革新時期中等教育之特徵

綜觀本時期所頒布之壬戌學制，可發現本期中等教育具有下列特徵：

(一)中等學校採綜合型

清末民初的學制，係採普通中學與職業學校分立的功能型；而在本期新學制中，則將普通中學與職業學校合併而成為綜合型，其用意為教育部所稱之「轉通較易，適於發展個性」。

(二)中等學校採二級制

清末民初的中等教育係採一級制，而本期則將中等學校分為初級中學及高級中學兩級，以配合學生身心之發展階段。

(三)中等教育的修業年限較前延長

清末民初的中等教育修業年限只有四至五年，而本期則將之延長為六年。

(四)中等教育的就學年齡提早

清末民初的中學入學年齡分別為十六歲及十三歲，本期則提前為十二歲，蓋此期的小學教育為時只有六年，比清末民初的年限為短。

(五)中等學校的分級多樣化或彈性化

本期中等學校分為初高兩級，並得因設科之需要而劃為「三三」、「四二」，或「二四」等年段。一則讓地方有伸縮選擇餘地，以適應各地的特殊需要；二則可增加學生隨時結束之機會，以減少中途退學之人數。

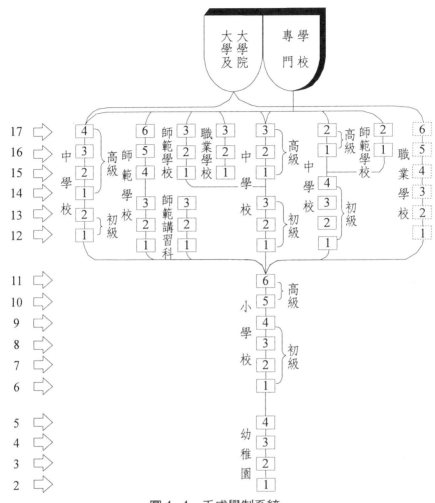

圖 4-4　壬戌學制系統

資料來源：林本，民 56:19。

（六）採學分制及選修制以適應個別差異

　　為期適應學生個別差異之需要，本期中等教育採學分及選修制，為我國中等教育上的一種劃時代改革。

叁‧改進時期的中等教育

　　本期斷自民國十七年而迄於民國五十六年，只就前革新時期所建立的制度，加以逐步改進而已，故稱為改進時期。以下仍先敍述本期的主要改進事宜，然後再歸納本期中等教育的特徵。

一、中等教育制度之改進

　　民國十六年，國民政府奠都南京後，鑒於數年來所實行的新學制，甚難切合當時中國社會之需要，產生嚴重之問題，故思加以改進。新學制（即壬戌學制）實施以來，所產生的問題主要有二：第一，新學制的中學採綜合型，把普通、職業及師範教育合併在同一校裡實施，但因中國人的士大夫觀念太過濃厚，故大家只重視普通升學預備課程，而忽略了職業及師範教育課程，致降低了國民的職業技術及學校師資的水準，有礙建國之進展。第二，新學制在中學設選修課程，以期適應學生的個別差異，但中國學生因缺乏民主之訓練，不能善加利用，只知選習容易及格的科目，而不管其是否適合個性的需要。此種避重就輕、選易避難的現象，導致降低了整個中等教育的水準。

　　為改進教育，乃於民國十七年五月在首都由中華民國大學院（當時之教育部）召集第一次全國教育會議。與會者為各部、各省區、各特別市及特聘專家學者等，共計七十多人。會中對新學制之得失詳加檢討，並通過「整理中華民國學校系統案」，而經國民政府正式公布，是即所謂戊辰學制。根據戊辰學制之規定，其改進原則有六：(1)根據本國實情；(2)適應民生需要；(3)增高教學效率；(4)謀個性之發展；(5)使教育易於普及；(6)留地方伸縮可能。其中第(1)及第(3)原則是針對新學制實施以來的弊病而定的改進原則，其餘四個原則在新學制均已提過。

　　在中等教育方面，中學校的修業年限為六年，並分初高兩級，原

則上初高級各修業三年，但得依設科性質而定為初級四年及高級二年。初級中學施行普通教育，但得視地方需要兼設各種職業科目。高級中學分普通、農、工、商、家事，及師範等科，但得酌量地方情形單設普通科，農、工、商、師範等科，亦得單獨設立為高級職業學校及師範學校，修業年限以三年為原則。同時各地方應設中等程度之補習學校，或稱民眾學校，其補習之種類及年限視地方情形酌定之。

如與新學制（壬戌學制）相比，則本戊辰學制與壬戌學制不同處有：(1)廢除二四制，而只保留三三制及四二制中學；(2)打破綜合型的限制，而得依需要或採綜合型或採功能型。換言之，是綜合與功能兩型並行；(3)初中取消自由選修之十六學分，而以職業選科十五或五學分代之，確實學分數由各校依據地方需要及校中設備酌定之。

茲將戊辰學制繪示如圖 4-5。

民國十七年的戊辰學制公布後，全國各級學校一體遵行。惟民國二十年九一八事變發生後，國人鑒於國難當前，認為教育有必要加以改進以配合國家當前處境之需要；而且當時國聯教育考察團提出的「中國教育之改造」報告書，也極力建議中等教育應在質上做積極之改進。教育部乃決定對教育制度加以研討改進，於民國二十一年聘定專家學者重行研討改進事宜，十二月由國民政府公布小學法、中學法、職業學校法及師範學校法，次年教育部又根據前述各法分別制頒小學規程、中學規程、職業學校規程，及師範學校規程。為稱謂方便起見，茲沿前例將這一學制稱之為壬申癸酉學制。本學制的中等學校又恢復到清末民初的功能型，將普通中學及職業學校分開設立。

中學偏重於升學預備教育，分為初級中學及高級中學兩級，修業年限各為三年。初、高級中學得單獨設立，但亦得混合設立。中學應視地方需要分別設置職業科目。初級中學招收年滿十二歲之高小畢業生，修業三年；高級中學招收年滿十五歲之初中畢業生，修業三年，學生入學均需經入學考試及格。

職業學校分初級職業學校及高級職業學校兩級。初級職業學校招

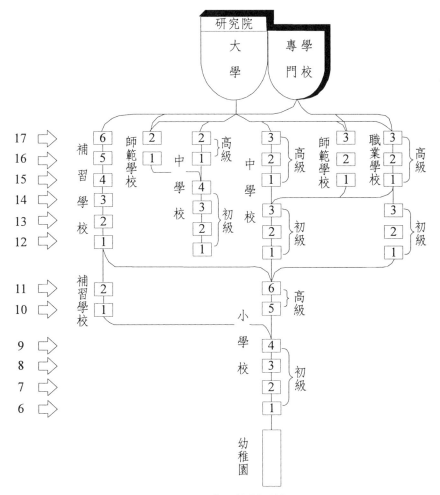

圖 4–5　戊辰學制系統
資料來源：林本，民 56: 23。

收小學畢業生或從事職業而具有相當程度，年在十二足歲至十八歲者，修業年限一至三年。高級職業學校招收初級中學畢業生或具有相當程度，年在十五足歲至二十二歲者，修業年限為三年；亦可招收小學畢業生或具有相當程度，年在十二足歲至二十歲者，其修業年限為五至六年。職業學校之入學均應經入學考試及格。職業學校以就某業

中之一科單獨設置為原則（如工業中之陶瓷、製革、染織、絲織、棉織、毛織等），但經主管教育行政機關之特別核准後，得兼設同一業之數科或合設數業（如農工商家事等）。在課程方面，則取消學分制而改採時數單位制，同時廢止選科辦法。

如與戊辰學制（十七年公布）相比，則改進之處為：

1.戊辰學制係功能型及綜合型中學並行；而本學制（即壬申癸酉學制）則恢復為功能型。

2.戊辰學制除三三制中學外，尚有四二制中學；而本學制則廢止四二制，只剩三三制。

3.戊辰學制的高級職業學校只有三年制一種，而本學制則增設五年或六年制高級職業學校。

4.戊辰學制採學分制，本學制則將學分制取消而改採時間單位制。

5.戊辰學制設有選科制，而本學制則將選科制取消。

茲將壬申癸酉學制繪示如圖 4-6。

二、變通方案之試行或實驗

壬申癸酉學制公布實施後，歷經抗戰、復員及遷臺等事件。在這段過程當中，壬申癸酉學制仍舊在運行。惟或為適應情勢的特殊需要，或為研究發展的需要，曾有若干變通方案的試行或實驗。茲將這些變通方案的試行或實驗情形，扼要說明如下。（林本，民 56：31-56）

㈠中學分區制之試行

自七七抗日戰爭爆發後，政府對教育之謀求改進日趨積極，民國二十七年教育部公布中學分區制辦法，飭令各省就其交通、人口、經濟、文化及現有學校情形，酌量劃分為若干中學區。每區內之公私立中學應有適當之分配，每區內以有高、初級合設之中學一所為原則。無省立中學時，應就聯合中學或擇一私立中學，或以次就公立私立初

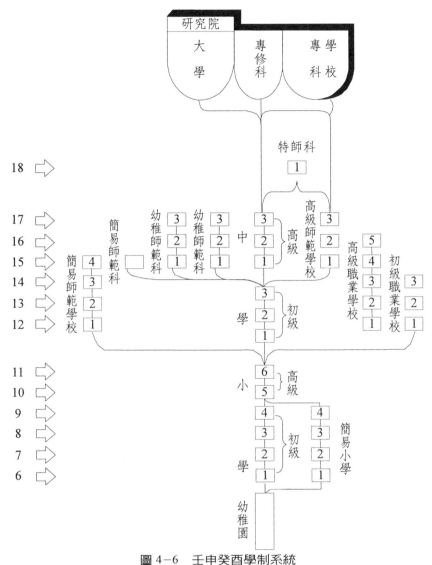

圖 4-6　壬申癸酉學制系統

資料來源：林本，民 56: 25。

級中學內，擇一校儘先予以整理充實，以為楷模。

　　此項分區制度，教育部暫定以川、滇、桂、黔、陝、甘、寧、青等後方八省為施行之地區。其主要目的不僅在使一學區內政權合一，

且有熔行政與研習於一爐之意，並欲藉各地之負責教育者能自動自發協助政府改進中等教育，以培養國家所急需之人才。

(二)六年一貫制中學之實驗

民國二十八年，教育部根據第三次全國教育會議通過教育部交議之中等教育改進案，並參酌各方意見及學理擬定六年制中學實驗方案，於同年十月公布，並指定國立中央大學實驗中學、西北師範學院附屬中學、國立二中、三中及十四中等五校實驗，又令川、黔、滇、陝、甘、粵、桂、湘、浙、閩等省及渝市廳局指定成績優良之公私立中學一二所試辦。其設立之要旨，在藉專為升學預備而提高學科程度，藉不分組來求人文教育之平衡發展，及藉採直徑一貫課程以求教學效率之提高，並加強國文、外國語及數學等工具學科之重視，以奠定良好的深造根基。此制自公布後，後方各省紛紛試行，惟至抗戰結束後即被中斷。

(三)四二制中學之實驗

民國三十四年日本無條件投降，臺灣重歸祖國懷抱，政府即依壬申癸酉學制之規定來改革臺灣的教育，重建三三制的中學，並特重國文國語之學習，以啟發國家民族意識，徹底清除日本皇民化的影響。民國三十八年大陸淪入共匪之手，政府撤退來臺，臺灣遂成為反共復國之基地，故政府極力發展臺灣地區之教育，除一方面力謀三三制課程之改進外，並於三十九年公布「實驗四二制中學辦法」，指定省立師範學院附屬中學及省立嘉義女子中學擔任實驗工作。四二制中學之特徵為課程採用直徑一貫方式，不用二重圓周制，且每一階段各有重心，前四年的課程重在基本訓練，後兩年則依學生興趣才能分為文理兩組，給予學生分化教育，以適應個別需要，以培養優秀青年專作升學準備為主要目標。

此一實驗工作因一般人認識不清，或因部分困難無法克服，經十多年後即無疾而終，故亦因之斷絕。

㈣四年制中學之實驗

　　在實驗四二制中學之同時，教育部於民國四十一年十月又頒布
「實驗四年制中學辦法大綱」，指定省立員林中學、臺北縣立新莊中
學、高雄市立女子中學、苗栗縣立卓蘭中學及桃園大園中學等五校負
責實驗。四年制中學設置之主要目的，係鑒於初中學生並非全部升入
高中，而為適應那些天資平常、志趣未定或因家庭經濟困難不能升學
之青年而設，一方面重視普通文化陶冶，而一方面又重視職業訓練，
使畢業後可以出而就業，獲得謀生能力。因此四年制之課程，前兩年
注重普通教育之基本訓練，自第三年起增設有關職業訓練之分組選修
課程，各校得視地方需要及學校實際情形，酌設二組或二組以上以供
選習一組。同時各校除設分組選修科目外，並得就學生升學及就業需
要分別設置自由選修科目，自第三學年開始每週不得超過二小時。至
於此類中學之畢業生，其優秀者經考試後得升入六年制中學後二年
（即普通高中二年級），如願繼續接受職業訓練者，亦得升入三年制
高級職業學校肄業。

　　本實驗因升學主義之傳統觀念作祟，引起社會反對，教育當局有
感於推行不易，乃於四十五年間先後停止實驗。

㈤新竹縣免試升初中之實驗

　　由於中等教育容量的不足及國人升學觀念過濃，故發生小學兒童
「惡性補習」之現象，戕害學童身心健康至鉅。教育部有鑒於此，乃
於民國四十四年九月頒布「發展初級中等教育方案」，又於翌年訂頒
「國民學校畢業生升學初級中學實施方案」，以資補救。此等方案主
要重點在欲使國民學校畢業生志願升學者，均能免試升學初中，原擬
在全省全面實施，嗣因經費、師資及設備之不足，乃改分區分年實
施，四十五學年起先行指定新竹縣試辦。

　　此一試辦工作也因社會缺乏認識及執行者之成見，而於四十八學
年度停止，試辦期間只有三年，殊屬可惜！

三、改進時期中等教育的特徵

綜觀本期的發展，可以歸納出本期中等教育的主要特徵如下：

1.中等學校恢復為功能型。革新時期中學採美式綜合型；及至本期戊辰學制公布，乃打破綜合型而改採功能型及綜合型並行制；等到民國二十一及二十二年壬申癸酉學制公布，則又全面恢復為功能型，亦即把普通中學及職業學校分開設置。

2.中等學校仍如革新時期採二制，惟職業學校得採五年或六年一貫制。

3.中等教育的修業年限仍以六年為原則。

4.中等教育的入學標準年齡仍在十二歲。

5.中學分級方式漸趨單一化。革新時期中學的分級，得採三三、二四，及四二等三種方式，頗具彈性。惟至本期戊辰學制公布，即把二四制取消；至壬申癸酉學制公布時，又把四二制取消，只剩三三制一種。

6.取消學分制。革新時期中學採學分制，但至本期壬申癸酉學制公布時已將之取消，而恢復時間單位制。

肆·現代時期的中等教育

本期斷自民國五十七年，而迄於現在。自進入六〇年代以後，由於社會環境的急速變遷，我國由農業社會進入工業社會，教育乃有大加改革之必要，以便能提高國民的教育水準，使我國能步入現代化的開發國家之林，加速完成復國建國的神聖使命。職此之故，政府乃於民國五十七年，將國民教育由原來的六年延長為九年，之後又先後修訂或新頒有關的教育法令，使我國教育又進入了一個嶄新的時代。茲將本時期中等教育的發展情形，敘述如下。

一、國民教育的延長

民國五十七年一月，政府制定公布九年國民教育實施條例，作為實施九年國民教育的法令依據。此法將我國的初級中學教育的制度作了很大的改變，至於高中高職則照舊而未有所變更。

本條例對中等教育的主要改變為：(1)將初級中學及初級職業學校合併為國民中學，國民中學成為綜合型，兼顧升學與就業預備；惟私立者仍稱為初級中學。(2)國民中學採學區制，由地方主管教育行政機關依據行政區域、人口、交通及國民小學分布情形，劃分學區、分區設置，容納本學區內國民小學畢業生。(3)國民中學教育變為免費教育，學生免納學費，其他法令規定之費用，清寒學生免繳之。(4)國中學生入學由主管教育行政機關分發所屬學區的國民中學就學，廢除過去考試入學的辦法。

民國六十八年政府公布國民教育法，同時廢止了九年國民教育實施條例。本法對國民中學教育的規定與九年國民教育實施條例大同小異，增加了下列規定：(1)國民中學另應以法律規定為強迫義務教育；(2)國民中學以由政府辦理為原則；(3)國民中學應設輔導室辦理輔導事宜；(4)國民中學以採小班制為原則；(5)私立初級中學改稱為私立國民中學。

二、高級中等教育的改革

為適應時代的需要，政府將民國二十一年公布的職業學校法加以修正，於民國六十五年修正公布，之後又有修正。職業學校規程亦自民國六十七年後多次修正公布，使我國的職業教育進入另一個新的階段。

本法的修正重點如下：(1)職業學校改為一級制，銜接在國民中學之上；而不再如過去分為初級及高級職業學校兩級。(2)取消五至六年制（招收小學畢業生者）的職校。(3)職業學校改為以分類設立為原

則，過去則以分科設立為原則。(4)增訂得設國立職業學校的規定，過去職業學校規定只能由省、直轄市及縣市設立。(5)增訂職業學校得設夜間部的規定，過去則無此規定。

政府於民國六十八年制定公布高級中學法，以取代民國二十一年中學法對高級中學教育的規定，因應時代的需要，高級中學規程亦於民國七十年訂定，隨後並曾多次修正。

高級中學法對高級中學制度之主要改變要點為：(1)增訂得設國立高級中學及師範院校得設附屬高級中學之規定；(2)增加高級中學得附設國民中學或職業類科的規定；(3)增加有關輔導工作及得縮短學生優異學科之學習年限之規定。

為增進高級中學教育的彈性化，使其更能適應學生的個別差異，充分發揮試探及促進自我實現的功能，教育部於民國八十三年公布高級中學試辦學年學分制實施計畫，又於民國八十四年先後公布完全中學試辦計畫、綜合中學試辦計畫，及高級職業學校試辦學年學分制實施要點，開始選擇若干中學試辦完全中學、綜合中學及高中高職學年學分制，使學制逐步多元化。民國八十八年修正公布高級中學法，將高級中學正式分為普通、綜合、單類科、實驗等四類型，並得設立完全中學及採用學分制，使學制多元及學分制正式法制化。

三、補習教育之擴充

為適應社會變遷之需要，政府於民國六十五年將民國三十三年公布的「補習學校法」修正，公布為「補習教育法」，並於七十一年再度將補習教育法修正。政府同時在六十七年依補習教育法制頒了補習教育規程，之後亦曾再次修正。民國八十八年將補習教育法修正為補習及進修教育法，八十九年又據以訂定補習及進修教育法施行細則。

新舊法對補習教育的不同規定主要為：

1. 過去補習教育最高只到高級中等學校程度，民國六十五年修正公布的補習教育法則將之提高至專科程度，而七十一年則又修正提高

至大學程度。

2.將原來的「中級普通補習學校」及「中級職業補習學校」合併，並改稱為「國民中學補習學校」。將原來的高級普通補習學校及高級職業補習學校，分別改稱為高級中學進修補習學校及高級職業進修補習學校；民國八十八年則再分別改稱為高級中學進修學校及職業進修學校。

3.增加補習教育修業年限的規定。國民中學補習學校修業年限不得少於三年，高級中學及職業進修補習學校的修業年限，各不得少於同性質之高級中學及職業學校的修業年限。舊的補習學校法則無此規定。

4.增加補習學校上課得採週末制的規定。蓋舊法只規定得採按日制或間日制，而新法則規定得採按日制、間日制，及週末制三種。

5.增加補習及進修教育得視需要採特殊補習、勞工補習，及隨營補習方式辦理的規定；舊法則無此規定。民國八十八年又將方式修正為在監、隨營補習及進修方式三種。

6.增加補習及進修教育得以函授、廣播、電視及電腦網路（本項係八十八年新增規定）教學方式辦理的規定；舊法則無此規定。

7.規定國民中學補習學校免收學費，但得酌收其他費用；高級中學及職業進修學校得比照同級同類學校收費。而舊法則規定補習學校不收學費，但得酌收講義費，職業補習學校並得酌收實習費。

8.增加規定國民中學畢業未繼續受教育者，得實施部分時間之職業進修教育，至十八歲為止。

9.民國八十八年增加補習及進修學校多元入學方式之規定，規定須經入學考試合格、甄試錄取、登記、分發或保送入學；過去則無此規定。

四、私立學校的法制化

為適應社會變遷的需要，並加強對私立學校的管理及輔導，政府

乃於民國六十三年公布「私立學校法」，以代替過去屬於行政命令的「私立學校規程」。民國六十四年，教育部並依「私立學校法」之規定，制定公布了「私立學校施行細則」，這兩項法令並再經多次修正。

新舊法令對私立學校的規定，主要有下列不同之處：

1.新法規定各級各類學校，除師範學校及特定學校由政府辦理、國民教育以由政府辦理為原則外，均得由私人申請設立；八十六年的修正則又放寬為除軍、警校院外，均得由私人申請設立。而舊法只規定除師範學校外，其餘各級學校私人均得申請設立。

2.為確保董事會的健全運作，對董事的資格作了較嚴格的限制。

3.新法規定私立學校應為財團法人登記，而舊法則無此規定。

4.新法增列政府對成績卓著之私立學校應予獎助之規定；舊法則無此等獎助之規定。

5.新法增列對辦理不善或違法之私立學校，得予「糾正」或「限期整頓改善」之處分方式，以後的修正則陸續增列停止補助、停辦及解散等方式；而舊法則只規定「停止招生」之處分方式。

五、現代時期中等教育的特徵

本時期（現代時期）中等教育的特徵，主要有七項：

1.中等教育前段（國民中學）採綜合型，而後段則以採功能型（高中及高職分設）為原則。但必要時得採合作式的綜合型（即高中得附設職業類科），八十四年後亦得試辦統整型的綜合中學。

2.義教年限延長，國民中學教育變為義務教育，採學區制，學生由政府分發入學。

3.中等教育仍分為二段，全部修業年限仍以六年為原則，即國中三年，高中三年，而高職則以三年為原則，但特殊的類科得縮短為兩年或延長為四年。民國八十四年後亦得試辦六年一貫制的完全中學。

4.重視輔導工作，增設輔導單位及人員。

*5.*補習教育的實施方式多樣或彈性化，授課除可採按日制、間日制及週末制外，並增列得採在監、隨營補習及進修的方式辦理。此外並增列得採函授、電視、廣播及電腦網路等教學方式。

*6.*私立學校法制化，須辦理財團法人登記，並依法受政府監督。

茲將我國現行學制繪示如圖4-7，從中可看出現行的中等教育制度概況。以下第四至第八節，即分別介紹我國現行國民中學、高級中學、職業學校、中等補校，及私立中學的制度。

第四節　國民中學教育制度

我國現行中等教育的前段，是在國民中學實施的。國民中學教育是根據國民教育法、國民教育法施行細則，及其他相關法令來實施的。茲分項詳細討論國民中學的目標、設立與入學情形。（教育部，民 83a：11723－11730, 11753－11760）

壹‧國民中學的教育目標

依國民教育法之規定，國民中學之教育目標，在依憲法第一百五十八條之規定，培養德、智、體、羣、美五育均衡發展之健全國民，兼顧學生升學及就業之預備。

國民中學教育屬於國民教育，依余書麟教授（民 56：19）在其《國民教育原理》書中解釋說：「國民教育是根據國家理念，培養民族意識、國家觀念、國民道德，訓練自治能力，加強國際友好合作，發展健全身心及授與生活必需知能之全民的基本教育。」換言之，國民教育是全體國民不分智愚、貧富、性別、種族、宗教等均應接受的基本教育，其目的在教學生「做人」而成為健全的國民，而「做人」或「成為健全國民」須具有高尚的道德、豐富的生活知能、健康的身心，及合羣的精神。先總統　蔣公對國民教育曾有明確的詮釋，總統指出：（臺灣省政府教育廳，民 63：15－16）

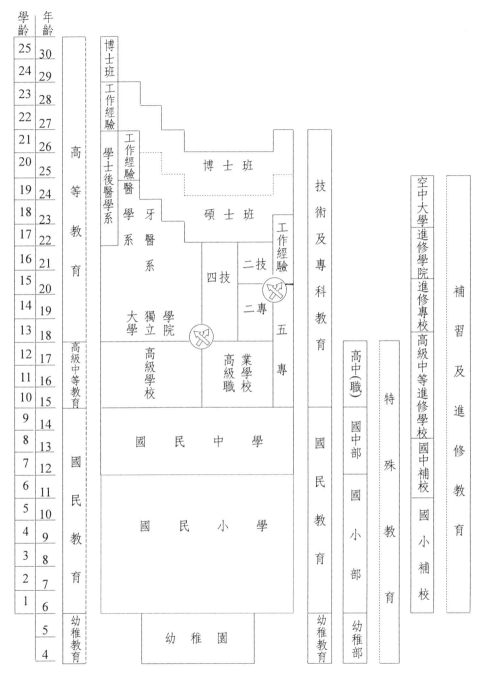

圖 4-7　我國現行學制系統

資料來源：教育部，民 89。

實施九年國民教育，乃為培植現代國民，提高其精神與體力，品德與智能，增進其明禮尚義，崇法務實與互助合作，愛國保種的基礎。這不只為建設三民主義模範省的基本要求，且為建設三民主義新中國的根本大計。

實則，九年制的國民教育，亦非徒為教育時間的延長，就學機會的普及與均等，更重要的，乃為國民教育內容的充實與本質的改進，換言之，我們不只是要求提高知識，以發展國民固有的潛能；而是要提高公德，以造成國民的品格；故其先者，乃在求公德的實踐，知能的發揮，羣己的辨別。因此，國民中學，特應以生活知能、倫理道德、民族傳統精神教育為主，而益之以科學基本教育，職業技藝教育，社會教育。……所以國民教育，既要導之以明禮義，教之以知廉恥，又要使之具備羣體生活——公德合作——的習性，與現代科學的精神，瞭解現代國民對國家社會應盡的義務和責任。務使德、智、體、羣均衡發展，身、心、手、腦皆臻健全，陶鑄成為活活潑潑的好學生，堂堂正正的好國民。

總之，國民中學的教育目標是在培養德、智、體、羣、美五育均衡發展的健全國民，使其能善盡國民的義務與善享國民的權利。

貳‧國民中學的設立與入學

一、設立

國民中學以由政府辦理為原則，惟私人團體亦得依據私立學校法申請設立。當由政府設立時，目前的政策是由縣（市）及直轄市政府負責設置並主管之。此外，師範校院及設有教育院、系、所之大學校院為辦理教育實驗、研究，並供學生實習，亦得設實驗國民中學。普通高級中學為適應特殊地區之需要，亦得報經主管教育行政機關核准後附設國民中學部。

國民中學之設置依下列原則辦理：

　　1.由直轄市或縣（市）政府依據人口、交通、社區、文化環境、行政區域及學校分布情形劃分學區，分區設置。

　　2.國民中學之設置應以便利學生就讀為原則。交通不便、偏遠地區或情況特殊戶地區，未設置國中者，設置分校或分班。

　　3.國民中學應與國民小學以分別設置為原則，但必要時得合併設置。

　　4.國民中學之規劃以不超過四十八班為原則；規模過大者，直轄市、縣（市）政府應增設學校，重劃學區。

　　5.國民中學的設置，應符合教育部制頒之國民中學設備基準之規定。惟直轄市、縣（市）政府亦得視實際需要，另定適用於該地方之基準，報請教育部備查。

　　6.私立國民中學之學區劃分，由直轄市、縣（市）主管教育行政機關參照地方特性定之。惟私立國民中學經徵得其董事會之同意後，亦得按公立國民中學劃分學區，分發學生入學，學生免納學費，其人事費及辦公費由直轄市或縣（市）政府依規定標準編列預算發給之，建築設備費得視實際需要編列預算補助之。

　　7.國民中學得委由私人辦理；政府或私人亦得辦理非學校型態之實驗國中教育；其辦法均由直轄市、縣（市）政府定之。

　　政府設置國民中學辦理國民中學教育所需經費，由直轄市或縣（市）政府編列預算支應。中央政府應視國民教育經費之實際需要補助之。辦理國民中學所需建校土地，由直轄市或縣（市）政府視都市計畫及社區發展需要優先規劃，並得依法撥用或徵收。

二、入學與修業年限

　　國民中學修業年限三年；但特殊教育之學生的修業年限得縮短或延長，悉依特殊教育法之規定辦理。

　　國民小學當年度畢業生，由直轄市或縣（市）主管教育行政機關

按學區分發入國民中學。其具體作法為：國民小學應於每年五月底前造具當年度畢業生名冊，報請主管教育行政機關分發入國民中學，並於六月二十日前按學區通知之，分發學生入學之通知應記載下列事項；分發入學之學校名稱及地址；新生報到、學校開學、註冊及上課之日期；學生註冊須知及其他有關入學注意事項。因故未入學之學生，若其未超過十五歲者，由主管教育行政機關輔導其入國民中學。

私立國民中學之入學，由學校本教育機會均等及國民教育健全發展之精神，訂定辦法，報請主管教育行政機關核定之。

依強迫入學條例規定，國民中學教育屬強迫教育，亦即屬義務教育。直轄市、縣（市）為辦理強迫入學事宜，應設直轄市、縣（市）強迫入學委員會；鄉鎮（市）區為辦理強迫入學事宜，應設鄉鎮（市）強迫入學委員會。適齡國民之父母或監護人有督促子女或受監護人入學之義務，並應配合學校實施家庭教育。凡應入學而未入學之適齡國民，學校應報請鄉鎮（市）區強迫入學委員會派員作家庭訪問，勸告入學；其因家庭清寒或家庭變故而不能入學者，報請當地直轄市、縣（市）政府依社會福利法規或以特別救濟方式協助解決其困難。凡應入學而未入學之適齡國民，除法定情形外，其父母或監護人經勸告後仍不送入學者，應由學校報請鄉鎮（市）區強迫入學委員會予以書面警告，並限期入學，經警告並限期入學而仍不遵行者，由鄉鎮（市）區公所科一百銀元以下罰鍰並限期入學；如未遵限入學，得繼續科罰至入學為止。已入學之適齡國民如無故中途輟學或長期缺課者，由學校勸導督促，如不遵從，則報請鄉鎮（市）區公所依規定處罰其父母或監護人。父母或監護人被科罰鍰時若逾期不繳者，移送法院強制執行。

適齡國民若因殘障、疾病、發育不良、性格或行為異常，而達不能入學之程度時，經公立醫院機構證明者，得核定暫緩入學，但健康恢復後仍應入學。適齡國民經公立醫療機構鑑定，證明確屬重度智能不足者，得免強迫入學。智能不足、體能殘障、性格或行為異常之適

齡國民，由學校實施特殊教育，亦得由父母或監護人向當地強迫入學委員會申請同意後，送請特殊教育機構施教，或在家自行教育。其在家自行教育者，得由該學區內之學校派員輔導。國民教育階段重度身心障礙之適齡國民（六至十五歲），經鑑定無法就讀一般公私立國民中小學或特殊學校者，如在社會福利機構就讀或在家自行教育，得依規定向政府申請教育代金，其金額約數千元，時有調整。適齡國民隨家庭遷移戶籍者，由遷入地戶政機關以副本通知當地強迫入學委員會，執行強迫入學或轉學事宜。

國民中學學生免納學費；其貧苦者由政府供給書籍，並免繳其他法令規定之費用。此外，國民中學另設獎、助學金，以獎、助優秀、清寒之學生。在偏遠地區因路途遙遠，無法當日往返上學之學生，學校應提供膳宿設備。

為讓特殊學生有接受國民中學教育的機會，除可讓特殊學生與正常學生混合施教外，尚可在特殊學校中設立國中部，亦可另設特殊班級施教。特殊教育之施教對象除資賦優異者外，一般包括智能不足、視覺障礙、聽覺障礙、言語障礙、肢體殘障、身體病弱、性格或行為異常等七類的人，詳見特殊教育法及其施行細則之規定。目前設有國中部的特殊學校有啟明學校、啟聰學校，及仁愛學校；而在國民中學附設的特殊班級包括有益智班、仁愛班、啟聰班、資優班、音樂班、美術班、資源班、資訊班、體育班等類。此外，為獎勵清寒優秀之身心障礙學生，以協助其完成學業，政府設有國民中小學身心障礙學生獎助金供申請，其中清寒者、障礙程度較重者、矯治復健可能性高者，及在學成績優秀者，列為優先。

根據統計，八十八學年度時，我國（含臺、澎、金、馬地區）有國民中學 719 所，其中私立者有 9 所。另外有高級中學附設國中部 148 所，其中私立者有 98 所。特殊學校全部有 23 所，其中多數設有國中部；由國民中學附設的特殊班共有 1532 班。國中教育人口就學率約為 99.9%，畢業生的升學率為 94.73%，升學的學校包括高中高職（含補

校及延教班）及五專在內。（教育部，民 89：4−5, 33, 74−75, 124）

第五節　高級中學教育制度

我國現行中等教育的後段，係在高級中學及職業學校實施。本節先行討論高級中學教育的現況，後一節再討論職業學校教育。

高級中學教育是根據高級中學法、高級中學規程，及其他有關法令來實施。以下茲分項討論高級中學的教育目標、設立及入學情形。

壹·高級中學的教育目標

依高級中學法之規定，高級中學之目標在依中華民國憲法之規定，陶冶青年身心，培養健全公民，奠定研究高深學術及學習專門知能之預備。高級中學法施行細則對高級學之目標，並未做進一步規定。高級中學課程標準對高級中學的目標有較詳細的敍述，請參見第三章第二節「高級中學的法定目標」一文。

綜合言之，高級中學的教育目標是在培養健全國民的基礎上，偏於升學預備，使學生能升上大學從事高深學術之研究，或能升上專科學校從事專門知能之學習。而所培養的健全國民，應具有公民道德、民主精神、人文與科學素養、批判思考、健康身心、適應變遷及終身學習等素養或能力。

貳·高級中學的設立及入學

高級中學由中央政府、直轄市政府、縣（市）政府設立，或由私人依私立學校法設立。師範校院及設有教育院、系、所之大學校院得設附屬或實驗高級中學，以供教育實習、實驗及研究。

高級中學之設立、變更，或停辦程序，請參見高級中學法之規定。

高級中學分為下列類型：

1.普通高級中學：指研習基本學科為主之普通課程組織，以強化學生通識能力之學校。普通高級中學為適應特殊地區之需要，得報經主管教育行政機關核准，附設職業類科或國民中學部。附設部分之課程及設備標準，並分別適用職業學校或國民中學之規定。

2.綜合高級中學：指融合普通科目與職業科目為一體之課程組織，輔導學生根據能力、性向、興趣選修適性課程之學校。

3.單類科高級中學：指採取特定學科領域為核心之課程組織，提供學習成就特別優異及性向明顯之學生，繼續發展潛能之學校。

4.實驗高級中學：指為從事教育實驗設立之學校。實驗高級中學申請設立之條件、程序、附設職業類科或國民中小學部等事項，其辦法由中央主管教育行政機關定之。目前教育部已訂定「實驗高級中學申請設立辦法」，請自行參閱。附設部分之課程及設備標準，並分別適用職業學校或國民中學之規定。

5.完全中學高級中學階段：為發展社區型中學，各級政府或私人得設立完全中學，提供學生統整學習。完全中學含中等教育前、後二階段。前三年為國民中學階段，後三年為高級中學階段。其學區劃分原則、修業年限、應修課程或學分、設備標準及畢業條件，由中央主管教育行政機關定之。目前教育部已訂定「完全中學設立辦法」，請自行參閱附錄。

高級中學修業年限以三年為原則，必要時得延長二年。特殊教育之學生，其修業年限得酌予縮短或延長，悉依特殊教育法之規定辦理。

高級中學入學資格，須具有國民中學畢業或同等學力者，經入學考試、推薦甄選、登記、直升、保送、申請或分發等多元入學方式。同等學力之標準，教育部已在高級中學法施行細則規定，係指下列情形之一者：(1)曾在公、私立國民中學或相當於國民中學教育階段之學校修業三年級課程，持有修業證明書者；(2)曾在公、私立國民中學補習學校或已立案之私立中級補習學校結業，取得結業證明書者；(3)經

國民中學畢業程度自學進修學歷鑑定考試及格，取得學歷鑑定及格證明書者；(4)取得丙級技術士證或相當於丙級以上技士證之資格者。

　　高級中學多元入學之各項辦法，由各級主管教育行政機關定之。教育部已先後訂定發布：高級中學多元入學方案、高級中學申請入學實施要點、高級中學推薦甄選入學實施要點、高級中學實施基本學歷測驗分發入學要點，請自行參閱該等辦法或要點，以求深入瞭解。自九十學年度起，高級中學多元入學方案開始實施，同時廢止高中聯招，改以國民中學基本學力測驗等取代，實施「考招分離」，以多元之入學管道進入高中。入學管道有三種，包括登記分發入學、推薦甄選入學、與申請分發入學，茲分別簡述於下。

　　1. 登記分發入學：指由學生向所屬分發區域內之分發入學委員會辦理登記。之後再由分發入學委員會，依學生之基本學力測驗成績，分發學生到某一學校入學。所稱基本學力測驗，係一套由主管教育行政機關委託之學術機構，參照國民中學學生基本學力指標，經長期研究發展而成的標準化測驗工具。其範圍包括國文、英語、數學、自然學科、社會學科。

　　2. 推薦甄選入學：係指國民中學依據各高級中學所定甄選條件，推薦該校符合甄選條件之應屆畢業生，參加各地區高級中學所辦理之甄選入學方式。高級中學辦理推薦甄試，得參酌或採計推薦學生之基本學力測驗分數，並視需要實施必要之口試、實作、小論文、英語聽力等測驗。推薦甄選入學應設定辦理區域，學生不可跨區參加，而且每生只能向一所學校報名參加推薦甄選。

　　3. 申請入學：係指高級中學依據學校發展與地區特色訂定選才標準，由學生依據各校招生簡章之規定，直接向學校提出申請入學之招生方式。高級中學辦理申請入學，得參酌或採計推薦學生之基本學力測驗分數及各項在學表現（如特殊才能、綜合表現等），以書面審查或甄選方式來決定學生之錄取。申請入學應設定辦理區域，學生不可跨區參加。

有關多元入學方案請參見附錄。

高級中學徵收學費、雜費，及代收款等三種學生費用。收費之標準，以經主管教育行政機關核定者為限。學生得依高級中等以上學校學生就學貸款辦法，向政府貸款。

為讓資優學生在接受適性高級中學教育的機會，高級中學設有資優班、音樂班、美術班、舞蹈班，及體育班等特殊班級供就讀。

根據統計，八十八學年度時全國有高級中學 253 所，其中私立者有 114 所，附設有國中部的有 148 所。高中畢業生的升學率為 66.64%，升入的學校包括大學、三專（含專科補校）及空中大學。（教育部，民 89：4－5, 33, 75）

第六節　職業學校教育制度

我國中等教育的後段，係在高級中學及職業學校實施。前節已討論了高級中學教育，本節將討論職業學校教育。

我國現行職業學校教育，是依職業學校法、職業學校規程，及其他有關的法令來實施的。以下謹分項討論職業學校的教育目標、設立及入學情形，以明其現狀。

壹・職業學校的教育目標

依職業學校法之規定，職業學校之教育目標為依中華民國憲法第一百五十八條之規定，教授青年職業智能及培養職業道德，以養成健全之基層技術人員。

職業學校規程則進一步詳細規定，應達成下列教育目標：（周志宏，陳舜芬，民 89：274）

1. 充實職業智能。

2. 增進職業道德。

3. 養成勞動習慣。

4.陶冶公民道德。

5.鍛鍊強健體格。

6.啟發創業精神。

綜合言之，職業學校之教育目標在培養健全國民的基礎上偏於就業預備，以培養具有職業知識技能及道德的基層技術人員。

貳·職業學校的設立與入學

一、設立

職業學校由直轄市設立；但為適應地方實際需要，則亦得由縣（市）設立，或由私人依私立學校法設立。教育部審查實際情形，得設立國立職業學校。職業學校之設立、變更，或停辦，應根據學校所在地及附近之經濟、教育、人口、交通與資源等實際狀況，提出計畫或理由，依規定報請核准、備查後辦理。

職業學校以分類設立為原則，惟必要時得併設二類，並按其類別稱為某類職業學校，每類各設若干科。普通高級中學若為適應特殊地區之需要，亦得報經主管教育行政機關核准附設職業類科。

職業學校分為工業、商業、農業、家事、海事水產、藝術、醫護等類。各類之下再分設若干科，其分科情形如下：

1.工業類：分機械科、模具科、製圖科、汽車科、板金板、配管科、鑄造科、機械木模科、重機科、機電科、電機科、電子科、資訊科、控制科、冷凍空調科、建築科、土木科、家具木工科、室內空間設計科、化工科、環境檢驗科、美工科、印刷科、金屬工藝科等。

2.商業類：分商業經營科、國際貿易科、會計事務科、資料處理科、廣告設計科、文書事務科、餐飲管理科、觀光事業科、不動產事務科、應用外語科。

3.農業類：分農場經營科、農業機械科、食品加工科、畜產保健科、森林科、農業土木科、農業行銷科、造園科等。

4.家事類：分家政科、美容科、服裝科、幼兒保育科、室內設計科、食品科等。

5.海事水產類：分航海科、輪機科、電子通信科、航運管理科、漁業科、水產食品科、水產養殖科、水產經營科等。

6.藝術類：分美術科、舞蹈科、影劇科、音樂科、國樂科、電影電視科、戲劇科等。

7.醫護類：護理科。

前列各類之分科情形隨時會有所改變，並非永遠不變的，教育人員應隨時留意其改變發展。

二、入學及修業年限

職業學校之修業年限以三年為原則。學生之入學資格，為須曾在國民中學畢業或具有同等學力。所謂同等學力係指下列情形之一者而言：(1)曾在國民中學或已立案之私立國民中學修畢三年級課程，持有修業證明書者；(2)曾在國民中學補習學校或已立案之私立中級補習學校結業，取得結業證明書者；(3)經國民中學畢業程度學力鑑定考試及格，取得及格證書者。除上述的入學資格外，學生年齡以未滿二十二足歲為原則；但因情形特殊經報請主管教育行政機關核准者，則不在此限。

職業學校之入學方式，採入學考試、甄試錄取、登記、分發或保送入學。採入學考試時，得單獨辦理，亦得聯合辦理，目前以採分區聯招方式居多。至於推薦保送甄試方式，則係針對某些資賦優異或具特殊才能的學生實施，其情形類似高中部分，請參閱前一節。

職業學校設夜間部，修業年限要比日間部的規定年限延長一年，以招收在職人員為主，其辦法由教育部來規定。為讓特殊學生有因才接受職業教育之機會，得在特殊學校內設高職部，其修業年限比照同級同類學校，但得酌予延長。

職業學校經主管教育行政機關核准後，得設實用技能班，其修業

年限分一年段、二年段、三年段，得分年修習。修畢一、二年段課程且成績及格者，由學校發給年段修業證明書，修畢三年段課程且成績及格者，由學校發給結業證明書，並得參加由主管教育行政機關舉行之資格考驗，成績及格者給予資格證明書。實用技能班招生對象，以未滿十八歲且曾參加國中技藝教育班之應屆國中畢（修）業生為主，以未參加國中技藝班之應屆國中畢（結）業生為輔，如尚有餘額，可接受其他具相當資格的人，不受年齡限制。入學方式除採保送分發入學外，以申請登記為原則，申請人數超過招生名額時，須經甄試入學。

公立職業學校得不收學費（目前須收學費），但得收雜費及實習材料費。私立職業學校得收學費、雜費及實習材料費。收費均應報請主管教育行政機關核定之。公立職校所需經費，由其所屬政府編列預算支給；私立職校者則由董事會籌劃之。學校每年除人事費外，有關教學及實習等費應按實際需要妥予編列，以配合職業教育之特性及實施；每年並應編列適當預算，以供維護、擴充及更新設備之用。學校附屬作業組織之剩餘，得提成獎助成績優良學生或參與作業之學生，以資鼓勵，但應列入預算。

根據統計，在八十八學年度時，全國有職業學校 199 所（其中私立者有 102 所），設夜間部共達 513 班。就類科而言，以工業類最多，商業類次之，家事、農業、海事、醫事等類科則居少數。

職校畢業生的升學率為 30.49% 左右，其餘未升學者則到社會就業。升學的學校包括大學、二專、三專、專科補校，及空中大學等。（教育部，民 89：5, 33, 96）。

第七節　中等補習及進修教育制度

中等補習及進修教育亦屬中等教育，我國現行中等補習及進修教育之實施，是依據補習及進修教育法、補習及進修教育法施行細則及

其他有關法令來辦理的。

依補習及進修教育法的規定：補習教育區分為國民補習教育、進修教育，及短期補習教育三種。凡已逾學齡未受九年國民教育之國民，予以國民補習教育；已受九年國民教育之國民，得受進修教育；志願增進生活知能之國民，得受短期補習教育。國民補習教育由國民小學及國民中學附設補習學校實施之。國民小學補習學校分初高級二部，初級部相當於國民小學前三年，修業期限為六個月至一年；高級部相當於國民小學後三年，修業年限為一年六個月至二年。

國民中學補習學校相當於國民中學，修業年限不得少於三年。進修教育由高級中等以上學校依需要附設進修學校實施之。進修學校分為三級，即高級中學及職業進修學校、專科進修學校、大學進修學校。

以下先討論中等補習教育的目標，再依序討論設立及入學情形：

壹‧中等補習及進修教育目標

依補習及進修教育法之規定：補習及進修教育以補充國民生活知識、提高教育程度、傳授實用技藝、培養健全公民，及促進社會進步為目的。

上述規定稍嫌籠統，因就中等補習教育而言，就有國民中學程度的補習教育、高級中學程度的進修教育，及職業學校程度的進修教育等三種，這三種中等補習及進修教育的目標應有所不同，但在法令中並未分別列舉出各自的目標，實有進一步闡明的必要。

依補習及進修教育法之規定：國民補習學校、高級中學及職業進修學校學生，修業期滿成績及格，准予畢業，並由學校發給畢業證書，具有同級、同類學校之畢業資格。由此我們可進一步推論：國民中學補習學校的目標與國民中學的目標應是類似的，高級中學進修學校的目標與高級中學的目標應是類似的，而職業進修學校的目標與職業學校也應該是類似的。

由以上之分析可知：國民中學補習學校應兼顧補習及進修教育法、國民教育法所定之教育目標；高級中學進修學校應兼顧補習及進修教育法、高級中學法所定之目標；而職業進修學校則應兼顧補習及進修教育法、職業學校法所定之目標。

貳・中等補習及進修學校的設立及入學

一、設立

依規定，國民中學補習學校由國民中學附設之。其設立、變更或停辦，設於直轄市者由直轄市主管教育行政機關（即市教育局）核准；設於縣（市）者由縣（市）主管教育行政機關（指縣市政府）核准。國民中學補習學校相當於國民中學，修業年限不得少於三年。

高級中學及職業進修學校，由同級、同類以上學校附設為限。高級中學及職業進修學校之設立、變更或停辦，由各級主管教育行政機關核准。

前文所稱主管教育行政機關，在中央為教育部，在直轄市為直轄市政府教育局，在縣（市）為縣（市）政府。

二、入學

國民中學補習學校學生之入學資格，須年滿十五歲，並具有國民小學畢業，或經自學進修學力鑑定考試及格或同等學力資格。高級中學及職業進修學校學生之入學資格，比照同級、同類學校之有關規定。

各級國民補習學校及進修學校之入學方式，須經入學考試合格、甄試錄取、登記、分發或保送入學，其注意事項由各校自訂。

國民中學補習學校免收學費，得酌收其他費用。高級中學及職業進修學校，比照高級中學及職業學校收費，其收費標準由主管教育行政機關規定之。

根據統計，在八十八學年度時，全國有國中補校 304 所、高中及職業進修補校 235 所，合計達 539 所。其中私立的只占 137 所，其餘全屬公立。職業進修補校的學生中，以就讀商業、工業類科者最多，就讀家事類科者次之，就讀農業、海事水產，及藝術類科者居後。（教育部，民 89：128－132）

第八節　私立中等教育制度

我國現行私立中等教育之實施，是根據私立學校法、私立學校法施行細則、國民教育法、高級中學法、職業學校法、補習教育法，及其他有關的法令規定辦理的。依私立學校法之規定：除軍事、警察學校由政府辦理外，其餘各級各類學校均得由私人申請設立。由此可見：私立國民中學、私立高級中學、私立職業學校，及私立中等補習學校，都被容許存在的。

以下先討論我國現行私立中等學校的教育目標，然後再依序討論其設立及入學情形：

壹‧私立中等學校的教育目標

私立學校法對私立中等教育的目標並未規定，但可從有關的法令來窺知。依私立學校法之規定：本法未規定者依有關法令之規定。所謂有關教育法令，係指國民教育法及其施行細則、高級中學法及其規程、職業學校法及其規程、補習教育法及其規程，與其他有關法令而言。

由以上之分析可知：私立中等教育之目標，與公立之中等教育目標是相同的。換言之，各級中等學校不分公私立，其教育目標是相同的，私立國民中學教育目標依國民教育法之規定；私立高級中學教育目標依高級中學法之規定；私立職業學校之教育目標依職業學校法之規定；而中等補習及進修學校之教育目標則依補習及進修教育法之規

定。至於各種中等學校的教育目標在前四節均已分別討論過，在此不再贅述。

貳・私立中等學校的設立與入學

一、設立

　　私立中等學校係由私人依法申請設立，其過程包括籌設、成立董事會、財團法人登記，及立案與招生等四個程序，依序討論如下。

（一）私立中等學校之籌設

　　私立學校籌設應由創辦人按照各級各類私立學校之設立標準，提出籌設學校計畫同捐助章程，報請主管教育行政機關審核。

　　籌設學校計畫應載明下列事項：

　　1.興學目的。

　　2.學校名稱。

　　3.學校地址及校地面積。

　　4.院、系、科或班、級。

　　5.捐資人姓名暨所捐財產數額及其證明文件。

　　6.基金來源及其證明文件。

　　7.學校經費概算，包括經常費及開辦費等之概算。

　　8.創辦人姓名、住址及履歷；其經捐資人推舉者，其證明文件（指經捐資人三分之二以上出具之同意書）。

　　9.創辦人為法人或非法人團體者，其名稱、事務所所在地及其代表人履歷。依規定創辦人由捐資人任之，但對辦理教育事業有經驗之人士經捐資人之推舉亦得為創辦人。法人或非法人團體為創辦人時，其權利與義務由其代表人行之。創辦人以一人至三人為限。

　　捐助章程應載明下列事項：

　　1.關於前述籌設學校計畫所載明之事項。

　　2.關於董事之名額及其選聘、解聘事項。

3.關於董事會事項。

4.關於管理方法事項。

(二)董事會之成立

　　私立學校應設置董事會，負責下列職權：(1)董事、董事長之選聘及解聘；(2)校（院）長之選聘及解聘；(3)校（院）務報告、校（院）務計畫及重要規章之審核；(4)經費之籌措；(5)預算及決算之審核；(6)基金之管理；(7)財務之監督；及(8)私立學校法所定其他有關董事會之職權。董事長、董事及董事會不得於私立學校法所定之職權外，干預學校行政。

　　董事會置董事七人至二十一人。董事會得聘顧問一人至三人，列席董事會，備董事會諮詢。第一屆董事除由創辦人擔任外，其餘由創辦人遴選適當人員報請主管教育行政機關核備後三十日內聘任之。創辦人應於董事聘定後三十日內召開董事會成立會議，推選董事長。董事長應於董事會成立後二十日內，檢同董事會組織章程、董事會成立會議記錄，及創辦人移交清冊等三種文件，報請主管教育行政機關核備。創辦人於第一屆董事會成立後，應將籌設學校之一切事項移交董事會。

　　董事每屆任期為三年，連選得連任。創辦人為當然董事，不經選舉而連任。董事會應在當屆董事任期屆滿二個月前開會選舉下屆董事，並將新董事名冊及其同意書報請主管教育行政機關核備後二十日內，由原任董事長召開新董事會，推選新任董事長。

　　董事會議每學期至少舉行一次。董事會議由董事長召集並為主席。經現任董事三分之一以上以書面提出會議目的及召集理由，請求召集董事會議時，董事長自受請求之日起十日內召集之；若逾期不為召集之通知時，由請求之董事報經主管教育行政機關許可後自行召集之。

　　董事會議召開時，董事應親自出席，不得委派代表。董事會之決議應有過半數董事之出席，以出席董事過半數之同意行之。但有下列

重要事項之決議時，應有三分之二以上董事之出席，以現任董事總額過半數之同意行之：(1)董事之改選、補選；(2)董事長之選舉、改選、補選；(3)校（院）長之選聘或解聘；(4)學校不動產之處分或設定負擔；(5)董事會組織章程之修訂；(6)學校停辦、解散，或申請破產之決定。上述重要事項之討論，應於會議前十日將議程通知各董事，並申報主管教育行政機關，主管教育行政機關得派員列席。

董事會因發生重大糾紛致無法召開會議或有嚴重違反教育法令情事者，主管教育行政機關得限期命其整頓改善；如逾期不為整頓改善或整頓改善無效果時，得解除全體董事之職務。但其情節重大且情勢急迫時，主管教育行政機關得經私立學校諮詢委員會決議解除全體董事之職務或停止其職務二個月至六個月，必要時得延長之。主管教育行政機關解除全體董事職務時，應就原有董事及熱心教育人士各指定若干人會同推選董事，重新組織董事會。主管教育行政機關認為必要時，得於新董事會成立前，指定熱心公正之教育人士三至五人，督學一或二人組織管理委員會，代行董事會職權，至新董事會成立時為止。董事長及董事均為無給職，但得酌支交通費。

㈢財團法人登記

私立學校應向學校所在地之地方法院為財團法人登記。財團法人係以「財產」的基礎而結合成的一種私法人，為屬於服務社會大眾的公益法人。法人由法律賦與權利能力，視為一個能行使權利履行義務的獨立人格，而不是任何他人的附屬品。（黃茂德，民 70：20－24）

為財團法人設立登記，應於主管教育行政機關核備之董事會成立後三十日內，由全體董事會提出申請書，送請主管教育行政機關轉送該地方法院辦理。申請書應登記目的、學校名稱、學校所在地、財產總額、受許可之年月日，及董事之姓名住所等項目。申請書應由董事長及全體董事簽名蓋章，並加蓋學校校印。

私立學校於財團法人設立登記後，其不動產及重要財產如有增減，應於學年度終了後三個月內檢同財產變更清冊，送經主管教育行

政機關核轉該管法院辦理變更登記。董事長及董事之改選補選及其他重要事項之變更，應送經主管教育行政機關核轉該管法院辦理變更登記。

私立學校於辦竣財團法人設立或變更登記後，應將法院發給之財團法人登記證書繕本，連同刊登法院公告之新聞紙，送請主管教育行政機關備查。

㈣立案

私立學校於完成財團法人登記，並領得財團法人登記證書後，應由董事會於一年內向主管教育行政機關申請立案。私立學校經主管教育行政機關審核符合設校標準，並已將捐助之財產交付及移轉為財團法人所有者，准予立案。凡經核准立案之中等學校，應由主管教育行政機關轉報教育部備查。

私立學校之名稱應明確表示學校之類別、等級。私立學校受主管教育行政機關之監督。所稱主管教育行政機關，私立高級中等以上學校為教育部，其他私立學校為所在地之直轄市政府或縣（市）政府。但私立高級中等學校，在直轄市為直轄市政府。

根據統計，在八十八學年度時，全國有私立國中 9 所，私立高中 114 所，私立職校 102 所，私立高中及職業進修補校 137 所，合計有 362 所私立中等學校。（教育部，民 89：75, 80, 130）

私立學校設立之後，若辦學目的有窒礙難行或遭遇重大困難不能繼續辦理時，得由董事會報請主管教育行政機關核准停辦，或依法解散之。如辦理不善或違反法令或設立許可條件者，主管教育行政機關得視情節輕重，予以糾正、限期整頓改善、停止部分或全額之補助、停止部分或全部班級之招生；如情節重大時，或經主管教育行政機關限期令其整頓改善，而逾期不為整頓改善者，得命其停辦或依法解散之。如未經報准擅自停辦或停止招生，或經核准停辦而逾規定停辦期限仍未恢復辦理者，或因前述原因被命停辦或逾規定停辦期限仍未整頓改善者，主管教育行政機關得命其依法解散之。停辦或解散時，其

在校學生由原校發給轉學證明書，轉學他校；必要時得由主管教育行政機關分發其他學校就讀。

各級政府編列年度教育經費預算時，應參酌學校健全發展之需要，對私立學校予以補助；其辦學成績優異或績效卓著者，並予以獎助。私立學校因學校發展所需鄰近校地之公地，得專案報請主管教育行政機關商同土地所有機關依法讓售之；私人或團體對於私立學校之捐贈除依法予以獎勵外，並得依所得稅法、遺產及贈與稅法之規定免稅；私立學校所有土地賦稅及房屋稅法依有關稅法之規定辦理減免；私立學校依其設立性質、規模及教學研究之需要，進口圖書儀器及必須用品，經主管教育行政機關證明者，可依關稅法之規定申請免稅結匯進口。各級政府所設之獎學金，其獎勵對象應包括私立學校學生。

主管教育行政機關為審議私立學校之籌設、停辦、解散、遷校、重大獎助、董事會發生缺失情形之處置及其他重大事項，得遴聘學者專家、私立學校代表、社會人士及有關機關代表組成私立學校諮詢委員會，提供諮詢意見；其遴聘及集會辦法由教育部定之。教育部已訂定「私立學校諮詢委員會委員遴聘及集會辦法」，請自行參閱。

二、入學

私立學校經主管教育行政機關核准立案後，始得招生。其招生辦法及班級名額，應報經主管教育行政機關核定。一般說來，私立中等學校學生的入學資格與公立學校相同；至於入學方式亦大同小異，請參見前面各級（類）中等學校的入學規定。

凡校（院）長違反規定擅自招生者，除學生學籍不予承認外，並由主管教育行政機關通知董事會解除其職務，另行遴選合格人員報核。未依法令規定申請核准立案，以學校或類似學校名義擅自招生者，或以外國學校名義在中華民國境內辦理招生且授課者，由主管教育行政機關命其立即停辦、解散，並公告周知；其負責人、行為人各處新台幣五萬元以上十五萬元以下之罰鍰；其所使用之器材、設備得

沒入之。經處分仍拒不遵令立即停辦解散者，其負責人、行為人各處三年以下有期徒刑、拘役或科或併科新台幣一百萬元以下罰金。主管教育行政機關進行上述規定處分時，得請當地政府協助辦理。

第5章　中等教育的課程

　　課程是教育的內容，中等學校教師透過課程來教學，中等學校學生亦透過課程來學習，故課程是達成中等教育目標的重要因素，中等教育人員對課程不可不瞭解。本章即分別討論課程的類型、課程的設計，及各級中等學校的現行課程。

第一節　課程的類型

　　中等教育人員必須認識課程的類型，其理由有三：(1)每種課程類型都有其設計精神存在，教師瞭解課程類型之後，才能於教學時掌握住該類型之精神所在，而做最充分的發揮，教學效果才能提高；(2)每種課程類型均有其限制或缺失，教師瞭解各種課程類型及其得失後，才能在教學時採取補救措施，避免該類型缺失的出現，預防負面作用的產生；(3)教師有時須參與課程設計，如參與設計鄉土課程等，知道課程類型後，才能在參與中貢獻智慧，使設計出來的課程在類型上顯得合宜。

　　課程的類型可依不同標準予以分類，本節將從三個標準來分類及討論：一是從課程的結構來分類，二是從課程的內容取向來分類，三是從課程的顯隱性來分類。

壹‧依結構分類

依課程的結構來分類，課程可分為六大類型，即科目、相關、合科、廣域、核心，及活動等課程。（林本，民 55:227－236；莊懷義等，民 82:255－259；瞿立鶴，民 74:329－335）

1.科目型課程：科目型課程（subject curriculum）又稱為分科型課程或學科型課程，係將課程分割成許多科目，每個科目只涵蓋一個小領域的知識範圍，教材大都依該科知識體系的邏輯順序安排。如高級中學分設的國文、英文、公民、歷史、地理、物理、化學、生物、音樂、舞蹈、美術……等，即屬科目型課程。科目型課程的優點是各科涵蓋範圍很細，且依邏輯順序排列，易於專精學習；缺點則是科目林立，且不顧及學習者的特性，故學習較乏味，而習得的知識又較零碎。

2.相關型課程：相關型課程（correlated curriculum）是科目型課程的修正型，形式上仍採科目型，但注意各科目教材編輯之間的配合與教學之聯繫，使各科目之間形成某種程度之相關，以略補科目型課程的分割零碎缺失。就各科教材編輯之配合而言，如國文科編有唐詩作品的教材時，則在歷史科也相對編有唐詩的發展背景及其對時代影響的教材。就各科間的教學聯繫而言，如歷史教師在講述「張騫通西域」的史實時，也能隨著告訴學生有關西域的地理狀況；地理教師在講解西部地理時，也能同時提到張騫通西域的史實。相關型的優點是可略補科目型的分割零碎，使學習較有統整性；缺點則為編輯及教學較難，且仍有科目型的缺點存在。

3.合科型課程：合科型課程（fusion curriculum）又稱為融合型課程，係將科目型中的若干相關科目融合成一門科目，使該科目包含較大的知識領域，如將科目型的公民、歷史及地理三科合成「社會」一科，或將物理、化學及生物三種融合成「自然」一科，如此社會及自然即屬合科型課程。合科型的優點是學習到的知識較有統整性，其缺

點則是教學及設計不易，如由物理教師教自然，則其生物與化學知識較薄弱，難以教好。欲補這些缺失，可以採協同教學（team teaching），或師資培育即以合科型來分系培養。如仍採現行方式培育的話，則應鼓勵或要求師範生學習第二專長，甚至第三專長。

4.廣域型課程：廣域型課程（broad field curriculum）係比合科型課程更進一步擴大領域的融合，可說是擴大化的合科型課程。換言之，廣域型係將人類的生活知識粗分成少數領域，每個領域包含的知識範圍很廣而成為一科，如將中學課程只分為社會、自然、語文、技藝、健康教育等五大科目，而每一大科目皆包括數個科目型科目的內容，如社會科包括歷史、地理、公民、經濟、法律等。廣域課程的優點是學習統整性極強；其缺點則與合科型類似且有過之，補救辦法亦類似合科型的辦法。

5.核心型課程：核心型課程（core curriculum）係以一科目為核心，其餘科目即配合此一核心科目發展，科目間形成一種核心與邊緣的相關體系。核心型的科目通常是採合科型或廣域型的科目，而通常以社會科或自然科為核心（因這兩科與人的生活關係較密切）。譬如以社會科為核心時，若其某一單元名稱為「我們的學校」，則其他科的相對單元即配合「我們的學校」發展，如音樂科教授校歌、歷史科研究校史、生物科教授校園內的動植物等。核心型的優點是其學習統整性很強，遠大於合科型及廣域型；其缺點則是設計及教學的難度很高。

6.活動型課程：活動型課程（activity curriculum）又稱為經驗型課程（experience curriculum），係一種打破學科界限的設計，以學生的生活為課程內容，透過學生的活動來教學，使學生由做中學，從經驗中學到解決生活問題的知能，童子軍活動及團體活動的科目，常採此一類型。活動型的優點是以學生生活為內容，學習起來較有趣活潑，而且從活動中易於學到應用能力；其缺點則是結構鬆散，不易學到完整的知識，而且也易忽略文化的傳承，使嘗試錯誤的機遇大為提高。

茲將這六種課程類型圖示如圖 5-1，以協助瞭解。這六型的課程可以從兩個層面來看出其區別，一是構成課程科目的多寡，一是科際整合的強弱。就科目多寡而言，科目型及相關型課程的科目數量最多，合科型、廣域型及核心型次之，而活動型最少。就科際整合強弱而言，科目型課程的整合性最弱，相關型次之，合科型、廣域型及核心型則較強，而以活動型最強。茲將這種差異性圖示如圖 5-2，以助瞭解。

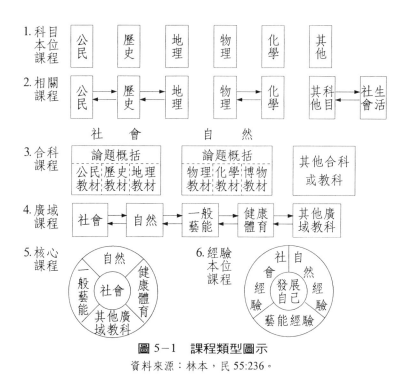

圖 5-1　課程類型圖示
資料來源：林本，民 55:236。

　　中等教育人員在面對這六種課程類型時，宜把握下列數項原則：(1)應深入瞭解各類型的優點，於教學時加以充分發揮。(2)應針對各類型的缺點做適當的補救措施，如採科目型課程時，應加強學生學習動機的引起，各科教師應加強溝通與配合，因科目型的缺點為乏味及零

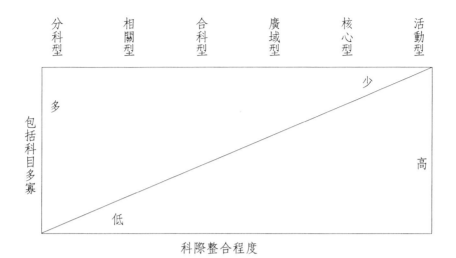

分科型　相關型　合科型　廣域型　核心型　活動型

多　　　　　　　　　　　　　　　　少

包括科目多寡

高

低

科際整合程度

圖 5−2　各類型課程的比較

碎。再如採合科、廣域、核心，及活動型課程時，教師應擴充自己的
知識領域，使自己專長既廣且精；或是採取協同教學（team teach-
ing），以團隊精神發揮這些類型的統整性；最好是師資的培育就能培
養出適合教授這些類型的教師，否則學校亦應為教師提供在職進修，
使教師進一步學習。(3)整合型較強的課程類型（如活動型、廣域型、
合科型），較適用於年齡較小的學生，因小孩的心智分化程度與思考
統合能力都不高；反之，知識邏輯性較強的類型（如科目型與相關
型）則較適用於年齡大者，因他們的邏輯分析及思考統合能力都較
強。如以國中生與高中生相比為例，則國中生適用合科型的程度比高
中生大，而高中生適用分科型的程度比國中生強。基於此，故國中課
程中採合科型者多於高中，而高中採分科型者多於國中。

貳・依內容取向分類

依課程內容的取向來分類，課程可以分為三大類型，分別為生活
中心型、社會中心型，與知識中心型。（王文科，民 77:389−400；瞿
立鶴，民 74:335−343）

1.生活中心課程：生活中心課程（life-centered curriculum）係以兒童或學生的生活做為課程內容的取向，以適合他們需要及興趣的內容來組織課程，故又稱為兒童中心課程（child-centered curriculum）或學生中心課程（student-centered curriculum）。本類型的優點是學生學習起來很有興趣，而且較能應用於當前生活上，因課程與其需要、興趣及經驗相近。缺點則是不易學到系統化的知識，而且未來的應用性較差，因學生的需要及興趣是比較隨興的，而且與成人有所不同；其次，本類型因太重視學生需要，相對地忽略了社會的需要，可能使學生個性過度發展，而群性培養有所不足。

2.社會中心課程：社會中心課程（society-centered curriculum）係以社會的需要做為課程內容的取向，以社會的政治、經濟、文化等基本問題來組成課程。本類型的優點是可以充分發展學生的群性，並使學生較能適應未來的成人社會生活；其缺點則是不易引起學習興趣，而且較易壓抑學生個性的發展。

3.知識中心課程：知識中心課程（knowledge-centered curriculum）係以知識結構的要素做為課程內容的取向，以各該學科課程本身的概念、原則、思想體系來組成課程。本類型的優點是學習到的知識較有體系，但因忽視學生及社會的需要，學習起來可能較乏趣味，而且易與生活脫節。

由上面的分析可知，生活中心、社會中心及知識中心的課程各有其優劣點，如只用一種將會使學習不夠完美，因此最好是三種類型能兼容並用，其原則有二：(1)在設計課程時，內容取材能兼顧學生及社會的需要，等取材後再依所取教材之知識結構來組織教材，其作法如圖 5-3 所示。惟所謂兼顧學生及社會需求並非一成不變，而是依學習者的年齡高低有所偏重，對年齡小的學生可略偏重其需要，對年齡大者則可逐漸偏重社會需要。(2)如果自己無課程設計權，而必須採用別人已設計好的課程時，若已設計的課程係採某一類型，則於教學時便須針對該一類型的缺失作補救，如該課程係採社會中心型，則教學時

宜酌採生活中心及知識中心的精神，予以適量的補充與調整，發揮應用之妙存乎一心的效果。

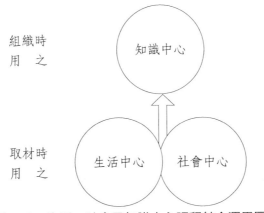

圖 5-3　生活、社會及知識中心課程綜合運用圖

叁‧依顯隱性分類

依其顯隱性來分類，課程可分為兩大類型，即正式課程與潛在課程，以下分別加以說明。

1.正式課程：正式課程（formal curriculum）是學校依據教育目標及有關規定所正式設計出來的課程。此種課程通常是經過公布周知的，故師生都可感覺到它的存在，可說是一種顯性的課程。譬如教育部訂定的各級學校課程標準所規定的課程，即屬於正式課程；學校課表所呈現出來的課程也屬於此類。正式課程因事先經過設計，而且經公布周知，故教學起來較有體系，也較不會受到有意或無意的忽略。

2.潛在課程：潛在課程（hidden curriculum）是正式課程以外的非計畫性課程，來自學習者周遭環境的潛移默化經驗，因它是師生不易察覺到的，是隱藏於環境中的，故稱之為潛在課程。潛在課程包括學校文化、學校建築、師生關係、同儕關係與文化、社會環境的影響，如校園寬窄影響著學生心胸的寬窄、社會的功利主義會使學生也重功

利，這都是潛在課程的例子。其中教師是否能以身作則，關係至為重要。潛在課程因未經過事先設計，且是隱藏性的，故較易受到師生忽略。（陳伯璋，民74）

課程雖有正式與潛在之分，但中等教育人員應兩者兼顧。正式課程通常是法定的課程，自須加以重視；潛在課程則無所不在，而且分分秒秒都發出影響，忽視不得。基於此，教師、學校及有關部門的人員，都須在實施正式課程的過程中，注意建構良好的學校環境、積極改善社會風氣，並以身作則而為楷模，發揮潛在課程的效用，才能使教學的效果充分達成。

第二節　課程的設計

中等學校的教師及相關人員需要瞭解課程設計的步驟與原則，因為在教學過程中常要提供並設計補充教材，而且有機會參與教育行政機關對中學課程的設計。尤其現在是民主時代，中等學校的教科書逐漸開放給民間編寫，教師參加編寫的機會越來越多，對課程設計也須有所瞭解。本節即就課程設計的步驟與原則，作精要的討論。

課程設計的步驟依泰勒（Tyler, 1950:1－70）之看法有五，即診斷需要、擬定目標、選擇教材、組織教材，與評鑑等；而依塔巴（Taba, 1962:12）之意見則有七，即診斷需要（diagnosis of needs）、擬定目標（formulation of objectives）、選擇教材（selection of content）、組織教材（organization of content）、選擇學習經驗（selection of learning experiences）、組織學習經驗（organization of learning experiences），與評鑑（evaluation）等。診斷需要為擬定目標之手段，故可視為擬定目標之一部分；而選擇教材及選擇學習經驗的原則類似、組織教材及組織學習經驗之原則亦相近，故均可合併討論。故編製課程的主要步驟有四，即擬定課程目標、選擇教材、組織教材、實施評鑑。

一、擬定課程目標

　　編製課程之首要步驟，即在確定課程所要達到的教育目標，以作為選擇課程內容的根據。擬定課程目標應依據下列四項進行：

　　1.根據政府公布之教育目標：教育是國家事業並受國家之監督，故擬定課程目標時必須依據政府公布之教育目標進行。我國憲法、各級各類教育法（如國民教育法、高級中學法、職業學校法、補習教育法等），與各級各類學校之課程標準，對我國整體教育目標或各級各類各科目標均有所規定，擬定課程目標時自應列為根據。

　　2.參考專家學者或研究團體之意見：國內外不少教育專家學者及研究團體，對教育目標均有研究並提出其看法，這些意見對擬定課程目標有重要的參考價值。

　　3.根據社會的特性及需要：社會是人的生活環境，人必須能適應社會環境才能生存，故教育的功能之一即在輔導學生能適應所處的社會環境。然而社會環境因空間之不同而有差別，亦因時間之不同而有所變遷，故在擬定課程目標時，須先分析當時當地的社會特性及需要，再據以擬定。

　　4.根據學習者的特性及需要：學生是課程的消化者，課程必須配合其特性及需要才易為其所接受。同時發展學習者的潛能及促進學習者的自我實現，亦為教育的功能之一，故在擬定課程目標時，必須對學習者的特性及需要作充分的研究，才能據之以確定目標為何。（Miller, 1972:137）

二、選擇教材

　　課程目標擬定之後，接著是按照所定的目標來選擇教材。在知識爆增的今天，能用來達成目標的教材汗牛充棟，但人的生命及受教時間有限，所謂「知也無涯而生也有涯」，故須先建立客觀的標準來選擇最合理而有價值的教材，以組成課程。否則巨細靡遺，將使學生無

力承受或費心於不重要之教材上。一般說來，選擇教材之標準主要有六：（Taba, 1962：267－272）

1.教材要具有重要性或有效性：最能達成教育目標的教材，即具有有效性及重要性（significance and validity）。一般言之，能符合下面三條件的教材即具有重要性及有效性：(1)能反映現代的科學化知識，而非過時之知識者；(2)為根本性（fundamental）的知識，而非零碎的事實，愈基本的知識愈有應用性；(3)有助於研究精神及方法之培養者。

2.教材要能符合社會的實況：愈能與時代社會實況（consistency with social realities）配合之教材，即愈有價值。換言之，符合下列條件之教材即屬能符合社會實況者：(1)能發展對現實世界之認識及展望者；(2)有助於對社會變遷現象及問題之瞭解，並能培養應付社會變遷之心態與知能者；(3)能培養應用知識到新情境以創發性地解決問題之能力者；(4)有助於對社會羣體文化之瞭解者。

3.教材的廣度及深度要平衡：教材的廣度及深度要均衡（balance of breadth and depth）。所謂廣度係指教材的量，所謂深度係指教材的質。有深度的教材能使學習者清晰瞭解到知識的基本原則、觀念，及其應用，故愈有深度的教材愈具有學習遷移的效果。

4.教材要能達成各類的教育目標：教育目標是多層面性的，所選擇的教材要能達成各類層面的目標（achievement of a wide range of objectivies）。教育目標通常具有三個層面，即認知層面（cognitive domain）、情意層面（affective domain）及技能層面（psychomotor domain）。而各層面又可再分為若干層次，如認知層面可再細分為知識（knowledge）、理解（comprehension）、應用、分析、綜合，及評價等六個層次；情意層面可再細分為接受、反應、批判、組織，及品格形成等五個層次；而技能層面可再細分為知覺、向心、模仿、操作、熟練，及創造等六個層次。（黃光雄，民 69:94－121）

5.教材要有可學性並適合學生的經驗：教材是供學生學習用的，

故必須適合學生的能力及經驗（learnability and adapatation of experience of students），學生才能瞭解並吸收。

6.教材要能適合學生之需要和興趣：教材要能適合學生的需要與興趣（appropriateness to the needs and interests of the students），才有助於學生的發展生長，也才能激勵學生對學習的熱愛。

三、組織教材

教材選定之後，即需將教材加以適當的組織排列，使之系統化，以方便學習，增進學習的效果。否則漫無頭緒，未有組織的零亂教材，學生就愈學愈糊塗了。組織教材時應注意三方面，即教材的順序性、連續性，與統整性。

1.順序性：那些教材應編排在前面，那些教材應編放在後面，這是教材順序性（sequence）的問題。一般說來，教材的順序多依下列原則編排：由簡單到複雜，由整體到部分，由過去到現在，由具體到抽象，由近到遠，由基礎到高深或後續。當然並非所有的教材均需依此順序排列，有時亦可反上述方向來組織之，如由部分到整體、由現在到過去、由遠到近等。究應採取何種順序來組織教材，宜依學生的年齡、教育程度、教材性質及教學目標而定。

2.連續性：組織教材要注意其連續性（continuity），將教材作循序漸進性地編排，使其難度逐漸加深、廣度逐漸加廣，學生在學習過程中「逐漸」由運用低級心智能力，過渡到運用高級心智能力。連續性高的教材，前面的學習可以奠定後面學習的基礎，使前後教材不致脫節，易於達成類化作用，增加學習成效。

3.統整性：組織教材要注意其統整性（integration），統整性乃教材精神脈絡之一貫性。蓋知識原是一個整體，具有「道一以貫之」之精神，教育上為研究或教學的分工或方便起見，才勉強以人力加以分割成數個學科，每個學科再細分為若干單元。為著還原其原來之整體性，故組織教材時必須注意到此。換言之，不只要使同一學科內所包

含的各個單元之間要具有統整性，同時也要使不同學科之間具有統整性。為著改進傳統科目型課程，各學科之間缺乏統整性之缺點，而有相關型、合科型、核心型及活動型課程的出現，可從中做適當的選擇或運用。其運用原則在前一節已討論過，請再自行參閱。

四、實施評鑑

教材組織之後，緊接著即要加以實驗或推廣使用。之後，再根據實驗及使用的結果評鑑其得失，根據評鑑的得失再作修正，使課程趨於更完善更合於理想。一般說來，課程編妥之後，先在若干具有代表性的學校或班級進行實驗，再根據實驗的結果加以修正，然後再全面推廣使用。因為若不先行實驗修正就全面推廣使用，萬一課程設計不夠完善，則對全體學生所造成的壞影響及損害太大。先實驗修正後再推廣使用，則可減輕或避免此種損害的產生。

課程正式全面推廣使用後，仍需隨時或定期地加以評鑑，以發現其得失，作為日後修訂課程的依據。蓋課程設計是件十分複雜艱難的工作，不管如何小心設計編製，絕無法達到十全十美的境地。而實驗的期間又有限，在短暫的實驗過程中也無法發現其所有的缺失，況且即使經實驗修正後已達十全十美的理想，但因時間的改變及社會發生變遷，原來的課程將逐漸與社會事實脫節，故在推廣實施後仍須加以評鑑改進。

課程的設計必須由教育行政人員、專家學者、教師及社會人士共同參與，方能發揮集思廣益及科際整合的效果。一般說來，有關的教育行政人員負責領導、支援、處理事務性工作及提供諮詢，專家學者及教師負責實際之設計編製工作，而社會人士之代表則供諮詢之用。

第三節　國民中學的課程

從事國中教育的相關人員對現行的課程應有深入瞭解，才能正確

的提供給學生，並適當的輔導學生學習。我國的國中課程，過去是根據教育部訂定的國民中學課程標準實施。惟民國八十八年修正公布的國民教育法，將「標準」改為「綱要」，即依教育部訂定之國民中學課程綱要實施之。

我國國中課程標準自民國五十七年訂頒以來，曾分別於民國六十一年、七十二年、七十四年修訂過。最近的標準係於民國八十三年修正發布，自八十七學年度起正式使用。民國八十九年教育部依修正後國民教育法之規定，訂定公布國民中小學九年一貫課程暫行綱要，預定自九十一學年度起開始實施，故本節即依此一綱要來討論。（教育部，民90）

壹‧課程目標與學習領域

一、課程目標

國民中小學九年一貫課程暫行綱要對課程目標、基本能力、學習領域、學習節數、課程實施等，均有所規定，分別陳述如下。

國民中小學之課程理念應以生活為中心，配合學生身心能力發展歷程；尊重個性發展，激發個人潛能；涵泳民主素養，尊重多元文化價值；培養科學知能，適應現代生活需要。

國民教育之學校教育目標在透過人與自己、人與社會、人與自然等人性化、生活化、適性化、統整化與現代化之學習領域教育活動，傳授基本知識，養成終身學習能力，培養身心充分發展之活潑樂觀、合羣互助、探究反思、恢弘前瞻、創造進取的健全國民與具世界觀之公民。為實現國民教育階段學校教育目的，須引導學生致力達成下列課程目標：

　1.增進自我瞭解，發展個人潛能。

　2.培養欣賞、表現、審美及創作能力。

　3.提升生涯規劃與終身學習能力。

4.培養表達、溝通和分享的知能。

5.發展尊重他人、關懷社會、增進團隊合作。

6.促進文化學習與國際瞭解。

7.增進規劃、組織與實踐的知能。

8.運用科技與資訊的能力。

9.激發主動探索和研究的精神。

10.培養獨立思考與解決問題的能力。

二、基本能力

國民教育階段的課程設計應以學生為主體，以生活經驗為重心，培養現代國民所需的下列基本能力：

1.瞭解自我與發展潛能：充分瞭解自己的身體、能力、情緒、需求與個性，愛護自我，養成自省、自律的習慣、樂觀進取的態度及良好的品德；並能表現個人特質；積極開發自己的潛能，形成正確的價值觀。

2.欣賞、表現與創新：培養感受、想像、鑑賞、審美、表現與創造的能力，具有積極創新的精神，表現自我特質，提昇日常生活的品質。

3.生涯規劃與終身學習：積極運用社會資源與個人潛能，使其適性發展，建立人生方向，並因應社會與環境變遷，培養終身學習的能力。

4.表達、溝通與分享：有效利用各種符號（例如語言、文字、聲音、動作、圖像或藝術等）和工具（例如各種媒體、科技等），表達個人的思想或觀念、情感、善於傾聽與他人溝通，並能與他人分享不同的見解或資訊。

5.尊重、關懷與團隊合作：具有民主素養，包容不同意見，平等對待他人與各族群；尊重生命，積極主動關懷社會、環境與自然，並遵守法治與團體規範，發揮團隊合作的精神。

6.文化學習與國際瞭解：認識並尊重不同族羣文化，瞭解與欣賞本國及世界各地歷史文化，並體認世界為一整體的地球村，培養相互依賴、互信互助的世界觀。

7.規劃、組織與實踐：具備規劃、組織的能力，且能在日常生活中實踐，增強手腦並用、羣策羣力的做事方法，與積極服務人羣與國家。

8.運用科技與資訊：正確、安全和有效地利用科技，蒐集、分析、研判、整合與運用資訊，提昇學習效率與生活品質。

9.主動探索與研究：激發好奇心及觀察力，主動探索和發現問題，並積極運用所學的知能於生活中。

10.獨立思考與解決問題：養成獨立思考及反省的能力與習慣，有系統地研判問題，並能有效解決問題和衝突。

三、學習領域

為培養國民應具備之基本能力，國民教育階段之課程應以個體發展、社會文化及自然環境等三個面向，提供語文、健康與體育、社會、藝術與人文、數學、自然與生活科技及綜合活動等七大學習領域，其結構如表 5-1。學習領域為學生學習之主要內容，而非學科名稱，除必修課程外，各學習領域，得依學生性向、社區需求及學校發展特色，彈性提供選修課程。學習領域之實施，應以統整、協同教學為原則。

各學習領域主要內涵如下：

1.語文：包含本國語文、英語等，注重對語文的聽說讀寫、基本溝通能力、文化與習俗等方面的學習。

2.健康與體育：包含身心發展與保健、運動技能、健康環境、運動與健康的生活習慣等方面的學習。

3.社會：包含歷史文化、地理環境、社會制度、道德規範·政治發展、經濟活動、人際互動、公民責任、鄉土教育、生活應用、愛護

表 5－1　國民中小學九年一貫課程學習領域結構表

學習領域＼年級	一	二	三	四	五	六	七	八	九
語文	本國語文	本國語文	本國語文	本國語文	本國語文 英語	本國語文 英語	本國語文 英語	本國語文 英語	本國語文 英語
健康與體育	健康與體育	健康與體育	健康與體育	健康與體育	健康與體育	健康與體育	健康與體育	健康與體育	健康與體育
社會	社會	生	社會	社會	社會	社會	社會	社會	社會
藝術與人文	藝術與人文		藝術與人文	藝術與人文	藝術與人文	藝術與人文	藝術與人文	藝術與人文	藝術與人文
自然與生活科技	自然與生活科技	活	自然與生活科技	自然與生活科技	自然與生活科技	自然與生活科技	自然與生活科技	自然與生活科技	自然與生活科技
數學	數學	數學	數學	數學	數學	數學	數學	數學	數學
綜合活動	綜合活動	綜合活動	綜合活動	綜合活動	綜合活動	綜合活動	綜合活動	綜合活動	綜合活動

資料來源：教育部，民 90：9。

環境與實踐等方面的學習。

　　4.藝術與人文：包含音樂、視覺藝術、表演藝術等方面的學習，陶冶學生藝文之興趣與嗜好，俾能積極參與藝文活動，以提昇其感受力、想像力、創造力等藝術能力與素養。

　　5.自然與生活科技：包含物質與能、生命世界、地球環境、生態保育、資訊科技等的學習、注重科學及科學研究知能，培養尊重生命、愛護環境的情操及善用科技與運用資訊等能力，並能實踐於日常生活中。

6.數學：包含數、形、量基本概念之認知、具運算能力、組織能力，並能應用於日常生活中，瞭解推理、解題思考過程，以及與他人溝通數學內涵的能力，並能做與其他學習領域適當題材相關之連結。

7.綜合活動：包含童軍活動、輔導活動、團體活動及運用校內外資源獨立設計之學習活動。

為發揮下列作用，各學習領域又劃分若干學習階段，係參照該學習領域之知識結構及學習心理之連續發展原則而劃分，每一階段均有其能力指標。茲將各學習領域階段劃分情形如表 5-2。

表 5-2　國民中小學九年一貫課程各學習領域階段劃分表

學習領域　　　　年級	一	二	三	四	五	六	七	八	九
語文	本國語文			本國語文			本國語文		
				英語			英語		
健康與體育	健康與體育			健康與體育			健康與體育		
數學	數學			數學		數學		數學	
社會	生活			社會			社會		
藝術與人文				藝術與人文			藝術與人文		
自然與生活科技				自然與生活科技			自然與生活科技		
綜合活動	綜合活動			綜合活動			綜合活動		

資料來源：教育部，民 90：11。

學習階段劃分具有下列作用：（教育部，民 89b：38-39）

1.提出發展與學習的階段（時間點）概念，作為訂定能力指標的參考架構。

2.作為九年一貫基本能力測驗編製的依據，以檢視能力指標或學習的成果。

3.供編製教科用書或教材設計之依據。

4.學校依據學習階段對學生進行測驗或評量,以診斷學生的學習成果與學習困難,作為補救教學與改善教學的根據。

5.作為多元入學方案設計的參考之一。

四、學習節數

全年授課數以 200 天(不含國定假日及例假日)、每學期上課二十週、每週授課五天為原則。為每週上課天數應配合人事行政局政府行政機關辦公日數之相關規定辦理。學習總節數分為「領域學習節數」與「彈性學習節數」,各年級每週分配情形如表 5-3。

表 5-3　國民中小學九年一貫課程各年級每週節數表

年級 ＼ 節數	學習總節數	領域學習節數	彈性學習節數
一	22～24	20	2～4
二	22～24	20	2～4
三	28～31	25	3～6
四	28～31	25	3～6
五	30～33	27	3～6
六	30～33	27	3～6
七	32～34	28	4～6
八	32～34	28	4～6
九	33～35	30	3～5

資料來源:教育部,民 90:13。

學校課程發展委員會應於每學年開學前,依下列規定之百分比範圍內,合理適當分配各學習領域學習節數:

1.語文學習領域占領域學習節數的 20%～30%。

2.健康與體育、社會、藝術與人文、自然與生活科技、數學、綜

合活動等六個學習領域，各占領域學習節數之 10%～15%。

3.學校應配合各領域課程綱要之內容及進度，安排適當節數進行資訊及家政實習。

每節上課以四十至四十五分鐘為原則（國小四十分鐘、國中四十五分鐘），惟各校得視課程實施及學生學習進度之需求，彈性調節學期週數、每節分鐘數與年級班級的組合。「彈性學習節數」由學校自行規劃辦理全校性和全年級活動、執行依學校特色所設計的課程或活動、安排學習領域選修節數、實施補救教學、進行班級輔導或學生自我學習等活動。學習活動如涵蓋兩個以上的學習領域時，其學習節數得分開計入相關學習領域。在授滿領域學習節數的原則下，學校課程發展委員會可決定並安排每週各學習領域學習節數。導師時間及午休、清掃等時段不列在學習總節數內。有關學生在校作息及各項非學習節數之活動，由學校自行安排。

五、課程實施

1.組織：各校應成立「課程發展委員會」，下設「各學習領域課程小組」，於學期上課前完成學校總體課程之規劃、決定各年級各學習領域學習節數、審查自編教科用書，及設計教學主題與教學活動，並負責課程與教學評鑑。學校課程發展委員會之組成方式由學校校務會議決定之。學校課程發展委員會的成員應包括學校行政人員代表、年級及領域教師代表、家長及社區代表等，必要時得聘請學者專家列席諮詢。學校得考量地區特性、學校規模及國中小之連貫性，聯合成立校際之課程發展委員會。小型學校亦得配合實際需要，合併數個領域小組成為一個跨領域課程小組。

2.課程計畫：學校課程發展委員會應充分考量學校條件、社區特性、家長期望、學生需要等相關因素，結合全體教師和社區資源，發展學校本位課程，並審慎規劃全校總體課程計畫。學校課程計畫應依學習領域為單位提出，內容包涵：「學年／學期學習目標、單元活動

主題、相對應能力指標、時數、備註」等相關項目。有關兩性、環境、資訊、家政、人權、生涯發展等六大議題如何融入各領域課程教學，應於課程計畫中妥善規劃。各校應於每學年開學前一個月，將整年度學校總體課程計畫送所轄教育行政主管機關備查後，方能實施。

　　3.選修課程：各國民中小學應針對學生個別差異，設計選修課程，供不同情況之學生學習不同之課程。學生選修各類課程，應考量本身學力程度及領域間之均衡性，惟選修時數仍受各領域比例上限之規範。國小一至六年級學生，必須就閩南語、客家語、原住民語等三種鄉土語言任選一種修習，國中則依學生意願自由選習。學校亦得依地區特性及學校資源開設閩南語、客家語、原住民語以外之鄉土語言供學生選習。學校可視校內外資源，開設英語以外之第二外國語言課程，供學生選習。其教學內容及教材得由學校自行安排。在符合領域學習節數的原則下，學校得打破學習領域界限，彈性調整學科及教學節數，實施大單元或統整主題式的教學。

六、教材編輯、審查及選用

　　國民中小學教科用書應依據課程綱要編輯，並經由審查機關（單位）審定通過後，由學校選用。審查辦法及標準由教育部另定之。學校得因應地區特性、學生特質與需求，選擇或自行編輯合適的教科用書和教材，以及編選彈性學習時數所需的課程教材。惟自編教科用書應送交「課程發展委員會」審查。

貳・課程特色

　　以下先說明九年一貫課程發展的基本理念，然後再分析其特色。

一、基本理念

　　九年一貫課程的基本理念如下：（教育部，民 90:3）
　　教育之目的以培養人民健全人格、民主素養、法治觀念、人文涵

養、強健體魄及思考、判斷與創造能力，使其成為具有國家意識與國際視野之現代國民。本質上，教育是開展學生潛能、培養學生適應與改善生活環境的學習歷程。因此，跨世紀的九年一貫新課程應該培養具備人本情懷、統整能力、民主素養、鄉土與國際意識，以及能進行終身學習之健全國民。故爾，其基本內涵至少包括：

1.人本情懷方面：包括瞭解自我、尊重與欣賞他人及不同文化等。

2.統整能力方面：包括理性與感性之調和、知與行之合一、人文與科技之整合等。

3.民主素養方面：包括自我表達、獨立思考、與人溝通、包容異己、團隊合作、社會服務、負責守法等。

4.鄉土與國際意識方面：包括鄉土情、愛國心、世界觀等（涵蓋文化與生態）。

5.終身學習方面：包括主動探究、解決問題、資訊與語言之運用等。

二、課程特色

在九年一貫課程架構下的國民中學課程，具有下列主要特色：

(一)採九年一貫設計

國民中學課程的發展與設計，強調與國民小學課程的聯繫性與一貫性，以消除過去兩者之間缺乏銜接與形成重複或脫節的缺失，故名為九年一貫課程。為達到此用意，國民中、小學的課程乃同時進行發展與設計，並統一由一個專案小組負責，將學習科目統整為七個學習領域。每一個學習領域的課程均由一至九年級做整體設計。

(二)強調課程統整

過去國民中學的課程係採科目型課程，科目林立，且單獨教學。如民國八十三年公布的國民中學課程標準，規定的教學科目和活動即高達二十一科，這還不包括選修科目在內。科目型課程因分科太細，

科目之間聯繫不易，不只教材重複增加師生教學負擔，且學生學到的是零碎的知識，無法有效應用。

為消除上述缺失，九年一貫課程乃改採統整性較強的合科型、甚或廣域型課程，將原來的二十一個科目統整為七大學習領域。如將原來的歷史、地理、公民與道德、及認識臺灣等四個科目統整為社會。

（三）融入社會新興議題

為配合時代與社會的發展趨勢，以培養學生適應社會變遷之能力，乃將社會六大新興議題融入課程之中。這六大新興議題包括資訊、環境、兩性、人權、生涯發展、家政。

（四）重視活動課程

為培養學生五育均衡發展，並訓練其知行合一的能力，乃將綜合活動列為七大學習領域之一，不再是附屬的課外活動。綜合活動包括童軍活動、輔導活動、團體活動，及運用校內外資源獨立設計之學習活動。

（五）藉課程鬆綁增加學校的彈性自主

以「課程綱要」取代「課程標準」，進行課程鬆綁，以增加學校的自主性。過去的國民中學課程標準，對課程做巨細靡遺的規定，較不能適應學校及學生的個別差異。

一貫課程則為課程綱要形式，僅就課程目標、學習領域、基本能力指標等，做綱要式的原則規定，讓學校及師生有較大的發揮空間，以適應其個別差異。如將授課總節數分為基本與彈性學習節數兩種。前者為各校必授節數，約占80%而已；後者為各校得彈性運用之節數，約占20%上下。各學習領域的節數亦留有彈性，以供靈活運用，適應個別差異。

（六）強調學校本位課程理念

過去的課程幾乎全部由教育部做巨細靡遺的規定，是「由上而下」的課程決定模式。新的課程則以綱要代替標準，學校有很大的彈性來考量學校的條件、社區的特性、家長的期望、學生的需要，來做

具體的設計。

　　課程綱要規定各校應成立課程發展委員會，下設各學習領域課程小組，來完成學校總體課程之規劃、決定各年級各學習領域學習節數、審查自編教科書及設計教學主題與教學活動，並負責課程與教學評鑑。其次，綱要又規定學校得因應地區特性、學生特質與需求，選擇或自編合適的教科用書和教材，以及編選彈性學習節數所需的課程教材。以上這些規定，即為學校本位課程之體現。

㈦重視協同教學

　　同一學習領域的教師所組成的課程小組或班羣教師，平時共同規劃與發展課程，但教學時為求發揮一貫統整精神，亦應盡可能協同教學，互補長短。不同領域之教師亦得實施協同教學，使各領域之學習能更加統整。

第四節　高級中學的課程

　　我國高級中學的課程，係依據教育部訂定的高級中學課程標準來實施的。該課程標準每隔數年，均會修正一次，如民國六十年及七十二年都修正過，最新的修正是於民國八十四年公布，八十七年又小幅修正，預定自八十八年起由一年級開始施行。以下係依上述新修正公布的標準，來說明高級中學的課程。

壹‧課程目標及科目節數

　　高級中學課程標準對高中課程的目標，作下列的規定，高中教育相關人員必須體會之：（教育部，民84b）

　　高級中學教育，以繼續實施普通教育，培養健全公民，促進生涯發展，奠定研究學術及學習專門知能之基礎為目的。為實現本階段教育目的，須輔導學生達到下列目標：

　　*1.*增進身心健康，培養術德兼修、文武合一的人才。

2.增進溝通、表達能力，發展良好人際關係。

3.增進民主法治的素養，培養負責、守法、寬容、正義的行為。

4.培養服務社會、熱愛國家及關懷世界的情操。

5.增進工具性學科能力，奠定學術研究的基礎。

6.充實人文素養，提昇審美與創作能力，培養恢宏氣度。

7.提昇科學素養，增進對自然環境的認識與愛護。

8.增進對自我潛能與工作環境的瞭解，確立適切的人生走向。

9.增進創造性、批判性思考，及適應社會變遷與終生學習的能力。

　　至於高中教學科目及每週節數表，則列如表 5-3；選修科目及節數列如表 5-4，請自行參閱。由表中可知：高中的必修科目有二十七科之多，可開設的選修科目達九類五十多科。每週教學總節數在三十五至三十九節之間，每節上課五十分鐘。課程中未設「輔導活動」一科，但規定應配合各科教學加強實施，並得在班會及社團活動時間內進行。

　　高中並不實施分組教學，而是以選修代替分組，以增加課程彈性，更能適應學生的個別差異。此種以選修代替分組的制度，是民國七十二年修正課程標準時確立的。在七十二年之前，高中課程分為甲、乙兩組，甲組屬於自然組，偏重理工科目；乙組屬於社會組，偏重文法科目；後因配合大學聯考制度之改進，而遭廢除。

貳・課程特色

　　本次修正公布的高級中學課程標準，係依據下列五項原則及六項方向來進行的。（教育部，民 85:860-862）

一、修訂原則與方向

　　1.民主化：即在課程修訂之過程中，邀請有關人員——學者專家、教育及學校行政人員、教師、學生、家長、民間團體以及民意代

表 5－3　高級中學教學科目及每週節數表

類別	科目			一年級 第一學期	一年級 第二學期	二年級 第一學期	二年級 第二學期	三年級 第一學期	三年級 第二學期	備註
必修科目	公民教育	公民		1	1	1	1	2	2	學生應在上述科目中每週修習四節。
		班會		1	1	1	1	1	1	
		團體活動		1	1	1	1	1	1	
	語文學科	國文		4	4	4	4	4	4	
		英文		4	4	4	4	4	4	
	社會學科	三民主義		2	2					
		歷史		3	2					
		地理		2	3					
		世界文化	歷史			2	2	4		
			地理			2	2			
		現代社會				2	2	4		
	數學			4	4	4	4			
	自然學科	基礎物理		2	(2)					
		基礎化學		(2)	2					
		基礎生物		2	(2)					
		基礎地球科學		(2)	2	—	—			

表 5-3 高級中學教學科目及每週節數表（續）

類別	科目	一年級		二年級		三年級		備　註
		第一學期	第二學期	第一學期	第二學期	第一學期	第二學期	
物質科學	物理學			3	3			學生應在上述科目中每週修習至少二節。
	化　學			2～3	2～3			
	地球科學			2	2			
	生命科學	2	2	2	2			
體　育		2	2	2	2	2	2	
軍　訓		1	1	1	1	1	1	（包括護理）
家政與生活科技	家　政	1	1					
	生活科技	1	1					
藝術科	音　樂	1	1	1	1			高二學生應在二年級所列科目中每週修習二節。
	美　術	1	1	1	1			
	藝術生活	2	2	2	2			
選修科目	語　文　類							
	社　會　科　學　類							
	數　學　類							
	自　然　科　學　類							
	體　育　類							
	家　政　類							
	生　活　科　技　類							
	藝　術　類							
	職　業　陶　冶　類							
	合　計	0～4	0～4	4～8	4～8	15～20	15～20	38～64
合　計		33～37	33～37	33～37	33～37	30～35	30～35	192～218

說明：

1. 本表所定節數為每週上課節數，每節為五十分鐘。

2. 公民教育包括「公民」、「團體活動」及「班會」，其中「團體活動」包括週會、社團活動，上述活動均應儘量與公民科教學相互配合。且公民科教學應配合各科教學加強實施，並得在「班會」及社團活動時間內進行。

3. 輔導活動應配合各科教學加強實施，並得在「班會」、社團活動時間內進行。

4. 一年級社會學科包括「歷史」、「地理」二科，每週教學節數上下學期以二、三節分配安排開設，各校得視實際需要調整。二年級社會學科包括「世界文化」（歷史、地理篇）及「現代社會」，每學期開設二科，每週教學節數各二節，學生應在上下學期中每週修習四節。

5. 一年級自然學科包括「基礎物理」、「基礎化學」、「基礎生物」及「基礎地球科學」四科，每學期開設二科，每週教學節數各二節，各校得視實際需要調整開設學期。二年級自然學科包括「物質科學」（物理、化學篇）及「生命科學」（地球科學篇）二科，每週教學節數各三節，每學期開設二科，學生應在上述科目中每週至少修習二節。

6. 一、二年級「家政與生活科技」科各校得視上述科目中每週需要分為「家政」、「生活科技」，每週各排一節，或隔週連排二節或隔週排二節。

7. 一、二年級藝術學科包括「音樂」及「美術」二科，每週教學節數各一節。二年級藝術學科包括「音樂」、「美術」及「藝術生活」，每週教學節數二節，或「藝術生活」一科，每週教學節數二節。

8. 選修科目如「高級中學選修科目及每週選修節數表」，選修科目包括國語文、社會學科、自然學科、數學、藝術、生活科技、家政、體育、職業陶冶等九類，由學校按實際情形酌予設置，指導學生選修，學生每週選修節數：二年級中等科目及每週選修節數不得少於四節，不得超過八節；三年級不得少於十五節，不得超過二十節。

9. 各年級每週教學節數，一年級不得少於三十三節，不得超過三十七節；二年級不得少於三十七節，不得超過三十三節；三年級不得少於三十節，不得超過三十五節。

表 5-4　高級中學選修科目及每週節數表

類別	科目	二年級 第一學期	二年級 第二學期	三年級 第一學期	三年級 第二學期	備註
選修科目	**語文類** 國學概要	2	2			
	應用文			2	2	
	書法	2	2			
	文法與修辭			2	2	
	英語會話	2	2	(2)	(2)	
	英語聽講	2	2	(2)	(2)	
	英文作文	(2)	(2)	2	2	
	英文文法	(2)	(2)	2	2	
	第二外國語	2~4	2~4	2~4	2~4	
	其他					
	社會學科類 歷史			3	3	
	地理			3	3	
	社會科學導論			2	2	
	心理學導論			2~4	2~4	
	邏輯	2	2	(2)	(2)	
	法學概論			2~4	2~4	
	其他					
	數學科類 幾何學	2	2	(2)	(2)	
	數學（甲）			6	6	
	數學（乙）			4~6	4~6	
	電腦	2	2	(2)	(2)	
	其他					
	自然學科類 物理			3~4	3~4	
	化學			3~4	3~4	
	生物			3~4	3~4	
	地球科學			3~4	3~4	
	其他					
	體育類 體育概論	2	2	2~4	2~4	
	田徑運動	2	2	2~4	2~4	
	水上運動	2	2	2~4	2~4	
	體操	2	2	2~4	2~4	
	舞蹈	2	2	2~4	2~4	
	球類運動	2	2	2~4	2~4	

表 5-4　高級中學選修科目及每週節數表（續）

類別	科目	二年級 第一學期	第二學期	三年級 第一學期	第二學期	備　註
選修科目	國　　術	2	2	2～4	2～4	
	自　衛　運　動	2	2	2～4	2～4	
	其　　他					
家政類	食　物　與　營　養	2	2	2～4	2～4	
	食　物　與　烹　調	2	2	2～4	2～4	
	服　裝　製　作	2	2	2～4	2～4	
	家　庭　工　藝	2	2	2～4	2～4	
	其　　他					
生活科技類	製　　圖	2	2	2～4	2～4	
	能　源　與　動　力	2	2	2～4	2～4	
	工　業　材　料	2	2	2～4	2～4	
	其　　他					
藝術類 音樂	音　樂　理　論	2	2	2～4	2～4	
	合　　唱	2	2	2～4	2～4	
	國　樂　合　奏	2	2	2～4	2～4	
	音　樂　欣　賞	2	2	2～4	2～4	
	音樂個別指導	2	2	2～4	2～4	
	音樂基礎訓練	2	2	2～4	2～4	
	樂　器　合　奏	2	2	2～4	2～4	
	音　樂　創　作	2	2	2～4	2～4	
	其　　他					
藝術類 美術	色　彩　學	2	2	2～4	2～4	
	素　　描	2	2	2～4	2～4	
	國　　畫	2	2	2～4	2～4	
	水　彩　畫	2	2	2～4	2～4	
	油　　畫	2	2	2～4	2～4	
	雕　　塑	2	2	2～4	2～4	
	版　　畫	2	2	2～4	2～4	
	美　工　設　計	2	2	2～4	2～4	
	其　　他					
職業陶冶類						各校得視實際需要依規定程序報請增設之。

說明：

1、高中課程以選修代替分組。各校指導學生選修科目，應配合輔導工作之實施，以學生之能力、性向、志趣、專長作為依據，以便因材施教，發揮之修之功能。

2、選修科目分為語文、社會學科、數學、自然學科、體育、家政、生活科技、藝術、職業陶冶等九類，每類分設若干科目，由學生在學年規定之選修科目節數範圍內，配合升學、就業之進路加以選習。

3、選修節數：

(1)二年級為〇～六節。

(2)三年級為十七～十九節。

4、選修原則：

(1)語文類：英語會話、英語聽講、英文作文、英文文法等四科，各校除得視實際需要調查開設年級外，亦得於二、三年級每學期開設四科，每週各一節。

(2)數學類：學生欲就讀理、工、醫、農、商學院者，得選修數學（甲）；欲就讀文、法、教育、藝術學院者，得選修數學（乙）。

(3)各類選修科目列有「其他」一項及職業陶冶類，各校得視實際情形增設新科目，惟將科目名稱、教學目標、時間分配、教材綱要及實施方法等資料先報請主管教育行政機關核可後實施。

5、選修課目內除語文、社會學科、數學、自然學科等類編訂教材綱要外，家政、生活科技、藝術及職業陶冶等得使用高級中學有關科目教材施教，體育類得使用五年制體育專科學校有關科目教材施教。

資料來源：教育部，民 85:2-17。

表等——擴大參與課程研討之機會。尤應避免「由上而下」之行政模式，以及「一元價值」之堅持。

2. 適切性：就課程內容之選擇而言，應注意是否：(1)適切於「人」——即所教對象（學生）之能力和興趣；(2)適切於「時」——即時節和時代之需要；(3)適切於「空」——即本地和本國之需要。

3. 連貫性：即應使每一階段（國小、國中、高中）或每一年級之間的課程，具有良好的銜接，各階段課程目標之敍寫方式宜研訂出一套共同的體例，以資對照比較。為使國中和高中之課程更具連貫性，

在修訂各科課程時，宜請擔任不同階段，但卻負責同一課程之教授和教師共同參與其事。

4.統整性：課程除應注意前後銜接、連貫之外，亦應注意到同一階段或年級所開的各科之間橫的統整。為達成此一目的，相關之科目應儘量採「合科課程」之型態加以設計。如仍採「科目本位」之型態，亦應力求彼此間之統整，而儘量避免不必要之重複。此外，亦應注意正式課程與潛在課程之間的配合。

5.彈性化：課程之內容和實施方式宜具彈性，以利學生個性之發展和潛能之發揮，並符合「因地制宜」之需求。

至於修訂的方向則有下列六項：

1.重視民主素養的培養；

2.兼顧內容與過程；

3.兼顧認知、情意和技能的目標；

4.強調關聯的原理；

5.兼顧個人自我實現和社會責任；

6.兼顧共同能力與個人需求。

二、課程特色

根據上列原則與方向修訂出來的高中課程，具有下列特色：

(一)加強公民羣性之培養

為加強公民羣性之培養，公民教育除公民一科外，尚包括班會及團體活動各一節。其中「團體活動」依規定又包括週會及社團活動兩項，均以培養羣性為主要目的。在民國六十年公布的課程標準裡，係將班會、週會及聯課活動（每週均各一節）列在附註中，而未列入教學節數表內；直至七十二年修正課程標準時，始將班會及團體活動（包括週會聯課活動）列入教學節數表內，以明示之公民羣性培養的重視。此次修正公布的課程，係延續此一作法，顯示仍要繼續強化公民羣性之培養。

（二）加強鄉土教育之實施

　　基於「立足臺灣、胸懷大陸、放眼天下」之理念，高中課程重視鄉土教育之實施，於選修科目中列有國術、國樂合奏、國畫等供學生選習。在民國六十年公布的課程標準裡，並無任何鄉土教學科目；直至七十二年修正課程標準時，始將上述科目列入選修，這次修正延續上次的作法，仍把國術、國樂及國畫列入選修，以示對鄉土教育的持續重視。

（三）重視職業陶冶之功能

　　為強化高中學生的生涯教育，此次課程特增列「職業陶冶類」作為選修之一類，並規定各校得視實際情形訂定科目名稱，先報主管教育行政機關核定後實施。職業陶冶科目之增設，旨在協助高中生認識職業世界及其未來趨勢，奠定學生未來選擇職業之興趣與基礎。六十年及七十二年公布的課程標準，均無職業陶冶類選科之設置，此次初次列入，雖只列為選修，但仍顯示開始受重視之兆。

（四）反映社會未來需要

　　為配合社會變遷及因應未來生活之需要，本次高中課程增列現代社會、生命科學、藝術生活等必修科目，並將社會科學導論、心理學導論、邏輯、法學概論、電腦、能源與動力、工業材料等科目列入選修中。這些科目都與未來社會需要與趨勢有密切關係。這些科目在六十年公布的課程標準中，尚未出現；直至七十二年修正時，才將社會科學導論、心理學導論、法學概論及電子計算機簡介等科列為選修。本次仍將這四科列入，但又增列了其他科目，以反映社會變遷的需要。

（五）消弭課程安排之性別差異

　　隨著社會的變遷，家庭制度的改變，男女角色的差異已不再被強調，取而代之的是兩性平等互重的觀念。因此，在課程中提供男女學生相同的學習內容，已是社會各界的一致要求。本次修訂，為使課程之安排不再有性別差異，在做法上：將原來之「工藝」及「家政」二

科科目名稱合併為「家政與生活科技」，每週二節，男女生共同修習。惟學校仍得視需要分為「家政」、「生活科技」教學，每週各排一節或隔週、隔學期連排二節。在民國六十年公布的課程標準裡，是規定男生修工藝而女生修家政，直至七十二年修正時，才將此種限制廢除。此次仍維持前一次的做法，顯示消除課程安排之性別差異的決心不變。

(六)尊重學生的個別差異

　　為適應學生個別差異，本次高中課程標準之修訂，除於實施通則中規定各科教材之編選，應富彈性以適應學生的需要外，並有下列的具體作法，以適應個別差異：其一，以選修代替分組，以增加學生選修之彈性。民國六十年公布的課程標準，將課程分為甲（自然組）乙（社會組）兩組，至民國七十二年修正時始將分組廢除，改以選修代替，此次仍持續此一作法。其二，二年級設有六節的選修時間，三年級選修更高達十九節；民國六十年公布的課程標準，只在三年級設有二至六節的選修時間，至七十二年修正時始在二年級設三至六節的選修，而三年級設有十四至十九節的選修，以適應學生個別差異，此次仍持續該一作法。其三，在各類選修科目中增列「其他」一項，使各校得視情況增設新科目，以適應學生的需要；惟增設前，須將科目名稱、教學目標、時間分配、教材綱要及實施方法等資料，先報請主管教育行政機關核可後，方可實施。

(七)增加學生排課之彈性與自主性

　　為充分配合學生的個別差異、學校發展的特色，以及地區資源之不同條件，本次高中之安排與實施，均留給學校相當的彈性與自主性，如必修科目中的世界文化（含歷史、地理）及現代社會、物質科學及生命科學，與選修科目中的若干科目，均留有供彈性選擇餘地。再如「家政與生活科技」，各校得視需要分為「家政」、「生活科技」教學，每週各排一節，亦得隔週、隔學期連排二節，這都增加了學校排課的彈性與自主性。

（八）強化相關課程及合科課程之精神

　　為發揮高級中學教育之統整功能，並各科教學之間的相互配合支援，以增加教學效果，此次修訂高中課程標準時，相當重視相關課程及合科課程精神之發揮。如公民、班會及團體活動三科之上冠以「公民教育」，即表示這三科教學時要相互密切配合，是相關課程之體現；再如物理、化學及地球科學三科冠以「物質科學」之名，其用意亦然。類似例子很多，請自行參閱表 5–3。至於將家政及生活科技兩科合併為「家政與生活科技」一科，則為合科課程精神之實現，以增加教材內容之統整作用，避免知識之零碎分割。

第五節　職業學校的課程

　　職業學校分成許多類，包括工業、商業、農業、家事、海事水產、藝術、及醫護等類，每類又再細分成若干科。各類科的課程並不相同，相當複雜，在此因篇幅有限，只能綜合各類科課程做概括性的介紹。

壹・課程目標及原則

　　依據教育部（民 87b：1）八十七年公布的職業學校各類科課程標準總綱之規定，職業學校教育以充實職業知能、涵養職業道德、加強繼續進修能力、促進生涯發展、培育健全之基層技術人才為目的。為實現此一目的，須輔導學生達到下列目標：

　　1. 充實職業知能，培育執行職業工作之基本能力。

　　2. 陶冶職業道德，培養敬業樂羣、負責進取及勤勞服務等工作態度。

　　3. 提昇人文及科技素養，豐富生活內涵，並增進創造思考及適應社會變遷之能力。

　　4. 培養繼續進修之興趣與能力，以奠定終身學習及生涯發展之基

礎。

　　職業學校各類科課程標準總綱對職業學校各類科的教育目標均有所規定，在此無法一一列出，各類科的教育從業人員應視需要自行參閱該總綱。

　　職業學校法及其規程對職業學校課程做了原則性的規定，規定職業學校之課程與教學以著重實用為主，應加強實習、實驗及與國家經濟建設計畫之配合；並應與相關性質之事業機構謀取聯繫，實施建教合作。

貳·課程特色

　　職業學校的課程，由教育部訂定各類科課程標準總綱及各類科課程標準作規定，各職業學校應依其規定確實實施。課程標準每隔若干年就會修正，職業教育工作者及讀者宜隨時留意新的修定情形。最新的課程標準係於民國八十七年公布，將自八十九學年度起開始實施。

　　最新的課程標準係基於下列理念進行修定的：（教育部技術及職業教育司，民 87：2）

　　1.兼顧學生就業與繼續進修之需要。

　　2.配合學年學分制之推行。

　　3.簡化教學科目，以減輕學生課業壓力。

　　4.增加活動科目節數，紓解學生身心負擔。

　　5.簡化課程結構，賦予各類科課程設計之彈性空間。

　　6.重視課程縱向與橫向的連貫與統整。

　　7.賦予學校更大的辦學空間。

　　8.兼顧科技素養、人文素養、倫理道德及國家意識之一般科目。

　　以上這些修定理念也可以說是職業學校課程的特色。茲綜合上述職業學校法、職業學校規程及各類科課程標準之相關規定，說明職業學校課程之主要特色如下：

㈠分為一般科目、專業（含實習）科目、軍護及體育科目、活動科目
　等四類

　　各類科課程都包括一般科目、專業（含實習）科目、軍護及體育
科目、活動科目等四類，其大致架構如表 5–5 所示。一般科目著重人
格修養、文化陶冶、藝術鑑賞，並注意與專業知能相配合，以期促使
學生成為均衡發展之健全國民。各類科開設的一般科目雖不盡相同，
但都包括本國語文、外國語文、數學、社會、自然、藝術、生活等七
個領域，各領域還再分設若干科目，課程標準總綱對各項領域教學科
目及學分數有所建議，請參見表 5–6。實施通則請參見第八章第四節
之職業學校課程實施通則。

表 5–5　職業學校課程架構圖

科目別	部　定　科　目		校　定　科　目	
一般科目	各領域應修科目及最低學分數 本國語文　16 外國語文　8 數　　學　4 社　　會　10 自　　然　4 藝　　術　4 生　　活　6	由各類課程修訂委員會就科別性質規劃教學科目及學分數	必修	選修
一般科目			8～24 學分（5～15%）	16～32 學分（10～20%）
一般科目	52 學分	13～29 學分		
一般科目	65～81 學分（40～50%）			
專業科目	41～57 學分（25～35%）			
最低應修學分	162 學分			
軍訓護理	6～12 學分		學分另計	
體　　育	12 學分		學分另計	
活動科目	24 節			

資料來源：教育部，民 87a：4。

表 5-6　職業學校一般科目各領域教學科目及學分數建議表

科目類別	科　目　名　稱	備　註
本國語文	＊國文 I、＊國文 II、＊國文 III、＊國文 IV、國文 V、國文 VI、文化基本教材 I、文化基本教材 II、文法與修辭 I、文法與修辭 II、作文指導 I、作文指導 II、應用文 I、應用文 II、國學概要 I、國學概要 II、中國文學欣賞、世界文學欣賞、臺灣文學欣賞、報導文學、報告寫作、詩詞欣賞、閱讀指導、溝通技巧、方言教學、書法習作與欣賞、其他。 最低應修學分數　16	※各科目學分數均為 2～4。
外國語文	＊英文 I、＊英文 II、應用英文 I、應用英文 II、專業英文 I、專業英文 I、英語會話 I、英語會話 II、英語會話 III、英語會話 IV、英文翻譯與作文 I、英文翻譯與作文 II、英文閱讀指導 I、英文閱讀指導 II、英文文法 I、英文文法 II、英文寫作技術、第二外語 I、第二外語 II、第二外語 III、第二外語 IV、其他。 最低應修學分數　8	※「第二外語」科可依學生需要及學校條件開設日、德、法，以及西班牙語等，開設科目如「日語 I」、「日語 II」、「日語 III」、「日語 IV」，亦得開設「應用日文」、「專業日文」、「日語會話」……等。 ※各科目學分數均為 2～4。
數學	＊數學 I、＊數學 II、數學 III、數學 IV、數學 V、數學 VI、應用數學 I、應用數學 II、其他。 最低應修學分數　4	※「應用數學」含實際生活及職業專業應用。 ※各科目學分數均為 2～4。
社會	＊三民主義 ※中國歷史、中國現代史、世界歷史、世界現代史、台灣歷史、世界文化（以上至少選一） ※中國地理、世界地理、台灣地理、應用地理（以上至少選一）。 ※社會科學導論、心理學導論、政治學導論、經濟學導論（以上至少選一）。 ※憲法與政府、公民（含工作倫理）I、公民（含工作倫理）II、現代社會、國際關係、其他。 最低應修學分數　10	※1.「社會科學導論」課程有別於現行之「社會科學概論」。 2.台灣歷史、台灣地理可合併開設「台灣史地」。 ※除三民主義學分數為 4 外，其餘各科目學分數均為 2～4。

表 5-6　職業學校一般科目各領域教學科目及學分數建議表（續）

科目類別	科　目　名　稱	備　　註
自然	自然科學概論Ⅰ、自然科學概論Ⅱ、物理Ⅰ、物理Ⅱ、化學Ⅰ、化學Ⅱ、生物Ⅰ、生物Ⅱ、地球科學、物質科學、生命科學、人類與環境、其他。 最低應修學分數　4	※各科目學分數均為2～4。
藝術	藝術生活Ⅰ、藝術生活Ⅱ、音樂Ⅰ、音樂Ⅱ、美術Ⅰ、美術Ⅱ、戲劇Ⅰ、戲劇Ⅱ、攝影Ⅰ、攝影Ⅱ、鄉土藝術、多媒體藝術、美工設計、室內設計、其他。 最低應修分數　4	※音樂、美術得於上述科目外，開設其他科目供學生選習。如「合唱」、「器樂」、「國畫」、「西畫」……等。 ※各科目學分數均為2～4。
生活	家政與生活科技Ⅰ、家政與生活科技Ⅱ、電腦應用Ⅰ、電腦應用Ⅱ、計算機概論、生涯規劃、人際關係與溝通、兩性問題、心理衛生、法律與生活、家庭看護（含兒童保育）、消費與生活、環保與生活、飲食與健康、愛情婚姻與家庭、生活禮儀、其他。 最低應修學分數　8	※各科目學分數均為2～4。
體育	體育Ⅱ、體育Ⅲ、體育Ⅳ、體育Ⅴ、體育Ⅵ、水上運動、球類運動、田徑運動、韻律與舞蹈、體操、國術、運動衛生、體能訓練、民俗體育、體適能、其他。 最低應修學分　12	體育Ⅰ～Ⅵ為綜合性課程，學校可另行開設運動項目供學生選習，此類運動項目一得開設為系列之教學科目，如籃球Ⅰ、籃球Ⅱ、籃球Ⅲ、籃球Ⅳ。

＊代表部訂必須科目，無＊記號者為各類科課程修訂委員就科別性質規劃教學科目時之參考，並建議學校開設選修科目之參考，由學校視學生需要及學校條件，於其中選擇開設。
資料來源：教育部，民87a：6-11。

　　專業（含實習）科目旨在充實各該類科的職業知能，以實務為核心，輔以必要的理論知識，以配合就業與繼續進修之需求，務使學生具有就業所需基本知能。專業科目因各類科之不同而異，如工業類電子科為基本電學、電工實習、電子學、電子實習、數位邏輯、數位邏

輯實習、電子儀表量測、電子電路、電子電路實習、工業電子學、工業電子實習、通訊電學、通訊電學實習、微處理機、微處理機實習。又如商業類國際貿易科之專業及實習科目為商業概論、會計學、經濟學、國際貿易、國際貿易實務（含實習）、國際匯兌、商用英文等。

軍訓、護理及體育科目旨在培養軍訓、護理與體育知能。活動科目包括班會、聯課活動及週會，由學校自行安排辦理班會活動、社團活動、輔導活動、藝文活動、週會活動，或作為重補修之用。

(二)採學年學分制

為著發揮課程的彈性與適應學生的個別差異，職業學校的課程由過去的學時制改為年學分制。一般科目、專業科目、實習與實驗科目的學分核計方式均相同，每週上課一節（每節為五十分鐘）持續一學期（或十八節）以一學分計；惟校外實習的實習學分計算方式則另定之。原則上每一科目以 2 至 4 學分規劃。

畢業應修最低學分數在 162 學分左右，惟軍訓（護理）體育學分另計，活動科目不計學分。在畢業應修最低學分數中，一般科目約占65～81 學分，專業及實習科目約占 41～57 學分，軍訓與護理約占6～12 學分，體育約占 12 學分，活動科目約占二十四節。

(三)分為必修與選修、部定與校定科目

為增加學生選課的彈性與學校辦學的空間，以利於適應學生的個別差異及地方的特殊需要，職業學校的課程有必修與選修科目之分，也另有部定與校定科目之別。部定科目由教育部規定，所占的學分數頗多，都屬於必修科目。部定科目包括前述的一般科目、專業及實習科目、軍護及體育科目，與活動科目。

校定科目分為必修科目與選修科目，由各校依學生之志趣及需要、社區特色及學校發展等因素開設施之。開設須經教學研究會議決後，再經教務會議討論通過並呈校長核准後實施之。校定科目可開設專業科目、實習科目，或一般科目。校定科目中的必修科目約在8～24學分，約占畢業學分數的 5%～15%；選修科目約占 16～32 學分，約

占 10%～20%。以前的課程標準都只有部定科目而無校定科目，可見新課程確實給予學校較大的辦學或課程決定空間。

㈣重視學習以強化應用能力

職業學校的課程相當重視實習，以培訓應用的技能，實習方式因類科而異，或每週排有獨立的實習時間，或併在專業科目內實施。實習時數占總授課時數的比率，因類科而有所差異，其中尤以工業、農業及醫護類科的比率較高。

依規定，職業學校實習分三種方式實施：(1)個別實習，如劃區耕種、點件製作，或指定事件等；(2)分組實習，如同級或異級學生分組合作；(3)共同實習，如同級或異級學生合作。實習課程除應屆畢業生得配合建教合作，在校外實習與辦理職前訓練外；非應屆畢業生以在校內實習為原則，但得利用寒暑假期間舉行校外實習。為增進教學效果，職業學校應配合推動技藝競賽及技能檢定。（教育部，民 83a：11615）

㈤重視建教合作

職業學校的課程因重視實用與實習，須與經濟建設密切配合，故職業學校法及其規程均規定要重視建教合作，以求雙方互惠互利。政府並訂有「建教合作實施辦法」，以供辦理之依循。

依建教合作實施辦法之規定，建教合作機構包括有關政府機關、軍事單位、公民營企業廠商及其實驗研究機構。欲實施建教合作時，應由合作雙方訂定合約，並分報主管機關核准後實施。合約內容應包括下列四項：(1)合作方式；(2)訓練計畫或研究專題（應包括訓練課程、實習項目、訓練人數及完成時限、實習材料、設備及師資之提供等）；(3)合作雙方之職責與責任（含經費負擔與食宿交通與安全等）；及(4)其他合作之事項。（教育部，民 83a：11613－11620）

職業學校與建教合作機構進行建教合作時，得進行下列工作：(1)讓學生到建教合作機構去實習或就業，依有關勞工法令工作時間之規定，讓學生以半工半讀方式參與實際工作。建教合作機構除酌給學生

津貼或薪資外，並免費供應所需之資料與設備，同時也指派專人指導及考核學生的實習成績；(2)與建教合作機構就雙方之圖書儀器、設備、機具等之使用進行協商互助合作，並得由建教合作機構購置必要圖書、儀器、設備或其他有關資料贈予學校，供雙方共同使用；(3)視需要與建教合作機構舉辦各種調查、座談會、討論會及演講會；(4)與建教合作機構聯合印行有關資料，介紹有關生產之新觀念、新技術、新教材及新教法，並得聯合設置研究室及陳列室展覽有關該校及該機構之現況、研究成績、實驗報告及產品等資料；(5)接受建教合作機構之委託，代為辦理職員工訓練，或從事專題研究或實驗。

第六節　中等補習及進修學校的課程

各級（類）補習及進修學校教學科目、每週教學時（節）數、課程標準、畢業條件及實習規範，均由教育部訂定之。因此如欲瞭解其詳細情形者，請自行參閱該等相關法令或規定。授課得採按日制、間日制、週末制。教學除以一般方式（即在校授課）施教外，得以函授、廣播、電視、電腦網路等方式辦理。授課時間及教學方式可說相當多樣化而富彈性，以適應補習及進修學生的不同需要。

國民中學補習學校、高級中學及職業進修學校學生，修業期滿成績及格者，准予畢業，並由學校給予畢業證書，具有同級、同類學校之畢業資格。過去補習及進修學校結業生，必須參加資格考驗及格方能取得資格證明書的規定，已經取消。顯見政府已把補習及進修學校的地位，與正規學校等量齊觀，值得肯定。

各級（類）補習及進修學校學生，修畢與同級、同類學校相當年級之主要科目，成績及格者，得申請轉學同級、同類學校程度相銜接之班級。但有入學年齡之限制者，從其規定。

第6章 中等教育的學生與輔導

第一節　中等學校學生的特性與啓示

　　中等教育的設計，不管是制度、課程、設備或教學，均須配合學生的特性，此在相關各章中均已論及。因此，從事中等教育工作的人員，均須對其學生的特徵有所認識，中等教育的學生大多數屬於青少年，故本節所討論的即是青少年的特徵。

　　青少年（adolescence）的英文，係源自拉丁文的 adolescere，其意為生長成熟（grow to maturity），故青少年意指邁向生長成熟之人。其年齡約起自十一、二歲而止於二十歲。我國有時稱青少年為少年，如「少年事件處理法」及「少年福利法」即以十二至十八歲為適用對象。有時則稱之為青年，如辭源將十二歲末至二十四歲末稱為青年，其中十二歲末至十八歲末稱為青年前期，十八歲末至二十四歲末稱為青年後期。（黃德祥，民 83：2-5）

　　青少年的特徵可從很多層面切入討論，本節只就與中等教育較密切相關的層面，歸納出下列七項特徵，茲逐一說明於下。

一、體型與體能急速發展

青少年是人類體重與身高的生長驟增（growth spurt）時期。經此生長，其體型與成人已相差無幾，此為中外通例。以我國青少年而言，臺閩地區男女十二歲時身高平均為 150.45 公分，到十三歲時即急速增高，平均為 157.32 公分，十四歲為 163.05 公分，此後增長的速度就趨於平緩。女生身高在九歲時平均為 131.85 公分，十歲時為 138.2 公分，十一歲時為 144.72 公分，至十三歲時達到 154.03 公分，此後的增長就趨於緩慢。在體重方面，在十二歲時，男生平均體重為 42.14 公斤，女生為 42.5 公斤；至十八歲時，男生驟增為 63.1 公斤，女生為 50.59 公斤，在十三歲前，女生重於男生，十三歲起男生即超過女生。（教育部體育司，民 79：7）

隨著體重及身高的發展，青少年的肌肉及骨骼的發展也日漸強壯，因此身體的力量也就大為增加，活動及運動量變大。依統計顯示，在青少年期以前，男女生的體力相近；但至青少年後，男生的體力即超過女生。

青少年的體型及體能急速發展，在教育上有其正面的意義，諸如可耐久讀書、有獨立的條件、有助於發展社交關係等。但也容易產生負面的現象，諸如一時難以適應突然的變化、活動過多而致倦怠、不受成規約束等。基於此，中等學校應注意下列事項：(1)注意學生的營養飲食，以供生長之需；(2)提供適當的活動，以紓解學生過剩的體力；(3)輔導學生交友，以建立良好的社交關係；(4)提供健康檢查，以早期發現並治療隨快速生長而來的病疾；(5)注意男女兩性的差異，做必要的適應措施。

二、性漸趨成熟而對異性產生興趣

一個人的性徵在青少年時期日趨成熟，而產生性的需要。性徵可分為第一及第二性徵。在第一性徵（primary sex characteristics）方面，

男生的睪丸及陰莖均在十三、四歲起加速發展，在二十歲左右達到成熟時的大小與長度；女生的卵巢及月經也自十一、二歲起開始快速成熟或來臨，到十五、六歲左右即已發育完成。在第二性徵（secondary sex characteristics）方面，男生的體毛（陰毛及腋毛）隨著睪丸及陰莖的發展，而逐漸生長轉濃，至十五歲左右即趨於成熟，而聲音也在此時期開始轉變，變得較為低沈而具磁性；女生的臀部、乳房、體毛，也隨其卵巢及月經之發展而成長，在青少年後期已變得更圓、更大、更濃，而趨於成熟。

青少年的性成熟，使其對異性開始產生濃厚的興趣。這對中等教育有其正面的意義，諸如兩性可以互相激勵進德修養、有助於兩性關係的互動與建立、可促使學習對待異性的禮儀等。惟青少年的性需求，因難以經由合法途徑（結婚）來滿足，也容易滋生問題，諸如沈溺於性幻想而疏於學業、手淫過度或引起罪惡感、約會強暴、婚前性行為而致未婚懷孕、不當性接觸而生性病、非法的強姦，甚至過分性壓抑而致精神病等。青少年很難藉合法婚姻來滿足性需要的原因，主要有三：(1)法令的限制，依民法規定，男未滿十八歲而女未滿十六歲者不得結婚；且未成年人（指未滿二十歲者）結婚應得法定代理人之同意，通常父母不太同意未滿二十歲的青少年結婚的；(2)風俗習慣的約束，到成年人（滿二十歲）以後才結婚已成為一種風俗，人通常都會受社會風俗習慣的約束，故人很少在青少年時期結婚的；(3)經濟能力的限制，結婚後即負有養家的責任，養家是要花錢的，青少年多半尚未立業而無足夠的經濟能力養家，故多半不敢在此時結婚。

基於上述原因，為趨利避害，中等學校應注意下列事項：(1)將性教育列入課程教學中，提供學生正確的性知識；(2)提供多元課外活動，以紓解其因性慾而引起的衝動，並將性需求加以昇華；(3)加強兩性倫理教學，使學生熟知兩性相處之道，並能相互尊重對方的人格與價值；(4)藉男女合作或其他方式，提供男女學生相處的機會，從中認識異性及學習相處之道；(5)藉實施家長親職教育機會，教導家長處理

子女性需要之道，使雙方能協力共同輔導；(6)教導學生紓解過剩性慾的途徑，如適量運動、必要時手淫等；(7)教導學生戀愛及約會之道，其中包含失戀時的調適方法；(8)實施性侵害防治教育，以避免侵害別人或被侵害。依性侵害犯罪防治性之規定，中小學每學年應至少有四小時以上之性侵害防治教育課程，內容包括兩性平等之教育、正確性心理之建立、對他人性自由之尊重、性侵害犯罪之認識、性侵害危機之處理、性侵害防範之技巧及其他。

三、智力快速發展而有抽象思考能力

人類的智力（intellgence）在青少年時期快速發展，在青少年末期即接近成熟狀態，其發展情形如圖 6-1 所示。其中較值得注意的發展，是抽象思考能力的發展。依心理學家皮亞傑（J. Piaget）的研究，人類智力的發展可分為四個階段，即感覺動作期、前操作期、具體操作期，及形式操作期。

由初生到二歲屬於感覺動作期（sensori-motor stage），僅能憑肌肉和感官來瞭解外在世界。二歲到七歲屬於前操作期（pre-operational stage），又稱表徵期（represental stage），係憑事物外觀或當時狀態來

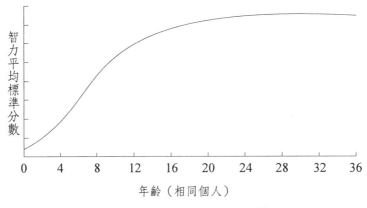

圖 6-1　不同年齡的智力發展情形
資料來源：黃德祥，民 83：236。

瞭解外在世界及作一切判斷，完全出於兒童之直覺，故也稱為直覺期（intuitive stage）。七歲至十一歲屬於具體操作期（concrete operation stage），此時已發展出邏輯推理能力，但因內省和抽象思考能力尚未充分發達，故需借助具體事物的操作，始能真正瞭解科學上的一些概念和原理。十一歲以上即進入形式操作期（formal operation stage），青少年已能應用抽象的符號或文字，做抽象的思考、推理、判斷，而不需依賴實際操作，故此階段又稱為反省思考期（reflective thinking stage）。

由於十一歲才進入形式操作期，其發展仍須一段時間才能達到成熟，故青少年仍兼具有具體操作及形式操作兩期的特徵，國中學生的具體操作可能高於形式操作，而高中高職生的形式操作則高於具體操作，其情形如圖 6-2 所示。青少年的此種特性，在教育上有其正面的意義，諸如可拓廣學生學習領域及於抽象世界、學生學習較靈活而效果增加、學生可藉推理思考而預作計畫，而且可藉抽象能力統整所學等等。但若運用不當，也容易產生負面作用，其中較嚴重的是理想太高而不切實際。蓋青少年已能作抽象思考，建構未來的諸多理想，但因知識及經驗尚有不足，對社會的複雜性也尚未深入瞭解，故理想容易流於不切實際。而實現理想的能力又不足，容易造成兩種問題，其一是由於理想無法實現，形成了挫折感及自卑感，對自己失去了信心，流於消極退縮；其二是利用不正當的手段來達成理想，輕者作白日夢，在夢想中尋求虛幻滿足；重一點者則或偷或賭或騙，甚或以暴力去攫取，以滿足追求不切實際名利的理想。

基於上述，為使青少年此一特徵發揮良好的作用，中等學校應注意下列各點：(1)因學生仍具有部分具體操作期的特性，故教學上仍須提供具體示範與操作機會；(2)加強思考方法的訓練，以引導抽象思考能力的充分發展；(3)擴大課程的領域，以滿足隨思考能力發展而來的廣泛興趣；(4)重視啟發式教學，以發展學生的創造思考能力，避免過多的灌輸與壓抑；(5)容忍並適當接納學生的意見或異議，以鼓勵青少

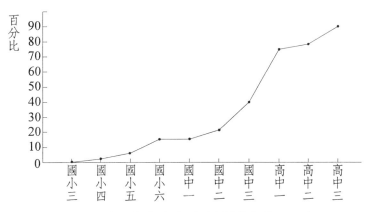

圖 6-2　各年級學生達到形式操作期的百分比

資料來源：王家通等，民 71：351。

年運用其思考能力；(6)實施特殊教育，以發揮學生的特殊智力；(7)輔
導學生建構合理的理想，並教以實現之原則；尤其可透過做中學，讓
學生多接觸現實實際，而能建構切合實際的理想。

四、道德判斷由他律逐漸進入自律

　　人類道德的發展，通常是由無律進入他律，再由他律進入自律。
從另一個角度看，是由自我中心開始，逐漸發展成團體中心。青少年
時期即是一個由他律轉入自律的時期，亦是由自我中心轉入團體中心
的階段。

　　根據皮亞傑（J.Piaget）的研究，人類道德判斷的發展，可分為無
律、他律及自律三階段。從出生至五歲是屬於無律期（individual-
ism），隨興而為，心中根本未有道德意識存在。五歲以後才進入他律
期（heteronomous morality），遵照父母及社會所定規範行事，若有違
背願受懲罰。八、九歲以後就逐漸進入自律期（autonomous moral-
ity），漸能運用理性作道德規範的分析與判斷，對現有的規範作有選
擇性的接受，不完全盲從權威，邁入所謂「道德規範的自為立法、自
為執行、自我反省」的階段。（單文經，民 71：5）

道德學家郭爾保（L. Kohlberg）亦將人類道德發展分為三個時期六個階段。這三個時期依序為道德成規前期、道德成規期，及道德成規後期，每期再細分為兩個階段。出生至八、九歲屬於道德成規前期（preconvention level），係根據行為後果或苦樂感覺作道德判斷，並極度服從外在權威，認為有權力的人所作所為均是對的，行為若能得到他人讚賞便視為善，若受到懲罰即視為惡，可說是極端他律的。九歲以後進入道德成規期（conventional level），認為不損團體（含家庭、團體及社會）的行為即為善，故能服從團體規範、嚴守公定秩序及法律權威，此一時期可能延續至青少年末期，甚至到成年期。青少年末期之後逐漸進入道德成規後期（postconventional level），強調遵守社會規範及法律，但並不盲從，認為該修正就應修正，最後並能運用嚴謹的思考邏輯與良心，建立適切的道德原則以自律，類似皮亞傑的自律期。（黃德祥，民 83：367－368；單文經，民 71：6－8）

　　由皮亞傑及郭爾保的研究，均證明青少年的道德發展逐漸由他律進入自律，但因「進入」並非意味已完全發展成熟，其完全發展有賴長時期，況且人又有個別差異，故青少年一般兼具有他律及自律的特徵。這種特徵在教育上有其正面意義，諸如學生能尊重他人意見與利益、能重視社會規範與法律、能設法自治自律等。但若處理不當，同樣會造成負面的作用，如學生有他律與自律的衝突（即自律規範可能與社會規範不一致）、道德上的知行不一，或因過度強調自律而與成人疏離，或未能順利轉入自律而一直盲從權威等。

　　基於上述情形，中等學校對學生的教育應注意下列各點：(1)適度尊重學生的道德觀念，不強迫其盲從，從相互溝通中建立共識；(2)透過價值澄清法（values charification），協助學生建立正確的自律道德規範；(3)透過班會及校會，讓學生共同討論訂定班規或校規，以發揮相互約束的力量；(4)透過道德教學與示範，讓學生能在追求自律過程中，也能尊重他人的自律；(5)提供適當的情境與刺激，引導學生順利從他律轉入自律，避免一直停留在他律階段，而完全盲從權威。

五、在人際關係中由父母取向轉入同儕取向

在人類的生存過程中，在兒童時期的人際關係多以家人為主，尤其父母扮演著重要影響力。惟進入青少年時期後，由於身心的趨於成熟及出外讀書就業等關係，漸漸改以同儕為主。同儕（peer）的影響力大增，而父母的影響力則相對減少。此種情形可從圖6-3中明顯看出，自小學六年級升入國中後，父母取向的程度即明顯下降，而同儕取向的程度則大幅提昇。

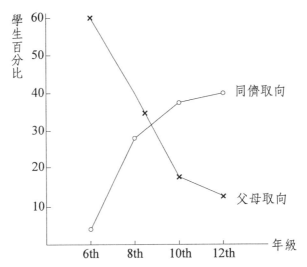

圖6-3　不同年級階段父母與同儕取向之差異
資料來源：黃德祥，民83：506；Hopkins, 1983: 216。

同儕關係的發展自兒童階段即開始，但那都是暫時性而少有交心，直至進入青少年階段以後，才逐漸發展出較長期而且互惠性的友誼。西爾曼（Selman, 1980）將人類友誼關係（friend development）的發展分為五個階段：在三至七歲之間屬於暫時玩伴（momentary play-mates）階段，友誼通常是暫時性的，且以物質價值為基礎；五至九歲之間屬於單方協助（one-way assistance）階段，兒童開始能接受別人的

觀點，但仍不能發展互惠的友誼；六至十二歲屬於公平氣氛合作（fair-weather cooperation）階段，開始能建立互惠合作的友誼，但仍保有自利的出發點；九至十二歲屬親密互享（intimate and mutual sharing）階段，除彼此互惠合作外，尚可分享秘密與情感；十二歲以後即進入自主互賴（autonomous interdependence）階段，既能互惠合作，但又能保有自主性，友誼與自主保持適度的平衡。這五個階段的敘述顯示，青少年時期才發展出較平等互惠及親密的同儕關係。（黃德祥，民 83：108－109）

　　青少年時期由於同儕影響力大增，故個人的衣著、儀容、語言、消費取向、選課、選職業、性態度、約會及其他個人問題的處理方式等，均深受同儕的影響，而形成所謂的青少年次級文化（subculture）。在此次級文化中，青少年有其獨特的價值規範、儀容型態、嗜好、語言，及幫派等。這種同儕取向的特徵，對教育有其正面的意義，諸如學生可藉同儕相互切磋琢磨、藉同儕關係發展出社交關係與技巧、同儕相互約束可防行為越軌、獲同儕的協助而發展出獨立於父母外的自主性，及可避免成人的偏好而有所創新等。同樣地，如處理不當時也會產生負面作用，諸如過度偏離社會常規、與父母或成人產生衝突對立、結成不良幫派為非作歹等。

　　基於上述情形，為能善用青少年此一特性，中等學校的教育應注意下列各項：(1)透過相關課程與教學，教導學生選擇朋友的道理；(2)安排一些團體作業或活動，以滿足學生同儕關係上的需求；(3)尊重青少年的合理次級文化，不強制其完全遵守成人規範；(4)瞭解校內外的青少年次級文化，作為輔導學生的根據；(5)訓練學生的社交技巧（social skill training），如表 6−1 所示，使其在同儕互動中游刃有餘；(6)施以法治教育，引導青少年不致誤立違法的同儕規範；(7)注意學生的行為，如發現有偏差傾向，應早期診斷及輔導治療。

六、在生涯發展上面臨重大的抉擇與壓力

生涯（career）是指一個人終其一生所經歷的生活、教育、工作及退休的過程總稱。在此生涯中的每一階段，都有其重點的任務。在履行任務的過程中，均須做一連串的抉擇。如果抉擇正確，則前途光明而生活美滿；若抉擇錯誤，則可能前途黯淡而生活痛苦。因此隨著抉擇而來的，就是心理壓力。抉擇的內容越重要，則所面臨的壓力就越大。

人一生所面臨的生涯抉擇無數，但其中較重要的有三個，即升學、就業及婚姻；其中青少年面臨著升學及就業兩方面的抉擇。就升學而言，青少年就面臨著由小學升國中、由國中升高中、職，及由高中、職升大專的三次重大抉擇，可說是人一生當中面臨升學抉擇次數最多及壓力最大的時期。就職業的抉擇而言，升學的最終目標仍在就業，故每次的升學抉擇也是一種職業選擇。其次，如第一章第二節所言，中等教育是多數人的終結教育，泰半以上的青少年在中學畢（結）業後，即進入社會就業，故多數必然面臨著職業抉擇的壓力。由於青少年面臨著這兩項重大抉擇與壓力，但承擔壓力的能耐又不如成人，故常會因處理不當而導致心理問題，如焦慮、行為偏差或精神失常等。這種問題尤以國中三年級及高中三年級時最為嚴重，故醫學界稱之為國三症及高三症。（潘家珠，民 68：69-72）有國三及高三症的出現，然而卻無國六症（就小學生而言）及大四症（就大學生而言）的現象，可證青少年或中學生所臨抉擇之重要及壓力之巨大。

青少年雖在婚姻的抉擇上壓力較小，但仍有間接的壓力存在。如前面所述，青少年的性已趨成熟，開始有性的強烈需要，而出現結交異性朋友的現象。結交異性過程中，多少仍具有選擇未來婚姻對象的味道，面臨抉擇的壓力難以避免。其次，在約會戀愛的過程中，青少年學生難免有親密的性行為出現（如表 6-2 及表 6-3 所示）。在性知識不足、經驗欠缺，及社會道德約束下，這些性行為多少會帶給青少

年一些疑惑與壓力，如怕失去處女身與童貞、怕不慎懷孕生子、怕親友反對、怕對方得逞後即遺棄等。

　　青少年面臨重大抉擇與壓力，仍有其正面意義，諸如可從中學習做抉擇的方法技巧、可顯示已漸具有獨立的能力、可鍛鍊承受壓力的能力、可培養紓解壓力的手段等。但如處理不當，同樣會產生問題，如懼怕隨之而來的壓力而放棄抉擇、抉擇錯誤而導致痛苦，因壓力過大而致身心失衡等。基於此，中等學校教育應注意下列各點，以輔導學生做好抉擇：(1)加強試探功能，使學生能瞭解自己的個性、性向、興趣、專長或優缺點，以作為抉擇的依據，知己知彼才能百戰百勝；(2)實施升學輔導，提供升學相關資訊，以協助學生順利升學；(3)加強職業輔導，提供職業選擇資訊，以協助學生選對職業方向；(4)透過相關課程教學，訓練學生做抉擇的步驟、原則及技術；(5)提供適當的課外及休閒活動，以紓解隨抉擇而來的壓力；(6)教導學生紓解壓力的途徑及技巧。

七、在角度地位上屬於邊緣人

　　青少年時期是兒童期與成年期之間的過渡階段，角色地位模糊，屬於社會學上所稱的邊緣人（marginal man）。（邱維城，民 54：7；王家通等，民 71：332−333）這種邊緣人的地位在教育上有其正面的意義，即讓人在脫離兒童角色後，有一個過渡時期去接受成人角色的教育，於長大成人後得以勝任成人的角色；而不必一下子即刻轉為成人，致措手不及無法承擔應有的成人職責。換言之，邊緣人提供了一個轉換角色的緩衝空間，教育在這段空間內，可以為青少年發揮脫胎換骨的作用，使其日後順利成為成人。

表6-1　社會技巧訓練的內容與重點

Ⅰ.起始社會技巧
　　1.傾聽：注意別人說話，並努力去加以瞭解。
　　2.開啟會談：開始與人談話，至維持一段時間。
　　3.保持會談：以雙方都感興趣的東西作話題。
　　4.發問：從別人處獲得更多的訊息。
　　5.道謝：讓別人知道你的謝意。
　　6.介紹自己：努力去認識新朋友。
　　7.介紹他人：介紹新朋友給他人。
　　8.給予讚美：讓別人知道你喜歡他們所作所為。
Ⅱ.高級社會技巧
　　9.尋求協助：當需要時請求他人協助。
　　10.參與團體：找出參與他人團體的方法。
　　11.提供教導：教導他人以使他人順從。
　　12.順從教導：注重他人的教導並順從他們。
　　13.道歉：做錯事時讓他人知道歉意。
　　14.說服別人：說服他人知道你的觀念較佳。
Ⅲ.處理情感的技巧
　　15.認識自己的情感：試著瞭解、認識自己的情緒。
　　16.表達情感：讓別人知道自己的感受。
　　17.瞭解他人情感：試著發現別人的感受。
　　18.處理他人的憤怒：瞭解別人為何生氣。
　　19.表達情意：讓別人知道你關心他們。
　　20.處理恐懼：害怕時試著找出原因，並加以處理。
　　21.酬賞自我：自己表現良好時，酬賞自己。
Ⅳ.替代攻擊的技巧
　　22.請求應允：做事前請求適當之人的允許。
　　23.東西分享：將自己的東西與他人分享。
　　24.幫助他人：別人需要時提供協助。
　　25.協商：當你與他人意見不同時，試著找出滿意的共同點。
　　26.使用自我控制：控制情緒以使事情能被控制。
　　27.維護自己權益：對個人的權益能夠堅持，避免受到不當侵犯。
　　28.對嘲笑的反應：別人嘲笑時仍能控制自己。
　　29.避免與他人有麻煩：離開會帶來麻煩的情境。
　　30.避免打架：找出比打架更好的方法應付困難情境。
Ⅴ.處理壓力的技巧
　　31.表示怨言：不滿意別人所做的事情時，以不生氣的方式清楚告訴別人。
　　32.答覆怨言：當別人有怨言時，試著聆聽並公正的回答。
　　33.保持運動精神：他人球隊表現良好時給予讚美。
　　34.處理害羞：感到害羞時，作某些努力以降低害羞。
　　35.處理被排擠：決定是否被排擠，並作些努力以使感受好些。
　　36.維護朋友：當朋友沒有公平的受對待時，能讓別人知道。
　　37.對說服的反應：別人說服你時，想想別人及自己再作決定。
　　38.對失敗的反應：找出失敗的原因以使未來能成功。
　　39.處理矛盾的訊息：別人言行不一時找出混淆之處。
　　40.處理被責罵：找出被責罵原因，並決定面對責備者的最好方法。
　　41.對困難的會談作準備：面臨有壓力的會談之前，找出可能的談話內容。
　　42.處理團體壓力：別人要你做某些事之前，先決定自己該做的事。

表6-1 社會技巧訓練的內容與重點（續）

VI.訂定計畫的技巧
43.決定事情的作法：如感到無聊，找出較感興趣的事去做。
44.決定導致問題的原因：問題到臨時，找到因果關係。
45.設定目標：開始做自己想去完成的事之前，先訂立目標。
46.決定你的能力：做事之前先客觀的決定你的程度。
47.蒐集資訊：決定應知道的資訊，並且如何去獲得的資訊。
48.安排事情的輕重緩急：客觀的決定最重要及優先要處理的問題。
49.作決定：考慮事情的不同可能性，並選擇較好的一個。
50.集中於一項任務：不分心且專注的做想做的事情。

資料來源：Cartedsge & Milbum, 1980: 266－267; Goldstein et al., 1989: 88－89；黃德祥，民83: 523－524。

表6-2 臺灣與各國青少年性行為比較表

國別＼性行為	臺灣	加拿大	捷克	法國	德國	希臘	義大利	墨西哥	波蘭	新加坡	西班牙	泰國	英國	美國	全球
大部分性教育的來源（父母、兄弟姐妹、朋友、學校、醫生護士衛生所、書籍手冊雜誌、電視、其他）	朋友	學校	朋友	性伴侶	朋友	朋友	朋友	學校	書籍雜誌	朋友	朋友	朋友	學校	朋友	朋友
接受第一次性教育的平均年齡（歲）	13	11.5	12.5	12	11.3	12.9	11.5	11.9	12.7	13.5	11.7	13.5	11.4	12	12.2
發生第一次性行為的平均年齡（歲）	17	15	16.3	15.8	15.6	16.3	16.4	–	16.3	–	16.5	16.5	15.3	15	15.9
對第一次性經驗的感覺沒有預期中的好（%）	33	37	27	40	31	26	30	23	22	19	28	22	33	35	29
第一次性行為中沒有採取避孕措施（%）	49	26	35	15	15	18	39	49	27	49	15	41	16	34	28
第一次性行為中沒採取避孕措施是因為缺乏避孕工具（%）	62	47	20	47	50	22	47	38	21	52	50		25	38	
每年的平均性行為頻率（次/年）	84	113	97	99	116	100	78	69	75	63	66	92	133	128	98
曾發生過性行為的性伴侶人數（人）	4	5.5	4.1	6	4.9	4	4	3.3	3.8	5.6	3.5	3.9	6.4	7.5	4.9
預期在婚後才發生性行為者（%）	13	9	2	4	1	2	5	40	9	42	1	42	4	17	16
認識有同年齡的朋友因不小心而懷孕（%）	45	76	74	46	58	55	49	66	74	46		57	71	79	61
認識有同年齡的朋友墮胎（%）	39	62	54	45	39	49	32	59	30	47	43	38	55	61	45
對不慎懷孕感到恐懼（%）	22	21	26	17	14	26	33	37	28	31	32	25	22	25	
對傳染到性病／HIV感到恐懼（%）	44	44	47	41	57	47	41	63	36	49	45	47	51	45	
一點也沒有因為擔心感染HIV／AIDS而改變行為（%）	19	35	25	28	37	28	66	29	33	29	44	12	28	32	32
隨身攜帶保險套（%）	10	31	20	41	48	38	23	21	24	7	26	9	34	34	26
男性中認為自己滿足較重要的百分比（%）	41	35		14							25	29	29	14	32
女性中認為自己滿足較重要的百分比（%）	58	36	25	46	43	66	44	41	41	49	51	26	34	50	44
身邊同儕感染性病／HIV（%）	4	44	31	22	26	16	26	20	12	13	19	18	39	58	25

資料來源：黃庭鬱，民88，第10版。

表 6−3 西方各國青少年的性行為類型（％）

國家性別	美 國 男	美 國 女	加拿大 男	加拿大 女	英 國 男	英 國 女	德 國 男	德 國 女	挪 威 男	挪 威 女
1.輕度擁抱或牽手	98.6	97.5	98.9	96.5	93.5	91.9	93.8	94.8	93.7	89.3
2.晚別親吻	96.7	96.8	97.7	91.8	93.5	93.0	78.6	74.0	86.1	75.0
3.深吻	96.0	96.5	97.7	91.8	91.9	93.0	91.1	90.6	92.6	89.3
4.平行擁抱與撫摸但未脫衣服	89.9	83.8	92.0	81.2	85.4	79.1	68.8	77.1	93.6	75.0
5.從衣服外撫摸女生乳房	89.9	78.3	93.2	78.8	87.0	82.6	80.4	76.0	83.5	64.3
6.脫衣服撫摸女性乳房	81.1	67.8	85.2	64.7	84.6	70.9	70.5	66.7	83.5	58.9
7.穿衣情況下撫摸女生腰部以下部位	62.9	61.2	64.8	64.7	68.3	70.9	52.7	63.5	55.1	53.6
8.穿衣服情況下男女互相撫摸腰部以下	65.6	57.8	69.5	50.6	70.5	61.6	50.0	56.3	69.6	42.9
9.脫光衣服擁抱	58.2	49.6	56.8	47.6	74.8	64.0	54.5	62.1	66.7	51.8
10.性交	58.2	43.2	56.8	35.3	74.8	62.8	54.5	59.4	66.7	53.6
11.一夜性交，不再來往	8.2	7.2	5.7	5.9	17.1	33.7	0.9	4.2	5.1	12.5
12.在愛撫或其他親密舉動之前鞭打屁股	4.2	4.5	4.5	5.9	13.8	17.4	9.8	1.0	2.5	7.1
（樣本）	(644)	(688)	(88)	(85)	(123)	(86)	(112)	(96)	(79)	(56)

資料來源：Luckey & Nass, 1969: 364−379；黃德祥，民 83: 191。

　　這種邊緣人的角色，也給青少年帶來雙重問題。其一，就青少年本身的主觀上言，覺得自己有些像兒童卻不完全是兒童，有些像成人但又不全屬成人，因此不知自己應表現那一種人（成人或兒童）的行為，致心理上常處於不安全及矛盾狀態，心情極易趨於不平衡而產生問題。其二，社會習慣將世界上的事物兩分化，如將人分為男人及女人兩種，沒有陰陽人的存在，因此一旦有陰陽人出現，因其行為不合其兩分化的看法，故陰陽人就要受社會的歧視。同樣，社會習慣將人分為兒童及成人兩種，在一般人心目中很少有青少年這個概念存在，

因此對青少年時而表現兒童行為、時而表現成人行為的現象，往往不能加以接受，甚至加以責備。一種常出現的現象是：當青少年表現兒童的行為時，社會卻以成人的標準來批評他長不大；而當青少年表現成人行為時，社會卻又以兒童的標準來批評他少年老成。如此，常使青少年有如「豬八戒照鏡子裡外不是人」，及「動輒得咎」的感覺。青少年因而感到進退兩難，致心情不穩，也就容易發生問題。至於兒童及成人的角色及地位均甚明確，故此種問題均較少產生。

為輔導青少年學生能善用其角色地位，中等學校教育應注意下列各點：(1)釐清青少年應有的角色，避免單以兒童或成人的角色去衡量青少年的行為；(2)透過親職教育，教育青少年父母認清青少年的角色；(3)協助青少年建立適當的角色規範，以供青少年遵循；(4)對青少年表現出來的若干矛盾行為，應予容忍與指導；(5)輔導青少年處理邊緣人所面臨問題的技巧與態度。

總之，中學生大多屬於青少年，而青少年具有許多特性。這些特性有其正面的教育意義，亦有產生負面行為的可能性，可說「既是危機，也是轉機」，端賴教育人員是否能善加利用這些特性而定。願我教育同仁，能對這些特性深入瞭解，並善加運用，則中等教育的成效會更加顯著。

第二節　中等學校學生的安全維護

中等學校的學生因多屬青少年，活動量大，而且常就讀離家有段距離的學校，在校時間長，又受同儕影響很多，學校對學生安全的維護責任，就顯得重要。本節即在討論中等學校如何維護學生的安全。

一、學生安全維護的原則

中等學校在維護學生安全工作時，應注意下列五項重要原則：（謝文全，民 89：125－139）

（一）兼重校內與校外的安全維護

中等學校的學生在校內的時間，每天至少八小時以上。除了在教室內上課以外，在教室外及廣大校園的活動機會也很多，因此校內安全的維護有其必要。其次，中學生就讀的學校，常與住家有段距離，甚至有遠離家鄉者。學生每天往返學校與住家的時間也不少，尤其在校外還可能與同儕嬉遊，而今天的社會環境又日趨複雜，故學生在校外安全的維護，也和校內同等重要。

（二）事先預防勝於事後補救

校園安全在於維護學生身心的安全，而身心安全又是人生發展的基礎。故馬士婁的需要層次論中，將生理及安全感的需求，列為人類最基本的需求，有了安全感之後，個人才會進一步追求社會隸屬感、尊榮感及自我實現的需要滿足。身心安全一旦受到傷害之後，不只影響人生發展至鉅，而且要再恢復健全非常困難，所謂「一朝被蛇咬，十年怕草繩」，即為最佳寫照。因此安全的維護應事先預防，重於事後的補救。學校任何硬體設施及教學活動的設計，均應同時考慮到安全性，以確保學生在校園內的時時安全。

（三）應積極施予安全教育

學生安全的維護，固然有賴校園安全措施的推動，教職員工責無旁貸。但校園範圍廣大，而且隨著社會複雜化危險日多，因此光靠教職員工的努力是不夠的。最積極而有效的作法，是對學生實施安全教育，培養學生應有的安全知識，及訓練其緊急應變的能力。學生人人有了一套活的防身術，校園安全就很容易做到了。而且學生有了安全知能之後，即使離開校園到社會去，也可以自我保護。

（四）兼顧生理及心理安全維護

校園安全維護的目的，除了在維護學生的生理安全之外，尚須兼顧其心理安全之維護。因此校園安全維護的措施，除了考慮生理安全維護之設計外，尚要兼顧心理安全維護的設計。例如教師應承認學生的價值，尊重他們的人格，信任他們的能力，鼓勵他們參與活動，多

用鼓勵而少用強制，多用建議而少用命令，多接納其意見而少加以挑剔，皆有助於增進學生心理之安全。

學校教師及行政人員應避免對學生使用語言暴力，如罵學生笨的像條「腦震盪的豬」，或罵學生壞得「無可救藥」等。語言暴力會傷學生的心，使其心理失去安全感。

(五)整合學校與社區的力量

校園安全的維護，學校自然責無旁貸，但學校人力物力畢竟有限，無法獨力承擔。為彌補學校人力物力的不足，可以善用社區的力量，共同維護校園安全。如前面所述，可協調社區警察機關派員定時或不定時巡邏校園，即為利用社區力量之一例。再如可請社區有安全知能之人士，擔任學校義工，協助巡視校園，或在學生做實驗時協助教師指導學生，以預防安全問題的產生。

二、維護學生安全的做法

學生安全的維護，可從多方面著手，如重視校舍建築的安全性、實施校內導護制度、注意設備的安全性及正確使用、防止校外不良份子進入校園、派人巡邏校園、加強校內學生行為輔導、實施校外導護、注意校外教學安全、教導學生安全常識，及建立警示與救助系統等。

(一)重視校舍建築的安全性

校舍在設計及興建時，即應注意安全性。如樓梯不宜狹窄、陡峭、平滑及陰暗。樓梯扶手及樓上走廊欄杆要堅固，有止滑設計。校舍的稜角要儘量少，石柱、大門邊、講臺、課桌椅等宜採圓稜狀。迴廊地面要平坦，尤其校舍多次增建的學校，各次興建的廊階之高低及接合處，均應注意相適性。水溝及窨井要加蓋，其覆蓋板不宜高低不平。

建築在施工期間，應將工地標明為禁區，並將工地圍起來，以策安全。所用的一切器物材料，應放在固定位置，並注意其安全性。如

有可能，較具危險性的工程，儘可能在寒暑假或假日施工。更重要的是提醒學生不要進入工地，不要到工地附近玩耍。

校舍建築應定期及不定期檢查、保養及修護，以常保安全。隨時發現有危險現象時，即應隨時搶修，必要時則予封閉或關閉。

(二)實施校內導護制度

在校內設導護人員，負責學生行為指導與安全維護工作，諸如指揮學生團體集合時的秩序、督導維護全校各場所之整潔及安全、巡視教室及學校各角落以維護學生活動之安全、處理學生偶發事件及解決學生糾紛等。

導護人員通常由全校教師輪流擔任；惟因年紀大或體弱致不堪勝任者得免除之，或列為候用人員，有導護請假時再當代理。所有導護人員應作適當的編組，每組導護人員的多少，取決於學校的學生人數及校園的大小。當學生人數多、校園範圍較大時，各組的導護人數即要增加，方能照顧到所有的學生及校園各角落。反之，學生少、校園小時，各組的導護人員便可減少。

導護工作的時間是全天性的，輪值人員應比學生規定到校時間早三十分鐘以上到校，開始執行任務；直到下午學生放學回家護送路隊及巡視環境完畢後，始結束一天的工作。故在一天當中，除學生在教室上課外，有學生的地方就有導護的工作在。導護人員對校園死角之處應特別注意，因那兒學生易遭到危險。為彌補導護人力之不足，並培養學生的服務人生觀與自治能力，導護人員應指導運用學生服務協助導護工作。

(三)注意設備的安全性及正確使用

學校的設備很多，應注意其安全性及使用的正當性，茲舉數例供參考。在體育運動設備方面，游泳池應有專人管理，並置有救生員。有危險的運動，如擲鉛球、壘球及標槍時，應畫警戒線及注意安全。

理化教室應訂定使用規則，並指定有理化專長的人員負責保管設備和器材。上課時間內，嚴禁學生擅自動用實驗器材或藥物，必須在

教師指導下，方可進行各種實驗。平時應隨時加鎖，防止閒人進入。實驗室應有安全急救設施，如備有滅火器、沙包、水源與急救箱等。

　　工藝教室內的設備大部分有危險性，如電鋸、電鑽、齒輪、鉋床等，因此應訂定使用規則，要求學生嚴格遵守，上課期間使用時，教師必須隨時在場指導並先做示範。電源開關應設在安全的位置，不用時應關閉。開動機器前，教師應事先檢查運作是否正常，如發現有故障，須立即檢修。

　　家事教室或廚房的電線及瓦斯管要牢固，使用瓦斯爐或其他烹飪器後，要注意關閉其開關。廚房要有防蠅及洗滌設備，並須通風良好。

　　設備亦應做定期和不定期的檢查與維護。學校宜訂定設備分類檢查維修要點，規定各類設備定期檢查的時間或次數，並規定檢修的重點。除定期檢修外，亦應依需要做不定期的檢修，如校舍結構方面遇有天災即應立即檢修；教室及禮堂屋頂的排水設施，在颱風及雨季前，即應加強清除積泥。

㈣防止校外不良份子進入校園

　　在開放校園供社區使用的政策下，學校可採取若干措施，以防止校外不良份子進入校園，致危及到學生的安全。首先為實施門禁管制，對所有訪客要求簽名及佩帶識別證，並做必要的過濾，使具有危險的人物不得進入。校區若有工程進行，工地缺口應予有效封閉，以防止歹徒侵入，並對施工人員加以登記管制。如有宿舍，亦應同樣作門禁管制。

　　其次，學校得請求警察單位支援，在學校設巡邏箱，巡邏學校附近，以防止不良份子侵入校園。必要時請其徹底掃除學校附近之不良及幫派份子，並嚴格取締校園附近違規營業的不正當遊樂場所。警察機關如發現有可疑人物或徵候等資料，應隨時提供學校注意。

㈤派人巡邏校園

　　為保障學生的安全，學校得指派教職員工及駐衛警等，劃分責任

區，輪流巡邏校區。如人力不足，亦得由學生編組巡邏隊，惟必須出於學生志願，不可強迫，且須由教職員、駐衛警或教官陪同巡邏。利用自願學生家長參與巡邏，亦可考慮。對參與巡邏人員，應給予適當的講習和訓練。

如有經費，學校得和保全公司簽約，由保全公司派專業人員負責校園巡邏，以維護學生的安全。

㈥加強校內學生的輔導

學生的危險有部分來自校內的人，尤其是同學，這種來自校內同學的危險，近來有日漸增加的趨勢。因此學校應加強對學生的輔導工作，建立學生的靜態和動態資料，隨時給予必要的輔導，以防止其傷害行為的發生。

對有逃學、逃課、恐嚇、勒索、攜帶凶器，或結黨遊逛等現象的學生，應予特別注意與輔導，教師上課時宜確實點名，導師及訓導人員可做不定期的安全檢查。

㈦建立警示及救助系統

學校應擬定危險處理計畫，規劃當危險發生時，學生如何救助、教師如何協助及督導學生；如有必要時，宜如何作好安全疏散等。學校應在辦公室、教室或其他適當地方，裝置緊急警鈴及電話，以便一旦發生緊急情況時，得以發出警示並召來救助。如能與警察機關建立快速聯絡網，以便隨時獲得警察的必要支援。

學校可視需要成立校園安全維護小組，由校長擔任召集人，必要時得請當地警方參與組成。平時負責校園安全及危險處置計畫的研定；事件發生時則負責處理，並視需要聯絡相關人員或機關共同處理。這些相關人員及機關主要包括主管教育行政機關、學生家長、醫院、警察單位、民意代表等。事件發生後，則決定如何對受傷害的學生施予輔導，使傷害程度降至最低，並逐步輔導恢復正常。

㈧實施安全常識教育

學校應對師生實施安全常識教育，使他們知道如何預防危險的發

生，並熟知遇險時的應付知識與技能。譬如指導他們認識歹徒慣用的伎倆，教授防身術，使他們認識並會使用學校的安全、警示及救助系統。

學校應對學生實施校外生活教育，使其熟知校外生活應注意事項，以確保自身的安全與學習成效。如教育學生如何上下車、如何選擇遊戲或寄宿場所、遇到意外事件時如何應變等。

仇注意校外教學的安全

為充實學生的見聞及體驗，學校經常會舉辦校外教學活動。校外教學之目的，固然在達成教育上的目標，但行程中師生的安全，卻是達成教學目標的必要條件。因此所擬校外教學計畫時，除考慮教學的需要外，尚須兼顧安全方面的規劃。為確保安全，須先實地勘察目的地與路線。校外教學目的地及行徑路線之狀況，如氣候、地形、坡度、寬窄等，均影響活動的安全甚鉅。因此須先派人前往實地勘察，瞭解並記錄其實況，以作為研擬安全計畫之依據。如因經費或其他原因無法派人實地調查，可用通訊方法委託當地學校或警察機關代為調查。

其次須謹慎選租車輛及訂定租約。參加校外教學的師生，常須乘坐車輛前往，其安全性是活動安全的保障。因此車輛一定要向登記有案的遊覽公司租用，並挑選性能良好及安全性高的車輛與駕駛人員。簽訂租約時，一定要把雙方的權利義務交代清楚，以避免將來發生糾紛；萬一發生意外事故，也可以很快釐清雙方的責任。

出發前，務須對師生實施安全教育。除了平日實施安全教育外，在校外教學出發前，應針對此次的特殊需要或情況，對參加的師生實施必要的安全教育，使其對本次活動所需的安全知能，有較具體而深入的瞭解。只有人人具有必備的安全知能，才能確保人人有安全。

在過程中，學校人員務必善盡監護責任。學校人員為善盡監護責任，至少須做到下列諸事：一是學生到那裡，教師就應跟到那裡；二是適時點名清查人數；三是適時提示危境及因應之道；四是隨時注意

學生身心狀況，提供必要的護理。（臺北市立麗山國民中學，民 81：8－31；謝文全，民 89：130－139）

㈩實施校外導護制度

為確保學生在校外的安全，學校亦須實施校外導護制度。校外導護可由各校自行為之，亦得數校聯合實施。

校外導護的主要任務有三，一為教導學生校外安全的知能，二是維護學生校外活動的秩序與安全，三為糾正或預防學生校外的不良行為。為完成這些任務，校外導護可採取的途徑很多，茲列舉常用者供參考。

1.隨車監護：指派人員編組輪值，執行隨車監護工作，以防止學生在車上爭吵鬥毆及發生違規行為。

2.駐站輔導：各校依學生搭乘火汽車路線編組，每日派出學生糾察、訓導人員及教官，至車站維持學生上下車秩序。

3.聯合巡查：由訓導人員、教官等會同當地警察人員組成巡邏隊，於重點時間（如放學後四、五小時內）到重點地點實施巡查輔導。所謂重點地點為青少年易逗留之特種營業場所，如彈子房、電動玩具店、咖啡館、舞廳等，或易發生案件之街道或路線等。

4.寄宿生輔導：對在校外寄宿的學生，宜派員定時訪問與輔導，並加強與家長及房東之聯繫，以確保寄宿生在多方面照顧下，能安全而又勤學。為方便對寄宿生的輔導，對寄宿生居住處所的資料應建檔備查。

5.路隊編組：學校可依學生住址或交通工具種類編成路隊，並選派品學兼優及熱心服務之高年級學生擔任路隊長，負責秩序及安全之維持。路隊長在執行任務前，應先給予必要的訓練。

6.假期輔導：對放寒暑假期間的學生給予輔導，使其渡過一個安全而充實的假期，如在放假前函發寒暑假期間學生生活注意要點給學生及家長，請學生自我注意及家長督促子女遵循；其次可加強寒暑假校外巡查，以導正學生的行為。

7.義務導護站之輔導：學校可選擇熱心家長的住家或商店行號，做為義務性護導站，一方面請其就近注意學生的校外行為，給予必要的糾正或指導，或將情況轉知學校；一方面讓在校外受到傷害的學生有個臨時庇護所，可減少傷害的嚴重化。成立導護商店網後，可在各商店門口掛該校校旗，學生有任何危險時，可隨時跑進去求援。另外，學生遇到車票丟掉、內急、口渴、下大雨時，都可前往商店獲得必要的協助解決。可參與導護網的商店類別繁多，包括銀樓、美容院、雜貨店、家具行、小吃店、五金行、藥房……等。

第三節　中等學校學生的輔導

如本章第一節所論，中等學校的學生在其求學及生活的過程中，須完成某些任務，也面臨許多可能的問題。為協助學生完成其任務及解決其問題，學校有必要提供適當的輔導。所謂輔導（guidance），係學校協助學生認識自己及環境，使其能適應環境並選定適當發展方向的歷程，進而促進其自我實現。

一、學生輔導工作的內容

輔導工作的內容可從兩個層面分析，一是就其實質層面來看，二是就其功能層面分析。

㈠實質層面

就實質層面來分析，中學生輔導工作的內容可分為三大項，即生活輔導、教育輔導，與生涯輔導。

1.生活輔導（personal guidance）：是對學生日常生活的輔導，包括身心健康、家庭生活、社交生活、感情生活、宗教信仰，及休閒生活等方面的輔導，使學生能有良好的生活適應。

2.教育輔導（educational guidance）：是對學生學習教育的輔導，包括選課、學習方法、學習技巧、學習困難解決、特殊才能發展，及

升學等方面的輔導，使學生能做有效的學習。

3.生涯輔導（career guidance）：是對學生生涯發展（career development）的輔導，包括生涯（含職業）認識、生涯導向、生涯試探、生涯選擇、生涯準備、生涯安置，及生涯進展等，使學生能獲得生涯上的成功。

(二)功能層面

從功能層面來分析，中學生輔導工作的內容包括五大項，即評量服務、資料服務、諮商服務、安置服務，與追蹤服務。

1.評量服務（appraisal service）：即應用測驗、觀察、調查、諮商、訪問等方法，蒐集有關學生個人的種種資料，包括生理的、心理的及社會性的資料，並加以分析運用，以瞭解學生的個性，並協助學生認識自己。

2.資料服務（information service）：即蒐集有關教育、職業、個人及社會生活方面的資料，供學生參考，使其能作明智的抉擇。

3.諮商服務（counseling service）：即透過面對面的商談，協助學生瞭解自己及環境、解決問題及衝突，與作適當的決定。

4.安置服務（placement service）：即指導學生依自己的個性及專長，選定適當的課程、升學的校系，及就業的工作，使其能適才適所，潛能獲得最大的發展。

5.追蹤服務（follow-up service）：即對已經離校或畢業的學生繼續給予輔導，協助其適應社會環境並勝任職務，而達自我實現的理想。此外，並藉追蹤輔導來評鑑學校輔導工作的優劣得失，以為學校輔導工作改進之參考。（Shertzer & Stone, 1981；宋湘玲等，民74）

完整的輔導工作內容，應是在生活、教育及生涯三項輔導的每一項中，都進行評量、資料、諮商、安置及追蹤等五項服務。

二、學生輔導的實施原則

中等學校在實施學生輔導工作時，須注意下列各項原則，才易產

生良好效果。

(一)預防與發展先於診斷與治療

很多人一想到輔導，就認為輔導是對問題學生的診斷與治療。這個觀念是錯誤的；事實上輔導強調預防先於診斷，發展先於治療。基於此，學校輔導人員應積極與各單位協商，為學生提供一個健康的教育與生長環境，排除不利於學生成長的因素，並透過各種服務，協助學生發展健全的認知及行為，使問題無法產生。當然，預防與發展的工作難保有百分之百的效果，一旦有學生發生適應問題時，學校就須儘早介入，予以診斷原因，並對症治療。必要時，並可轉介給適當的治療機構或專家學者實施診治。

(二)應聘請輔導專業人員擔任輔導工作

從事輔導工作者必須具備有專門知識技能與精神，因此應聘請受過輔導專業教育者擔任才能勝任愉快。為確保各校能聘請專業人員擔任輔導工作，教育行政機關應有計畫地培養適量的輔導人員，並建立輔導人員的證書制度，凡非受過輔導專業教育並取得證書者，各校不得聘用。（宋湘玲，民74：314-319）

一位優良的輔導專業人員，除須具備有豐富的輔導諮商技能外，尚須具有許多特質，如能積極面對自我、喜歡與人相處、善於與人建立關係、能尊重當事人、有同理心、能傾聽及接納對方等。

(三)應設置學生輔導中心以利工作之推展

輔導活動之進行及其資料之保管，均需有適當的場所。故各校應設置一輔導中心，在此中心之內應包括有輔導教師辦公室、個別諮商室、資料記錄保管室，及輔導活動室等。輔導教師辦公室係供輔導有關人員平常辦公之用。個別諮商室則供輔導教師與學生個別談話諮商之用，故其隔音設備宜良好，以防其他音響之干擾及談話內容之外洩，如此方能使學生有樂於接受個別談話之意願。資料記錄保管室係供保管有關學生各項事實資料記錄之用，應有資料櫥櫃設備，以便分類儲存各項資料。輔導活動室係供學生有關個別與團體活動之用，必

要時可放置有關輔導工作所需之設備。當然這些室可合併置於一處，亦可個別分開設置；但分開設置時應彼此互相鄰近，以方便使用。

（四）應建立學生資料並充分使用

輔導學生由認識學生始，欲瞭解學生首須建立完整可靠的學生資料體系。所蒐集的資料，應包括學生之一般資料（如姓名、性別、年齡、籍貫、年級、地址及宗教信仰等）、健康狀況、家庭狀況、學校經歷（如就讀過的學校、選讀課程名稱、學業成績等）、智力、性向、興趣、人格、社交狀況、目標及未來計畫，與接受輔導的記錄等。至於蒐集的方法宜各種並用，以求相互補充而達正確客觀性，一般所使用的方法有測驗性、問卷法、晤談法、觀察法、個案研究法等。

資料蒐集後，應將學生個人資料各置於一資料袋中，再按班級、學號或其他標準依次置於資料櫥櫃中。資料櫥櫃最好置放於輔導中心的資料室集中管理。學生資料中除部分（如年齡）可公開外，其餘則應加以保密，除非有關人員為協助學生而需瞭解該資料時，方可允其查閱外，否則一律不予公開，以確保學生個人的隱私權。學生資料蒐集之後，有關人員應儘量充分使用，藉以瞭解並輔導學生，以發揮其功能。否則，將資料束之高閣而令其塵封，則有等於無。

（五）全體教育人員均負有輔導學生之責

輔導工作之成功，有賴全體教師之共同實施。輔導應是一種教育的方法和技術，而不是一種行政工作，故每位教師都應採用輔導的原理來教導學生，尤其是訓導人員更應以輔導的方法來訓育學生，既然輔導工作是人人有責，故每位教師至少應學習輔導的基本原理及技術，負一般輔導之責。輔導專業人員所負的責任，則是指導協調及處理較高度技術性的輔導問題。

（六）依情況擇用個別輔導或團體輔導

就一次輔導的對象多寡言，輔導之實施可分為個別輔導及團體輔導兩種方式，其適用宜依情況的需要而定。若為瞭解學生的個別需

要，或協助解決學生的個別問題時，則宜採個別輔導方式辦理，即由輔導人員與學生個別接觸。反之，若旨在發展學生的羣性，或解決學生共有的問題時，則宜採用團體輔導方式辦理，由輔導人員同時對一羣學生進行輔導。團體輔導一般可透過集會、聯課活動、班會活動等機會實施。

個別及團體輔導的歷程都須經過啟、承、轉、合四個階段。啟是起始階段，係藉傾聽等方式和學生建立信任的關係：承是承續階段，係藉同理心的反應方式，去引導學生自我探索，從中對學生有初步的瞭解；轉是轉變階段，係藉設身處理、面質（confrontation）、回饋、建議、分享、討論、鼓勵、支持等方式，引導學生深入剖析及瞭解自己，從中深入瞭解問題；合是綜合階段，係根據前三階段的結果，研擬改善行動計畫，並協助學生按計畫改善，並檢討改進整個輔導過程。（黃光雄等，民82：399－412）

第四節　中等學校學生的獎懲

獎懲係利用心理學上的「效果律」（law of effect）及「交替學習」（conditioning）的原理，對學生的優良行為施以獎勵，以養成其表現良好行為的習慣，而對其違規不良的行為給以懲罰，以消除其不良行為的再發生。故獎懲的目的在養成學生明辨是非及趨善避惡的德性，終而成為健全的國民。

一、獎懲的方法與程序

獎勵的方法很多，主要有勉勵、嘉獎、記小功、記大功、獎品、獎金、獎狀、獎章、榮譽卡、錦旗、留影紀念、加工、授以參加某些榮譽性活動的資格（如模範學生候選人的資格）等。

懲罰的方法也不少，主要有勸告、申誡、記警告、記小過、記大過、留校察看、勒令退學、開除學籍、扣分、留置及工作、剝奪權利

等。

　　獎懲學生應遵循適當的程序，才能發揮應有的效果，一般應包括下列程序：

(一)制定公布獎懲辦法

　　制定並公布獎懲辦法，為獎懲的必要程序之一。獎懲辦法之擬定，最好讓學生及家長代表有參與機會。辦法之制定，一則可作為獎懲的依據，使獎懲制度化；二則引導學生表現辦法中規定的獎勵行為；三則警告學生要避免表現辦法中的懲罰行為，具有嚇阻的預防功能。學校制定獎懲辦法時，若上級已制頒有辦法，應據以擬定；若以上級所訂頒之辦法為辦法，不另行制定時，亦應將上級制頒的辦法公布，讓學生及教師周知。教育部已訂頒教師輔導與管教學生辦法，學校獎懲學生時應遵循之。

(二)發現並查明合乎獎懲的行為

　　任何教職員平時均應注意觀察學生的行為，若發現其有合乎獎懲之行為時，便應建議給予獎懲。惟在建議之前，應確實查證該等行為是否值得接受獎懲。依慣例，當教職員發現學生行為需要獎懲時，即可向訓導處索取學生獎懲建議表，將表中各欄詳細填載後送至訓導處。訓導處收到後，應考量建議表所填載事實，並予以查證研判，並盡可能聽聽學生當事者的意見，再依獎懲辦法簽註獎懲意見。在研判查證懲罰案過程中，若能循正當法定程序（due process of law）進行，應更理想。

(三)逐級呈核後公布獎懲

　　訓導處對獎懲建議查證並簽註意見後，即依行政體系及獎懲辦法之規定逐級呈核。核定後再公布，或通知相關人。一般說來，輕微的獎懲案件由訓導處核定即可；較重一點的獎懲則由校長核定。至於重大的獎懲案，則宜經訓導會議通過後，再由校長核定後公布。

(四)通知學生、家長及相關人員

　　對學生實施獎懲後，學校應將獎懲的情形及理由，通知學生、家

長、導師、輔導室,及其他相關人員。一方面讓學生瞭解情形後,受獎者能獲得鼓舞,受懲者能自我反省改進;一方面供家長、導師、輔導人員及其他相關人員,作為追蹤輔導的依據。此外,學校應建立一套合理的申訴制度,讓不服獎懲的學生有申訴的機會,以補作業過程中可能發生的疏失。

(五)實施追蹤輔導

獎懲學生只是一種教育手段,其目的在改善學生的行為。故對學生實施獎懲後,應繼之以追蹤輔導。對接受獎勵的學生,應觀察獎勵是否發揮了鼓舞的作用,並酌情採取相關的措施,進一步強化其優良行為。對受懲罰的學生,應進一步探索其原因,對症下藥輔導其改進。此外,並應根據追蹤輔導的結果,檢討及改進獎懲辦法,使之日臻完善。

二、獎懲的原則

學校對學生實施獎懲時,應注意下列原則,才能發揮預期的效果。(謝文全,民 89:142-145)

(一)要客觀公平而合理

獎懲要客觀公平而合理,才能使受獎懲者心服,並發揮教育的作用。首先應事先制頒獎懲辦法以為依據,使獎懲制度化,且執行者態度要公平而不徇私,不要因人而異。其次獎懲的性質及輕重,應和受獎懲行為的性質及輕重相接近;尤其懲罰不宜流於苛刻,致傷害學生身心之發展。再次,獎勵應顧及學生的個別差異,衡量受獎懲者的年齡、智商、動機、個性、環境、健康及過去的表現等因素,以決定獎懲的方式及輕重。

(二)應告知學生受獎懲的理由

獎懲學生是一種教育手段,旨在達到教育的效果。將獎懲的理由告知學生,可讓學生知道何種行為受到獎勵,而加強該行為的表現;知道何種行為受懲罰,而知所改進及預防再次發生。其次,告知學生

受獎懲的理由，也較能讓學生心服口服地接受；學生若發覺校方的理由不合理，也才能提出必要的申訴。

(三)獎懲案宜酌經正當法定程序

　　為落實學生權利的保障，並培養學生及校方的法治精神，對學生的懲罰案應經過正當的法定程序。所謂正當法定程序（due process of law），至少應包括通知學生、給予辯護及申訴機會三項。如懲罰屬於較重者，尤其是剝奪求學權利的處罰（如退學、開除學籍等），則在處罰確定前，應先書面通知學生受懲罰的行為及理由，並舉行正式聽證會（hearing），讓學生為自己辯護。如懲罰屬於較輕微者，則以口頭告知學生即可，並以非正式聽證方式，由一、二位學校人員和學生面對面討論，聽取學生辯護。懲罰經核定後，若學生不服，應給予申訴的機會，以求救濟。

(四)物質性的獎懲與精神性的獎懲宜因時擇用

　　依心理學家馬士婁（M. A. Maslow）之意見，人類之需要是呈層次排列的，由低層次到高層次的需要依序為生理的需要、安全感的需要、社會隸屬感的需要、尊榮感的需要，及自我實現的需要。其中越高層次的需要，越屬於精神或心理性質的需要。當低層次的需要未獲得滿足之前，它對行為影響力占有優勢；惟當低層次的需要一旦獲得滿足之後，即喪失其對行為的影響力，由較高層次的需要乃取而代之，成為具有優勢的影響力。

　　此一理論對獎懲有下列兩種啟示：其一，因每位學生的需要情形不同，故獎懲之性質亦應隨學生之不同而異，當一個學生的需要是屬於物質或生理性質時，則給予的獎懲也應屬於物質或生理性質的，效果才會大；反之另一個學生所需求的，是屬於精神或心理性質的，則給予的獎懲也應是屬於精神或心理的，其效果才會顯著。其二，對同一個學生而言，則應由給予物質或生理的獎懲，逐漸改為給予精神或心理獎懲，以引導其走向自動自發自我實現的理想境界。

㈤個人獎懲和團體獎懲並用

　　當學生個人有良好或不良表現時，固應給此個人施以獎懲；惟當學生團體有良好或不良現象時，也應給此團體施以團體性的獎懲，以培養團隊的精神。一般說來，個人獎懲對個人的影響力較大，對激發個人的努力及個性之培養效果較顯著，惟較易引起學生彼此之間的嫉妒；至於團體獎懲則對個人的影響力較少（較不易激發個人的努力），但對學生羣性的培養較有助益。故為兼取兩者之長而去兩者之短，則宜個人獎懲及團體獎懲兼用。通常教育人員偏於使用個人獎懲，而忽略了團體獎懲，這是應改正的。其次應儘量避免因個人的表現而獎懲全體，或因團體的表現卻只獎懲個人，以致造成不公平或傷及無辜的情形。

㈥獎懲適時且由連續漸變為間歇使用

　　此原則包括兩個要點，其一是獎懲的實施，應緊隨著學生受獎懲行為之後。如前所述，獎懲為心理學上交替學習原理之利用，根據研究結果顯示，獎懲越緊隨在行為之後，獎懲效果越顯著。其二是獎勵宜由連續使用變為間歇使用，即在初期每當學生有優良表現之後，即可給予獎勵；惟應逐漸減少獎勵之次數，不必每次有優良表現都給予獎勵，宜每隔幾次良好表現再給予獎勵，而且間隔次數應越來越多，以培養學生為行好而行好的習性，而非為獎勵而行好。

㈦要追蹤輔導以達到獎懲的目的

　　若要獎懲真能充分達到其目的，則須於實施獎懲之後繼之以輔導。對受懲罰的學生固應輔導其改善過失，就是對於受獎勵者也應觀其效果，以為日後改善獎勵方法之參考，並應輔導其勝不驕的美德。此外，為達到獎懲的效果，獎懲時必須告訴學生所以受獎懲的原因，使其知何以受獎而知勗勉，知何以受懲而知改進，學生自作輔導自求改進是極為有效的。

　　為提高輔導的效果，學校可訂定一些鼓勵學生積極改進的辦法，如功過或獎懲相抵的辦法、懲罰存記辦法，或改過銷過辦法等。以改

過銷過辦法為例，已受懲罰記錄之學生，若其能改過自新，經一段時間之考察確未再違犯任何校規者，得經規定手續後註銷其懲罰記錄，如此多少可鼓勵學生積極改進。

三、體罰的避免與要訣

所謂體罰，係指用手、腳或器械打擊學生的身體，或以其他足以造成學生身體痛苦（如青蛙跳）的處罰方式，處罰學生。因體罰容易造成學生身心上的傷害，故政府嚴禁學校人員體罰學生。教育人員應遵守政府的規定，不要體罰學生。教育人員若因故而有體罰學生的衝動時，不妨透過下列方式設法去除此種衝突：(1)想想教育的目的為何，也想想教育及輔導的原理原則；(2)回想一下過去自己受體罰的痛苦經驗，以同理心來看待學生；(3)想想體罰學生可能面臨的法律民、刑事及行政責任；(4)暫緩執行體罰，等情緒平靜後再仔細考量，所謂事緩則圓。

若就事論事來討論，萬一不得已需體罰學生，除應注意前述獎懲的原則外，尚應注意下列要點：（謝文全，民 85：141－143）

1. 要作為最後的懲罰手段：應先運用其他懲罰方式無效之後，才可考慮採用體罰。換言之，應先運用其他被容許的獎懲方式來輔導學生，等全部無效之後，再考慮是否採取體罰方式為之。

2. 體罰用具應適當規格化：體罰用具應有合理的規格，以不易刮傷學生身體為原則，如光滑無稜等。千萬不可隨手拿到什麼，就用著打，而未考慮到其傷害性如何。

3. 應選擇不易受傷害的部位體罰：如打手心或臀部，就比打頭部或腹部不易造成傷害。健康是一個人生最大的財富，體罰的部位一定'要慎重選擇，否則容易造成「一打成千古恨」的憾事。

4. 要講究體罰的力道或輕重：不宜給予超越學生負荷之體罰，否則就流為苛罰或酷罰。如打手心一百下、罰青蛙跳二百下，或用腿猛踢學生的臀部，均為酷罰，容易造成重大傷害，甚而因過度而造成死

亡，絕對要避免。

5.體罰時要沈得住氣：教師體罰時不要動怒，以免一時失手，對學生造成不可挽回的傷害。因此教師在情緒不穩時，不要體罰學生；在體罰時，要隨時提醒自己克制情緒，保持平和的狀態；萬一發現越打越氣時，應稍為停歇一下，等心情平靜後再繼續實施。必要時，可交由第三者執行。

6.體罰時仍需維護學生的尊嚴：體罰儘量不要在公開場合進行，以維護學生的自尊心與人格尊嚴。體罰是各種懲罰方式中，最容易傷害學生人格尊嚴或自尊心的一種，因此體罰儘量不要在教室學生面前實施，可改到辦公室或專設的場地執行。其次，體罰時不要夾雜辱罵語言或鄙視表情；體罰後應適度安撫學生，如輕撫其肩或輕輕摟之，並出語撫慰鼓勵。

7.體罰前應明確告知學生原因：體罰前要明確告知學生受罰的原因，對無確實證據證明的疑似過失行為，則不得體罰。體罰容易傷害學生身心及尊嚴，也就容易引起學生的反感與敵意，因此如何讓學生心服口服接受體罰，是教育人員應注意的事。讓學生較服氣的要點有二：一是體罰前告知其理由，並接受其申訴；二是提出其違規犯過的明確證據，以顯示不是枉罰。

8.體罰前最好取得家長或相關人員的同意：體罰前經相關人員同意，較不會衍生問題。在體罰之前，如能將原因及方式告訴學生家長，並取得其同意後再施行，可以避免事後家長對校方的不諒解；同時對某些性格異常或特殊學生要施以體罰的話，若能事先徵求學校輔導人員及醫護人員的意見，再決定是否執行體罰，亦可避免許多預想不到的負面作用出現。

9.對無法產生效果的學生不予體罰：對體罰已經無法產生效果的學生，就不要再施以體罰了，而應改用其他可能有效果的懲罰方式。有些學生可能因個性使然，或可能對體罰已產生麻痺現象，致體罰對其行為的改善，無法產生任何正面效果。這時就不要再浪費心力去體

罰他了，這樣只能使其行為更加惡化而已，應設法找出其他有效的方式代之。

10.體罰之後一定要繼之以輔導：訓導人員不要以為體罰完了，事情也就完了。因體罰的效果是短暫的，無法根除學生的問題行為，必須繼續給予長期輔導，方能達到預期的效果。

最後再強調一次，政府明令禁止體罰，而且在我國法律中，亦未有教師得以體罰學生的規定。因此體罰學生是違法行為，依實際情形，體罰人員可能要負行政、民事或刑事上的責任。在行政責任方面，可能會受到記過或解聘免職的處分；在民事責任方面，依學生受傷害程度，可能須負賠償其損失；在刑事責任方面，則視情形被課以不同的刑責。

中等教育的師資

第7章

第一節　教師的生涯歷程

　　生涯（career）是個人終其一生所扮演角色的整個過程。（張添洲，民 82：20−21）一個人在一生當中，扮演著各種不同的角色，而各種角色皆有其生涯歷程。教師一生中也同樣扮演多種角色，但因篇幅限制，本節只就其擔任教師這一角色的生涯加以概述，使其對教師生涯的全貌有整體的瞭解，至於細節則留待後面各節討論。

　　教師或預定以教職為未來職業的人，對生涯歷程的瞭解，具有下列的作用：

　　1.由生涯歷程瞭解教育工作的概況，有助於判定是否以教育為終生職業。

　　2.由生涯歷程知悉從事教育工作須具備那些知能，而能儘早並努力預備。

　　3.可及早做生涯規劃，使生涯歷程中的每一個階段都能順利而快樂的渡過。

　　教師的生涯歷程可分為三個階段，即職前準備階段、教育工作階段，及退休生活階段，本節依序分別討論之。（莊懷義等，民 83）

壹‧職前準備階段

欲從事教育工作的人員，須先接受職前預備教育，以習得教育專業知能，進入教育工作後才能勝任愉快。

我國教師的培育，係在師範校院及設有教育院、系、所或教育學程之大學校院實施。因此有志於教育工作者，可於高中畢業後投考上述校院，接受職前教育，修業四年後畢業；或於一般校院一般系所畢業後，再到上述校院應考補修規定之教育學分，修業一年及格者可得教育學分證明書。修畢這些師資職前教育課程者，須再經資格初檢、實習一年，及資格複檢均合格，方能取得合格教師資格，真正進入教育工作行列。

在決定投入教育人員預備課程之前，最好先瞭解一下自己的個性，並設法瞭解教育工作的特性，然後再決定自己是否適合這項工作，以免因選擇錯誤而造成誤人誤己的現象。一般說來，具有下列個性的人比較適合從事教育工作：

1. 喜歡學童：教師是教人的工作，成天與學童在一起，因此必須喜歡學童的人，方適合擔任教育工作。

2. 具有耐心：教育是改變人類行為的過程，而此種改變過程十分緩慢，因此必須具有耐心的人才能做好教育工作。

3. 性喜淡泊：教師的物質待遇並不優厚，而每日的工作亦極平淡，因此個性較為淡泊寧靜者比較適合從事教育工作。

貳‧教育工作階段

修畢師資職前教育課程並依程序取得合格教師資格之後，公費者由政府分發到學校任職；自費者要參加各地或各校辦理的教師甄試，經錄取後進入學校任職。

在擔任教師階段，除了定期參加導師會議、校務會議、教學研究會及其他相關活動外，大部分時間都是到教室上課，負起傳道授業的

教學工作。

　　教師如對行政工作有興趣，可參加相關考試以取得資格。行政工作可分為學校行政及教育行政兩大類，在學校擔任主任及校長職務，屬學校行政；到教育部、廳、局擔任行政職務，為教育行政工作，茲簡述其考（甄）試情形如下。

一、學校行政

　　欲擔任各級各類中等學校校長者，須具備教育人員任用條例規定的校長任用資格，並參加主管教育行政機關或私立學校辦理的校長遴選，遴選通過後方得被聘任為校長。有些主管教育行政機關在辦理遴選之前，先辦理校長甄試（通常包括筆試、口試、儲訓），通過甄試者才能參加校長遴選。

　　各級各類中等學校的主任，一般係由教師兼任。其任用有的由校長直接選聘。有些地方主管教育行政機關則先辦理主任甄試，通過甄試者方得被選聘為主任。甄試通常包括筆試、口試、儲訓三個階段。

　　學校的組長也大多由教師兼任，都由學校校長聘任之。校長在聘任之前，通常會先徵詢主任的意見，或由主任推薦給校長聘用。

二、教育行政

　　欲從事教育行政工作者，須參加考試院所舉辦的公務人員任用資格考試，如普考、高考或特考等。考試科目隨科別而異，以高考教育行政人員科為例，其考試分二次，第一試為綜合知識測驗，科目包括中華民國憲法、法學緒論、數的推理、歷史、地球科學、英文。第一試通過者能才參加第二試，第二試科目包括教育行政學、行政法、教育心理學、教育哲學、教育測驗與統計、比較教育，及國文（含公文）。

　　行政工作與教學的性質有所差別，所做的大部分屬於計畫、組織、溝通、領導及評鑑的事宜。因此欲轉入學校行政或教育行政的教

師，最好在當教師時即能兼任一些行政職務，如組長、主任等，以增加歷練。

教育人員不管是教師或行政人員，在任職期間都要受到監督與考核。其中考核分為平時考核、專案考核（有重大功過時辦理）及年終考核三種。考核結果如成績優異，會受到獎勵（如記功、加薪及晉級等）；如考核結果太差，最嚴重的會受到解聘或免職的處分。

為不斷吸收新知以趕上時代的進步，教育人員在任職期間，或被指派去參加進修活動，或自行參加在職教育。進修的地點除了在自己的學校外，尚包括大學校院、教師中心，及國外等。

在工作期間，除了享有薪資待遇外，尚享有許多福利，以保障我們的生活，包括有保險、生活津貼、福利互助、急難貸款、輔購住宅、福利品供應，及在職死亡撫卹等。

叁‧退休生活階段

教育人員（含教師）於工作一段長時間之後，可能由於職業倦怠，或因故傷病，或年老體衰等原因，而離開職務或退休，過著退休養老的生活。

依現行法令規定，教育人員的退休可分為申請退休（通稱自願退休）及應即退休（通稱命令或強迫退休）兩類。前者係基於教育人員自己的請求而辦理的退休；後者則係基於任職機構的規定而辦理的退休，本人沒有選擇餘地。這兩種退休的條件如下：

有下列兩種情形之一者，得申請自願退休：(1)任職五年以上，年滿六十歲者，惟對所作任職務有體能上之限制者（如體育教師），得酌予降低，但至低不得少於五十五歲；(2)任職滿二十五年者。有下列情形之一者，應即退休：(1)任職五年以上，年滿六十五歲者；(2)任職五年以上，心神喪失或身體殘廢致不堪勝任職務者。以上為公立學校教育人員的退休條件；至於私立學校人員的退休條件則由各校自訂，在此無法一一列舉。凡經核准退休的教育人員，其任職機關都會給予

退休金，以供應其退休生活所需，退休金的給予方式通常分為一次退休金及月退休金兩種，亦有兩者並用的。

　　如不符退休條件的教育人員，因故必須離職，則可申請資遣。資遣之條件為下列三者之一：(1)因機關裁撤、組織變更或業務緊縮，而須裁減人員者；(2)現職工作不適任或現職已無工作，又無其他適當工作可以調任者；(3)經公立醫院證明身體衰弱，不能勝任工作者。獲准資遣的人員，可以領取資遣費。

　　退休或離職後的教育人員，除了轉行重新開展工作第二春外，可以做下列的安排，以渡過快樂的退休或離職以後的生活：

　　1.服務參與：社會上有許多機構缺乏人手，需要有人提供服務，以補其人力之不足。教育人員退休後，可將其圓熟的智慧和經驗，志願參與各種社會服務，如擔任學校義工或社區義工等，不只可繼續服務人羣，也可滿足自己尊榮感、成就感或隸屬感等方面的需要。

　　2.進修學習：活到老，學到老，退休後沒有工作壓力，可在自由自在的情況下參與各種進修學習活動，如就讀長青學苑、聽有關身心保健的演講等，既可滿足自己的求知慾，復可消除孤寂感，而且有益身心的發展。

　　3.休閒娛樂：退休後的教育人員，可以依自己的興趣，做一些休閒娛樂，以舒展身心，並增進生活的趣味。休閒娛樂的的型態很多，如消遣性的休閒（散步、聊天等）、嗜好性的休閒（看戲、種花等）、運動性的休閒（如登山、慢跑等），及知識性的休閒（寫文章、閱讀小說等）等皆是。（邱天助，民 82：18－23；林勝義，民 82：24－27）

第二節　教師的培育與任用

　　欲擔任中等學校教師者，必須先取得合格教師的資格。而欲取得合格教師的資格，就須先接受師資培育教育，然後再通過教師資格檢

定，以下分別討論教師培育制度及教師資格檢定過程。

壹‧教師培育制度

　　教師的培育制度可大別為二類，一為封閉制，一為開放制。所謂封閉制，指特設師範校院專責教育人員之養成，而一般校院則不得培養。所謂開放制，指一般校院經主管機關核准後，均得開設教育人員養成課程，培養教育人員。

　　封閉制及開放制各有其優缺點。封閉制的優點有二：(1)得針對教育人員所需的素質，對師範校院做特殊的管理，較易維持教育人員的素質；(2)得針對教育人員的需求量，控制師範校院的招生人數，使教育人員的供需趨於平衡。惟封閉制亦容易產生下列二項缺點：(1)師範校院自成封閉體系，培養出來的教育人員易流於保守；(2)較難培養需求量少的教育人員，如會計科目教師及學校建築人員等，此乃因需求量少，為顧成本，不易開班培養。

　　開放制的優缺點正好與封閉制相反。開放制的優點是：(1)可增加師範生與其他學生及課程接觸的機會，培養出來的教育人員視野較為開闊；(2)由於一般科系的學生得修讀師範教育課程，故各類科（含需求量少的科目）的師資來源較為充沛。開放制的缺點為：(1)由於選讀師資教育課程的機會多，學生的素質較難控制，故培養出來的教育人員素質容易參差不齊；(2)由於一般院校經核准之後，均可開設師資教育課程，修讀的學生多，容易造成教育人員供過於求的人才浪費現象。

　　我國的師資培育制度，過去是採用封閉制，但自民國八十三年公布師資培育法以後，已改為開放制。依該法規定，師資由師範校院，設有教育院、系、所或教育學程之大學校院培養之。

　　師資培育以自費為主，公費為輔；惟對家境清寒或成績優異之自費生，政府得給予助學金。公費生以就讀師資類科不足之學系或畢業後自願至偏遠或特殊地區學校服務學生為原則。公費生畢業後負有服

務的義務，其最低服務年限以在校受領公費之年數為準，未依規定年限連續服務期滿者，應一次償還其未服務年數之公費。惟有重大疾病或事故者，得辦理展緩服務。

師資培育以法規定，師資培育課程包括普通科目、教育專業科目及專門科目，依序實施普通教育、專業教育及專門教育。這些課程也是世界各國師資課程的通例，以下分別說明之。

普通教育（general education）的內容，通常包括人文科學、社會科學，及自然科學等方面的學科，其目的在培養教育人員具有廣博的知識及良好的品德修養，成為一個真正健全的人。教育人員是健全的人，才會胸襟開闊、人生觀正確，而且操守端正，足以勝任「人師」的大任，而非只是個「經師」而已。

專門教育（specialization education）是對擬任教學科或擬任職務作專精的準備，以便能勝任該項教學或職務。如對畢業後擬任教數學科目的師範生，應給予數學方面的專門教育；再如對擬擔任音樂教師者，應給予音樂方面的專門教育。

專業教育（professional education）是讓師範生瞭解教育本質及學習「如何教」的課程，使其能「教」或「做」得有效率。專業教育通常包括教育之哲學基礎、教育之心理學基礎、教育之社會學基礎、教材教法、教育評鑑或教學評量等方面的科目。

專門教育及專業教育是使教育人員成為「經師」的教育，而普通教育是使教育人員成為「人師」的教育，兼具「經師」與「人師」條件的人員，才會是一個完善的教育人員。

貳‧教師的資格檢定

教師資格證書的取得有兩種方式，一是考試制，二是認可制。所謂考試制，係指教師須參加並通過政府所舉辦的資格考試，方能取得資格證書的方式，德國及法國即採用此制。所謂認可制，係指凡於政府認可的師資培育機構修畢規定師資培育課程者，於畢業後即可申請

到資格證書，而不必經過任何考試的方式，日本即採用此一方式。考試制的優點是過程嚴謹，較易提高教師的素質；缺點則為過程較為繁瑣，增加有關機關的行政負擔。認可制的優點是過程簡單，可以節省人力物力；缺點則是過程較鬆，容易降低教師的素質，故過去採認可制的美國，也逐漸改用考試制。

我國的教師資格檢定，分為初檢及複檢兩階段。初檢係採認可制，而複檢則採考試制。依規定，經初檢合格者，須經實習一年及格後，再經複檢合格，方能取得合格教師資格，以下分別敘明之。

一、初檢

初檢由直轄市政府教育局及縣市政府設教師資格檢定委員會辦理。凡修畢師資職前教育課程者，由其所就讀之師資培育機構造具名冊，向師資培育機構所在地直轄市政府教育局、縣市政府申請初檢。檢定委員會審查申請者之資料，若其所修之課程符合規定者，即算合格，發給實習教師證書，申請者即取得實習教師資格。中等學校教師之初檢，採科別教學檢定。

二、實習

經初檢合格取得實習教師證書者，應到中等學校參加教育實習一年。實習以教學實習及導師（級務）實習為主，行政實習及研習活動為輔。應屆畢（結）業生，由原畢（結）業師資培育機構負責輔導至訂約之教育實習機構，參加教育實習。非應屆畢（結）業生或國外畢業生，應自覓師資培育機構，由該師資培機構負責輔導至訂約之教育實習機構，參加教育實習。

實習教師在實習期間，須接受輔導。輔導工作由教育實習機構的實習輔導教師及師資培育機構的實習指導教師擔任。在教育實習機構實習時，由實習輔導教師指導下，從事實習；除教學實習時間外，尚應全程參與教育實習機構的各項教育活動。實習教師應於實習開始

後，與師資培育機構之實習指導教師及教育實習機構之實習輔導教研商訂定實習計畫，內容包括實習重點及目標、主要實習活動及實習方式、預定進度及完成期限。計畫擬定後，應送師資培育機構及教育實習機構建檔列管，以作為實習輔導及評量之依據。實習期間依實習計畫進行實習，並須撰寫實習心得報告或專題研究報告，由教育實習機構初評後，送交師資培育機構複評。

教育實習機構及師資培育機構對教育實習的輔導，採下列多元方式辦理：

1.平時輔導：由教育實習機構在該機構給予輔導。

2.研習活動：由縣（市）政府、直轄市政府教育局、師資培育機構、教育實習機構及教師研習進修機構辦理。其中師資培育機構應規劃實習教師於學期中每月至少一次參加座談或研習。實習期間就應參加教師研習機構辦理之研習活動。

3.巡迴輔導：由實習教師所屬師資培育機構，前往教育實習機構予以指導。

4.通訊輔導：由師資培育機構編輯教育實習輔導通訊，定期寄發實習教師參閱。

5.諮詢輔導：由師資培育機構設置專線電話，提供實習諮詢服務。

實習教師在實習輔導教師指導下，從事教學實習，其教學實習時間每週不得超過編制內合格專任教師基本授課時數的二分之一（就中等學校實習教師而言），並得支領實習津貼，以一年為限。

實習教師在實習期間，須接受實習成績評量。評量分為平時及學年評量二項，採百分計分法，二項成績均達六十分者，成績方算及格，且以二項成績之平均數為其實習總成績。平時評量的項目包括五項，即品德操守、服務態度及敬業精神、表達能力及人際溝通、教學能力及學生輔導知能、研習活動之表現。學年評量由師資培育機構邀集教育實習機構，共同就實習教師所撰寫之實習計畫、實習心得報告或專題研究報告，以口試及試教方式予以評量。

三、複檢

實習教師於完成一年教育實習及格後，即可參加複檢。複檢由直轄市政府教育局、縣市政府所設之教師資格檢定委員會辦理。複檢的過程是由師資培育機構，將實習成績及格者造具名冊，函報師資培育機構所在地之直轄市政府教育廳局、縣市政府進行複檢。複檢合格者，轉報教育部發給合格教師證書。合格證書之發給作業，必要時得由教育部委託直轄市政府教育局、縣市政府辦理。

中等學校合格教師，修畢師資培育機構規劃認定之他科教師專門科目者，得於任教期間檢具合格教師證書、成績單（學分證明書），向服務所在地之直轄市政府教局、縣市政府申請加註他科教師資格，免除申請資格檢定及參加教育實習。國中、高中或職校同一科合格教師，於繼續擔任教職期間相互轉任時，亦免辦資格檢定及參加教育實習。凡經登記或檢定合格之教師，未曾擔任教職或脫離教學工作連續達十年以上，擬重任教職者，須重新申請資格檢定及參加教育實習；但其未擔任教職或脫離教學工作期間，係擔任教育行政工作者，則不在此限。

細節及有關代課教師、代理教師及試用教師之檢定，請自行參閱部定「高級中等以下學校及幼稚園教師資格檢定及教師實習辦法」，本節因篇幅有限，故不贅述。

叄・教師的任用

一、任用方式

學校人員的任用方式，可分派任制及聘任制兩種方式。派任制是由政府任用，其派令是行政命令，故是政府公法的行為。聘任制是由機關首長以契約方式聘用，這種契約通稱為聘書，是私法上的僱用契約，故是一種私法上的行為。（沈銀和，民83:1）我國的學校人員中，

除了公立中小學職員的任用，係採派任制外，其餘的公私立學校教師及校長都是採用聘任制。

中等學校教師之聘任，分初聘、續聘及長期聘任，經教師評審委員會審查通過後由校長聘任之。教師評審委員會之組成，應包含教師代表、學校行政人員代表及家長會代表一人，其中未兼行政或董事之教師代表不得少於總額二分之一，設置時應依教育部訂定之教師評審委員會設置辦法辦理。

學校教師之初聘以具有實習教師證書或教師證書者為限，續聘以具有教師證書者為限，並不得聘任具有後列解聘停聘或不續聘前七項之情形者。實習教師初聘期滿，未取得教師證書者，經教師評審委員會審查通過後得延長初聘，但以一次為限。教師聘任期限，初聘為一年，續聘第一次為一年，以後續聘每次為二年，續聘三次以上成績優良者，經教師評審委員會全體委員三分之二審查過後，得以長期聘任，其聘期由各校教師評審委員會統一訂定之。

教師聘任後除有下列各項之一者外，不得解聘、停聘或不續聘：

1. 受有期徒刑一年以上判決確定，未獲宣告緩刑者。
2. 曾服公務，因貪污瀆職經判刑確定或通緝有案尚未結案者。
3. 依法停止任用，或受休職處分尚未期滿，或因案停止職務，其原因尚未消滅者。
4. 褫奪公權尚未復權者。
5. 受禁治產宣告，尚未撤銷者。
6. 行為不檢有損師道，經有關機關查證屬實者。
7. 經合格醫師證明有精神病者。
8. 教學不力或不能勝任工作，有具體事實，或違反聘約情節重大者。

有上列八項情形之一者，經學校教師評審委員會決議，並報主管教育行政機關核准後，學校應予解聘、停聘或不續聘。

教師如對主管教育行政機關或學校有關個人聘任之相關措施，認

為違法或不當，致損害其權益時，得向各級教師申訴評議委員會提出申訴。

　　欲擔任各級各類中等學校校長者，須具備教育人員任用條例規定的校長任用資格，並參加主管教育行政機關或私立學校辦理的校長遴選，遴選通過後方得被聘任為校長。有些主管教育行政機關在辦理遴選之前，先辦理校長甄試（通常包括筆試、口試、儲訓），通過甄試者才能參加校長遴選。有關國中校長的遴選細節，請參見各縣、市政府公布的校長遴選辦法。有關高中、職校長的遴選細節，請參見教育部訂定的高級中學校長遴選及任期考評辦法。

　　各級各類中等學校的主任，一般係由教師兼任。其任用有的學校由校長直接選聘。有些地方主管教育行政機關則先辦理主任甄試，通過甄試者方得被選聘為主任。甄試通常包括筆試、口試、儲訓三個階段。

　　學校的組長也大多由教師兼任，都由學校校長就教師中聘兼之。校長在聘任之前，通常會先徵詢主任的意見，或由主任推薦給校長聘用。

二、任用原則

　　為能任用好人才，學校於任用教師或其他人員時，應注意下列各項原則：

　　1.以需要為依歸且要公正：學校用人的標準，應放在人是否合乎學校工作上之需要，而不考慮其背景是貧是富，或是貴是賤。其次要做到公正無私，如此學校才能得到真才。

　　2.甄選過程宜公開：任用之前通過須先辦理甄選，以篩選出所要之人才。在辦理甄選時，過程務求公開，除公告讓有資格者皆得來參加外，尚可主動發掘人才，並敦請前來參加甄選。如此方能吸引天下英才前來應選，愈多英才應選，愈能從中選到真才。

　　3.甄選方式儘量多樣化：如時間、人力及物力均許可的話，甄選所用的方式應多樣化，以便從各種角度去瞭解應選者，提高甄選結果

的效度。一般常使用的甄選方式，包括資格（學經歷）審查、筆試、口試、調查、演作、推薦，及性向或人格測驗等，可從中選用多種，而不宜僅用其一而已。（顏慧萍，民 81：68－69）

4.考選人員應為專業人才：甄選必有命題、閱卷或評分人員，這些考選人員的聘請，應以其是否具備該方面的專業知能為準，而不宜以交情之親疏為依據。有專業化的考選人員，才能考選出真正的專才。

5.任用後應能善任之：人員經任用後，必須繼續以「善任」，才能真正發揮用人的功能。否則讓人才不能適得其位，即會尸位素餐，有等於沒有。善任之法在於讓成員適才適所、尊重其人格、授權、教育、激勵，及獎懲得法。

6.設法避免任用方式的缺失：教師採聘任制，校長及職員採派任制，兩制各有其優缺點。學校應瞭解兩制的優缺點，並就其缺點採取預防措施，以防弊於未然。下面略加討論之，以供參考。

聘任制的優點是：(1)首長與成員之間感情較能融洽，組織內部較能和衷共濟；(2)可按組織之實際需要，聘用適當人才；(3)首長有權責用人，較能施展其計畫與理想；(4)可增進首長對於用人之責任心。至於聘任之缺點，則為：(1)成員易因首長之進退而更調，組織較不能維持穩定；(2)首長自行遴聘，其選擇範圍易失之過狹，難於得到適當人才；(3)各組織用人各自為政，不易調節各地區之人才供求，以謀人才之合理分配；及(4)容易養成部落或地盤觀念。

派任制的優缺點，則正好與聘任制相反，其優點是：(1)成員較不會因首長之更動而遷調，工作較有保障，而且組織較趨穩定；(2)政府選擇人才的範圍較大，較能得到適當的人才任用；(3)易於調節各地區人才之供求，使人才做合理的分配；(4)較易於促進各地人才之交流，不易形成地域觀念。至於派任制的缺點，則為：(1)首長與成員之間較不易融洽，有礙於彼此的和衷共濟；(2)組織較不易得到所需要的適當人才；(3)首長因無用人的權力，較難施展其計畫理想；(4)首長對用人較無責任心。（雷國鼎，民 57：556－557）

由於聘任制與派任制各有優缺點，何者較優仍無定論。惟為避免各制的缺點，似宜採取若干補救措施，如採聘任制時，則在聘任之前宜公開徵募人選，以擴大選用範圍，聘任之後若經考核及格，應逐漸延長其聘期，以安成員之心。如採派任制時，應先聽取有關機關學校的意見，以便顧及其需要，並加強其用人的責任心，同時應建立良好的新陳代謝制度，以促進成員的活力。

第三節　教師的義務與權利

教師被學校聘任後，就應履行其做為教師的義務，以共同達成學校教育的目標。惟教師盡了其義務之後，有關機關亦應賦予相對應的權利，以作為報酬，一則維持教師的生活所需，二則提昇其士氣。

壹‧教師的義務

教師法對我國教師（含中等學校教師）的義務有具體的規定，茲根據該規定敍述說明之。教師的義務有下列十項：

1.遵守聘約：教師應遵守聘約，維護校譽。教師接受學校聘任之後，聘書上通常載有雙方責任與權利上的約定，這些約定相當於民法上的契約，教師一定要遵守履行，該盡的義務一定要盡，未約定的權利不能強求；如此學校運作才能有效。

2.維護學生受教權：教師應積極維護學生受教之權益。蓋學校因學生教育而存在，教師的主要職責即在教育學生，因此必須維護學生受教的權益，使學生獲得有效的學習。要做到此點，教師應充分準備教學，並以適當的教學方法教導學生，而且不隨便剝奪或縮減學生接受教學的機會或時間。

3.依法施教：教師應依有關法令及學校安排之課程，實施教學活動。為使教學活動能正常進行，政府及學校均訂有相關規定，以儘量避免因師生個人的因素而使教學失序，這些規定是教師應予遵守，譬

如教學內容應符合部訂課程標準的規定，應依學校排定好的課表上課，並依政府公布的成績考查辦法來考查學生成績等。依法行事為民主法治社會的根本精神，教師教學亦應依法施教。

4.輔導管教學生：教師應輔導或管教學生，導引其適性發展，並培養其健全人格。教師除透過教學活動進行傳道解惑外，對學生尚應給予輔導，使其能認清自己、環境，並能解決所面臨問題。同時對學生的行為應給予適當的約束與指導，使其循正道而行。

5.從事研究進修：社會不斷變遷發展，知識不斷爆增創新，教師必須不斷研究與進修，才能使自己趕上時代，甚或領導時代進步，也才能不斷地更新教材教法，讓教學更加有效並符合時代的需要。

6.嚴守職分：教師應嚴守職分，本於良知，發揚師道及專業精神。教師有其專業角色，應善盡其專業角色的職分。而專業角色職分除表現在教學知能外，尚須表現在專業道德上，如以誠正服務的態度履行專業職責，不利用教師的身分謀求不當的私人利益等。

7.參與教育相關活動：教師應依有關法令參與學校學術、行政工作及社會教育活動。教師的任務除了教學外，尚包括研究與服務兩項，因此依法令規定所辦理的校內外學術及社會教育活動，及依法令所賦予的行政工作，教師都應參與，以擴大影響力。

8.維護學生隱私權：教師非依法律規定，不得洩漏學生個人或其家庭資料。學生是人，具有人的人格與尊嚴，其個人隱私應受保障，使其在不受不當干擾的情形下過著自主而舒適的生活。因此教師有義務維護學生的個人及其家庭隱私，除非「法律」有明文規定，否則不得予以洩漏。

9.其他法定義務：除了上述義務外，其他依本法（教師法）或其他法律規定應盡之義務，教師亦應履行。如依法納稅、服兵役、不兼職、不採用未經審定合格的教科書等。

教師違反上列義務規定者，學校應交教師評審委員會評議後，依有關法令規定予以懲處。若違反情形嚴重，學校亦得予以解聘、停聘

或不續聘；惟須先經教師評審委員會決議，並報請主管教育行政機關核准。

教師法對以上教師義務的規定，與專家學者的看法近似，如沈銀和（民 79：462-466）認為教師在教育專業上的義務，包括授課與教導、照顧學生、對職務忠誠、服從法令、上下班時都保持態度一致（言行一致）、職務上守密、拒受禮物、與家長及社會合作溝通、成績考查、監督學生、財產保管等十一項義務。

貳‧教師的權利

教師法對教師的權利亦有具體的規定，以下即根據該規定加以敘述討論。教師的權利有下列八項：

1.建議權：教師有權對於教學及行政事項提供興革意見。教師是學校的重要份子，無論從績效責任或從行政民主的觀點來看，教師都應有對學校教學及行政提供興革意見的權利。根據各級各類學校教育法令的規定，學校設有各種會議，如校務會議、教務會議、訓導會議、輔導會議、總務會議等，教師或可親自或推選代表出席或列席，以陳述對學校的相關意見，供集思廣益。

2.報酬權：教師享有待遇、福利、退休、撫卹、資遣、保險等權益及保障。教師為學校及教育貢獻其心力，基於得利者應付出相對代價的原則，學校或其主管機關自應給予教師適當的報酬，以滿足其需求、安全其生活、並促進其發展。報酬除薪資待遇外，尚包括福利、退休、撫卹、資遣，及保險等方面的權益及保障，故教師法明白規定教師的待遇、退休、撫卹、資遣及保險等，均須另以法律定之，以資保障。

3.進修權：教師有權參加在職進修、研究及學術交流活動。由於時代的不斷進步，教師必須不斷地參加在職進修、研究及學術交流活動，才能趕上時代，做好其教學的任務。因此教師參加進修及研究，既是其義務，也是其權利。學校及主管機關一方面要提供進修研究的

機會，一方面也要協助教師去進行研究，故教師法規定各級主管教育行政機關得視需要，設立進修研究機構或單位，教育部並應訂定教師進修研究獎勵辦法，以鼓勵教師進修。教師在職進修得享有帶職帶薪或留職停薪之保障，其進修研究之經費，得由學校或所屬主管教育行政機關編列預算支應。

4.結社權：教師有權參加教師組織，並參與其他依法令規定所舉辦之活動。憲法明白規定人民有結社的權利，透過團體的力量來提昇團體的品質，及保障成員的福利與權益。基於此，故教師法規定得成立教師組織，其任務有六：即：(1)維護教師專業尊嚴與專業自主權；(2)與各級機關協議教師聘約及聘約準則；(3)研究並協助解決各項教育問題；(4)監督離職給付儲金機構之管理、營運、給付等事宜；(5)派出代表參與教師聘任、申訴及其他與教師有關之法定組織；(6)制定教師自律公約。

為保障教師的結社自由權，教師法進一步規定學校不得以不參加教師組織或不擔任教師組織職務，作為教師聘任條件；亦不得因教師擔任教師組織職務或參與活動，而拒絕聘用或解聘及為其他不利之待遇。當然，除參加教師組織活動外，教師亦有權參加其他依法令規定所舉辦之活動。

5.申訴權：教師對主管教育行政機關或學校有關其個人之措施，認為違法或不當致損害其權益者，得依法提出申訴。憲法規定人民有訴願之權利，藉以救濟政府機關的違法或不當損害措施，以保障個人的權益。教師法規定各級主管機關，包括縣（市）、省（市）及中央三級均應設教師申訴評議委員會，以評議教師所提出的申訴。申訴評議委員會之組成，應包括該地區教師組織或分會代表及教育學者，且未兼行政教師不得少於總額的三分之二。

申訴案件經評議確定者，主管機關應確實執行，評議書應同時寄達當事人、主管機關及該地區教師組織。申訴分申訴及再申訴二級，不服申訴決定時，得提起再申訴。如不願申訴，或不服申訴、再申訴

決定時，得按其性質依法提起訴訟，或依訴願法或行政訴訟法或其他保障法律等有關規定，請求救濟。

6.專業自主權：教師之教學及對學生之輔導，依法令及學校章則享有專業自主。所謂專業自主（professional autonomy），係指專業人員或團體對其專業範圍的事務，有權自行決定，不受外力的不當干預。（林彩岫，民76：7－12）教師的專業範圍是教學及輔導，因此在此範圍內應享有相當的自主性，對教材教法的選擇、教室的經營管理、輔導學生的方式，及學生學習的評量辦法，都應有相當程度的自主權，不受外行人的支配與限制。當然，專業自主性是相對而非絕對性的，因此仍須受到法令及學校章則的規範。換言之，在法令及學校章則未限制到的專業事項，教師應享有自主權。

7.拒絕權：除法令另有規定者外，教師得拒絕參與教育行政機關或學校所指派與教學無關的工作或活動。教師教學是一種專業化工作，而專業化強調的是專業人做專業事，這樣才能做得有效率，才能避免做外行事而造成對他人及社會的傷害，同時也才不致因外務太多而妨礙專業工作的執行，致損害到學生的學習或受教權。基於此，教師應有權拒絕教育行政機關或學校所指派與教學專業無關的工作或活動，當然法令有規定的工作或活動則不得拒絕。惟在此要提醒教育行政機關及學校，在訂定法令規定教師應參與的工作或活動時，應本專業化精神為之，使所規定的工作或活動都儘可能屬於教師專業範圍內。

8.其他權利：除上述權利外，教師享有其他依本法或其他法律應享有之權利。其他權利的範圍很廣，諸如享有憲法所保障的平等權、自由權、受益權，及參政權。教師也享有正當法律程序權（due process of law），當學校或教育行政機關要對教師施予處分時，必須經過適當的法定程序方得為之，如依教師法規定，學校若要解聘、停聘或不續聘教師，就須提經教師評審委員會決議，再報請主管教育行政機關核准後，方得予以解聘、停聘或不續聘。

上述有關教師權利之規定，與聯合國教科文組織（Unecso）的主

張類似。聯合國教科文組織在其「關於教師地位之建議」（Recommendation Concerning the Status of Teachers）宣言中，列舉出下面十四項教師權利：（中華民國師範教育學會，民 84：72−74）

1. 教師在執行其專業職務時，應享有學術的自由。

2. 教師及教師團體應參加新課程、教材及教具之開發。

3. 任何監督制度均應以鼓勵並協助教師完成具專門職務為目的而設計，同時並應避免妨礙其自由及創意。

4. 如有必要針對教師的工作進行直接考核時，應該力求客觀，而且應知會各該教師。教師認為不適當的考核，應有不服的申訴權。

5. 教師有權選用對學生的進步最有益的評鑑技術；惟應確保對學生不致產生不公平的結果。

6. 教師對於不同課程的種類以及各個學生繼續接受教育的適性有關的建議，行政當局應予重視。

7. 為了學生的利益，教師與家長固應盡可能密切合作，但對於本質上屬於教師專業職責的問題，應該保護其不受家長的不公正或不當干預。

8. 家長如果對學校或教師有不滿情事，應先與校長或該教師溝通。如果仍須向上級機關表示不滿，則應以文書為之，並應將其副本抄送各該教師。對於不滿的調查，教師應享有為自己辯護的公正機會，其過程並不得對外公開。

9. 教師為了避免學生事故的發生，固應予以最大的注意；惟教師的任用機關，對於在校內或校外的學校活動所發生的學生傷害事故，應該保護教師不致因此而遭受損害賠償的危險。

10. 為了教師個人的發展，教育活動及社會整體的利益，教師參加社會生活及公共生活，應受到鼓勵。

11. 教師應享有一般市民所享有的一切市民權利，並具有參與公職的資格。

12. 教師的待遇及工作條件應經由教師團體與教師僱用機關的交涉

過程來決定。

　　*13.*教師透過教師團體與公立或私立的僱用機關交涉時，為了保障教師的權利，應設置法定的或非法定的機構。

　　*14.*為了解決因僱用條件等所產生之教師與僱用機關間的紛爭，應設置適切的共同機構。同時，如果經過所有因此而設的手段仍不能解決，或當事者間的交涉決裂時，教師團體應該享有其他團體為了保護其正當利益通常被承認的其他手段的權利。

第四節　教師的在職進修

　　在職進修又稱為在職教育（in-service education），係指在職人員利用時間接受教育訓練或自我學習，以充實自己的專業及生活知能，進而提升素質與增進工作效率。以下分別討論在職進修的功能與現制。

壹‧在職進修的功能

　　分析言之，教育人員接受在職教育，有下列三項功能：（莊懷義，民 83）

　　*1.*學習新知能以適應社會的變遷；

　　*2.*學習第二專長以配合工作的需要；

　　*3.*彌補職前養成教育之不足。

　　不管基於何種原因，教育人員必須不斷接受在職教育，以提昇自己的素質。進修機會的取得可分為積極與消極兩種。積極的作法是教育人員主動自我學習，或主動報名參加各種進修活動；消極的作法是接受任職機關學校的指派，參加各種規定的進修活動。為方便及鼓勵教育人員在職進修，各國紛紛採行下列各種措施，以吸引教育人員參加。（謝文全，民 89：346-348；莊懷義等，民 83）

　　*1.*實施方式多樣化及彈性化，以適應教育人員的不同需求。如就

活動方式而言，可有進大學修學分或學位、參加研習會、專題演講、交換教學、參觀考察，及自我閱讀專業書刊等方式。就時間而言，可有長期進修及短期進修之分，有全時制進修及部分時間制進修之別，有日夜進修及夜間進修之分等。就進修地點而言，可在國內進修，亦可到國外去進修；而在國內進修，又可有不同的場所供進修，如大學、教師中心、學校、空中，或家裡等。

2.准予教育人員以休假、留職留薪或留職停薪的方式參加在職進修。

3.准予藉在職進修取得學位或學分，或准予藉進修取得另一種工作資格。

4.實施進修加薪制度，凡在職進修取得學位或若干學分者，提高其薪資。

5.補修進修費用，以減輕進修人員的經費負擔。

6.實施釋工時間進修制，即在某個時段不排課或工作，供教育人員進修。

7.准予以請公假或事假的方式進修。

8.實施進修換證制度。即教育人員的資格證書效期有限，在效期屆滿前必須藉進修取得若干學分後，等效期屆滿時才能換領新的證書，否則就喪失其工作資格。

9.酌減進修人員的工作量或工作時數，以減輕其負擔而得用心進修，並資鼓勵。

上述各種措施中，除了尚無其中的休假進修、進修換證，及減輕工作量（時間）外，其餘的我國均已實施。

貳・教育人員在職進修的現制

由於不斷接受在職教育為教育人員專業化要件之一，故我國教師法將參加在職進修研究定為教師的義務與權利，規定各級學校教師在職期間，應主動積極進修研究與其教學有關的知能。教育分別訂定了

教師在職進修辦法及進修研究獎勵辦法。辦法中規定公私立學校教師及校長在職期間，每一學年須至少進修18小時或一學分，或五年同累積90小時或5學分。在職進修方式包括三種：(1)參加研習、實習、考察；(2)進修學分、學位；(3)其他由主管教育行政機關認可之進修與研究。至於辦理在職進修的機構包括：(1)中小學、幼稚園及特殊教育學校；(2)師範校院及設有教育院、系、所或教育學程之大學校院；(3)各級政府設立、核准設立之教師在職進修機構；(4)各級主管教育行政機關委託、認可或核准之學校機構。

基於前述之規定，我國學校教師在職進修的辦理機構主要有三，即學校本身、大學校院，及教師研習會（中心），另有出國進修。教育人員應隨時留意其最新狀況，並積極參加進修。

目前由中小學校所辦理的在職進修，以教學觀摩會、專題演講、專題研討會、教學研究會、購置書刊供自我學習等方式為主。大學校院辦理的在職進修，以開設進修或回流教育碩士學位班、學士學位班、研究所學分班、教育學分進修班、專門科目進修班、空大（專）進修等方式為主。專設教師研習機構（中心）所辦理的在職進修，以短期進修或研習班、研討會、座談會、專題研究等方式為主。出國進修則以進修學位（分）及出國考察為主，或公費，或自費，或公自費並行。細節請參閱相關法令。

第五節　教師的待遇與福利

為滿足教師的生活需求，使其無後顧之憂，能全心奉獻於教育，聘用機關自應給予教師適當的待遇與福利。待遇與福利合理，才能安教師的心及提高其士氣。

依教師法之規定，教師除享有待遇外，尚享有保險、資遣、退休、撫卹等福利。以下分別介紹之。

壹・待遇

依教師法之規定，教師之待遇分本薪（含年功薪）、加給及獎金三種。本薪為教師之基本待遇，新任教師須於到職一個月內，檢齊規定證件，送請學校辦理敘薪手續。

公立學校教職員的敘薪標準，係依教育部公布的公立學校教職員敘薪標準表辦理，如表 7-1 所示。由表中可知教職員敘薪係依其「學歷」核計起支薪級（起薪），如師範大學或師範學院各學系結業者，其起支薪級為二十七級，薪額為一百八十；大學或獨立學院畢業未修滿規定學分者，由第二十八級起薪，薪額為一百七十。

表 7-1　公立各級學校教職員敘薪標準表

薪　級	薪　額	起　　敘　　標　　準
	770	
	740	
	710	
一	680	
二	650	
三	625	
四	600	
五	575	
六	550	
七	525	
八	500	
九	475	分類職位第十一職等考試及格者。
一〇	450	
一一	430	
一二	410	
一三	390	分類職位第十職等考試及格者，特種考試甲等考試及格。
一四	370	
一五	350	

薪　級	薪　額	起　敍　標　準
一六	330	1. 國內外大學研究所得有博士學位者。 2. 分類職位第九職等考試及格。
一七	310	
一八	290	
一九	275	分類職位第八職等考試及格者。
二〇	260	
二一	245	1. 國內外大學研究所得碩士學位者。 2. 分類職位第七職等考試及格。
二二	230	
二三	220	高等考試或乙等特種考試或分類職位第六職等考試及格者。
二四	210	
二五	200	
二六	190	師範大學或師範學院各學系結業後實習期滿畢業者。
二七	180	1. 師範大學或師範學院各學系結業者。 2. 師範大學夜間部畢業者。 3. 大學教育系教育學院各學系畢業者。 4. 經高級中等學校教師登記或檢定合格者。
二八	170	1. 國內外大學或獨立學院畢業者。 2. 分類職位第五職等考試及格者。
二九	160	1. 師範大學附設二年制專修科畢業者。 2. 高中畢業修業二年之師範專科學校畢業者。 3. 高中畢業修業三年之專科學校畢業者。 4. 經初級中等學校或國民中學教師登記或檢定合格者。 5. 初中畢業修業五年制師範專科學校畢業者。
三〇	150	1. 高中畢業修業二年之專科學校畢業者，或初中畢業修業五年之專科學校畢業者。 2. 普通考試或丙等特種考試或分類職位第三職等考試及格者。 3. 銓敍機關採認有案之各軍事學校（科、團、班）暨中央警官學校（班科）相當二年專科畢業（以任職員為限）。
三一	140	1. 師範學校畢業者。 2. 特別師範科畢業者（高中畢業修業一年）。

薪　級	薪　額	起　敘　標　準
三二	130	3. 經國民學校高級級任或科任教師登記或檢定合格者。 4. 經國民小學科任或級任教師登記合格者。
三三	120	高級護產職業學校四年制護產合訓畢業者。
		1. 高級中學或高級職業學校畢業者。 2. 經國民學校初級級任教師登記或檢定合格者。 3. 特種考試丁等或分類職位第二職等考試及格。
三四	110	五年制中學或職業學位畢業者。
三五	100	1. 四年制中學或職業學校畢業者。 2. 簡易師範學校畢業者。
三六	90	1. 初級中等學校或國民中學畢業者。 2. 分類職位第一職等考試及格者。

資料來源：教育部員工消費合作社，民 83：12185–12189。

　　新任教職員依學歷起薪後，以後每年即依考績提昇薪級，凡考列甲、乙等者或專業考核一次記兩次大功者，即可提高一級，其情形請參見教師的成績考核一節（即第六節）。惟提昇薪級並非毫無限制，而係受本職最高薪級之限制。本職高薪級由政府公布之公立各級學校教職員職務等級表界定，該表如表 7–2 所示。

　　由該表可知，中小學校之校長及教師，如具學士學位以下學歷者，本職最高薪級為第十級，薪額為 450；如具有碩士學位，其最高薪得晉至第七級，薪額為 525；如具有博士學位，其最高薪得晉至第六級，薪額為 550。校長及教師一旦晉至本職最高薪後，如年終考績再得甲、乙等，或專業考核一次記大功兩次時，則改晉「年功薪」，其詳情請參見教師的成績考核一節。惟年功薪亦有最高級的限制，具學士學位以下學歷者，年功薪最多可晉七級，至第三級（薪額為 625）為止；具碩士學位者，其年功薪至多可晉五級，至第二級（薪額為650）為止；具博士學位者，其年功薪最多亦只能晉五級，至第一級（薪額為 680）為止。

表 7-2　公立學校教師暨助教職務等級表

職務等級		職　務　名　稱	附　　註
等級	薪額		
	770	770（教授）	一、自八十六年三月二十一日生效。
	740		二、本薪最高級上面之虛線係屬年功薪。
	710	710	三、中、小學合格教師，如具有碩士學位，最高薪得晉至 525 元，年功薪五級至 650 元；如具有博士學位，最高薪得晉至 550 元，年功薪五級至 680 元。
一　級	680		
二　級	650	650（副教授）	
三　級	625	625　625 625（助理教授）	
四　級	600		
五　級	575		
六　級	550		四、幼稚園教師之職務等級，依幼稚教育法規定，比照國民小學教師。
七　級	525		五、專科學校專業及技術教師，依其甄審結果，比照教師之規定。
八　級	500		
九　級	475		
十　級	450	450（講師）　中等學校　國民小學	
十一級	430	680～475	六、各級社會教育機構專業人員，學術研究機構研究人員，及公立大專校院稀少性科技人員，依其職務等級分別比照本表之規定，但教育人員任用條例修正施行前已遴用之相當講師、助教等級之現職人員，於經審定符合修正後之資格前，仍依原職務等級核敍。
十二級	410		
十三級	390		
十四級	370	600～390（助教）	
十五級	350		
十六級	330		
十七級	310		
十八級	290		
十九級	275	500～310	
二十級	260		
二一級	245		七、本表修正施行前，原敍副教授薪級未達 390 元者，仍依原職務等級晉支薪級；俟晉至 390 元時改依本表晉敍。
二二級	230	450～245	
二三級	220		
二四級	210		
二五級	200		
二六級	190	330～200	
二七級	180		
二八級	170		
二九級	160		八、本表修正施行後，依教育人員任用條例第三十條之一規定以原升等辦法升等為副教授，其原支薪級未達 390 元者，仍依原副教授職務等級晉支薪級；俟晉至 390 元時改依本表晉敍。本表附註六所列人員比照辦理。
三十級	150		
三一級	140	450～150	
三二級	130		
三三級	120		
三四級	110	450～120	
三五級	100		
三六級	90		

因我國教職員的薪級表係採比例薪級表制，而不是採用現金薪級表制，故所謂「薪額」僅是一種基本數額，而非實際支付現金數。政府每年會根據當時生活水準及物價指數的變遷，以此「薪額」為基準，作一定比例的計算調整，成為實際支領的現金數，此現金數目前稱為「月支數額」。政府每年有所調整後，均會公布一份對照表供各校支用。

加給是本薪以外的特別津貼，分為職務加給、學術研究加給及地域加給。職務加給係給予職務較繁重者的津貼，目前校長、主任及組長均領有行政職務加給，導師則領有導師費。地域加給，係對服務於特殊地區者的補貼。目前對任職於偏遠地區學校之人員，有發給此項津貼，如山地獎勵金、離島加給、平地鄉鎮偏遠加給、東台加給等，地區津貼旨在鼓勵人才下鄉，以平衡城鄉教育的發展。

獎金係具獎勵性質的待遇，目前有考績獎金及年終獎金兩種。

貳·保險

保險係機關根據危險分擔原則，由員工按期繳納少數保費，透過保險機關集中保管運用，以解決員工生活上之問題，來保障員工生活並提高其工作效率的一種制度。故保險制度之目的有二，一是藉危險分擔原則，解決員工生活上的重大問題，避免其因財力負荷不起而危及生存；二是讓員工能安心工作，提高工作效率。教師除須參加全民健康保險外，尚須參加公務人員保險；另私立學校教師亦得不參加公保，而選擇參加勞工保險。

一、全民健康保險

公私立學校之專任有給人員（含教職員工），均須依全民健康保險法之規定，參加全民健康保險，成為全民健康保險之被保險人。被保險人之下列眷屬，亦應一律參加全民健康保險：(1)被保險人之配偶，且無職業者；(2)被保險人之直系血親尊親屬，且無職業者；(3)被

保險人二親等內直系血親卑親屬未滿二十歲且無職業，或年滿二十歲無謀生能力或仍在學就讀且無職業者。凡具有被保險人資格者，均不得以眷屬身分投保。

全民健康保險之保險項目，包括疾病、傷害、生育及預防保健服務等四項。凡保險對象發生疾病、傷害或生育事故時，由保險醫事服務機構依規定辦法，給予門診或住院診療服務；此外並得接受主管機關定期辦理的預防保健服務（如健康檢查服務）。全民健康保險的主管機關為中央衛生署，該署設有中央健康保險局負責保險業務之辦理。保險對象接受診療服務時，除享有保險給付外，須自行負擔部分的診療費用；惟因重大疾病及分娩接受診療或接受預防保健服務時，免除自行負擔費用。

公私立學校教職員工以其服務學校為投保單位，以其薪資所得為投保金額，須依保險費率按月繳納保險費。

二、公教人員保險

依公教人員保險法之規定，公立學校編制內之有給專任教職人員、辦妥財團法人登記並經主管教育行政機關核准立案之私立學校編制內有給專任教職員，應一律參加公教人員保險。保險期限自承保之日起，至離職為止。由此可知，學校教職員須為「編制內」及「有給專任」者，始得參加公教人員保險。至於編制外臨時人員，或無給職（義務職）之人員，均不得參加。

參加公教保險之教職員，須按月繳納規定之保險費。公立學校教職員之保險費，由被保險人自付 35%，政府補助 65%。私立學校教職員之保險費，由被保險人自付 35%，學校負擔 32.5%，政府補助 32.5%。

被保險人於保險有效期間，發生殘障、養老、死亡、眷屬喪葬四項保險事故時，由承保機關給予現金給付。其給付標準，請自行參閱公教人員保險相關法規。

三、勞工保險

公私立學校之技工、司機、工友及公立學校之約聘、約僱人員，均只能參加勞工保險，而不得選擇參加公保。

勞工保險之保險項目，分為殘廢、失業、老年及死亡四種。各項之保險內容及給付，請自行參閱勞工保險條例及其相關法令，在此因篇幅有限，無法予以介紹。

勞工保險之保險費，由被保險人負擔 20%，僱主負擔 80%。自行負擔部分，由學校按月扣繳。

勞工保險之主管機關，在中央為內政部，在省（市）為省（市）政府。辦理勞工保險業務機關，則為中央勞工保險局。在中央勞工保險局未設之前，則委由各地區勞工保險局辦理。目前係委由臺閩地區勞工保險局辦理。

參・資遣

資遣旨在彌補退休制度之不足，因退休有一定的條件，如年齡、年資、身體狀況等；如員工之年齡、年資及身體狀況不合退休規定，而員工本人不願繼續任職，或機關不願其繼續任職時，為促進新陳代謝或解決問題，必須給與相當金額，以便遣離。如此可使員工較樂於離職，機關也較人性化。

公立學校教職員之資遣，係依主管機關訂定之法規辦理；私立學校教職員之資產，依私立學校法之規定，係由各校訂定章則辦理。故本節所述，係以公立者為限。

資遣可分為自願與命令資遣兩種。自願資遣係基於教職員個人之請求而准予之資遣；命令資遣係基於機關之決定而予以資遣，當事人並無選擇餘地。

資遣之條件，依公務人員任用法之規定（教職員依此法辦理），具有下列情形之一者，得由校長考核，報經上級主管機關核准後，予

以資遣：(1)因機關裁撤、組織變更或業務緊縮，而須裁減人員者；(2)現職工作不適任或現職已無工作，又無其他適當工作可以調任者；(3)經公立醫院證明身體衰弱，不能勝任工作者。以上這三項均為命令資遣的條件；第三項則多屬自願資遣的條件。教師法對教師的資遣條件亦有類似的規定。

對准予資遣之教職員，不管是自願或命令資遣，均應發給資遣費。資遣費之給與通常都採一次制，而一次資遣費之計算，通常均比照退休金之標準。

學校教職員資遣費之給與，係依「公務人員資遣給與辦法」之規定辦理（教育部秘書室，民 84：19），請自行參閱該辦法。

肆・退休

退休制度的建立有三個主要目的：一是讓年老或不適任者藉退休離職，可促進新陳代謝，維持學校人員的活力；二是給與退休人員一筆退休金，以安其晚年生活，除有酬謝意義外，也可避免造成社會問題；三是讓成員無後顧之憂，可以專心於教育工作。

公立學校教職員的退休，係根據政府制定的兩個法規辦理，一為學校教職員退休條例，一為學校教職員退休條例施行細則。至於私立學校教職員之退休，則依私立學校法之規定，係由各校自行訂定章則辦理，故各校辦法不一，而且與公立學校有別。

一、退休種類及條件

公立學校教職員之退休，分為申請退休（通稱自願退休）及應即退休（通稱命令或強迫退休）。前者係基於教職員自己的請求而辦的退休；後者係基於機關的規定而辦的退休，教職員本人並無選擇餘地。兩種退休的條件各如下：

有下列兩種情形之一者的教職員，得申請退休：

1. 任職五年以上，年滿六十歲者。惟對所任職務有體能上之限制

者（如體育及唱遊老師），得酌予降低；但至低不得少於五十五歲。

2.任職滿二十五年者。

教職員任職五年以上，有下列兩種情形之一者，應即退休：

(1)年滿六十五歲者。惟達此年齡者，若學校仍需其任職，而本身亦自願繼續服務時，得報請主管教育行政機關核准延長之，至多延長五年。

(2)心神喪失或身體殘廢，不堪勝任職務者。本項之認定標準，悉依公務人員保險殘廢標準表所定之全殘或半殘，而不能從事本身工作者為準。

私立學校教職員的退休種類與條件，係由各校自訂，各校應主動告知其員工，教職員也應自行查閱，以保障應有的權益。有些私立學校的退休種類與條件，係比照上述公立者辦理。

二、退休金來源及給與

公立學校教職員退休金來源，在民國八十四年修正公布學校教職員退休條例實施以前，係採機關負擔制，由各級政府的公庫支給。自八十五年二月起改採共同負擔制，由政府和教職員共同撥繳費用，建立退休撫卹基金支付之，並由政府負最後支付保證責任。共同撥繳費用大部分由政府補助，小部分由教職員負擔。

私立學校教職員退休金之來源，依教師法之規定，係採由學校與教師共同負擔之儲金制。依私立學校法之規定，私立學校應訂定退休、撫卹、資遣章則，報請主管教育行政機關核備。

教師依規定申請退休經核准後，應給與退休金。公立學校教職員退休金給與方式，依規定如下：

1.任職未滿十五年者，給與一次退休金。

2.任職十五年以上者，由退休人員就下列擇一支領：(1)一次退休金；(2)月退休金；(3)兼領二分之一之一次退休金與二分之一之月退休金；(4)兼領三分之一之一次退休金與三分之二之月退休金；(5)兼領四

分之一之一次退休金與四分之三之月退休金。

伍‧撫卹

撫卹係機關對亡故員工之遺族，依員工生前任職年資及功績，給與遺族撫卹金，以維其生計的制度。故撫卹制度之目的有二，一是讓員工無後顧之憂，願意全心奉獻給組織；二是給與遺族生活保障，以免因一時失去依靠而形成社會問題。

公立學校教職員之撫卹，係依政府訂定之學校教職員撫卹條例及其施行細則辦理；至於私立學校教職員之撫卹，依私立學校法之規定係由各校自訂章則辦理，故本節之討論，以公立學校為主。

一、撫卹條件

各級公立學校現職專任教職員，依規定資格任用，經報請主管教育行政機關有案，有下列情形之一者，給與遺族撫卹金：(1)病故或意外死亡者；(2)因公死亡者。所謂因公死亡，係指下列情事之一：①因冒險犯難或在戰地殉職；②因執行職務發生危險以致死亡；③因公差遇險或罹病以致死亡；④在辦公場所發生意外以致死亡。

二、撫卹金來源與給與

撫卹金之來源，一如退休金之來源，分為機關負擔制及共同負擔制兩類。學校教職員撫卹條例修正實施以前，公立學校教職員撫卹金之來源，係採機關負擔制，由各級主管政府支給；惟該條例修正實施後已將之修改為共同負擔制，由政府與教職員共同撥繳經費建立退休撫卹基金支付，並由政府負最後支付保證責任。

私立學校職員撫卹金之來源，依私立學校法之規定係採共同負擔制（即儲金方式），惟係由教師、學校及政府三者共同負擔，成立私立學校教職員退休撫卹基金負責支付。該基金之管理，同樣由前面所提及的私立學校教職員退休撫卹基金管理委員會負擔。

撫卹金之給與方式，一般有三種：即一次制、按年（或月）制，及混合制（部分一次領取，部分按年或月領取）。各方式之意義，與退休金之給與方式同。至於詳細的計算標準及方式，請自行參閱相關法令。

教職員撫卹金之給與對象，為其遺族。如遺族有多人時，其領受之順序如下：

    1. 父母、配偶、子女及寡媳。但配偶及寡媳，以未再婚者為限。

    2. 祖父母、孫子女。

    3. 兄、弟、姊、妹，以未成年或已成年而不能自謀生活者為限。

    4. 配偶之父母、配偶之祖父母，但以無人扶養者為限。

前列遺族同一順序有數人時，其撫卹金應平均領受；如因死亡或拋棄，或法定事由而喪失領受權時，其撫卹金應勻給同一順序其他有權領受之人；同一順序無人領受時，由次一順序遺族領受。

前列遺族中，若教職員生前有預立遺囑指定受領者，則從其遺囑。

陸・其他福利

教師除了上述各項待遇與福利外，尚可享有下列各種福利。

一、生活津貼

生活津貼包括下列各項：

    1. 婚喪生育補助

(1)結婚補助：公教人員本人結婚時，得申請結婚補助。雙方均為公教人員時，得分別請領。離婚後再與原配偶結婚者，不予補助。

(2)生育補助：公教人員配偶或本人分娩者，得申領生育補助。夫妻同為公教人員者，以報領一份為限。收養子女時，不得申請生育補助。

(3)喪葬補助：父母及配偶死亡者，得申領喪葬補助。

2.子女教育補助

公教人員子女就讀國內立案之公私立大專以下國小以上學校者，得申領子女教育補助。夫妻同為公教人員者，僅能一方申請（由報領實物配給之一方申請）。補助金每年調整，一般說來，就讀私立的補助比就讀公立者高；就讀的學校層級越高者，其補助也越多。補助的子女人數是有限制的。

有下列情形之一者，不得申請子女教育補助：(1)就讀期間已享有公費，或全免學雜費待遇或獎學金者；(2)在未具學籍之學校或補習班就讀者；(3)就讀公私立中等以上學校之選讀生，或就讀幼稚園者；(4)留級或重讀者。

二、福利互助

福利互助包括下列各項：

1.結婚互助：凡公教人員結婚，可申請福利互助。雙方均為互助人時，雙方均可申請。

2.喪葬互助：本人死亡時，按參加互助年資給與喪葬補助。

3.退休、退職及資遣互助：互助人奉准退休、退職或資遣者，按參加互助年資核計補助金額。

4.重大災害補助：公教人員遭受火災、風災、地震、水災，或其他各種重大災害，得予補助。補助額度視災害程度及各地財物狀況而定。

三、急難貸款

公教人員遇到下列急難時，得視情形申請下列各項貸款：

1.本人重病貸款。

2.眷屬喪葬貸款。

3.重大災害貸款。

4.眷屬重病住院貸款。

四、輔購住宅

公教人員購建住宅時，得依規定申請貸款。貸款額度由中央及省市政府視其財力訂定，一般係依委、薦、簡任三級分別訂定，官等愈高者可貸款額度也越高。

須學校編制內任有給職，且須服務滿若干年（如一年）之有眷公教人員，始有資格申請；但有下列情形之一者，不予補助：

1. 曾由政府補助購建住宅者。
2. 曾承購公有眷舍房屋、基地或房屋及基地者。
3. 配偶有前兩項情形之一者。
4. 派赴國外工作攜眷同往者。
5. 留職停薪或因案停職者。

購建住宅貸款之利息，除由員工自行負擔規定之利率外，其餘均由政府予以補貼。

五、福利品供應

政府指定負責機關，在各縣市及重要鄉鎮地區設置福利品供應中心，以廉價供公教人員購買，以減輕員工的生活負擔。

公教人員可憑負責機關核發的購買證，向供應中心自由購買；但對供應較為困難及市價與供應價差距甚大之物品，必要時得限制購買量。供應中心之設施，儘量採超級市場方式營運。

六、自強活動

為提倡正當娛樂、促進身心健康及提高工作情緒，機關學校均得舉辦自強活動，以利用例（休）假日及平時早、午、晚公餘時間實施為原則；必要時亦多利用辦公時間實施，但時間不宜太長，以免影響公務與教學。

除旅遊參觀等自強活動外，學校亦可辦理校內康樂活動，如成立

教職員工各種社團，或舉辦各種球類比賽等。

學校在辦理各項福利工作時，宜注意下列三點：

1. 注意申領期限：一些福利的申請有時限的規定，應事先讓教職員工知悉，並隨時提醒該申領者按時申請，以免逾期致員工權益受損。

2. 熟悉相關法令：各項福利的實施，各級政府都訂有法令詳細的規定，承辦人員平時就應詳讀熟悉，使辦理過程能完整無缺。否則一旦出錯，不只會影響員工權益，而且承辦人亦要負不少責任。法令經常會修正，要隨時留意規定的改變。

3. 注意資料的更新：福利措施的享受，有些是有條件限制的，如曾由政府補助購建住宅者即不再予輔購，生育補助有生育年齡及口數的限制等。而這些限制必須從員工的檔案資料中取得。但員工的資料常會變動，因此必須隨時注意更新，才不會造成錯誤。

第六節　教師的成績考核

教師在學校任職，均須接受成績考核。學校可以藉此考核，瞭解教師的人品、能力、優缺點及教學效果，以作為升遷、獎勵、懲罰及輔導教師之根據，以提昇教師素質及教學績效。教師也可藉此考核，來自我激勵，並作為自己生涯發展、規劃之參考。

現行公立學校教師成績之考核，係根據教育部公布的「公立學校教職員成績考核辦法」辦理。至於私立學校教師之考核，則由各校自訂辦法辦理，彼此不盡一致；故在此只介紹公立部分。

公立學校教師的考核，分為平時考核及年終考核二種。以下分別說明其考核過程及考核標準。

壹・考核過程

現行教師成績考核過程可分為初核、複核、核定、通知、複審，

及執行等六個步驟，茲簡述如下，細節請參見教職員成績考核相關法規。

1.初核：教師的初核工作，由各校成立之考核委員會辦理。委員會置委員九至十七人，除教務、訓導、輔導、總務、實習輔導及人事主管人員為當然委員外，其餘由本校人員中推選產生後報由校長遴聘之，並指定一人為主席。委員每滿五人應有一人為非主管人員。如參加考核人數不滿二十人，得免組考核委員會，由校長逕行考核之。

2.複核：教師考核的複核由校長負責。校長在複核時，如對成績考核委員會的初核結果有不同意見時，應交回覆議。對覆議結果仍不同意時，得變更之，但應於考核案內記明其事實及理由。

3.核備：教師考核的核備，由其主管教育行政機關辦理。核備機關對考核結果如有疑義，應通知原辦理學校詳敘事實及理由或重新考核，必要時得調卷或派員查核，如認為考核結果不實時，得逕行改核，並說明改核之理由。

4.通知：各校教師成績考核經核備後，學校應以書面通知受考核人。

5.執行：成績考核結果應自次學年度第一個月起執行。

貳・考核標準及獎懲

教師的考核標準，應按其教學、訓導、服務、品德及處理行政之紀錄辦理。

目前教師的成績考核不分等第，而以文字敘述結果，但為行文方便起見，暫以甲、乙、丙等稱呼之。依規定合於下列全部條件者考列甲等：(1)按課表上課，教法優良、進度適宜、成績卓著、且未採用或推銷坊間出版專為應付升學或考試之各種參考書或測驗紙者；(2)訓輔工作得法，效果良好者；(3)服務熱誠，對校務能切實配合者；(4)事病假併計在十四日以下，並依照規定補課或請人代課者；(5)品德良好能為學生表率者；(6)專心服務，未違反主管教育行政機關有關兼課兼職

規定者；(7)按時上下課，無遲到、早退、曠課、曠職記錄者；(8)未受任何刑事、懲戒處分及行政處分者。考列甲等者，除晉本薪或年功薪一級外；並給與一個月薪給總額之一次獎金，已支年功薪最高級者，給與二個月薪給總額之一次獎金。

　　教師合於下列全部條件者考列乙等：(1)教學認真，進度適宜；(2)對訓輔工作能負責盡職者；(3)對校務之配合尚能符合需求者；(4)事病假併計超過十四日，未逾二十八日，或因病住院致病假超過二十八日而未達長病假，並依照規定補課或請人代課者；(5)無曠課、曠職記錄者；(6)品德、生活考核無不良記錄者。考列乙等者，除晉本薪或年功薪一級外，並給與半個月薪給總額之一次獎金；已支年功薪最高級者，給予一個半月薪給總額之一次獎金。

　　教師有下列情形之一者考列丙等：(1)教學成績平常，勉能符合需求者；(2)有曠課、曠職記錄，但未連續達七日或一學期內累積未達十日者；(3)事病假期間，未依規定補課或請人代課者；(4)未經校長同意，擅自在外兼課兼職者；(5)品德生活較差，情節尚非重大者。考列丙等者，留支原薪。

　　前述之考核因係在一學年度結束時辦理，故通稱「年終考核」。至於平時考核則於平日進行，其獎懲標準在成績考核辦法有所規定外，在政府公布的「教育專業人員獎懲標準」亦有規定。因內容繁多，在此不予列出，請自行參閱。平時考核之獎勵，分為嘉獎、記功、記大功三類；懲處分為申誡、記過、記大過三類，同一學年度內平時考核之獎懲，得相互抵銷。

叁·考核的原則

　　要使教師的考核公平合理，學校在辦理教師成績考核時，必須注意下列的五項原則：（謝文全，民 89：357－361）

一、訂有具體合理的標準供遵循

考核之前，必須先研訂一套客觀而合理的考核標準，做為考核成員的基準。考核標準訂妥之後，應公布之並協助成員充分瞭解，一則使成員能以此套標準為其努力的目標，激發其自我努力與改進的動機；二則考核時有客觀的標準供遵循，考核才能達到公平合理，不因成員之性別、年齡、工作類別而有所差異，也不因考核者的不同而不同。

就訂定各項考核標準的細目而言，政府所定的考核辦法中，只規定考核標準的大項目，並未進一步規定其細目，故各機關學校有必要研訂各項標準的細目，才能使考核的標準客觀明確。各項目所應包括的細目，可依各機關學校的目標及各階段的重點工作，來訂定之。

就訂定考核的方式而言，政府對考核的方式並未做規定，各機關學校應做具體的規定，規定的方式最好應多樣化，除採行政人員的觀察外，最好能增加成員的自我評量，及家長或其他有關人員的的反應等方式。

二、各項標準的影響比重要合理

考核的標準有多項，而各項的重要性並不一致，因此有必要依其重要性，訂定其影響的比重，重要性大的標準，所占比重應高些，重要性小者則宜低些，才能使考核結果公平合理。目前除了校長的考核標準，訂有比重外，教師的考核標準，未有比重之訂定，政府或各機關學校應補定之，否則易使考核流於不公平合理。

合理的作法是：依各項標準的重要程度，訂定不同的比重計分，再依總分換為等第，如總分最高為一百分的話，可規定得分在八十分以上者列甲等，七十分以上未滿八十分者列乙等，六十分以上不滿七十分者列丙等。依筆者的看法，教學、訓導、品德及服務等項的比重可占高些；校外兼職、事病假及曠課曠職等項的比重次之，遲到早退

的比重居最低。

三、採用民主的程序辦理

所謂民主程序，即讓成員參與考核及知悉考核結果，並有申訴的機會。具體的作法如下：第一，在擬定考核辦法或標準時，應讓成員參與。成員代表人數，應不少於行政人員人數，成員代表應由成員互相推選產生。其次成績考核委員會或考績委員會，也應有成員的代表。第二，考核的結果應讓成員知道，使其知道本身的優缺點，以資改進，可在發給成員的考核通知上，加上一份附件，敘明成員的優缺點及改進建議。第三，用各種方法讓成員熟知考核的辦法，使成員在知道考核標準之後，能自我要求，設法達到標準，這樣可使考核辦法具有引導力，而非只是事後的獎懲工具而已。此外，成員若能知悉考核的具體標準與程序，一方面比較信服考核的結果，一方面也能避免因誤解而造成的糾紛。使全體成員熟知考核辦法，可併用下列二種途徑，一為將辦法刊載在員工手冊上；二為利用各種會議（如教學研究會）讓成員研討。

最後是建立考核申訴制度，讓不服考核結果者，有申訴的管道，這樣才能使考核糾紛減輕。

四、運用多樣化的方式考核

應用多樣化的考核方式，才能從各種角度來評量成員工作的得失，使考核臻於周詳及客觀。譬如可透過成員自我評量、行政人員的觀察及視導、學生的反應等方式，獲得成員表現的各種資料，供考核分析之用。此外，平時考核與年終考核宜並重，相互印證。

行政人員的觀察及視導為普遍採用的方式，在此不再贅述。就成員自我評量方式而言，可擬定自我考核或評量表，發給成員按表逐項自我評量，作為考核資料之一部分，或供自我改進之參考。成員對自身的瞭解，應不遜於別人對他的認識，如能誠實地自我檢討，對考核

的效度及自我改進均大有助益。

　　就學生的反應方式而言，學生是教師教學的直接對象，與教師接觸時間之長無人能比，對教師教學得失的認識，常比任何人要深刻些。因此可設計適當的評量表，讓學生對教師的教學作一評量，其結果或作為考核依據資料之一，或只送教師個人參考，均有其價值存在。同理，亦或讓學生來評量校長及職工，或讓教職員工來評量校長。

五、考核後應輔導成員改進

　　考慮的目的雖有二，即做為獎懲成員之依據與促使成員改進。其中以促使成員改進工作為最主要，因獎懲成員的目的，也是在促進成員改進。因此每當考核完畢之後，即應根據考核結果所發現的得失，由行政人員與成員互相合作，設計改進辦法並加以實施，以協助成員的專業成長，達到改進工作的考核目的。

　　輔導成員改進的作法如下：首先由行政人員和成員共同討論在考核中所發現的優缺點，並分析造成缺點的可能原因。其次根據上面所分析出來的原因，成員能在行政人員輔導和協助之下，擬定自我改進的計畫，進行自我改進。接著是行政人員對成員的改進，應儘量提供輔導及協助，如建議有益的書刊名單供其閱讀，為成員舉辦研習會，鼓勵成員參加外部進修課程等。教師也應主動鞭策自己，依考核結果自我努力改進。

中等教育的教學

第一節　教學的原則

　　有關教學的原則，在其他科目可能已討論過。但在本節仍願再討論一次，因教學畢竟是中等教育的核心。中等教育的成敗，教學居樞紐關鍵。如在別的學科中已學過，建議仍再閱讀一遍，因「學而時習之」才能達到「熟能生巧」的境界。

　　中等學校教師欲進行有效教學，應注意的原則很多，主要有七個，分別為教學模式原則、學習動機原則、類化教學原則、教法靈活原則、個性適應原則、同時學習原則，及熟練教學原則，以下逐一討論。

一、教學模式原則

　　教學過程雖然千變萬化，但萬變不離其宗，仍循教學基本模式進行。所謂基本模式，即先訂定教學目標，再預先評估學生的狀況，據以設計教材教法後進行教學程序，最後再評鑑教學成果，並據以改進，其流程如圖 8-1 所示。

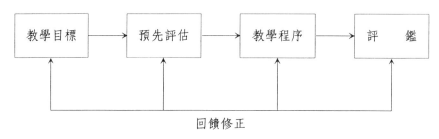

回饋修正

圖 8-1　教學基本模式
資料來源：修改自黃光雄等，民 82: 372。

　　教學目標（iustructional objectives）的訂定，應綜合學生的條件、
教學單元目標，及教學資源等因素為之。目標應涵蓋認知、情意及技
能三個領域，並儘可能以行為目標的方式呈現。預先評估（preassess-
ment）係在評估學生的起點能力，並評估起點能力與終點目標的差
距，以供設計教材教法之依據。教學程序（instructional procedures）則
是設計教材教法及實地進行教學的過程，可說是教學模式的核心工
作。評鑑（evaluation）則是在評鑑教學的成果，看其是否達到先前訂
定的教育目標，並聽聽學生的反應回饋，以便據以改進教學。

二、學習動機原則

　　所謂學習動機原則，係指在教學之始須先引起學生的學習動機；
等教學開始之後，亦須全程維持甚或激增學生的學習動機，使之能全
神貫注參與教學，直至教學結束為止。動機是人類行為的推動力，學
生有了學習動機之後，才會對學習產生濃厚興趣，進而積極投入教學
過程中，教學才有成效。

　　引起學習動機之法頗多，如說明教學內容在其生活上之價值、從
相關的故事談起、藉實物或自然現象引起、從學生的相關體驗提起、
營造學習的氣氛等。

　　教學過程中維持學習動機的方法亦很多，如多舉生活實例解說、

穿插相關典故、由做中學、旁徵博引多面解析、邊教邊問、使用教學媒體、口才流暢且節奏緊湊等。教學過程中最怕學生一時分神，等回神時已無法立即跟上，學習動機就會消失。因此，教師教學過程中，眼睛必須輪流掃視全體學生，並時而在學生座位間之走道走動，以提醒學生集中注意學習。如分神的學生多，則有必要暫停教學，設法讓學生靜心回神後，再繼續進行。促使靜心回神的方法可因時制宜，如要學生閉眼默思一分鐘再張開、叫學生上講臺做習題、請學生回答問題、讓學生站起來活動片刻，或限時說話等。

三、類化教學原則

所謂類化教學原則，係指教學的內容須與學生的舊經驗相銜接，使學生易於接受瞭解，收融會貫通之效。詳言之，其要點如下：新教材應適應學生的舊經驗，一切教學活動，皆以學生的舊經驗解釋之，過程中應時時喚起學生的舊經驗，以引導其思路，使其與新教材發生聯繫，亦即一面溫習已經學過的教材，一面論述新的學習內容。如果學生缺乏適當的舊經驗作為類化基礎，教師便須先提供必要的具體經驗，而後再引進新教材，至少也應利用掛圖、實物模型、參觀旅行、觀賞影片等方式，提供間接的經驗。（雷國鼎，民 77：586－587）

類化教學原則是基於統學原理（principle of apperception）而來的。統覺原理提出人出生後即不斷接受許多觀念，其中某些觀念在意識裡躍居主位，居主導地位，若新來的觀念和該主導觀念類似，便易為人所注意及吸收；否則便會遭漠視及抑制。德國教育學家赫爾巴特（J. F. Herbart）依此原理，發展出四段教學法，即教學時依明瞭、聯合、系統、方法四段順序進行。此法後來經人修正為五段教學法，分為預備（preparation）、提示（presentation）、比較（comparison）、類化（generalization）、應用（application）。其中「比較」及「類化」兩段，即在比較新舊經驗的異同，再據以抽出共同的原理原則；而「應用」一段則係應用新學到的原理原則，去解釋新的事實或教

材，進行下一步的學習。這些步驟都是類化教學原則的應用。

四、教法靈活原則

所謂教法靈活原則，係指應靈活運用各種教學方法，視教材性質及教學目的擇定主要方法，其他方法則仍可適時穿插使用，而不始終只用一種方法而已。教法靈活才能使教學生動，並訴之學生各方面的感官與心智，教學效果才會良好。否則死守一法，教學會變得單調而乏味。

教學方法的分類頗多，其中較常見的有講述教學法、啟發教學法、個別化教學法、社會化教學法、直觀教學法等。其中每一類教學法可能又包含多種方法，如啟發教學法又有發現教學法（discovery teaching metod）、探究教學法（inquiry teaching method）、創造性教學法（creative teaching method）之分，可說琳瑯滿目。事實上，各種方法各有其優劣點，各有其優先適用的時機，譬如在傳授知識的課程裡，講述教學法便較適用；而在培養批判思考能力的課程裡，則啟發性教學法便占優勢。同理，在培養羣性的課程裡，社會化教學法便較適用；而在發展個性的課程裡，個別化教學法自然較占優勢。

惟在現實教學情境裡，很少有一門課程或一堂課的教學目標是單一的，只在培養羣性而不發展個性，或只在傳授知識而不在啟發思考。事實上，任何一門課程或任何一堂課，都兼有傳授知識、啟發思考、培養羣性及發展個性的目標，只是互有輕重而已。因此，教師在教學過程中，應兼用各種教學方法，靈活搭配組合，以產生最佳的教學效果。

五、個性適應原則

所謂個性適應原則，係指教學應適應學生的個別差異，使各個都能最適性的發展，達到自我實現的理想。人因先天遺傳及後天教養之不同，致其才智、性格、性向，及潛能等，彼此均不盡相同，多多少

少都有差異存在。這種差異，教學必須顧及，學生才能各個「人盡其才」，進而「才盡其用」。

　　教學上欲適應學生個別差異，大致可從制度、教材，及教法三方面著手。在制度方面可採的方法頗多，諸如實施能力分班教學、班內能力分組教學、開設選修課程等。在教材方面，可在量與質上調整，如上智者之教材可多而難，下愚者之教材可少而易；擅於理工者，則可授予較多的理工教材；擅於文法者，則宜教以較多的文法教材。同理，給與的作業份量及內容，也宜因人而異，不應人人相同。為使教材能適應個別差異，教科書制度應做配合，准許教師有選擇教科書的自由。此外，教師教學時也應視學生需要提供補充教材。

　　在教法方面，教師教學時的快慢及用語深淺，也應配合學生的程度。此外，並可適時採用各種個別化的教學方法，如道爾頓制教法、編序教學法等。道爾頓制教學法（Dalton plan）是一種契約學習制，由學生和教師訂立學習合約（contract），通常每月訂一次。合約中詳細規定學生每月所要完成的作業，其多寡深淺因學生能力之不同而異。學生每天即依此合約到各科實驗室去學習，各科實驗室均備有該科應有的教材及設備，並有教師在旁協助學生學習。待每月合約完成後，學生須通過測驗後，方能再簽訂下次合約。編序教學法係將教材按邏輯順序編成細目，由學生依序自學自評，前一細目引導後一細目，循序漸進，學完全部教材。編序教學的教材，通常藉教學機、電腦，或書本呈現，學生自行操作或翻頁學習。（林寶山，民 77：19－23）

六、同時學習原則

　　所謂同時學習原則，係指在一個教學活動中，要同時教學該教材有關的知識、技能、態度、觀念等，使學生同時學到認知、技能及情意；而不只是認知的單一學習，或技能的單一學習，或情意的單一學習。透過同時學習的原則，學生才能拓廣學習網絡，觸類旁通，也才

能將各科教材做適度統整，而成系統化的知能。

　　依美國教育家克伯屈（W. H. Kipatrick）的意見，同時學習可分為主學習、副學習及附學習三種。主學習（primary learning）指該教學活動所直接尋求的教學效果，或為知識，或為技能，或為情意，視教學目的及教材性質而定，如歷史科「張騫通西域」一課的主學習，即在習得張騫通西域的史實知識。副學習（associate learning）指學習該教學活動主學習以外的相關認知、技能或情意，如前述「張騫通西域」的歷史教學；如附帶讓學生學習西域的相關風土人情及地理知識，即屬副學習。附學習（concomitant learning）指學習該教學活動有關的情意層面，如理想、態度、興趣等，又稱為輔學習。如前述「張騫通西域」的歷史教學，如能從中培養學生學習歷史的興趣、愛國的情操，或堅忍不屈的精神等，即屬於附學習。

　　根據同時學習原則，教師教學不應以傳授課本知識為已足，而須旁徵博引、啟發學生思考，並引導學生深入教材深層，方能讓學生多方學習。

七、熟練教學原則

　　所謂熟練教學原則，係指教學應達到學生徹底學會而後止，又稱為精熟學習（mastery learning）。這一原則是由美國中等教育專家莫禮生（H. C. Horrison）首先提出的。他認為真正的學習，必須能保持永遠，且能於日常生活中應用自如。否則，如只學習一半或只行將熟練，則容易被遺忘，而且應用起來十分困難，不易達到效果或甚至無效。因此，教學必須教到學生完全學會，才能停止。

　　為達到熟練教學的要求，莫禮生曾提出一套熟練教學公式，即「預先測驗→教學→測驗教學結果→調整教學程序→再教學→再測驗→直到學習純熟為止」。此公式的大意如下：在教學之前，先舉行預先測驗（pretest），以瞭解學生的舊經驗及已具條件，再據以進行教學（teach）。教學之後又須測驗結果（test the result），若教學結果

不良，即須調整教學程序（adapt procedure），如改變教材教法等，以適應學生的困難，然後再行教學並作測驗（teach and test again），如此反覆進行直至確實純熟為止（to the point of actual learning）。（雷國鼎，民 77：587－588；林寶山，民 77：26－27）

　　欲做到熟練教學原則，並不容易，須賴教師及學生雙方面的密切合作。教師須講解清楚、提供學生思考及練習機會、耐心編製測驗、讓學生有反饋管道，願意不斷改進教材教法，及能耐心反覆教學等。其次，則應培養學生有自學的能力，有接受挫折的毅力。

第二節　班級經營

　　教師要進行有效教學，就須做好班級經營。所謂班級經營，是指對班級中的人、事、物做適當的處理，以使師生的教學得有效進行，達到教學的目標。班級經營的內容，主要包括環境佈置、氣氛營造、常規管理，及行政處理。其中行政處理在其他各章已有所討論，本節只就前面三項加以討論。

一、班級環境佈置

　　教室環境佈置通稱為教學環境佈置，係將教室作適當的佈置，以發揮下列的功能：(1)提供師生適宜的教學環境，增進教學氣氛；(2)提供良好的境教，以收潛移默化之效；(3)提供師生發表園地，以利觀摩學習。

　　教室環境佈置若要達成上述功能，至少須依下列原則進行：(1)富有教育性，能提高學生的學習興趣；(2)易於更換，能配合教學內容隨時更換；(3)經濟實用，既能配合教學上的應用，又能不浪費；(4)師生合作，能使師生在共同參與中，產生一家的感覺；(5)富創意且生動，能永遠吸引學生的注意。

　　教室環境佈置一般分為兩部分，一為單元教學佈置，一為一般佈

置。

　　單元教學佈置係配合教學內容所作的佈置，佈置出與教學內容有關的圖片、圖表、標本、模型、實驗觀察記錄等，以激發學生的學習動機，並協助其瞭解學習的內容。此外，亦可佈置出學生的學習成果，如美勞、書法、作文、寫字、報告等方面的優良作品，以滿足學生的成就感，並供學生相互觀摩學習。

　　一般佈置通常包括班級圖書、四周牆壁，以及教室設備佈置三部分。圖書的布置以方便學生取用書籍刊物閱讀為主。牆壁則以張貼公約、標語、圖畫、偉人像為主，如在前面黑板上端牆上張貼班訓或座右銘；在教室兩側牆壁張貼標語、偉人像（如孔子、孟子等），或圖畫，以配合生活教育的實施；在教室黑板兩側牆壁設置生活公約欄及布告欄；分別張貼公約及必要的公告。

　　教室設備的佈置包括黑板、門窗、桌椅、貯物架櫃等方面的佈置。黑板以保持清潔易用為主。門窗應經常維護使得閉開靈活，並適時開關，以保持良好的通風及寧靜。玻璃應隨時保持乾淨，其他照明設備也要完善，以便光線充足而又適於視覺。桌椅的造形除應符合人體工學外，其排列型式應利於師生教學的互動。貯物架櫃應置於不妨礙師生行動的位置，並可飾以壁紙或繪上圖畫，以增其美觀。

　　教室環境的佈置，並無一定的模式可循。教師應指導學生發揮腦力激盪作用，做創意而生動的處理，並隨時配合教學內容的變化而更換，以營造出美好的教室氣氛，有助於教學的有效進行。（吳清山，民 80：418－425；朱文雄，民 81：197－200）

二、班級氣氛營造

　　氣氛是一種無形的環境特質，雖看不見及摸不著，但卻對處於其中的人產生潛在的影響。若班級氣氛良好，則會使師生產生詳和、樂觀、舒暢，或積極的感覺。反之，若班級氣氛不良，則使師生產生暴戾、悲觀、痛苦，或消極的感覺。因此教師必須營造良好的班級氣

氛，才能使師生互動和諧及教學有效。營造班級氣氛的主要途徑有四：

(一)建立良好的師生關係

教師若能平時就與學生建立良好的關係，則師生互動就會順暢和諧，班級氣氛自會良好。

熟記每位學生的名字，為建立師生關係的首步。見到每位學生的面時，教師若能立刻喊出該生的名字來，會讓學生感覺到教師對他的重視，也會感覺到教師的親和力，師生雙方的心理距離拉近不少。

瞭解學生為建立師生關係的第二步。教師若能透過觀察、談話、訪問、測驗、調查等方式，來瞭解學生的背景、個性與需要，則與學生相處對談時，就會言之有物，並因能掌握學生心理而談起來投機投緣，雙方關係自然增進。

真正關懷學生為建立師生關係的第三步。學生在日常學習與生活中，充滿著喜怒哀樂的事件，教師若能隨時加以關懷照顧，當其喜樂時能道聲祝賀，當其哀怒或遭困時能伸出援手或給予勉勵，則學生自會銘感在心，師生的關係便會牢固的建立。

(二)以民主方式領導學生

根據實驗研究顯示，在民主領導下的學生，彼此間的關係、工作績效及師生互動情形，都遠比在權威式或放任式領導下的學生好得多。換言之，民主領導有助於良好氣氛的營造。欲實踐民主領導，可從多方面著手。

首先是尊重學生人格，如以平等而誠懇的語氣和學生說話，不輕易當眾責罵學生，對先天資質較差者不予輕視，不因學生社會背景之差異而有歧視等等。

其次是讓學生參與班級經營，如讓學生參與訂定班級常規，參與班級環境設計與佈置，參與班級經費分配之決定。

接著是兼顧學生的合理需求，蓋學生有其生理及心理上的需求，必須協助其滿足，方能有心求學而不旁鶩，如提供蒸便當服務以安其

飲食，學生課間生病則准予到保健室就醫等。

最後是講求法理及公平，教師不能藉權威武斷對待學生，仍應凡事講法講理，以讓學生心服。如果教師在法理上有虧，應敢於認錯。在處罰學生之前，應給學生說明辯護機會，也應告知處罰的理由。其次對待學生要公平公正，不可偏心，「不患寡，患不均」是句顛撲不破的真理。

(三)教學要充實而生動

教學為班級的重點活動，若教學能做到充實而生動，必能吸引學生的投入，也使過程呈現有趣活潑，班級氣氛自然良好。

教材充實而符合學生的需求，為使教學吸引學生的途徑之一，因此教師必須隨時充實自己的專業知識，課前能預做充分準備，並將教材設計得符合學生的需求，且難易度適中，教學時方能旁徵博引，講解清晰，吸引學生，創造積極進取的氣氛。

教法生動而多樣化，為使教學能吸引學生途徑之二。教師必須熟練各種教學方法，並伺機交替運用，必能使教學生動活潑，班級氣氛隨之熱絡。

教學活動聯絡緊湊，為使學生集中注意的途徑之三。因活動緊湊可使學生五官並用，無暇分心。否則活動一旦斷斷續續，學生一分神就易引起連鎖的反應，要一再努力集中注意力就有困難，氣氛也會顯得凝滯。

三、班級常規管理

在日常班級生活中，學生必須遵守一些規範，表現出合宜的行為，使教學得以在有秩序的情境中有效進行，教學目標才易達成，故班級常規管理為班級經營不可或缺之一環。教師可透過下列方式，來做好常規管理。（謝文全，民 85：116-122）

(一)適當地運用學生的自治自律

教師若能採取適當的措施，激發學生的自治自律精神，必能營造

出良好的教室常規來。

　　建立教室規則或公約，為運用學生自治自律的途徑之一。教師可在開學後第一次上課時，指導學生討論訂定教室規則或公約（含違約的懲罰方式），約束大家共同遵守。教室規則要訂得清楚，訂完後就嚴格要求學生遵守，以建立規則的權威性，一段時間後學生就能適應而上軌道。

　　建構良好的班級組織，為運用學生自治自律途徑之二。教師事務繁忙，無法事必躬親，因此若能建構良好的班級組織，並選任強而有力的幹部，必能發揮學生同儕的影響力，經營出良好的教室秩序來。為使班級幹部成為教師的左右手，能有效協助維持秩序，教師應加以指導訓練，並賦予相當的權力及課以應有之責任。班級組織與幹部可靈活運用，如除全班的風紀股長外，尚可每排設一位排風紀長，由該排同學輪流擔任，以協助維持秩序。

　　小老師制度為運用學生自治自律途徑之三，教師可將全部學生分為若干組，再就組中挑選一位優秀熱心的學生擔任小老師，協助教師指導各該組的學生，並協助秩序的維持。必要時，並得進行各組的秩序比賽，以引導各組學生相互約束自律。

　　教導學生尊重別人權益，為運用學生自治自律途徑之四。教師利用教學的機會，教導學生尊重別人權益的觀念，不要因為自己而亂了全班的秩序及妨礙別人的學習，學生一旦養成了尊重別人權益的態度之後，教室秩序的維持就容易了。

(二)上課妥用教學相關技巧

　　學生每天上課時間頗長，其心境會隨情境變化而千變萬化，教師就須隨時運用相關教學技巧，以資因應，方能掌握教室的秩序。可用的教學相關技巧很多，茲舉數例供參考。

　　1.打鈴上課後學生起立敬禮時，必要的話得讓他們多站一會兒，等他們安靜後才讓坐下。下課鈴響後應準時下課，以避免學生心情浮動，並讓其有時間休息並做完必要的事（如上廁所等），以免影響他

們下一堂課的心情。

2.要求學生保持良好的坐姿，使其長時間下來仍保有體力及頭腦的清醒，能專心上課。趴在桌上、一手支著頭，或腳伸出椅子外側等不良姿勢，容易造成學生打瞌睡、疲勞，或與隔壁同學講話玩耍等失序行為。

3.上課學生坐好後，可先讓學生全體閉上眼睛，靜默一分鐘，或作一、二分鐘的精神訓話，等學生靜下來後再教學。

4.上課時教師的眼神要顯出自信而堅定的樣子，眼光並平均地注視到每位學生身上，以震懾並吸引學生。

5.上課時間內，教師宜適時在學生座位間的走道走動，以提醒學生注意，而不宜一直站（坐）在教室前端的講桌前。

6.設法讓學生瞭解教師各種肢體語言（如面部表情）的涵義，雙方一旦有默契後，教師即可藉肢體語言來控制學生的行為。學生只要看到教師的肢體語言，就知道該做什麼或不可以做什麼。（江麗英，民81：32）

7.上課時要讓學生有事做，除耳聽外，有時可請他們回答問題，有時可讓其作筆記，有時可讓他們操作，如此動靜兼備，學生就易專心上課。在問學生問題時，應先提出問題後再指名學生回答，以確保每位學生都注意傾聽問題。

8.告訴學生在下課前要抽問或做小考，以瞭解學生學習的效果，使學生上課不敢分心而注意學習。

9.適當使用各種教學媒體，如掛圖及投影片等，以節省板書的時間，而增加師生互動的機會。

10.排學生座位時，宜讓身矮者在前而身高者在後，視聽力較差者在前而較好者在後，使每位學生都能看、聽清楚，有助於注意力的集中。必要時，可將較頑皮或不守秩序的學生，分散排座及排在前面些，以便就近監督。（方炳林，民70：353－354）

(三)行政配合及常規訓練

　　1.巡堂：教室秩序維持的主要責任雖在教師身上，但行政上若能採取相關措施以資配合，效果會更為顯著。學校行政人員如校長、教務主任、訓導主任、教學組長、訓導組長等，輪流不定期到教室外巡堂，將有助於教室秩序的維持，亦可協助教師處理教室偶發事件。

　　2.常規訓練：學校平時就對學生實施常規訓練，讓學生對教室秩序有正確認知，並逐漸習以為常，極有助於教室秩序的維持。要訓練的常規很多，但以下列六項為主：（施慧敏，民83：21）

　　(1)儀禮方面：包括老師點名要回應、上下課聽口令行禮、先舉手再發言、他人說話時注意傾聽、待人要有禮貌等。

　　(2)秩序方面：包括上課時保持安靜、課中勿隨意走動、排隊或行進時不喧鬧、依序收發收物品等。

　　(3)整潔方面：包括保持個人用品整潔、注意個人儀容整潔、維持教室整潔等。

　　(4)勤學方面：包括專心上課與習作、按時繳交作業、遵守作息時間、帶齊課業用品。

　　(5)服務方面：包括輪流擔任值日生、主動為班級服務、參與灑掃活動等。

　　(6)人際方面：包括尊重別人的財物、對同學友善、不妨礙他人學習等。

(四)對守常規的學生酌予獎勵

　　對守常規的學生應酌予獎勵，以加強良好的行為，終而能習以為常。獎勵的方式很多，下列為一些例子：

　　1.口頭讚揚：一句口頭讚揚就是一種肯定，足以讓學生有受到賞識的感覺，因而願意與教師配合。

　　2.書面獎勵：可以在學生的週記或家庭聯絡簿上，以文字敘述獎勵，對學生頗具鼓勵作用，而且可讓家長知悉而再次給予讚賞。

　　3.代幣式獎勵：對表現良好而達所定標準之學生，得發給一張特

製的獎卡、蓋榮譽章或貼紙，學生累積到一定張數後，可向教師兌換榮譽卡或獎品。

4.物質性獎勵：如給予文具用品、圖畫禮券、玩具等小禮物，以資鼓勵。

5.其他獎勵：給予加分、自由時間、當小老師或班級幹部等，均有鼓勵性。

㈤適當處理不守常規的學生

在班級經營過程中，學生難免會表現出若干不守常規的行為，此時教師就需適時做適當的處理，以恢復教室秩序；否則「星星之火，可以燎原」，稍有疏忽，就可能造成不利上課的情況。在處理學生不守常規的行為時，可斟酌參考下列各點處理。（謝文全，民 85：120−122）

1.逐步漸進：如發現學生有不守常規行為時，先用眼光掃視全班後，再將視線停留在該此學生身上，提醒教師已注意到他們的行為了。若無效後，可走到其身旁（必要時得摸其頭拍其肩），接著可點名回答問題或口頭警告。仍無效的話，可再採取其他措施如罰站等，如此逐步漸進，較易收到效果。否則方法一次用盡，易導致技窮的窘狀。

2.各個擊破：如不守秩序行為嚴重者有若干人，教師宜分散處理各個擊破，不要跟他們一起對上，以免他們聯手共同對抗老師，那就非常棘手不易處置了。記住：處理一個問題學生，要比處理幾個合在一起的容易多了。

3.分開拆散：如發現幾個坐在一起的學生，老是不守秩序（打鬥或講話等），可以把他們拆散分開坐，使其孤掌難鳴。

4.幽默處理：當發現學生出現不守秩序行為時，得以幽默的方式點出錯誤所在，常可維護學生的自尊心，而且使教室氣氛輕鬆活潑起來。

5.聲東擊西：對不守秩序的學生不直接糾正或指責，反以口頭獎

勵表現良好的學生，藉以喚醒不守秩序者注意自己的行為。

6.靜心活動：如不守秩序的學生較多，可以另一種活動方式促使學生靜下心來，如要學生閉眼靜思一分鐘後再張開，或要學生上講臺做習題，或限時說話或站起來活動一分鐘等。

7.請求支援：若學生不守秩序情節嚴重，教師又發現自己力量不足以解決時，得請求他人支援。如請求其他教師、主任、校長支援等，以較大聲勢壓制學生氣焰。

8.課後處理：如學生某些不守秩序行為很輕，不致影響教學的進行，可不立即處理，等下課後再行處置。其次為免耽誤教學的時間，在課上原則上只解決不守秩序的問題，至於追究過失或責任則宜留到課後再處理。如上課時甲乙兩生打架，此時只要處理到讓兩生靜下來即可繼續授課，至於誰是誰非及如何懲處，則待下課後再作處置。

在處理不守常規的學生時，不管採用那種方式，均須注意下列原則：(1)針對問題處理而不作人身攻擊，以維護學生的顏面與自尊；(2)不因一人犯錯而懲罰全班；(3)秉公處理，不可偏心循私；(4)讓學生有改錯機會，屢勸不聽後再給予處分；(5)要冷靜自制，尤其面對失控的學生或場面時更宜如此，以冷卻火爆氣氛；(6)以關心的語氣代替指責的口吻，使「愛」而非「恨」籠罩教室；(7)不一再重提學生曾犯的過錯；(8)不得已須懲罰時，應及時而不拖延，施罰前應告知原因，事後應教以正確行為，且輕重宜與違規行為成比例，以不傷害其身心為準。

第三節　教學成績評量

任何工作的進行均須經過計畫、執行，及考核三個程序，才能做得完滿成功。計畫經執行之後，就須隨之以考核，把考核的結果作為改進的依據，工作才會進步。其他工作如此，教學亦復如是。教師教導學生學習之後，其效果有賴成績評量來衡量，再根據評量結果來改

進學習。因此，成績評量成為不可或缺的教務工作之一。以下謹分成績評量的功用、原則，及步驟的三方面，逐一加以說明。

一、教學成績評量的功用

成績評量的終極目標，在於提高教學的效果，進而達成教育目標。詳言之，其主要的功用有五：

㈠作為改進教學或輔導學生的依據

成績評量旨在測量學生的學習效果，瞭解教學的優劣及學生學習上的困難情況，以便做為教師改進教學方法的依據，並做為教師輔導學生的參考。就供輔導學生的參考而言，一方面可針對發現到的學習困難所在加以補救，二方面也可做為決定學生分班、升級、留級及畢業的依據。分班、升級、留級及畢業等，均為輔導學生的手段，本身並不是目的。

㈡督促或勉勵學生不斷學習或複習

教學要能成功，除了教師要努力之外，亦有賴學生本身的不斷學習及複習。有了成績評量，學生為著準備，就須自己不斷複習。當然學生準備考試，有些是樂意自動的，有些是被迫被動的。樂意自動學習固然很好，然而就是被迫的也有效果，因為「勉強而為之」，總比「不為之」要好些。

㈢激發學生學習及教師教學的動機

根據心理學的研究發現，人有成就感的需求。換言之，人均具有發揮自己的才能以完成若干有價值工作的動機，而且當人愈能看到自己的工作成果時，則其工作的動機也愈加強。成績評量能使教師具體地看到自己的教學效果，也能使學生見到自己的學習效果，如此可使他們感到自己的心血並未白費，因而加強其教學或學習的動機。

㈣作為學生改進學習的依據

成績評量不只可作為教師改善其教學之依據，而且可作為學生改進其學習方法之參考。蓋學生知道自己先前的學習成果之後，才能據

以修正未來的學習方法。此猶如練習射擊一樣，當第一發子彈打出之後，若能立刻知道擊中目標的情形，則可供射擊第二發子彈的參考；否則若第一發的結果不知曉，則打第二發時就無從修正起。

(五)作為考核教師的依據

為著對優秀的教師有所獎勵，而對較差的教師有所警惕或輔導，學校必須考核教師。而教師教學的優劣，主要係反映於學生的學習成果；故若欲考核教師，就必須先評量學生的學習結果，也就是要實施教學成績評量。

二、教學成績評量的原則

欲使成績評量發揮應有的功用，於評量時應遵循下列主要原則進行。

(一)定期與不定期評量並用

成績評量應定期與不定期並用。所謂定期評量，乃是在較為固定的時間所舉行之評量，如月考、期考，及畢業考屬之。所謂不定期評量，乃是指日常評量而言。不定期評量原則上以隨堂測驗為主，次數可多些而且每次時間宜短。不定期評量有下列好處，即：(1)可促使學生平時練習，作分散式的學習，不致產生到定期評量時才作集中學習。根據學習心理學的研究結果發現，分散學習（spaced practice）的效果，常優於集中學習（massed practice）；(2)不定期評量可以對學生產生類似非固定時間間歇性增強（intermittent reinforcement）的效果，使學生隨時準備，不敢偷懶，否則如光採用定期評量的方式，則學生很容易到評量時臨陣磨槍，而不知平時努力；(3)不定期評量係隨時教隨時做，若學生評量結果良好則可立即獲得增強而加強學習動機，若結果不佳則能立即補救；否則累積一段較長時間之後，再補救就十分不容易了。

然而不定期的日常評量內容，多是一段極短時間內所學的，因此是一種極為片斷零碎的知識。而知識是一整體，學生必須能將前後所

學得的知識，加以融會貫通，然後才能靈活運用它，因此還必須舉辦定期評量，因各次定期評量之間彼此相距的時間較長，可以使學生有時間把前後所學的加以消化融合。同時定期評量也可迫使學生去作融會貫通的工作。當然若要發揮這個效果，定期評量的題目應該著重在測驗學生對所學知識的組織應用程度，而不宜像平時評量之偏重片斷知識之記憶或瞭解。

(二)評量題目要有測出教育目標各層面（次）學習結果的效度

　　教育目標是複雜且具有層次性的，譬如它不只具有認知、情意及技能三個層面，而且每個層面又有不同層次之分，如認知層次又可分為知識、理解、應用、分析、綜合及評價六個層次。因此良好的評量，必須要能測出上述各層面各層次的學習效果，否則就不能真正瞭解教學目標的達成程度，自然也就無法對教材教法作完善的改進了。其次，評量會領導學生學習的方向，若題目只偏重某一方面，學生就會集中精力專攻那一方面，結果教育目標就不能完全達成。譬如今天的評量題目多是偏於測驗知識記憶的層次，所以學生也就跟著死背死記，結果造成許多只能坐而言卻不能起而行的書生。因此良好的試題，必須具有測出教育目標各層面的效度，如此才能真正瞭解教學目標的達成程度，也才能引導學生注意各層面兼顧的學習。

(三)評量的方式要多樣化

　　成績評量若真要測出學生在教育目標各層面或層次的學習情形，則所用的評量方式必須要多樣化，因為各種評量方式單獨使用時，往往只能測出某一層面或層次的學習成果，而無法測到各層面或層次的學習情況。譬如紙筆測驗（即筆試）往往只能測出認知層面中的「知識」或「理解」層次，而很難測出「應用」、「分析」、「綜合」，或「評價」的層次。而操作測驗（如要學生操作工具等）則較能測出「應用」、「分析」、「綜合」，或「評價」的層次。因此評量所使用的方式愈多，則評量到各層面（次）學習效果的可能性愈大。一般說來，智育成績的評量，可根據筆試、口試、演習、練習、實驗、實

習、讀書或研究報告、調查採集報告、作品或作業、製圖或填圖等方式為之。再如德育成績的評量，可根據筆試、教職員平日觀察的記錄、學生自我批評及互相檢討之記錄、訪問學生家庭記錄、校外生活指導之資料或記錄、學生出缺席記錄、學生之獎懲記錄，及其他有關資料來辦理。要言之，能儘量多採幾種方式評量，而不要只依賴一種方式而已。

㈣鼓勵學生自我比較成績的進步情形

人有個別差異，有較為智者，有較為愚者。後天的努力雖可拉平此種差距，但亦有不能完全拉平的情形。因此除相互比較以瞭解在全體所處的地位外，還可把學生的前後次成績自相比較，以瞭解自身是否有進步。成績評量目的之一，即在讓學生從進步中獲得成就感，以激發他更加努力的動機，而學生若能自我比較前後次的成績，則有進步的機會較大，較易獲得成就感及動機。否則若一味與他人相比較，則獲勝的機會較小，尤其是資質較差者可能永遠比不過別人，成就感必小，動機也必然減弱。因此，教師應強調學生自我比較的進步，也鼓勵學生重視自我比較；而不宜光要求學生與他人作比較。

㈤評量後應據以改進教與學

成績評量本身不是目的，而是一種手段。其目的乃在供教師及學生改進其教與學的參考。因此成績評量之後，應詳細分析學生學習的優劣得失及其困難問題之所在，作為學校輔導教師或教師自為改進之依據，同時亦輔導學生改進其學習的方法，使教與學能與日並進。

㈥評量結果要儘速通知學生及家長

如上所述，成績評量之目的，在激發學生學習動機，及供其改善學習方法之依據。欲達到此目的，就必須把評量的結果通知學生。此外，學校尚須把評量的結果通知家長，使家長知道子女成績的進退步情形，進步時則家長給予讚勉，退步時則家長可給予督導，均可促使學生益加奮勉，有助於教學的成功。因此，把學生評量成績通知家長是有必要的。

（七）應注意並遵守有關法令之規定

　　法令對成績評量事宜有所規定，如成績評量的時間、次數、計算方法等，應注意並遵守之。就目前來講，教育行政當局訂頒有國民中小學成績評量準則、高級中學學生學業成績考查辦法，及職業學校學生成績考查辦法，各校在辦理成績評量時，必須注意並遵守這些辦法中的規定。其中部分辦法請見附錄。

三、教學成績評量現行規定

　　教學成績評量除遵循一般評量原則外，尚須依照法令規定辦理，此點前面已述及。現依據教育部訂定的國民中小學成績評量準則、高級中學學生成績考查辦法、職業學校學生成績考查辦法，簡述我國中等學校教學成績評量現況，詳細內容請自行參閱附錄所附之該等辦法。

（一）評量層面

　　國中分為學習領域評量及日常生活表現評量，兼含德、智、體、羣、美五育在內。高中及職校均分為學業及德行二項評量。此外，評量內容應兼顧認知、情意及技能等領域。

（二）評量方式

　　各級各類學校的評量方式規定不一，但都採多樣化方式辦理，主要包括晤談或口頭問答、書面或口頭報告、表演或演習練習、實作或實驗與實習、作業、紙筆測驗、實踐程度、觀察、學生自我反省或相互檢討記錄，及其他方式。評量方式綜合起來有這麼多，但各育所用的方式不一，全依各育的性質酌採其中若干方式辦理。

（三）評量時機

　　一般均分為平時評量及定期評量兩種。其中德育與羣育評量則以日常考查方式為主。各種考查成績占總成績的比重，各辦法中均有明確規定。

㈣計分方式

　　各級各類中等學校的評量計分方式，均以採百分法計分。但國中及國中補校各項評量以百分法計分後，須再轉換成五等第方式記錄，五等第為甲、乙、丙、丁、戊。至於高中的德性成績、職校的學業及德性成績則須再轉為五等第制（優、甲、乙、丙、丁）。

㈤結果處理

　　評量結果依規定辦理計分後，成績及格者，則可升級或畢業。若評量結果不及格，高中、職校及補校視情況，給予學生補考、輔導重讀或轉學、或重補修。國中生不及格者，則無上述補救措施，且亦不得留級，故只於結業時發給修業證明書，而不給予畢業證書。

㈥通知家長

　　學校均應將學生之學期成績，通知其家長或監護人。除將各育計分或等第告知外，並得將學生智力、性向、情緒、興趣、學習情況、活動能力、生活態度、特殊才能等同時加以說明，並提出建議，以供家長做為輔導子女之參考。

　　有關國中、高中及職校學生成績的法定考查辦法，請參閱書後的附錄。

中等教育的行政

第一節　中等學校的行政組織

　　行政是支援教學的措施與活動，使教學能進行得有效率。因此中等學校均設有行政組織及人員，以支援教學。中等教育人員應對這些組織有所瞭解，才能善用其支援，兼任行政工作的人也才能善盡職責。本節即分別介紹各類中等學校行政組織。

壹・國民中學行政組織

　　國民中學的行政組織，主要規定於國民教育法、國民教育法施行細則，及部訂國民中學班級編制及教職員工員額編制標準。依規定，國中置校長一人，下設若干處室，處室之下再分組，以下扼要敍述之。

　　國民中學置校長一人，綜理校務，應為專任，並採任期制。任期定為四年，但山地、偏遠及離島地區學校校長之任期另定之。依國民教育法之規定，縣（市）立國民中、小學校長，由縣（市）政府組織遴選委員會，就公開甄選儲訓合格人員、任期屆滿之現職校長、或曾任校長人員中遴選後聘任之。直轄市立國民中、小學校長，由直轄市

政府教育局組織遴選委員會，就公開甄選儲訓合格人員、任期屆滿之現職校長、或曾任校長人員中遴選之，報請直轄市政府聘任之。師範校院及設有教育院系之大學所設附屬國民中、小學校長，由各該校院組織遴選委員會，就各該校院或其附屬學校教師中遴選合格人員，送請校長聘兼之，並報請主管教育行政機關備查。前述各遴選委員會應有家長代表參與，其比例不得少於五分之一。遴選委員會之組織及運作方式，分別由組織委員會之機關、學校定之。

在校長之下，國民中學視規模之大小酌設教務處、訓導處及總務處等三處，或只設教導處及總務處兩處，處之下再分設若干組。各處置主任一人及職員若干人，主任由校長就專任教師中聘兼之，職員由校長遴用，均應報直轄市或縣（市）主管教育行政機關核備。此外，另設輔導室，置主任一人，由校長遴選具有專業知能之教師聘兼之，並置輔導人員若干人，辦理學生輔導事宜。國民中學視實際需要設置人事及主計單位，其設置標準由人事及主計主管機關分別定之。

依部訂班級編制及員額編制標準規定，各組置組長一人，除文書、出納、事務三組組長得專任外，其餘均由教師兼任。此外，除得置幹事、護士或護理師，及工友外，山地及偏遠地區學校有學生宿舍者，得置住宿生輔導員；自行辦理學校午餐之學校得置營養師或特約營養師。（周志宏、陳舜芬，民 89：209－210）

國民中學教師之聘任須經學校教師評審委員會審查通過後，由校長聘任之。均應專任，但有特殊情形者得聘請兼任教師。教師應於規定時間內在校服務，非經校長同意不得兼任校外職務，經同意兼職時則其所兼之職務以不違反法令規定者為限。

國民中學應設校務會議，議決校務重大事項，由校長召集主持。校務會議以校長、全體專任教師或教師代表、家長會代表、職工代表組成之。此外，學校得分別舉行教務、訓導、輔導，及總務會議，研討有關事項，並視實際需要組設委員會。

國民中學各學科得成立教學研究會，並置召集人；學校規模較小

者得將性質相近之科目合併設置研究會。

此外，應設教師評審委員會，負責審查教師之初聘、續聘及長期聘任事宜。其委員應包括校長、教師代表、教師會代表及家長會代表；其中未兼行政或董事之教師代表，不得少於總額二分之一。

貳·高級中學的行政組織

高級中學置校長一人，專任，綜理校務，除擔任本校教課外，不得兼任他職。依高級中學法之規定，高級中學校長，國立、直轄市立、縣（市）立者，由各該主管教育行政機關就合格人選中遴選聘任之；私立者，由董事會就合格人選中遴選聘任之。主管教育行政機關或董事會遴選校長時，應組織遴選委員會辦理之。校長遴選聘任辦法由中央主管教育行政機關定之。至於依師資培育法規定所設之附屬高級中學校長，則由各該大學校長就該校教師中遴聘合格人員擔任之，並報請主管教育行政機關備查。詳細辦法請參見相關法令規定。

在校長之下，高級中學設教務、學生事務，及總務三處。各處視學校規模大小及業務需要分組辦事。

高級中學附設國民中學部置部主任一人，附設職業科置科主任一人，均由校長就各該部專任教師聘兼之。此外，高級中學圖書館置主任一人，由校長遴選具有專業知能之專任教師聘兼之，或遴選具有專業知能人員擔任之。

高級中學應設輔導工作委員會，負責規劃協調全校學生輔導工作，委員會由校長兼任主任委員，聘請各處室主任及有關專任教師為委員。輔導工作委員會置專任輔導教師，以每十五班置一人為原則，由校長遴聘具有專業知能之教師充任；並由校長就輔導教師中遴聘一人為主任輔導教師。此外，應設教師評審委員會，負責教師初聘、續聘及長期聘任之審查，其職權組成及運作請參見附錄之「高級中等以下學校教師評審委員會設置辦法」。

高級中學設人事室或人事管理員；其設人事室者置主任一人，得

置組員、助理員或書記若干人，依法辦理人事管理事項。此外，並設會計室或會計員；其設會計室時置主任一人，得置佐理人員若干人，依法辦理歲計、會計事項並兼辦統計事項。高級中學還須設置軍訓主任教官、軍訓教官，及護理教師。

高級中學的教師應為專任，但有特殊情形者聘請兼任教師。專任和兼任教師均由校長聘任，但均須經學校教師評審委員會審查通過，並報請主管教育行政機關核備。專任教師及兼任導師、行政職務者其每週教學由主管教育行政機關規定之。

高級中學應設校務會議、教務會議、學生事務會議及輔導會議，分別研討有關事項。校務會議由校長、各單位主管、全體專任教師或教師代表、職員代表及家長會代表組成之，由校長召集主持之，議決校務重大校務事項，每學期至少開會一次。教務、學生事務及輔導會議，由相關行政人員及教師代表組成之，必要時得邀請學生代表列席，會議由該管主任、主任輔導教師召集主持之，每學期至少開會一次。

為推展校務，除法令另有規定外，得設各種委員會。目前法令規定應設立的委員會，主要有教師評審委員會、教職員成績考核委員會、學生申訴評議委員會。另得設立之委員會各校不一，其中以學科教學研究委員會較普遍。依規定，設有學科教學研究委員會者，置召集人一人，負責協調教師進行研究、改進教材教法、推展教學活動，並得減少授課時數。

此外，高級中學得置秘書、主任、組長、幹事、組員、助理員、佐理員、管理員、書記、醫師、營養師、護理師或護士、技士、技佐。國立者，其組織規程及員額編制表，由各高級中學擬定，報請中央主管教育行政機關核定。直轄市立、縣（市）立，其組織規程準則，由各該主管教育行政機關訂定，報請中央主管教育行政機關備查。私立者，其組織規程準則，由中央主管教育行政機關定之。前項秘書、主任、組長，由校長就專任教師聘任之。但總務處之組長不在

此限。

高級中學每班置導師一人，由校長就專任合格教師中聘兼之，辦理本班學生之訓育及輔導事項。

參・職業學校行政組織

職業學校置校長一人，綜理校務。國立職業學校校長由教育部任用；直轄市立職業學校校長由直轄市政府教育局遴選合格人員，報請直轄市政府任用；縣（市）立職業學校校長由縣（市）政府遴選合格人員任用之。私立職業學校校長由董事會聘任，報請主管教育行政機關備查。公私立職業學校校長經主管教育行政機關或董事會核准任用或聘任後，應按期彙報教育部備查。校長不得兼任校外專職。公立職業學校校長應採任期制，任期為四年，得連任一次，但年齡以不超過六十五歲為限。私立職業學校校長得比照辦理。

校長之下，職業學校設教務、訓導、總務，及實習輔導四處，處以下設組，其規定請見職業學校規程。

各處置主任一人，各組置組長一人，除總務處所屬各組組長得由職員擔任外，各處主任及所設各組組長均由教師兼任。每科置科主任一人，由各該職業學校專任教師兼任之。此外，職業學校置軍訓主任教官、軍訓教官，及護理教員，其遴選、介派、遷調辦法由教育部定之。

職業學校四十班以上者，得置祕書一人，由教師兼任，辦理文稿之審核及校長交辦事項。職業學校圖書館得置主任一人，由校長遴聘教師中具有圖書館專業知能者兼任之。

公立職業學校另設會計單位及人事單位，私立職業學校得比照辦理。會計單位依法令之規定辦理本校歲計、會計，及統計事項，人事單位依法令規定辦理本校人事管理事項。

職業學校教師由教師評審委員會審查通過後，由校長聘任，應為專任。職員由校長任用，應報請主管教育行政機關備查。此外，職校

得置技術及專業教師，遴選富有實際經驗之人員擔任專業和技術科目之教學，其辦法由教育部定之。

職業學校應設置訓育、輔導工作，及顧問三委員會。其成員及任務如下：

訓育委員會負責研討並規劃有關訓導之重要事項。輔導工作委員會負責規劃及協調全校學生輔導工作。顧問委員會研討有關學校發展、教材、實習，及就業等事項。

此外，職業學校設校務會議、教務會議，及實習輔導會議。

校務會議由校長、各處室主管、各科主任、全體專任教師或教師代表組成之，以校長為主席，討論重要興革事項，每學期至少開會一次。

教務會議以教務主任為主席，討論教學有關事項及圖書儀器設備購置等事項。

實習輔導會議以實習輔導主任為主席，討論有關實習輔導事項。

職業學校辦理學生就業輔導之工作項目應包括：(1)在校生職業指導工作；(2)開拓就業機會輔導畢業生就業；(3)畢業生就業問題之研究暨有關所需就業輔導資料之提供；(4)與各級就業輔導機構之聯繫配合事項；及(5)畢業生就業後追蹤輔導。

職業學校得成立各科教學研討會，以加強教師教學研究及進修。此外，尚須設立教師評審委員會，負責審查教師之初聘、續聘、長期聘任、不續聘、停聘及解聘等事宜。另外，尚應設立教職員成績考核委員會、學生申訴評議委員會等。

肆‧中等補習及進修學校行政組織

國民中學補習學校、高級中學進修學校、職業進修學校（以下合稱為中等補習及進修學校）各置校長一人，綜理校務。各學校附設之實習及進修學校校長，得由各該學校校長兼任。

中等補習及進修學校之教務、訓導，及總務等工作得由原屬學校

人員兼辦或依聘雇相關法規進用之人員辦理，而其教職員之資格、待遇及保障等，均適用同級同類學校之有關規定。

學校附設之中等補習及進修學校之教師，由校長依法聘請合格人員充任之，職員由校長指派現有人員兼任或依聘雇相關法規遴用。

伍‧私立中等學校行政組織

私立學校法規定：本法未規定者，依有關法令規定。查私立學校法對私立學校之組織並未有任何規定，故私立中等學校之組織應依國民教育法及其施行細則、高級中學法及其規程、職業學校法及其規程、補習教育法及其規程，及其他有關之法令設置之。如此說來，各級各類私立中等學校之組織應與各級各類公立中等學校相同。

私立中等學校校長由董事會遴聘，報請主管教育行政機關核准後聘任之。校長之遴聘應受下列限制：(1)董事長及董事不得兼任校長；(2)董事長及董事之配偶及其直系血親均不得擔任校長；(3)校長之遴用資格依公立同級同類學校之規定；(4)校長之聘期及年齡得比照公立同級同類學校之規定辦理。校長之職責在依據法令綜理校務及執行董事會之決議，惟受主管教育行政機關之監督。校長應為專任，不得兼任他職。

私立學校教務、訓導，及總務等三處之主管人員，由校長依照各級各類學校有關規定遴聘合格教師充任；但總務主管得聘請職級相當之人員兼任或擔任。其餘職員由校長以合於主管教育行政機關規定參加私立學校教職員保險之資格為原則遴用之。董事長、董事及校長之配偶及其三親等以內血親、姻親不得擔任本校總務、會計，及人事職務。各處人事會計主管人員之年齡，均以不超過六十五歲為原則，其任用並須報請主管教育行政機關核備。

私立學校教師之遴用資格，依公立同級同類學校之規定。至於私立學校教職員工之退休、撫卹、資遣等福利事宜，由各校董事會訂定章則籌措經費辦理，所定章則應報請主管教育行政機關核備。

第二節　班級編制

　　班級編制又稱為學級編制，簡稱為編班。一所學校的學生數眾多，必須分編成若干班級，方能進行經濟有效的教學。本節即分別討論編班的方式、原則，及法令規定。

壹·班級編制方式

　　由於教育觀念的不同及各校實際情況的限制（如學生人數及教室的多少），因而產生了各種不同的編級方式，也就產生了各種不同的班級編制種類，茲分述如下。（謝文全，民 85：36－42）

一、依年級組合情況為標準來分類

　　依班級內學生所屬年級組合情況分，班級編制有單式學級及複式學級兩種編制之分。

(一)單式學級

　　把同一年級的學生編為班級者，稱為單式學級編制。換言之，在此種編制方式之下，同一班級裡的學生均屬同一年級。

(二)複式學級

　　把兩個以上年級的學生編在一個班級裡，稱為複式學級。換言之，在此種編制方式之下，同一班級裡的學生分屬兩個以上的年級。複式學級又有下列不同的編制方式：(1)兩個學年的複式學級，如把國中一、二年級合班，或二、三年級合班等是。(2)三個學年以上的複式學級，如把國中的一、二、三年級合編成一班。(3)單級編制：把全校各年級學生編成一班時，即稱為單級編制。換言之，在單級編制方式之下，全校就只有一班學生而已，而此班學生包括了全校各年級的所有學生。譬如某國中把全校所有一年級至三年級的學生合編為一班，或某高中把全校所有一至三年級的學生合編為一班，均屬單級編制的

例子。

　　學級編制原則上多採單式學級；複式學級之產生常係因學生人數過少，不得不採取把兩個年級以上的學生編為一班的辦法。

　　然而複式學級亦得做為適應學生個別差異措施之一。此乃因複式學級（multigrading）具有三個主要優點：(1)在同一班級裡有不同年級的學生，可利用高年級的學生來指導低年級的學生；同時低年級學生與高年級學生相處在一起，可以高年級學生為學習的榜樣，有助於低年級學生的成熟；(2)在同一班級內有不同年級學生，可提醒教師注意學生個別差異存在的事實，因而能採取適應學生個別差異的教學；(3)學生的教育程度與其所屬的年級並不一定相配合，有些二年級學生的確已達二年級的水準，然而有些二年級學生卻仍停留在一年級的水準，此時若能採一、二年級合班的複式學級，則可使那些停留在一年級程度的二年級學生，有再學習一年級課程的機會，亦可讓已達二年級程度的一年級學生，有學習二年級課程的機會，如此實有助益於學生個別差異的適應，這也是單式學級所難做到的。（謝文全，民89：36-37；Faber & Shearron, 1970: 63-64）

二、依班內學生能力之異同來分類

　　依班內學生能力之異同來分類，學級編制可分為同質與異質編班兩大類。

(一)同質編班

　　所謂同質編班（homogeneous grouping），係將能力相近的學生編在一班的方式，如階梯式能力編班、學科能力編班，都是屬於同質編班。

　　此種編班辦法之優點，為將班內學生之能力差距減為最小，故在教學上最易適應而有效果。然其缺點有二：一則可能產生標籤作用，造成學生等級之意識，使能力高之班級學生形成優越感，而使能力低之班級學生形成自卑感之現象。二是學生能力表現於各科者常有不

同，任何依同一能力標準一次編班之方式，均有難以適應全部科目之缺失。而本辦法係按能力逐次分班，缺乏彈性，尤具此弊。

（二）異質編班

　　所謂異質編班（heterogeneous grouping），係將能力不齊的學生編在一班的方式，如後面將提到的五種非能力編班方式及平均能力編班方式等，均屬於此種方式。

　　異質編班之優點，是各班程度整齊，不致造成班級標籤作用，可消除因等級意識所造成的優越感或自卑感；其次是一班之內學生能力呈常態分布，與社會實況接近，學生在班內習於各類人間的互動，畢業後較易適應社會。異質編班的缺點，則是同一班內各學生能力之間差異太大，教學上較難適應如此大的個別差異。

三、依編班所依據之標準來分類

　　依編班所依據的標準來分類，班級編制方式可分為二類，而每類又可再細分為若干種，茲分述如下：（謝文全，民 85：38－41）

（一）非能力編班

　　即以「學生能力」以外的其他標準來編班。能力以外的標準很多，但主要的有下列幾種：

　　1.依地區編班：即以學生居住之鄉鎮鄰里遠近為標準，將居住同一區域之學生編為一班。

　　2.依註冊先後編班：即以學生註冊時報到的先後次序為標準來編班。

　　3.抽籤編班：不以任何標準為依據來編班，而係以抽籤方式將學生分配到各班。

（二）能力編班

　　即以「學生的能力」作為編班的標準。所謂能力，一般係指學生的智力和教育程度，或兩者兼顧而言。能力編班的方式很多，茲舉若干常用者以供參考。

*1.*階梯式能力編班：階梯式能力編班通稱為能力分班，即將能力最高者集為一班，次高者集為另一班，餘依次類推。

　　階梯式能力編班屬於同質編班，其優缺點前面已論及，不再贅述。

　　*2.*平均能力編班：平均能力編班通稱為常態編班，係依智力測驗或學業平均成績或兩者之平均成績作為分班之依據，依成績之高低平均分配於各班。其辦法如下：如有學生 90 人，欲分為三班，每班 30 人，須先依成績高低依次編排為：1, 2, 3, 4, 5, 6, 7, 8, 9, 10, …… 90

　　然後再依下列方法分為三班：

　　第一班為：1, 6, 7, 12, ……90

　　第二班為：2, 5, 8, 11, ……89

　　第三班為：3, 4, 9, 10, ……88

　　平均能力編班屬於異質編班，其優缺點前面已論及，請自行參閱。

　　*3.*混合能力編班：混合能力編班又稱為分段式編班，係先依學生能力（智力或學科成績或兩者之平均）分為若干段（通常分為二段或三段），每段再各別以平均能力編班辦法編班。其辦法如次：如有學生 120 人，擬分為四班，每班 30 人，則先將學生依成績高低分為二段：

　　第一段：1, 2, 3, 4, ……60

　　第二段：61, 62, 63, 64, ……120

　　每一段再依平均能力編班辦法分為四班，如第一段之分班如下：

　　第一班：1, 4, 5, 8, ……60

　　第二班：2, 3, 6, 7, ……59

　　其餘兩段之編班依此類推。

　　此種編班辦法之優點，為將學生分為上、下二段，每段之下所再分之班級，其學生能力平均分配，如此可用適當的教材來分別適應三段學生的需要。其缺點在於依同一能力標準一次分班，對各種科目能

力不同之學生，仍難提供個別差異適應，因學生能力表現於各科目者不盡相同。

4.學科能力編班：係以學生各學科成績作為分班之依據，此項編班辦法又有各種方式，不勝枚舉，此處僅舉其中一例說明如下：即將各科分設若干高低班次，每位學生各依其各科成績的高低，到適合其能力的各科班次上課。譬如將國文、**數學**、英文等所有學科各分設上、中、下三個班次，設甲生的國文成績屬上等、數學成績屬中等、英文成績屬下等，則甲生上國文時屬國文上等班、上數學時屬數學中等班，而上英文時則屬下等班，餘依此類推。此項辦法之優點，在能適應學生各科不同能力之需要，且因能力高低互見，可減少學生自傲或自卑之心理。其缺點則在於各科均有其不同之能力標準，須多次編班，手續較繁。同時因學生各科所屬班級不同，上課時須經常變換教室，不但學生感覺不便，亦增加學校行政上之困難。改善辦法之一為採部分學科（如國文、英文、數學，及自然學科）依此一方法編班，而其餘之學科則採其他的編班辦法。

5.其他方式：如依常態分配原理，將學生分為若干等，每等再分別編班，此又可分為兩類：

(1)依照常態分配原理，將學生依能力分為顯著優異、中等，與顯著不足三大類，然後三大類再分別編班。此種辦法之優點在於能配合學生能力之實況，適應上、中、下三類能力之兒童，且類別不多，只須將能力顯著優異與能力顯著不足之學生自一般學生中挑選出來，設立資優班或益智班即可，故易於實施。其缺點則在於學生能力表現於各科目上不盡相同，此種依單一能力標準一次分班之方式，對各種科目能力不同之學生，難收面面適應之效果。

(2)依常態分配原理，將學生依能力分為合格與顯著不足（或優異）兩大類，然後兩類各自再分別編班。換言之，此法實際上乃於原有之普通班外，另為能力顯著不足或優異之學生增設特別班（如益智班或資優班）而已，其優點為簡便易行，學校可加強其對顯著不足班

或優異班之輔導，而且可縮短普通班學生彼此間能力上的差距，有助於教學上之便利。

貳‧班級編制的原則

為使編班能發揮最大的效果，學校於實施編班時宜注意下列原則：

㈠依情境酌採適合的編班方式

各種編班方式並無絕對的好壞之分，而是各有其優缺點。因此究宜採用何種方式編班，應依情境而定。如果全年級的學生能力差異不大，則以採平均能力編班為原則；如果學生的能力差異極大，則可考慮採取階梯式編班、學科能力編班，或其他方式。如果經深入評估後，仍很難確定採何種方式較好時，則可考慮採取平均能力或部分學科能力編班。總之，在考慮採取何種方式時，須以何者最有利於學校情境而能產生最大教學效果，作為決定的準繩。

㈡宜力求公開公正

編班方式關係著教學效果，對師生的權益均有所影響，因此應本公開公正的原則進行，以確保所有相關人員獲得公平的待遇。公開的做法至少有兩種，一是編班的方式宜由教職員公開討論後決定之，而非由少數行政人員片面決定；二是編班方式經確定之後，應向所有家長及學生公開，以建立公信力。所謂公正，即編班的方式與原則一經確定之後，就應嚴格遵守，不宜有循私舞弊的情形發生，使不同背景及能力的學生均能獲得公平的處置。

㈢避免造成標籤作用

編班之後，班級名稱及學生座號之編排，應避免使人容易聯想出好壞之別，以免造成學生自傲或自卑的心理。譬如採階梯式編班時，若以「忠、孝、仁、愛……」等為班級之名稱，就比以「甲、乙、丙、丁……」等名稱好得多。此外優劣班的次序亦宜混合編配，不一定以甲班或忠班為最優班，如可以甲班代表低能力班，以乙班代表高

能力班，而且此種班名不宜永久固定，宜輪流變換，如第一年若以甲班代表低能力班而以乙班代表高能力班的話，則第二年便可更換一下，以甲班代表高能力班而以乙班代表低能力班。如係採平均能力編班，則學生之座號亦應避免顯示學生能力之高低。

(四)教學資源應均衡分享

　　不管採用何種編班方式，分配給各班或各生的教學資源應力求均衡；尤其是採階梯式編班時更須注意這一點，如分配教師時，不應永遠把較好的教師分配給高能力班，把較差的教師分配給低能力班；而應使較好與較差的教師，都有機會擔任各班的教學；其他各種教學資源（如設備等）的分配，亦應均衡。如此不只符合教育機會均等的理想，亦可使家長能支持學校有關編班方式的決定。

(五)應注意學生個別差異的適應

　　編班不管採用何種方式，同一班內的學生彼此之間仍有個別差異存在，採異質編班固然如此，即使採同質編班亦然，因為天下沒有兩個人會長得完全相同的。職此之故，教師必須暸解班內學生的差異，並酌採適應個別差異的措施，使學生人人都能獲得適性發展，不致因學校採取不同的編班方式，而受到任何傷害。

(六)應針對編班方式採取相對的補救措施

　　任何編班方式都有其優缺點，因此學校一旦決定採用何種方式編班後，除應設法發揮該方式的優點外，尚應針對該方式的缺點採取對應的補救措施，使該編班方式在發揮優點時，即能避免造成負作用。如平均能力編班的主要缺點在於班內學生個別差異太大，不易因材施教，因此應採取諸如下列的措施以資補救：(1)儘可能減少各班人數，以降低其差異性，並利於個別輔導；(2)實施班內分組，實施部分時間的分組教學；(3)實施導生制（又稱小老師制），由程度較高學生指導程度較差者；(4)實施補救教學或課後輔導；(5)因學生能力之不同，給予質量上均適合其程度之作業。

　　再如階梯式編班的主要缺點在於容易造成標籤作用，因此可採諸

如下列的對應補救措施：(1)班級名稱避免顯示出優劣之別；(2)教學資源均衡分配於各班；(3)重視學生成績的自我比較，獎勵自我的進步；(4)課程及教學因各班能力之不同而作適當的調適，如對能力優異之班級可增加課程之深廣度，並提供額外作業，教學進度可加速，教學方法可增加變化性；對能力較差之班級，可酌減其課程內容及教學進度，教學時宜多舉實例，並多運用視聽教具，使教學內容具體化、生活化。

參・法令編班規定

　　政府對高中、職校及補校的編班方式並無任何規定，學校有完全的自由視狀況決定方式。惟政府對國中的編班，則訂有「國民中學學生編班實施要點」，以供各校遵循。各國民中學於編班時必須遵守此要點。

　　現將該國中編班要點的內容摘錄於下，以供參閱。

　　1.該要點適用於公、私立國民中學。

　　2.各年級一律實施常態編班；二、三年級並應維持原一年級常態班級，不再重新編班。

　　3.班級編定後，各班導師以公開抽籤方式編配。

　　4.為適應學生個別差異，二年級得就英語、數學一或二科分別實施分組教學；三年級得就英語、數學、理化一至三科分別實施分組教學。

　　5.三年級應依據課程標準選修辦法、學生意願及各校資源加以分組，進行各種進路輔導教學，以因應學生興趣、性向、能力及需要等個別差異。

　　6.如有實施特殊教育、試辦實驗教育方法，或經指定重點發展單項運動，需要其他適當之編班方式予以配合者，報經主管教育行政機關核准後實施。

　　7.為加強三年級學生之技藝教育，得依「加強國民中學技藝教育

「辦法」實施。

8.應配合學生學習需要，對班級內學習優異或學習遲緩的學生，加強個別化教學或補救教學。

9.應加強與家長溝通，並輔導學生瞭解學校編班措施，使學生能於適當班級獲得良好學習效果。

10.編班過程應保存詳細記錄，以備查考。

第三節　教學課表的編排

課表是師生教學作息的時間表，故又稱為教學時間表。課表編排分為兩大步驟，即配課與排課。配課係分配教師的任教科目與時數；排課則係將教學科目適當地排在作息的時間裡。配課為排課的先行作業，茲分敘如下。

壹‧配課的原則

在排課之前，必須先配課，將各教師的任課科目、時數與班級分配妥當。配課妥當，每位教師方能適才適所，教學效果才能提高。為使配課妥當，配課時應遵循下列原則辦理。（謝文全，民85：29－34）

1.依教師的專長配課：分配教師的任教科目時，應以讓其擔任專長科目為原則。通常依據下列項目決定：(1)教師登記或檢定合格的科目；(2)學校在其聘書上註明的科目；(3)教師在大專的主修科系；(4)教師過去的任教科目。

萬一教師除擔任其專長科目外，還須任教第二個科目，則分配的第二個科目仍須與其專長相配合，一般依下列項目決定之：(1)教師就讀大專的輔系或第二主修科系；(2)與其專長相關的科目，如其專長科目為物理，則配教化學較妥，配教公民則不宜；(3)教師過去教過的科目；(4)教師有興趣有研究的科目。為解決配課的難題，師範院校的學生應選修輔系或第二主修。

2.兼顧教師的經驗、意願與體能：配課時除依據專長為主外，尚可酌予顧及教師的經驗、意願與體能狀況，以發揮人性化的精神。如對初次任教之教師，不宜配給高年級的課或負擔太繁重的第二任教科目；對年老體衰的教師，不宜配給需體力（如體育）的第二任教科目，也不宜配給在高樓層教室的班級。為使配課能儘可能合教師的意，可在配課之前，調查教師的意願以供參考，意願合理者盡可能採納之，若不合理則予以婉拒，並向教師溝通說明。教師提出意願時，也應顧及合理及可行性，不宜強人所難。

3.各教師任課勞逸要平均與適當：各位教師的課程負擔須儘量平均，教師的心理才會平衡。如教師的任課時數雖在規定上下限內可彈性應用，但同科、同工作性質之教師，其時數宜儘可能一致。其次，要注意教師負擔量的適當，如儘量避免讓教師跨年級教課，尤其不能讓教師同時教三個年級以上的課程，以免教材準備工作繁瑣，使教師心力交瘁，影響教學效果。

4.各班教師陣容要整體均衡搭配：各班教師均衡，可使學生受到均等的教學待遇，符合教育機會的民主原則；同時有助於教師能力的互補，譬如不同年齡、性別、學經歷、教學能力、教育理念、健康狀況、個性的教師，宜均勻搭配於各班。

5.教師任教班級力求前後一貫：為了不使學生疲於適應不斷更換的教師之不同口音與教法，教師盡可能以跟隨原班級授課為宜。如此亦有助於教師深入瞭解學生，使教學與輔導更加有效。當然，配課後若發現教師有不適應該班的情況，是可酌予調整的。

6.要遵守法令相關規定：主管教育行政機關對配課方面均有所規定，配課時必須按規定辦理。譬如各級各類學校的教學科目及時數，均規定在教育部頒布的課程標準裡。查閱課程標準的相關規定後，再參酌學校的學生班級數、學生對選修科目的選擇，即可確定所需開設的教學科目及時數。

課程標準規定的教學科目通常分為必修和選修兩類。必修科目一

定要開設；選修科目的開設，則應儘量依照學生的選擇定之，不宜由校方片面決定。因選修科目的設置，旨在適應學生的個別差異，故應由學生選定，校方只宜站在輔導立場向學生提供建議。

　　各科教師的每週教學時數，教育行政機關均有規定，各地規定略有不同，應依其規定辦理。教師兼任導師及行政職務者，得減少任課時數。減少時數的多寡，依兼任職務之不同及學校規模之大小而異，應參閱各縣各主管教育行政機關的規定決定之。

貳・排課的原則

　　配課完畢之後，接著是進行排課，將教學科目及其任教教師安排在適當的時間表內，使人、時、地三者密切配合，教學方得順利進行。為使排課妥當，排課時宜注意下列各項原則。

(一)須顧及科目性質與人性之配合

　　各教學科目均有其特性，而人也有其特性，這兩種特性若能做適當的配合，教學效果才會提高。基於此，下列各點要遵循：

　　1.偏重運用思考或較艱難的學科，儘量排在上午；而偏重運用體力或輕鬆的學科，則宜排在下午。

　　2.用腦及用力之學科宜作適當之穿插排列，以求相互調劑。換言之，用腦的學科或用力的學科各不宜連排數節，使頭腦及體力各有適當的休息時間，得以恢復疲勞。同理，同一性質的學科（如物理、化學、生物等）亦不宜連排，以避免單調乏味及疲勞。

　　3.在用餐前後或需運用細肌肉的學科之前，如美術、打字、書法、製圖等，不宜排需劇烈活動之課，如體育等。換言之，午餐前後不宜排體育課，而體育課之後不宜排運用細肌肉之學科。

(二)顧及分散學習優於集中學習的原則

　　根據研究結果顯示，同一學科的學習時間若做適當的分散使用，其效果通常優於完全集中使用。此乃因分散學習可以提供思考消化及複習的間隔；而集中學習則無法如此，且易流於疲倦乏味。基於此，

排課要注意下列兩點：

1.除需較長時間供作業或討論的學科，如作文、工藝、家政、製圖、實習等，以二小時或二小時連續編排為原則外；其餘學科宜以每班每日排一節為宜，以符合分散學習優於集中學習的原理。當然對年齡較大的學生（如大學生），連排二節的情況是可以的。

2.非每天上課之學科，其教學時間在一週內宜有適當間隔，使學生有練習或自習的時間。如一週授課三節之學科，宜排在星期一、三、五，或排在星期二、四、六。

（三）適當考慮教師的特殊需求

某些教師可能基於某些特殊原因，而在排課上有特殊的需求。如果這些特殊原因與需求是合理的，且不至於影響排課的正當性，則排課時應予以考慮，以符人道精神。下列兩點頗值得注意：

1.教師如有特殊而合理之要求，如特約醫生定期治病、家屬重病需要照顧等，其授課時間得酌予合理配合。同理，對外來的兼任教師、住家離校較遠的交通不便者，在可能配合的範圍內，得儘可能遷就其要求。

2.對兼任導師或行政職務的教師，宜考慮其需要而酌予配合，使其能同時做好兼任的職務，如導師必須擔任本班的教學科目；行政人員的第一節不排課，以便處理公務等。

（四）宜顧及教師勞逸之平均

民主社會重視公平，學校更是個講求公正的地方，因此排課時要顧及各教師彼此間勞逸的公平性。其次，同一位教師的體力心力有其限制，不能過度集中使用，因此排課時也須注意同位教師在不同時段的勞逸均衡性。基於此，應注意下列兩點：

1.較不受歡迎的時段，各教師應公平分配。如星期六及每天的第一、四、五、七節都較不受歡迎，各教師儘可能平均分擔。

2.同一位教師連續授課最多以不超過三節為原則，以免因連續授課時間太久，致過分疲勞而無法勝任，影響教學的成效。

(五)避免上課時間及場地使用的衝突

　　一位教師在同一時間只能上一班的課，因此排課時絕對要避免一位教師同上兩班以上的衝突。同理，一個場所在同一時間內只能供一班使用，因此排課時也要避免兩班同用一地的衝突。基於此，要注意下列七點：

　　1.排課時，要將班級課表、教師課表及專科教室課表一起排，隨排隨寫，以免發生時間或場地的衝突。

　　2.須排於固定時間的課應先排，並可用紅色筆寫上，表示不可調動。如週會、班會、聯課活動、分組上課之組羣的科目等，均屬於這類科目。

　　3.為避免教師上課時間或使用場地的衝突，須置於固定時間的科目、連上節數較多的科目、須使用專科教室的科目、任教班級數較多之教師的教學科目等，應考慮優先排。

　　4.若某些科目（如化學、家事、工藝等）需用的教具或專科教室有限，則各班使用同一教具或專科教室的學科，不能排在同一時間，以避免不夠使用的窘境，換言之，宜排在不同的時間，以便輪流使用。

　　5.萬一學生人數過多，而教師或教學場地不足時，可考慮採用二部制。

　　6.發聲音（如音樂）與不發聲音的科目，不宜排在相臨的教室上課，以避免相互干擾，影響教學效果。

　　7.每週只有一節課的科目，其上課時間要儘量避免與期中、期末考時間重疊，以免因考試而失去太多授課時間，使進度無法趕上及補救。換言之，兩者時間應錯開，不要衝突。

第四節　社區的資源運用與服務

壹・社區的資源運用

社區蘊藏了豐富的資源，學校及教師若能適時加以運用，不只可以彌補本身資源的不足，而且可加強學校與社區之間的互動，使教育內容更為生活化、實用化，學校不致因與社區疏離而走入知識的象牙塔。

社區資源可分為五大類，即人力、物力、財力、文化及組織資源等，學校及教師在行政及教學上，都應充分加以運用。運用社區資源的方式主要有七種：即：(1)邀請社區人士擔任學校義工；(2)請社區人士演講或協助教學；(3)請社區人士擔任顧問供諮詢；(4)利用社區實施校外教學；(5)請社區捐助經費設備；(6)與社區廠商機構實施建教合作；(7)請社區專業機構提供支援或諮詢。以下就這七種方式逐一說明之。（謝文全，民 89：418−433）

㈠邀請社區人士擔任學校義工

社區人士中，有不少人頗具服務熱誠，學校可邀請他們擔任學校的義務工作者（以下簡稱義工），無償為學校服務，以補學校人力及財力資源之不足。

義工可以服務的項目很多，視各校需要而定，以下數例可供參考：

1. 協助圖書館（室）、實驗室、體育器材室、教具室、教材園等教學活動場所之管理。

2. 協助學生上、放學的導護、交通指揮、學生校外生活指導，及課間、午間學生安全、校園安寧的維護，並協助處理偶發事件。

3. 協助辦理學生午餐，與學校衛生、醫療、服務、體育及康樂活動。

4.協助辦理教學設備之檢修、維護、改善校園環境、加強綠化美化，及垃圾廢棄物處理。

5.協助推展社團活動、民俗技藝教育及才藝教育。

6.協助推動親職教育，辦理「安親班」及親子活動。

利用社區人士擔任義工時，應先予組訓，可賦予有意義的名義，以加強其服務動機，如導護媽媽、圖書媽媽、輔導媽媽、園藝媽媽等，如為男性時，則可冠以爸爸或伯伯之名，如導護爸爸、園藝伯伯等。

（二）請社區人士演講或協助教學

社區人士中有些具有特殊專業知能，學校可以邀聘蒞校演講、協助教學，或教學。演講、協助教學、教學等工作，均與學生學習較有直接關係，而前述義工所擔任的工作則較偏於事務性質，與教學的關係是間接的。

此種運用方式的具體作法亦頗多，以下也列舉數例供參考：

1.請社區人士就其專長領域向師生演講，如請擔任律師者演講法律問題，請醫師演講保健問題，請教授演講有關教學的問題等。

2.請社區人士擔任教學助理（teaching aid），如請具有教師資格之家長幫教師批改學生作業、週記，或在教室指導學生學習等。

3.請社區人士擔任學校社團的指導人，如聘請社區柔道高手擔任學校柔道社的教練，請社區民俗藝人擔任學校技藝社團之指導人，請附近大專院校國樂社團成員指導學校國樂社團等。

4.透過校際之間的協商，請社區內其他學校的教師來本校兼課，教授本校專長師資缺乏的課程。除互相支援師資外，亦可以實施短期教師交流制度，以帶動學校的革新。

（三）請社區人士擔任顧問供諮詢

社區內包含有各方面的人才，而且他們瞭解社區的狀況與需要，因此學校可以聘請社區人士擔任顧問，以供學校諮詢，使學校的決定更能面面俱到，發揮集思廣益的效果。

學校除了可以向社區人士個別諮詢外，亦可以遴聘若干人士組成居民顧問（或諮詢）委員會（citizen advisory committee），以發揮更大的諮詢功能。金德利（Kindred, 1963：194）認為居民顧問委員會的功能如下：(1)協助學校研訂健全的教育政策與課程；(2)協助學校確定教育需求及適當措施，以解決相關的教育問題；(3)向社區解釋學校的教育情況，並爭取居民的支持，共同為學校的改進而努力；(4)將社區的狀況、意見及發展計畫，反映給學校，使學校能作適當的決策；(5)配合學校的革新計畫，影響社區民眾的態度，共同支持學校的革新方案；(6)協調學校與社區雙方的歧見，使雙方能和諧相處。

㈣利用社區實施校外教學

　　社區內通常擁有許多資源，學校可以校外教學的方式加以利用，以下舉數種例子供參考：

　　其一，師生可到社區參觀旅遊，以增廣見識。學校附近若有名勝古蹟、政府機關、著名建築、娛樂場所或其他自然資源等，教師可帶領學生前往參觀，不只可增廣見識，與課本的知識相印證，而且可讓師生深入瞭解社區，除參觀旅遊外，亦可以實施標本採集、調查訪問、實物操作等。譬如自然科教學可以參觀附近的科學館、動物園、植物園、天文臺、氣象臺、農改場、畜牧場、海洋研究所等；國文科教學可以參觀或利用文化中心、圖書館、博物館等；公民科教學可以參觀法院、監獄、警察機關、電臺等。

　　其二，利用社區場所露營，一方面讓師生欣賞大自然的風光，並馳騁其中，有益其身心健康；二方面在露營期間實施必要的教學，以社區資源為教材或教具，可提高學習的效果；三方面可讓師生在露營過程中，學到野外生活必備的知能，增加適應大自然生活的能力。

　　其三，借用社區設備輔助教學。社區內可能具有許多設施，如活動中心、運動場、體育館、游泳池、天文臺等，其中有些設備可能學校完全缺乏，或有而質量不足，此時學校即可借用這些設備進行校外教學。如學校可能缺乏天文望遠鏡，學校即可經附近天文臺同意後，

帶領學生到天文臺用天文望遠鏡觀察天空。再如上美術時，可帶學生到附近公園寫生，因公園內可能有些景物是學校所沒有的。

(五)請社區捐助經費設備

學校在必要時，得請社區人士捐助經費、物品或設備等，以充裕學校經費及設備，便於教學工作之推動。

就捐助經費而言，捐助數額可大可小，如捐助獎學金、球隊訓練經費、科學活動經費、旅遊參觀經費、運動會經費等。依所得稅法之規定，國民對教育、文化、公益、慈善機構或團體之捐贈，得享扣繳減稅之優待。因此政府及學校若能據此訂定合理的捐助辦法，定能鼓勵社區人士或公司行號積極捐贈。

就捐助設備而言，社區熱心教育人士或企業團體，可主動或應學校之請，捐助教學設備、圖書設備、體育設備、校舍設備，或其他學校需要之設備，以濟學校設備之不足。

就捐助物品而言，學校亦得視需要請社區相關人士或團體捐助，如保健室的藥品、獎勵用的獎品等等。一般說來，物品的價值較低，為多數社區民眾所承擔得起，因此請社區捐贈，亦較不擾民。

(六)與社區廠商機構實施建教合作

為互通有無及互補短長，學校得與社區相關機構，如公民營企業廠商、實驗研究機構或政府機構，聯合實施建教合作。

學校欲實施建教合作時，應依政府公布的建教合作相關法令辦理。在實施之前，應雙方先訂定合約，合約內容至少包括方式、訓練計畫或研究專題，及雙方之職責等。訓練計畫與研究專題應包括訓練課程、實習項目、訓練人數、完成時限、實習材料及師資之提供等項目；雙方之職責應包括經費負擔、食宿交通與安全責任等項目。

(七)請社區專業機構提供支援或諮詢

社區有許多與教育有關的專業或服務機構，可供支援、諮詢及轉介之用。學校在處理教學或學生問題時，若缺乏相關的知能，可向社區相關機構請教（即諮詢）；如缺乏人力及設備，可向社區相關機構

請求支援；如問題無法自行處理或須由專門機構進一步處理時，可轉介給社區相關機構處理。各校平時應蒐集可提供諮詢、支援及轉介的機構名稱、地址及其他相關資料，以備不時之需及運用。以臺北市的學校為例，學校可利用的社區專業機構很多，如中國輔導學會、臺灣師大學生輔導中心諮詢專線、救國團青年諮商服務中心「張老師」、北市馬偕協談中心、臺北市生命線協會、基督教勵友中心、臺北市法律服務中心、榮總精神科社會工作室、伊甸殘障福利基金會……等。

貳・社區服務

學校與社區存在著相輔相成的關係，學校及教師在運用社區資源的同時，也應為社區提供服務，一方面改善社區的教育環境，二方面可獲得社會的支持，使教學及行政都能順利進行。學校對社區可提供的服務頗多，主要以知識、人力及物力三方面的服務為主。提供的方式主要有四種：即開放學校場地、舉辦社區文教活動、協助社區活動、提供諮詢服務等，茲分項說明於後：（謝文全，民85：401－405）

㈠開放學校場地

開放學校場地，供社區民眾及團體從事各項有益身心之活動，不僅可促進學校與社區之關係，而且可提昇社區的教育生活水準，故社會教育相關法令規定，學校應儘量開放供社區利用。（教育部，民80:9－11）

學校可在不妨礙師生教學原則下，於平時學生上學後、放學後及各種假日，開放場地如運動場、游泳池、禮堂（學生活動中心）、教室、圖書館，供社區民眾使用，以免費為原則，如需收取費用，應依規定手續為之。

為使場地開放制度化並順利實施，學校可訂定開放場地辦法供遵循。在場地開放時段，學校宜指派專人負責管理場地及設備，並對民眾活動予以輔導。辦法中可規定使（借）用學校場地者之責任，如有損壞情事發生，應限期修復或照價賠償，以維場地之安全。

（二）舉辦社區文教活動

　　學校可視社會之需要，舉辦文教活動，以提昇社區民眾之文化教育水準，並促進學校與社區關係之發展。學校可辦理的社區文教活動很多，茲舉例如下供參考：

　　1.開辦補習學校（班），供社區失學民眾就讀、辦理此類教育活動時，須依補習教育法之規定為之。

　　2.實施推廣教育，如開辦烹飪班、插花班、舞蹈班、美容班等，供有興趣學習的社區人士學習相關技藝。

　　3.學校校長、教師或其他人員，可到社區發表專題演講，或在校內開辦學術講座。

　　4.推廣社區民眾體育運動，如晨操、慢跑、登山、游泳、露營、跳繩、踢毽子、土風舞、球類等運動。

　　5.將師生編製的壁報、漫畫或其他作品，於社區展示，供社區民眾觀賞或從中學習。

　　6.學校輔導人員與社區社工人員合作，共同輔導社區青少年，亦可與家扶中心等社會教育機構，共同舉辦「管教子女」相關問題之研習（研討會），提供社區民眾參與。

　　7.派員至社區作環保教育示範，並帶動社區民眾做好資源回收、垃圾分類等環保工作。

　　8.實施親職教育，教導社區民眾如何教養子女。

　　為鼓勵學校辦理社會教育，政府訂頒有「各級學校辦理社會教育辦法」，辦理時宜參考之。（教育部，民 80：9-11）

（三）協辦社區活動

　　社區在舉辦活動時，學校可以提供必要的人才或物力支援，以補其不足之處，或共襄盛舉。如此不只能達到與社區建立關係之目的，而且可擴充學校教育的效果。

　　學校協辦社區活動的途徑很多，茲舉數例供參考：

　　1.提供人力支援：社區辦理活動時，可能缺乏所需的人才，此時

學校即可提供人力支援，以助其成。譬如社區舉辦運動會，學校即可請體育教師協助規劃，或充當裁判；再如社區婦女會或其他社團擬辦理社團活動，學校即可請本校教師擔任社團指導老師。

2.提供物力支援：社區舉辦活動時，可能欠缺某些物力或設備，此時學校即可提供必要之協助。譬如社區擬舉辦社區園遊會，惟缺乏可用之場地，此時學校即可將學校場地借其使用；再如社區擬辦理社區衛生研習，但卻缺乏研習場所，學校亦可將教室借供使用。

3.參與共襄盛舉：社區辦理活動時，有時並不缺人力或物力，即使學校未予支援，社區亦有能力自行辦理。此時學校仍可派代表參與，使活動更加有聲有色，以顯示學校及社區是一家的精神。譬如社區舉辦假日廣場表演活動，學校即可派扯鈴、踢毽子、跆拳、樂器演奏、剪紙等社團隊伍參加表演，共襄盛舉。再如學校亦可配合社區的迎神廟會，派學校樂隊、鼓隊、花棒隊前往助陣。

4.與社區協辦或共辦活動：前三點所說的，都是由社區主辦活動，學校予以支援或參與而已。必要時，學校亦得採協辦或共辦的方式，來服務社區。所謂協辦，即由社區負主辦之責，學校只負責任較輕的協辦地位；所謂共辦，即由學校及社會共同主辦，責任一樣。學校可協辦或共辦的社區活動很多，有文教類的、有休閒類的、有運動類的，諸如協辦或共辦運動大會、趣味競賽、民俗才藝歌唱表演、聯歡晚會、社區服務、媽媽教室、簡易托兒所、鄉土教學、美化工作、好人好事表揚等。

㈣提供諮詢服務

提供諮詢服務，以解答社區民眾的疑難問題，甚或協助其解決，為學校可以做的另一種社區服務方式，亦頗有益於學校與社區關係的建立。

社區民眾在教養子女或日常生活過程中，常應遭遇到一些問題，卻缺乏解決這些問題的知識和能力。此時學校若能運用其教職員工多方面的專門知能，為民眾解答面臨的疑難問題，必能贏得社區民眾的

好感，有益於雙方關係的發展，而且可提昇社區民眾的生活品質。譬如家長在教養子女時，常會發現子女有行為上的問題，面對這問題的知識卻十分有限，此時學校若有諮詢服務，他們即可利用，由學校輔導人員指導解決，既解除了家長的困擾，又減輕學生問題，亦有助於學校教育之實施。

諮詢服務以採用諮詢專線及諮詢信箱方式為原則，家長透過電話及通信向學校求教，比較省時省力，也可避免干擾到校務的處理。其次，學校也可規定某段時間為諮詢時間，只在該時段接受諮詢，以免干擾教職員正常工作的進行。

為使諮詢服務發揮更大的效果，學校可以將社區民眾經常遭遇到的問題及其相關知識與解決之道，印成書面資料，主動分發給社區民眾參考，以擴大相關資訊的流通面。如此不只可以擴大學校教育的作用，亦可減輕學校諮詢服務的負擔。

叁・社區關係的建立

學校及教師不管是運用社區資源、服務社區或想獲得社區的支持配合，均須先與社區及其居民建立良好的關係，才能事半功倍。與社區建立關係的途徑主要有四種，即瞭解並接觸社區、讓社區瞭解及接觸學校、為社區提供服務，與做好教學及辦好學校，茲分別說明如下。（謝文全，民 85：397－401）

（一）瞭解並接觸社區

瞭解社區及接觸社區，為建立社區關係的基本途徑。學校可透過社區調查、登門拜訪、家族訪問、鄉土教學、親師座談、參加社區活動、舉行民意調查、閱讀相關出版品資料，及實地旅行社區等方式，來瞭解及接觸社區。

（二）讓社區瞭解及接觸學校

雙方互相瞭解後，才易於建立良好的關係，因此學校若欲與社區建立關係，除要瞭解社區外，尚應設法讓社區瞭解學校。讓社區瞭解

及接觸學校，為建立社區關係的必要途徑之一。

　　學校可藉下列方式，讓社區有機會瞭解及接觸學校：透過大眾傳播報導、出版學校刊物、發行學生手冊、藉親師聯絡簿溝通。設諮詢專線、舉辦說明會或座談會、邀請社區人士參加學校活動。

㈢為社區提供服務

　　為社區提供服務，為與社區建立關係的第三個途徑。為社區服務，是學校獲取社區好感的利器，亦是與社區建立關係的落實作法。

　　學校服務社區的方式很多，如開放學校場地供社區使用、辦理社區文教活動、推展社區休閒活動等，詳細做法在前面已討論過。

㈣做好教學及辦好學校

　　把教學做好及把學校辦好，為社區建立關係的第四個途徑，亦是最有持久效果的途徑。因學校設立的目的就是辦理教育，而家長把子女送到學校的目的，亦是在讓子女能受到良好的教育，因此學校人員若能把學校辦好，最能滿足家長對學校的期望，當然能贏得社區人士的好感、信心與尊敬，雙方的關係自然會根深蒂固的建立。

第10章 各國的中等教育

他山之石可以攻錯，各國的中等教育有其值得我國借鑑之處，可作為改進我國中等教育之參考。本章乃探討世界幾個重要國家的中等教育，以供參考。本章分為五節，討論美國、英國、法國、德國、日本等五國的中等教育。

第一節 美國的中等教育

本節先分項討論美國中等教育的演進，其次討論其制度、行政、課程、新發展，最後再歸納其特徵和趨勢。

壹·美國中等教育的演進

美國中等學校的發展，可分為拉丁文法學校、阿克登米，及公立中學等三個時期。其次，在二十世紀開始以前，美國的中等學校都是一級制的。至二十世紀初期之後，才改分為初級中學及高級中學的兩級制。初級中學發展到後來逐漸產生偏差，故自二十世紀中葉之後有逐漸改為中間學校之趨勢。茲將其發展的詳細情形敘述如下。

美國最早的一所中學，為一六三五年設立的波士頓拉丁文法學校（Boston Latin School）。其經費來自強迫的捐款和課稅、地方政府

（殖民地政府）的補助，及學生所繳納的學費，故屬公立性質。拉丁文法學校係以拉丁語（Latin）為主要教學媒介，其教育目標有三：(1)為升學院（College，如哈佛）及任牧師作準備；(2)使學生獲得充足的語文知能（尤其是拉丁文），以便能閱讀並瞭解聖經；及(3)提供宗教與道德訓練以培養教會及殖民政府的領導人才。拉丁文法學校只招收男生。（林本，民 56：65; Anderson and Van Dyke, 1972: 52）

十八世紀中葉以後，新英格蘭的工商業日益發達，社會生活日漸複雜，人民（尤其是工商界）對只培養少數領袖人才的拉丁文法學校漸感不滿，要求教育能更普及化及生活化。一七五一年富蘭克林（Benjamin Franklin）乃籌募基金，創設「費城公立阿克登米」（Philadelphia Public Academy），以應時代的需求。阿克登米除招收男生外，並招收女生；其課程除作升學預備外，且作社會生活及職業生活的預備。由於課程較能適用時代的需要，故阿克登米型的中學逐漸取代了前述的拉丁文法學校，在一八五〇年時全美已設有 6,085 所阿克登米（Academies），學生高達 26 萬人。阿克登米的經費來源以學費為主，以後亦接受州方的補助。（Anderson and Van Dyke, 1972: 55）

由於學校教育人員觀念的偏差，阿克登米的課程又逐漸偏向於升學預備，再加以其學費昂貴使窮人無法入學，故改革的需要又應運而生。一八二一年另一種新型的中學又告產生，此即「波士頓英文中學」（Boston English School），這是一種公立（Public）學校，不只由地方公費（稅收）維持，而且為公眾開放，人人有平等的入學機會。一八二七年麻薩諸塞州通過一項法案，規定凡五百戶以上之市鎮須設置公立中學之後，此種公立中學在各州乃逐漸增多，而有凌駕阿克登米之勢。尤其自一八七四年密西根州最高法院（The Supreme Court of Michigan）在「卡拉馬佐案」（Kalamazoo Case）中，判決公立中學的經費應依公立小學之例由地方公款負擔後，各州對此類問題的訟案均採卡拉馬佐案的判例，公立中學的發展更是快速，未至二十世紀即已取「阿克登米」而代之。依統計，在一八九〇年時全美的公立中學

數，已達 2,526 所之多。

　　約自一八五○年後，美國的小學及中學多採八一四制（即小學八年而中學四年）。此種制度在文獻上均以傳統型（traditional type）稱之。此種型態的組織逐漸受到批評，認為其不能適應學生的發展狀況。譬如一八九三年由哈佛大學校長伊利特（President Eliot）所領導的十人委員會（The Committee of Ten），即建議應將當時中學的主要課程移至小學最後兩年（即第七及第八年級）教授，而將部分大學課程移至中學。（Anderson and Van Dyke, 1972: 80）一九一八年美國教育協會（National Education Association）的中等教育改革委員會（The Commission on the Reorganization of Secondary Education），建議將傳統的八一四制改為六一六制（小學六年而中學六年），此後六一六制即逐漸取代八一四制。而六一六制中的六年中等教育又有兩種型態，即分為初級中學及高級中學各三年，或兩者合併成六年一貫制中學。其中又以前者（初中高中分設）的增加率最高，而成為主流。換言之，今天美國的中學以初級中學及高級中學分設為原則。

　　何以要將初級中學及高級中學分開設立呢？又何以初級中學愈來愈普遍呢？其原因主要有七點：

　　1.初級中學能為年輕的青少年提供最合適的學習環境，讓身心發展狀態類似的十二至十五歲左右的青少年，得在同一類型的學校就讀，學校較能依他們的特殊需要來設計課程。如此可以提高教學的效果。換言之，十二至十五歲者之身心發展程度異於兒童及成人，故應另設學校教育他們，以便因材施教。

　　2.十二至十五歲左右青少年的興趣及性向正開始分化，因此學校應提供較廣泛的課程，以試探其個性並滿足其需要。然而八年制小學的最後兩年（即第七及第八年級），一則因受觀念的約束，二則因學校規模較小，無法提供廣泛的課程以滿足青少年之需要，故有需要另設初級中學以提供之。

　　3.獨設的初級中學比四年制或六年制中學，更能提供適合學生的

課外活動參加機會，以培養其領導才能。因在六年制中學裡，高級中學部的學生身心較初級中學部的學生成熟，較易獨占學校各種設備，同時亦較易吸引教師的注意力，因而使初級中學部的學生有被冷落之感。而在四年制的中學裡，其第一年級（即第九年級）的學生，亦有遭受上述窘境的同樣情形。

4.六年一貫制中學或初中、高中合設的中學，規模容易過於龐大，不但管理不易，而且會使學校行政流於官僚化，會阻礙個別化教學的落實。

5.十二至十五歲左右的青少年，需較廣泛的課程以滿足其需要，而初級中學比小學有更好的教師來提供這種課程。

6.十二至十五歲左右的青少年既然性向興趣開始分化，故需有人來試探輔導他們。初級中學要比小學更能提供此種輔導及諮商服務。一般說來，小學較少設有輔導諮商的專門人員，而初級中學則多設有此類人員。

7.小學係採包班制教學而高中則採分科制教學，初級中學可提供學生一個適應這種轉變的機會。（Anderson and Dkye, 1972: 82-84）

初級中學自一九〇〇年代初期萌芽後，即欣欣向榮，此在前已述及。惟自一九六〇年代後，部分由於對初級中學若干措施的不滿，部分由於青少年的成熟時間提早，故將初級中學的課程及年限作部分修正，而逐漸改稱為中間學校（middle school or intermediate school）。中間學校所占的年級，通常為第六至第八年級，其次為第五至第八年級，此外尚有其他不同的型態組合。但不管是哪一種型態組合，通常都不包括第九年級在內，而把第九年級提至高中裡。中間學校自萌芽後已迅速發展，將會逐漸取代初級中學的。

中間學校之產生及日漸普及的原因主要有二：(1)今日人類身心成熟的速度遠比以前快，因此今天十一、十二歲的學生已是青少年，而不是小學生似的兒童，同時第九年級的學生（即六—三—三制中的初三學生）亦較接近高中生的成熟度，不再像初中生了；(2)初級中學

（junior high school）已逐漸失去其原來創立時的本色，而逐漸以預備升高中為主要目標，成為高中的預備學校，課程趨於以學科為中心（subject centered），連體育、音樂、美術、語言，及戲劇等課程，亦均以預備升高中為宗旨，而不再能適合學生的需要，故須將初級中學加以改組而改稱「中間學校」，以便以新的面貌來迎合學生的需要，使其課程能以學生為中心（student centered）。（Anderson and Dyke, 1972: 85；中華民國比較教育學會，民 79：180）

中間學校（middle school or intermediate school）雖已日漸普及，但初級中學目前仍為主流，同時為方便敘述起見，本文仍將以「初級中學」一名稱涵蓋之。

貳·美國中等教育的現行學制

美國教育行政係採地方分權制，教育權限分屬於各州，聯邦政府不與焉。各州又多把中等教育委託給地方來辦理，以適應各地方的特殊傳統與需要，故美國的中等教育學制乃因地而異，紛然雜陳。以下就數個層面，來加以說明。

就修業年限及配置情形而言，美國的中等學校主要有三—三制、四年制，及六年一貫制。此外，尚有四—二制、二—四制、四—三制、三—四制、四—四制、五年一貫制、三—五制及其他制等。茲將三種扼要說明如下：

㈠三—三制中等學校

指三年制的初級中學（junior high school，以下簡稱初中）及三年制的高級中學（senior high school，以下簡稱高中），係銜接在六年制小學之上，此種中小學簡稱為六—三—三制。

㈡四年制或傳統制中等學校

指銜接在八年制小學之上的四年制中等學校，它不分初高中。此種中小學簡稱八—四制。

(三)六年一貫制

　　為六年一貫而不分初高中的中等學校，銜接在六年制小學之上。此種中小學通稱為六─六制。

　　美國的初級中學多數稱為 junior high school，但新發展的三─四制、四─四制，及三─五制中等學校中的初級中學，多稱為 middle school 或 intermediate school。

　　依設立主體而言，美國的中等學校有公立及私立兩種。公立中學由地方以公費設置並維持，私立中學則由私人（以羅馬天主教會居多）設立及維持。近年來，私立中學的學生數占全部中學生數的比例約在 10% 上下。如就校數而言，歷年來私立中學均維持在 3,000～4,000多所之間。美國的公立和私立中等學校常採取一種所謂的「雙軌就學制」的合作計畫，即讓私立學校的學生至公立學校選讀某些課程，如家事、工藝，及數學等，以補私立學校所設課程之不足。一九六五年國會通過之「初等及中等教育法」（Elementary and Secondary Education Act），即鼓勵這種合作計畫的推廣，期使公私立中學能互通有無，共謀教育之發展。（Knezevich, 1975: 302─303）

　　就功能的繁簡而言，美國的中等學校可分為綜合型中學（comprehensive high school）及特殊型中學（specialized high school）。綜合型中學兼具有升學預備及就業預備兩種功能，因此同時提供普通教育及職業教育兩種課程。特殊型（即功能型）中學則包括有職業中學、音樂中學等單功能性的中學，其中以職業中學居多。職業中學依其重點之不同，又有商業、農業、技藝等不同類型。職業中學除為本校學生提供職業教育以外，並常為鄰近的綜合中學學生提供職業課程。一九六三年制頒的「職業教育法」（Vocational Education Act），即鼓勵發展這種性質的區域性職業學校（area vocational school），故其數目逐年有所增加。區域性職業學校所服務的地區較一般學區為大，可由郡級或州級的團體設立，其課程只開設職業技術及理論課，供本地區附近數所中學的學生學習，學生半天到此上職業課程，半天在原校上

課，以補原校職業教學之不足。它們除為全時學生設置日間班外，亦為就業工人設置夜間班，並在閒暇季節為一般從業人員設置部分時間班及全時班。

就全國而言，綜合中學占絕對多數而為美國中學之主流；至於職業及其他特殊中學只居極少數，約占全部的 5% 左右而已。美國人之所以喜愛綜合中學，乃因它是個高度民主化的國家，堅信教育機會應均等的理念，故設立綜合中學，使全國青年男女不分階級種族，均能在同一類型之學校就讀。同時美國是個多民族的國家，亦有賴綜合中學將其屬於不同民族的國民熔為一爐，以統整國民的思想和行為，以維社會之安定。

就普及程度及義務教育化的情形而言，因美國各州的義務教育年限在八年至十二年之間，而以九年居多，故美國的中等教育年限大部分屬於義務教育年限；即使不屬於義務教育的年限，也都屬於免費教育，故中等教育十分普及。根據美國聯邦政府的統計，在一九七七年秋季時，全美十四至十七歲的中等教育學齡兒童中，已有 94.2% 就讀第九至第十二年級的中等教育。時至今日，其就學率當然更加提高。

茲將美國的學制繪示如圖 10-1，以供參考。

叁·美國中等教育的課程

美國的教育行政權分屬於各州，而聯邦不與焉，故只有州政府才能直接影響中等學校的課程。聯邦政府只透過研究及補助等方式，作間接而有限的影響。各州的州法或州教育行政機關，皆對中等學校的課程有所規定，通常是規定畢業所需修習的若干必修科目，及所需上課時數或學分數。各地方及學校再依此規定並參酌當地的環境實況，決定各校的課程，故美國中等學校所開設的課程並不盡一致。以下茲分項討論州對課程的規定、各校課程的開設、學生對課程的選擇及教科書制度。

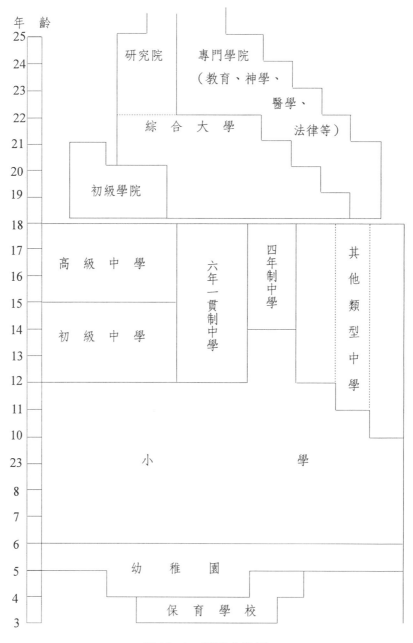

圖 10-1　美國之學制

㈠州對課程的規定及各校課程的開設

　　各州政府依法對中學課程有重大的決定權，惟為尊重地方分權的傳統，各州政府通常只規定若干必修的科目或主題，及畢業所需的時數或學分數。因各州自行規定，故各州所定課程不盡一致，惟各州各地均受同一美國文化的影響，再加上傳播媒體之溝通，故各州所定者也呈現大同小異之現象。一般說來，各州規定的必修課程通常包括英文或語文（English or language arts）、社會（social studies）、科學（science）、數學（mathematics）、保健及體育（health and physical education）等。此外，尚有選修課程，如家政、工藝（industrial arts）、音樂，及美術（arts）等。惟英文、社會、數學及科學等乃是一個廣泛之學科領域，每個領域中又可細分為許多較小範圍的科目，如社會亦可再細分為歷史、地理、公民、經濟學及心理學等科目，而科學亦可再細分為物理、化學，及生物等。對於這些較為細小的科目，各州政府通常只作少數的規定，而把大部分授權給地方教育董事會或學校來決定。

　　各州所規定的必修課程彼此有異，而且各州也隨時有所增減，以適應環境的變遷。譬如馬可尼（Marconnit, 1968: 269－272）統計一九六六年以前各州所定的必修課程，即發現各州的規定有所不同，若將其全部歸納起來共包括九十九個主題（topics），其中以有關酒（alcohol）、尼古丁（narcotics）、美國憲法，及體育等四個主題，最為普遍。後來狄爾特（Duet, 1976: 469－471）等人又統計一九七三年以前各州法定課程的變動情形，發現除了酒、尼古丁、藥（drug）、煙（tobacco）、美國憲法，及體育的規定仍相同外，各州又增加了若干新的規定，其中以雙語教育（bilingual programs）、消費教育、自由企業制度、少數民族及婦女的貢獻與角色，及生涯教育（career education）等主題最多。各州所規定的各必修主題，可單設一科目教授，亦可融入有關的學科中教學。譬如州規定要修「酒」的主題，則不一定要獨設一門叫「酒」的科目教學，而可將其納入「健康教育」一科

中教授。

　　由於各州政府只規定少數必修的課程，故各校有相當大的彈性來決定學校的課程。通常係由地方學區教師、教育局長、課程指導員，及校長等會商，依據州所定的最低標準，並參酌本地的特殊需要而予決定，然後再報請地方教育董事會核定之。

　　為進一步深入瞭解美國的中等學校課程，以下分別分析初級中學及高級中學的課程設置情形。

　　美國的初級中學課程，通常分為必修科目（required subjects）及選修科目（elective subjects）兩類。如前所述，各地或各校所開設的課程不盡一致，惟大體上仍大同小異。初級中學所開設的必修及選修科目大致相同，包括英文、社會、數學、自然、體育、衛生、外國語、商業、農業、職業教育、美術、音樂、工藝、家事等。其中必修科目以英文、社會、數學、自然、體育最多，其次為衛生、美術、音樂、工藝或家事；選修科目則以外國語、職業科目、美術、音樂居多。

　　本文前面已提及，美國正在發展中間學校（middle school），它有逐漸取代初級中學之趨勢，那麼它的課程配置又如何呢？根據康瑞利（Kindred, 1976: 72－74）等人的調查顯示，中間學校所設的必修及選修科目仍與初級中學的科目相類似，只是將體育、外國語、美術、工藝、商業、家政，及音樂列為必修的情形較初級中學多。

　　美國的初級中學對課外（或聯課）活動（extra-curriculum or co-curriculum）相當重視，以補正課之不足。初中所設置的聯課活動各校不一，惟異中有同，根據前述對中間學校的同一調查統計顯示，初中聯課活動開設項目如下：樂隊、三部或四部合唱團（glee club）、女生校內運動、學生自治會、男生校內運動、學生出版、俱樂部、戲劇、合唱隊（chorus）、演講和辯論會，及唱詩班等。列在越前面的項目，開設的比率越高。

　　美國高級中學的課程亦分為必修科及選修科。必修科目或由州規定，或由地方教育行政機關訂定，雖因地方及學校而有若干差異，但

大多數規定以英文、社會、數學、體育，及科學為必修科。如畢恩
（Beane, 1976: 132）曾做過全國性調查統計，結果顯示有 99%左右的
高中將英文列為必修，有 97%左右的高中將社會科列為必修，有 93%
左右的高中將數學、體育列為必修，有 92%左右的高中將科學列為必
修。至於選修科目則由地方教育行政機關或各學校決定，種類繁多，
除英文、外國語、社會、自然等方面的科目外，尚包括許多職業及其
他領域的科目，如工業、商業、農業、家政、工藝、建築與環境設
計、計算機與資訊科學、消費者教育、溝通、衛生保健、法律、文
書、教育、圖書館與檔案科學、生活科學、軍事科學、哲學、宗教、
心理學、視覺與表演藝術等相關領域的科目（唐山，民 76）。一所中
型以上的高中所開設的科目，可能達一百種甚至二百種以上。

除了正式課程外，美國高中亦相當重視課外活動，以補正式課程
之不足，其種類亦甚為繁多，如樂隊、運動、自治會、出版、俱樂
部、戲劇、合唱、演講、辯論會、唱詩班、射劍、保齡球、社區服
務、手工藝等等。

為適應學生的分化發展，綜合高中的課程進路通常分為三大類
組：大學預備的、技術職業的，及綜合性的（未定向的，兩類組兼
顧）。學生依自己的興趣、學業表現，及教師的建議，來選擇進路組
別。以一九九〇年為例，選擇大學預備類組的學生占 54.4%，選擇技
術職業類組的占 8.7%，而選擇綜合性類組的有 37.6%，可見選升學預
備的人數占多數。（U. S. Department of Education, 1993）

美國的高級中學是採學分制的，學分單位通常為卡內基單位（Car-
negie Unit），此單位係由卡內基教育基金會於一九〇九年所創設。一
科目每週上課五節（每節以四十分為原則），而一學年內三十六週共
上一百二十小時為一卡內基單位。換言之，一個科目每週上五節，上
一學年（美國一學年以上三十六週為原則）可得一個單位。各州所規
定的各科及畢業所需的學分數不盡相同，而且隨著社會的發展而有所
增加。

就畢業所需的學分總數及選修所占的比率來看，必修科目的學分數一般仍比選修科目為多，惟各州之間差異頗大。選修科目多的達總學分數的一半左右，少的則幾乎未規定選修科目。例如蒙塔納（Montana）州及奧克拉荷馬（Oklahoma）州規定總學分數二十個學分中，選修科目達十學分（年度分別為一九八六、一九八七）。羅德島（Rhode Island）州則規定總學分數僅十六學分，而選修科目即達九學分（一九八九）。另一方面加利福尼亞（California）州只規定總學分數十三學分，佛蒙特（Vermont）州亦只規定總學分數十四點五學分，而均無選修的規定，亦即全部均為必修。又如威斯康辛（Wisconsin）州只規定必修總學分數十三學分（一九八九），而將選修學分委由各學區自行決定，州只建議總學分數能達到二十二學分。其他各州則都在這兩極端之間。

　　再就各必修科目的學分數來看，各州有共同之處，即其中以英語最為重要，絕大部分的州均規定為四個學分。其他社會、數學、自然等三個領域的科目則大致相同，多在二至三學分之間。體育保健大多在一至二學分之間。表 10-1 為高中畢業生修得卡內基單位（學分）的統計，可供參考。（中國教育學會，民 81：264-266）

(二)學生對課程的選擇及教科書制度

　　美國的中等學校均設有不少的選修科目，以適應學生的個別需要。因此中學生除修習必修科目外，尚須選習選修科目，以作重點的發展。

　　初級中學選修科通常並不設在每一年級，多半一年級只設必修科，二年級或三年級時才開始設選修科。學生通常依其興趣及需要，在教師指導之下選擇選修科目修習。一般說來，初級中學並不實施分班或分組制。

表 10-1　美國高中畢業生平均卡內基學分修行情形統計表

項目　　學科領域	合計	英語	歷史社會	數學	電腦	科學	外國語	職業教育	藝術	體育	其他
1982 年 畢業生 學分總數	21.2	4.17	3.10	2.54	0.11	2.19	1.05	3.98	1.30	1.93	1.14
學術進路	22.6	3.48	3.52	3.34	0.15	3.01	1.72	2.16	1.39	1.92	1.18
職業進路	20.8	4.17	2.69	1.74	0.06	1.43	0.35	7.57	0.96	1.80	0.78
二者兼有	24.7	4.41	3.74	2.99	0.12	2.58	0.55	6.62	0.89	2.01	0.77
二者均非	19.4	3.44	2.71	1.91	0.09	1.53	0.70	3.96	1.70	2.00	1.32
1987 年 畢業生 學分總數	23.0	4.03	3.33	2.97	0.43	2.59	1.46	3.65	1.43	1.97	1.14
學術進路	23.8	4.24	3.62	3.46	0.50	3.10	1.95	2.23	1.50	1.94	1.21
職業進路	22.1	2.61	2.73	1.99	0.24	1.65	0.49	7.77	0.94	1.91	0.38
二者兼有	24.2	4.22	3.47	3.00	0.34	2.46	0.83	6.40	0.79	1.88	0.79
二者均非	20.7	3.57	2.76	2.07	0.40	1.68	0.89	4.08	1.83	2.12	1.29

資料來源：National Center for Education Statistics, 1989: 126.

　　高級中學為適應學生的個別差異，通常實施分組或分班制度，分組的方式各校不一，但通常都分為三組，即一般課程組（班）（General program）、升學預備組（班）（academic or college preparatory program），及職業技術組（班）（vocational technical program）。依抽樣調查統計結果顯示：全美高中最高年級學生中，以選讀升學預備組者占最多，次多的為選讀一般課程組，而以選讀職業技術組的占最少。

　　美國中等學校的教科書係採用認可制。換言之，教科書係由私人或書商依政府的有關規定，來編寫和出版。在出版前，不需經過政府的審核。等出版後，州或地方主管教育行政機關再從所出版的各種教科書中，擇取可用的加以認可而公布之，各校再從認可的教科書中選用。由於美國採地方分權制，故認可權的行使因州而有所差異，一般可分為三種：(1)由地方教育行政機關（即學區董事會）全權行使選擇認可權，州無任何干預限制；(2)由州教育行政機關先行選擇認可，地方教育行政機關再從州認可的書單中選擇；(3)州教育行政機關先做初

選或規定一些選擇基準，地方教育行政機關再依州初選的建議或州定基準做選擇認可。（中華民國比較教育學會，民 78：383－394；吳正牧，民 83：14－15）

　　各地方教育行政機關認可教科書的過程，大約是這樣的：在選定教科書加以認可前，通常由地方教育局、學校教師及社區家長等代表，組成一「教科書委員會」（textbook commission or committee）負責選擇工作。教科書委員會從已出版的許多教科書中，選定數本合乎標準的，再送請地方教育董事會（local board of education）核可。學校即從地方教育董事會所核可的諸本教科書中，擇一使用。有的州訂有教科書認可書單的檢討期限，年限長短各州不一，通常為三至六年不等，以避免使用過時的教科書。美國大多數的州，都提供免費的教科書給學生使用，由學校編列預算購買分發學生使用；經濟較差的州有的只對無力購買者提供免費服務。

肆・美國中等學校學生的入學和升學

　　美國的中等教育不是屬於義務教育，就是屬於免費教育，故學生均可免試入學。換言之，初級中學都是義務性地接受學區內志願升學的小學畢業生，而高級中學則義務性地接受學區內志願升學的初中畢業生。通常是在學生要畢業的那一學期，由學校的輔導人員及教師協助學生及家長，瞭解各種升學情況。等畢業時，小學再將畢業學生的資料轉交學區初中，而初中也將其畢業生資料轉交給學區高中，畢業班學生再依規定向學區初中或高中報到入學。小學交給初中或初中交給高中的學生資料，一般包括有學生的在學成績、個人資料卡、導師評語、性向測驗或學力成就測驗、健康卡及保險卡等，以讓上一級學校能對新入學的學生有深入的瞭解，而能作最妥善的輔導。

　　高級中學雖無入學考試，但為便於分班分組之參考（高中通常採分班分組制），不少高中對於學生實施診斷測驗（即學力成就測驗），測驗科目一般包括英語、數學、科學和社會。

美國的高中畢業生升入大學係採申請方式，大學並不舉行入學招生考試。有關申請入學之程序與規定，各大專院校都在其大學概況手冊中有詳細說明。有意申請入學者，只要遵照規定辦理申請入學即可。大學當局設有入學事務處（admission office），專掌入學事宜。高中也都設有輔導員，輔導學生升學事宜（如選校及申請手續）。原則上，學生可向任何大專院校申請入學，而不受限制。

　　各大學的入學申請手續雖不盡相同，但通常除要填寄申請表外，學生還需將高中成績單（包括高中名次）、標準化入學測驗成績（各校規定不同），及推薦信送審。大學則根據上述資料，來決定錄取與否。錄取與否的決定，通常是根據「擇優錄取」及「額滿為止」兩大原則進行。學生如果同時申請多所學校並獲錄取，必須在規定時間內告知學校是否註冊入學，如放棄入學則由其他備取生遞補。此外，獲錄取者如因兵役、就業、旅行、服務等緣故暫時無法入學，亦可提出申請延期入學。

　　美國大學所要求的標準化測驗各校不一，但較常被使用的有兩種，即學力性向測驗（Scholastic Aptitude Test，簡稱SAT）及美國大學測驗（American College Testing Program，簡稱 ACT）。一般大學都會指定有意申請入學者，應報考哪一種考試。

　　學力性向測驗（SAT）係由大學入學考試委員會（The College Entrance Examination Board）主辦。該會係一非營利性的專業性自治組織，不受聯邦及地方政府的控制。本委員會也舉辦學科成就測驗（Achievement Test，簡稱ACH），因有些大學也要求入學申請者要參加此一測驗。學力性向測驗分為語文（Verbal）及數學兩部分，全部考試所需時間為三小時。成就測驗則包括英文作文和文學、法文及德文等六種外國語文、美國史、歐洲史、兩種數學，以及生物、物理和化學等十五科，每科測驗時間為一小時。學力性向測驗及成就測驗每年舉辦七次，高二以上的學生都可報考，如首次考不好，則可以多次重複報考，但各次的報考成績都會記載在成績單上供大學參考。此兩種

測驗多採選擇題，惟最近已逐漸加入英文作文寫作。

　　美國大學測驗（ACT）係由美國大學測驗社（The American College Testing Program）所主辦，該社亦為一個不受政府控制的非營利性專業組織。此一測驗包括英文、數學、社會科學及自然科學四大項，高中生通常在高二或高三時報考，每年也有多次考試，考試中心也分布全國各地。除考試本身外，ACT還包括學生資歷剖析（student profile section）及學生自陳高中成績（self-reported high school grade）兩項資料。考生的測驗成績及有關資料，均由本社直接寄給學生所擬申請的大學和其就讀高中的輔導員，以便對學生做升學輔導時之參考。大學測驗社的評鑑報告內容極為詳細，在給高中輔導員的報告上，不只有各科考試成績，而且還以百分等級就考生的成績與其他大學學生的成績做比較；同時在報告上還預測該生在升入大學後，修習大一科目及格的可能性，使高中輔導員能對學生有深入的瞭解，而能指導學生做最合理的升學決定。大學測驗社在給大學的評鑑報告上，亦有類似的說明，使大學在審核學生入學時，有更具體的資料依據。（中華民國比較教育學會，民 72：109－127）

伍・美國中等教育變通方案

　　美國是一個重視研究發展的國家，因此教育上常有變通措施出現。美國教育能不斷創新發展，主要得自於下列兩因素的影響：一是以杜威為代表的實驗主義（Experimentalism），一是地方分權式的教育行政制度。實驗主義者認為世界是變動不居的，不斷在變，因此知識沒有永恆性，在某時為真的知識，等時過境遷之後，可能不再是真的了，亦即可能不再能解決社會問題了。據此信念，所以實驗主義者教人要不斷實驗研究，以便能不斷獲得適應新環境的新知識，人就在這種不斷研究不斷適應的歷程中獲得生存、發展。明乎此一哲學理念，就可知美國教育人員何以要不斷研究發展了。其次，美國是一個典型的民主國家，教育行政高度地方分權化，中小學教育均由地方辦

理與管理，聯邦與州政府均很少干涉與限制。因此各地方均能自由實驗，以尋求適合時空特性的教育制度，美國教育上許多革新措施，均是由某一地方實驗成功之後，再逐漸推廣到全國各地的。因美國在中等教育上的研究發展或實驗，常居世界之牛耳，常成為各國競相仿效的對象。在此對美國的一些變通方案略作介紹，供改進我國中等教育之參考，並藉以喚起從事教育工作同仁的研究實驗精神。

美國中等教育上的實驗很多，此處只擇其較重要者七種加以介紹，即提前畢業制、高級安置課程制（選修大學課程制）、未來學的開設、由服務中學習制、迷你學科制、校內之校制，及變通學校。

一、提前畢業制

為適應學生的個別差異，美國的高中普遍設有提前畢業（early graduation）的制度，通常可提前一年或半年畢業。要提早畢業，學生就必須提前修完規定的學分。據調查顯示，提前修習的途徑如下：⑴平時加修；⑵利用暑期學校（summer school）加修；⑶利用夜間學校加修；⑷額外選讀大學課程；⑸當學徒以取得額外學分；⑹利用函授課程加修；⑺獨立研究（independent study）；⑻參加檢定考試取得。前兩種方式最普遍，其餘六種較少被採用（NASSP, 1975b: 1-2）

各中學准許學生提早畢業的條件不一，有的學校要求申請書要經家長簽名同意後，再由學生向學校提出即可。有的學校則規定須在高一下學期時就提出申請，經學生家長及諮商人員開會共同商討後，再報請校方核准。有的學校則規定平均成績要達到某一標準的學生，才能申請。根據統計顯示，申請提早畢業的學生通常是成績優良、社會適應良好，且熱心參加課外活動者，而且由學生自己決定的居多。青少年獨立性的日增、成熟的加速、家庭控制的減弱、社會的日趨複雜、法定權力的增加（如十八歲即有投票權）、學校課程的枯燥乏味，及青少年渴望提早接觸成人世界等，都是主要促成因素。

二、選修大學課程制

選修大學課程制（advanced placement program）又譯為高級安置課程方案，係讓中學生在學期間，即可選修大學的課程及學分，以適應其個別差異。詳細的實施辦法各地各校有些差異，但大致情形如下：（NASSP, 1975c: 3－4）

1. 中學生選讀的課程有的在中學講授，有的則在大學上課。

2. 所修的課程多數是由中學設計後，再經大學認可的；只有少數是採用大學的正規課程。

3. 課程多數是由中學教師（須先經大學認可）講授，只有少數是由大學教授來上的。如由中學教師講授，該教師須具備規定條件，如具有碩士以上學位及多年教學經驗，經校方薦請合作的大學認可批准等。

4. 學生所選修的學分，有時（而非總是）既可算做中學的學分，又可算做大學的學分。

5. 中學是否願意參加這一制度，完全可自由決定。

6. 合作的中學及大學雙方必先經磋商並訂定書面契約之後才實施。

7. 選讀大學課程的中學生，兼具有中學生及大學生的雙重身分，同時享有中學生及大學生的權利。

8. 選修成績均登錄在大學成績冊上。若有需要，大學亦可發給成績單，以供學生轉校轉學分之用。

根據實施經驗顯示，中學生選讀大學課程的制度有下列優點：

1. 能協助學生順利進入理想中的大學：中學生可以藉此機會試讀大學課程，對大學教育的性質有所認識，不只有助於學生對未來是否升大學的抉擇；且於升大學之後，很快就能適應大學的新情境，可以減少因新環境完全陌生所造成的問題與震撼。

2. 能節省學生的時間及就學費用：此一制度使優秀的中學生能提前選讀大學的必修課，將來升上大學之後就可不必再修這類課程，因而得以提早畢業，節省不少時間與費用。

3.能提高中學的教育水準：此一制度使優秀學生與出色的教師能彼此相互刺激啟發，促進彼此心智之發展及學術之進步，突破中學固定課程的限制。同時這種熱心研究的氣氛，也會感染全校其他師生，因而激發他們「見賢思齊」之心，也設法改進自己的教材與教法或學習方式。

4.能適應個別差異：因這一制度使優秀學生得以接受適合自己能力的教材。

當然實施這一制度亦有它的困難之處，如：（Johns, 1975: 66-67）

1.須增加學校的經費負擔；

2.師資難求；

3.不易決定開設哪些學科；

4.成本效益不成比例。（Johns, 1975: 66-67）

三、由服務中學習制

由服務中學（learning by serving）亦稱為服務學習（service learning），係讓學生透過對校內外服務的過程，來進行學習的一種制度。透過此一制度，既可以促進學生的學習與成長，亦可以刺激學校及社區的改進與發展。（郭芳妙，民85：38-89）

由做中學（learning by doing）是一句叫了很久的口號，也廣為學校所接受，但過去「由做中學」的「做」多半是在學校內進行的。而今天美國中學已把「做」的場所由校內推到社區，讓學生也可為社區做些服務性的工作，既對社會有利，學生也可從服務中學習（learning by serving）。學生從事社區服務工作有時可獲得學分的。服務社會的方式很多，茲舉數例以見其一斑：

1.從事社區服務工作：學生到社區服務，每週服務若干天，每天服務若干小時，被服務的社區機構包括托兒所（day care center）、特殊學校、不良少年拘留所、戒毒諮詢中心等等。

2.參加救護車救護工作：學生都事先受過急救訓練，由地方醫院提供的醫療課程，而成為合格的急救醫療技術人員。服務時間通常是

在放學以後，凡有需要就出勤。他們服務的項目包括有口對口的人工呼吸救護、照顧受傷的病人、為孕婦接生等等。

3.參加環境保護工作：如由中學生組成一環境保護團（environmental salvation）來維護環境，使其免於遭受空氣和水源污染。他們學會測量並報導空氣及水源污染程度，向社區民眾實施維護環境的教育，並敦促地方及州的議員制定保護環境的法律。

經過長期對「由服務中學習」工作的觀察，發現這一制度若欲實施成功，則必須注意下列諸點：（NASSP, 1975a: 2－3）

1.服務工作應適合青少年及社會的真正需要。

2.服務的工作要對青年學子具有挑戰性，使他們真能在服務中擴充他們的知識和技能。

3.在服務過程中，要隨時指導學生對從服務中所得的經驗作反省思考，檢討改進。

4.要培養學生的社區意識，使他們能分享共同的目標，並願為達成此一目標而努力。

5.服務的工作應與學生未來的就業工作有關，並使學生在服務中有機會接觸到對該種職業有成就的人。

6.服務計畫應有適當的安排並要具有彈性，如此一方面可使學生能獲得有系統的經驗，另一方面亦可使計畫適應變遷的環境。

7.要讓青少年學生擔當成人的責任，並使他們為自己的行為負責，以促進他們身心的成熟。要如此，就應讓學生有參與決策的機會，並有機會來管理所執行的計畫。

「從服務中學習」的優點很多，諸如促進學生的成熟與發展、養成尊重別人的態度、提供與成人接觸學習的機會、瞭解社區機構的工作情況、發展良好的自我觀念，及做學相長等等。

四、迷你學科制

傳統上每一學科的授課時間至少要一個學期，有的甚至要一學年

或兩學年以上。由於每一學科授課時間長，故學校不能提供種類豐富的課程，以供學生選習；學生亦不可能選讀多種學科，以拓廣知識領域，尤其使許多新近發生的切身社會問題，無法納入課程中。這樣易使學生所學的，都與切身生活的問題無關，而覺得興味索然。同時一門學科上課太久，學生也覺缺少新鮮感。為彌補這些及其他缺陷，美國中學已逐漸發展一種所謂「迷你學科」的制度（mini-course program）。這種學科的授課時間甚短，大約在六週至十二週之間，而以九週為常，因此又叫「短期學科」（short-term courses）。

除了授課時間短之外，迷你學科通常尚有下列特徵：(1)大部分用於人文課程方面，較少用在自然科學課程上；(2)課程內容多數是與現代社會問題有切身關係的，諸如戰爭與和平、婦女解放運動、環境污染、黑人詩歌等。(3)課程是由師生共同設計而成的。根據美國中學實施的經驗顯示，實施迷你學科至少有下列好處：(1)使課程種類豐富化，一方面更能適應學生的個別需要，另一方面又可增加學生多方面的經驗。(2)更能運用教師的特長與興趣。(3)能提高學生的學習興趣。(4)使學校能增設新的學科，適應社會的變遷發展。（Guenther and Ridgeway, 1976: 13−14）

各校開設迷你學科的方式不盡相同，但多數學校是在某些必修學科中開設選修性的迷你科目，全部課程均採迷你學科的學校只占少數。已開設的迷你學科種類繁多，語文、社會、家政、工藝、商業、體育、科學、音樂、數學等方面皆有之，其中以人文方面的開設最多。以下舉一些迷你學科的例子，以供參考。

屬於人文學科方面的迷你學科很多，如文化人類學、報紙印刷、詩歌、神話、非洲音樂舞蹈、時事、政府組織型態、種族研究、主要宗教、租稅、鴉片戰爭、少數民族史等等。屬於數學方面的迷你學科亦不少，如或然率、邏輯學、地圖閱讀、比例、圓規和直尺、簡易算數等。屬於科學方面的迷你學科也頗多，諸如雷射、海洋學、鳥類學、人與自然、攝影、環境保護、科幻小說、基本電學、樹木、原子能及

核能、現代醫學論題、藥物研討、化石採集、礦石、家蠅培養等。

五、校內之校制

美國中學的規模日趨龐大。學校規模龐大容易產生下列問題：一是師生彼此之間人際關係淡泊，教學及輔導效果容易降低；二是學校管理不易，造成鞭長莫及的現象，學生訓導問題孳生；三是造成行政的官僚化，使學校制度失去彈性，較難適應師生的個別差別。

為解決中學規模龐大化所產生的問題，美國教育工作者已提出若干解決之道，辦法之一是實施「校內之校」制度（school-within-a-school），將學校分為數個具有若干自治性質的單位，每單位各負責一部分學生的教育，使學生能產生同屬感。因這是在學校內再分設若干學校，形成校內有校的現象，故曰「校內之校」制度。

實施「校內之校」的方式很多，但大約可以歸納為兩類：（NAS-SP, 1976a: 1－4）

㈠分部式或結構式（structured model）

由校方將全校學生平均分為若干組，每組人數大約相等，分組是採異質分組法（heterogeneous grouping），通常是以年級為分組的依據，故學生並無選組的自由。學校行政人員及普通學科（如英文、數學等）教師亦分配到各組去，故各組有各組的行政及教學人員。專門學科（如美術、音樂等）教師則集中調配，不屬於任何一組。各組具有相當的自治性，組裡教育人員要為組裡學生設計並提供全部應有的中學課程，故各組的課程類似，教學目標也就相同了，其組織方式彼此亦同。分部式主要是為便於管理學生而設的，亦即純為避免規模過大致管理不易之弊病而設的。

分析言之，分部式具有下列特徵：(1)各分部的規模大約一樣大，即學生數平均分配於各分校。(2)學校行政人員被分散到各分校去，分屬各分校。(3)各分校的組織及目標相似。(4)各科教師被分配到各分校去；但專門學科教師則集中調配而不分散，為每一分校服務。(5)學生

分校採異質分組法，依年級分校。分配工作由校方做，故學生及家長很少有選擇權。(6)主要目的是在改善學生的訓育及管理。

(二)分類式或學程式（programmatic model）

是依學生的不同需要，設計不同組別的學程（programms），由學生依自身的興趣、需要或能力自由選擇就讀的組別，每組均具有相當自治性。因選組是由學生決定，故每組人數多少不一。每組的課程重點不同，故其教學目標亦因而有別，如有的偏重職業教育，有的偏重美術教育。每組各有一位組長，來協助行政人員處理該組的協調工作。行政人員集中處理行政工作，並不分屬各組。分類式除為避免人多管理不易之弊病外，尚特重學生個別差異之適應。

分析言之，分類式具有下列特徵：(1)各分校的大小規模不一樣。(2)行政人員並不分散到各分校去，一位行政人員可負責視導數個分校。(3)各分校有一公推的領導人，來協助行政人員做協調工作。(4)常採以教師為學生的指導教師（teacher-adviser）的制度，即常讓學生選某教師為指導教師。(5)每一單位（即分校）有獨特的目標。(6)每單位（即分校）的組織方式常不相同。(7)有時只有一部分學生實施分校制，而多數學生仍以普通方式進行，故兩者並行。(8)由學生或家長決定進入那一分校就讀，而非由學校指派。(9)重心在適應學生的興趣及學習型態（learning style），並注意發展學生與成人間的同屬感，使如屬同一社區般地親切。

六、變通學校

近年來美國各地紛紛設立「變通學校」（alternative schools）。所謂變通學校，是與「正規或傳統學校」（regular or traditional schools）相對待而言的。由於部分人士對於傳統學校不滿，乃另行設立種種新型的學校，以實現他們的教育思想。這些新型的學校，提供人們一個「變通」的選擇機會，如不願入傳統學校就讀者，即可選擇就讀這類學校，故稱為變通學校。因為變通學校頗富創意，顧及社區的需要，

並以個別化教育（individualized education）為號召，故極受歡迎，有的州甚至通過法案，規定設立變通學校。（Smith, 1976: 113; Resnik, 1972: 523）

　　人們對傳統學校的不滿，是變通學校發展的主要因素。人是理性動物，原就滿懷理想，容易對現有的制度表示不滿，常思有以改革之，以求達到更完美的境界。是以變通學校觀念的發展，自古即有之。蘇格拉底、盧梭、培斯塔洛齊、杜威等等，皆曾對所處時代的學校教育產生不滿，乃或提出新的教育理論，或兼設實驗學校來實現自己的教育理想。這些先賢先哲均是變通學校觀念發展的先驅人物。及至本世紀，由於科技的進展、知識的爆發，和大量教育（mass education）的結果，使教育走向企業化和制度化。為謀教育組織效率的提高，遂採取科學化的管理，對教育做全盤的統籌規劃，處處講求標準化的措施，致使學生的個別差異受到嚴重的忽視，社區的需要鮮被顧及，同時相對地忽視人格教育，過度偏重知識的灌輸，造成師生關係的疏遠，學生對學校產生了疏離感，視學校為畏途。於是一些懷有悲天憫人心腸的人，認為傳統學校已漸走入窮途末路，乃本著「窮則變，變則通」的原則，決定另闢蹊徑，設立新型的學校，讓學童能在自由氣氛下學習，發展其個性，實現其自我。尼爾（A. S. Neill）所設立的夏山學校（Summerhill School），即為一例。他提出「教育之目的在使人工作愉快，並獲致幸福」（The aim of education is to work joyfully and find happiness.）及「讓學校來適應兒童」（make the school fit the child.）等口號，至今仍被多數變通學校奉為圭臬。

　　心理學的發展是刺激變通學校發展的第二個因素。它使人認識到個別差異的存在。由於人人的興趣、需要及能力互不相同，故需設立多種類型的學校，來適應不同學生的需要。研究又指出學生的學習方式（learning style）及教師的教學型態（teaching style）亦各有差異，師生必須配合得宜，教育才會獲致最大的效果。而要師生配合得宜就應多設不同類型的學校，讓師生有選擇學校的可能，才會各得其所。

其次，教育績效責任制運動（educational accountability movement）的結果，產生一種「零淘汰」（zero reject）及「沒有失敗」（fail-save）的觀念。認為學生只要能獲得適當的學習環境與指導，學習就會成功，不會失敗。學習的失敗，責任不在學生本身，而是在於學校。這種「學習成敗惟學校是賴」的觀念，加強人們改革學校的決心，刺激變通學校的發展。

「自由競爭可以導致進步」的觀念，亦是刺激變通學校發展的一個因素。蓋學校型態若單一化，缺乏比較競爭，往往流於機械化；如能設立多種類型的學校，彼此競爭，就可刺激革新導致進步。

變通學校是一個概括性的名詞，它包括與傳統學校有別的各種新興學校，種類繁多，名稱互異，殊難一一列述。大致上可分為下列數種：（Smith, 1973: 434－436）

1.開放學校（open schools）及自由學校（free school）：容許學生有極大的自由，以決定學習的內容、方法與進度；同時設立各種學習資源中心（resource centers）供學生使用。

2.無牆學校（schools without walls）：以社區為學校，以社區內的建築（如博物館、科學館、工廠等，依學習的需要而定）為教室，充分利用社會資源，完全打破學校與社區的界限。可說是「社會即學校，學校即社會」理想的實現。

3.校內之校（schools-within-a-school）：在傳統學校內，利用一部分空間設立一所或多所新式的學校或實驗部，來實施異於傳統學校的課程或教育。

4.街頭學校（street academies）：利用街頭上的設備（如教堂的地下室、廢棄不用的商店或工廠等）做為教學的場所，收容失學的兒童，授予適當的教育。

5.離校學生中心、孕婦產婦中心（dropout centers, pregnancy-maternity centers）：分別招收中途離校的學生及懷孕或生產後的女生，授予適合他（她）們需要的教育。

6.磁石學校（magnet schools）、學習中心（learning centers）、教育公園（educational parks）：將學習資源（learning resources）集中於一個學校或中心，供社區內的所有學校的學生使用。一則可將財力集中使用，充分地購置各種資源與設備，以適應學生各種不同的需要。再則可使社區所有學生共處一地，增加瞭解。

7.多元文化學校（multicultural schools）：美國是由多元民族構成，多元文化學校在提供各構成民族的歷史文課程，以增進彼此的瞭解，消除種族間的歧視。

8.委辦學校（charter school）：委辦學校是近年來的一項變通方案。所謂委辦學校，是由主管教育行政機關透過協議與契約，將公立學校委託教師、家長、社區人士或有關機構團體來經營的一種公辦民營學校。經核定為委辦學校之後，學校的自主性即提高，可以免除實施許多地方學區及州政府所規定的課程；亦可自行決定教學方法、教學設備及人員任用等事項。惟委辦學校須對其自身的教育成效負完全責任；如未達成預定的績效，其委辦契約則可能因而終止。

變通學校與傳統（或正規的）學校的關係有下列三種：

1.變通學校屬於傳統學校的一部分，以傳統學校的一部分空間做為變通學校的場所，統一管理。此即前述的「校內之校」的模式，亦稱「迷你學校」的型式（minischool format）。此種模式因是利用現有的學校設備及人員，故設立較易，亦較經濟。惟因其課程及教育方法與傳統學校的頗有差異，故在管理上易發生不協調的問題。

2.變通學校與傳統學校完全分離，換言之，即變通學校獨立設置，不與傳統學校關聯。此一模式因不會受到傳統學校的牽制，故有完全的獨立自主性。但因一切要從頭做起，故較不經濟。這種模式目前最普遍。

3.變通學校附屬於傳統學校，但並不與傳統學校完全合一。即在傳統學校的鄰近設立，以便利用傳統學校的部分設施與服務（如運動場、輔導與諮商服務）。此型兼具有前兩型之優點，既有相當的自主

性，又較經濟。但在利用傳統學校的設施及服務時，亦偶會給它帶來問題。（NASSP, 1973: 4）

儘管變通學校種類繁多，名稱互異，但都具有下列的共同特徵：（Center for New Schools, 1972: 313－322; NASSP, 1973: 1－6; Smith, 1973: 437）

1.具有濃厚的自由氣氛，反對專制的教育方式。學生有很大的自由來決定「學什麼」、「如何學」、「何時學」。學生的服飾、髮型，及行為表現也很少受到限制。其目的在提供一種輕鬆愉快的氣氛，使學生能自由研究、自由懷疑、自由發問、自由表現，以養成獨立思考與自治自律的能力，並充分實現其真我。

2.學生及教師享有較大的決策參與權。從參與中培養其對學校的向心力、熱愛感及對公共福利的興趣。

3.充分利用社區的資源，舉凡社區上的自然、組織、人力和技術等資源，均充分加以利用，一則可充實學習的內容，二則幫助學生瞭解社會、學習參與社會的能力與興趣。

4.課程及教學方式較富彈性，並隨時適應社會的變遷。變通學校注重提供各種不同的課程與經驗，以增加學生學習的興趣與效率，如開設迷你學科、提供工作服務經驗、輔導學生互相學習交換經驗、舉行非正式討論會等。

5.學校規模較小，以發展良好的人際關係，並利於實施個別化教學。一所變通學校通常有三十到四百名學生，而以一百五十到二百名為常。

6.注重個人的成長與人格教育。傳統學校往往偏重知識的傳授，而變通學校則兼重個性的發展與人格的培養。其口號是「除讀寫算外，我們又加上存在、蛻變，與歸屬。」（to the three R's we have added the three B's-Being, Becoming, and Belonging.）詳細言之，變通學校的主要目標是：(1)增進基本的學習技能；(2)發展良好的自我形象；(3)減輕人際間的衝突，改善人羣關係；(4)發展獨立自主的品格；(5)培養創造

能力；(6)增進社會科學、人文科學及自然科學的知識。

7.學生是否就讀變通學校，其本身有絕對的選擇自由。換言之，就讀變通學校是志願性的，而非強迫性的。變通學校設立之目的，在給不滿意傳統（或正規）學校者一個選讀這類學校的變通途徑，故就讀這類學校，完全是志願性的。

陸・美國中等教育的特徵

由上面的敘述討論，可歸納出美國中等教育的特徵：

1.中等教育制度係由各州全權決定，聯邦政府無權干涉，故各地方的中等學校制度分歧而非完全統一。惟因民主理念的引導及彼此的交互影響，故在分歧中有主流，其中以三—三制中學最普通，六年一貫制及四年制中學居次。就型態而言，中等學校絕大多數均採綜合型，即升學預備和就業預備教育合併在同一所中學內實施。

2.中等教育屬義務或免費教育而十分普及。各州的義務教育年限以九年居多，故中等教育大部分在義務教育範圍之內，其不屬義務教育之年限亦都屬免費教育，故十分普及，初中已十分普及固不待言，而高中的就學率亦高達 94%以上。

3.中等學校由地方教育董事會設立和管理，而地方教育董事會多數是獨立於普通行政之外的，故教育較不受政治的干擾。聯邦政府無管理中等教育行政權力，州政府雖有全權管理，但通常只作極少數的直接管理工作，而將管理權委授給地方行使，州政府只作監督服務的工作。換言之，中等教育的實際管理係由地方為之，頗為地方分權化。

4.中學課程各州政府只規定若干必修科目或主題而已，對其內容並無具體的規定，地方有很大的自由來決定其中學課程的具體內容，故頗能適應各地方之個別需要。但彼此仍有些共同的特點：一為注重個性發展，故中學設有許多選修科目，同時准許學生選修的學分數也很多，例如高中畢業所需的學分數中，有三分之一至二分之一的學分屬選修學分。二為高中採學分制，學分單位稱為卡內基單位，每一單

位約相當於我國大學所用的十個學分。各州所規定的畢業所需最低學分數並不相同，惟均在十三至二十一個學分之間，而以十六或十七學分居多。畢業所的學分數逐年增加之趨勢。三為重視課外活動以補正課之不足，如音樂會、歌唱隊、管弦樂隊、電影欣賞會、辯論會、土風舞隊、各種體育活動等，項目繁多。

5.中學的教科書採認可制，由私人團體依教育行政機關對課程的原則規定，自由編寫及出版，教育行政機關再從出版的教科書中選擇認可，學校則從認可的書單中選用各科教科書。大多數的州都免費提供教科書供中學生使用。

6.中等學校採免試入學，由家長向學區內的中學申請入學，原則上各中學都會接受學區內申請入學的學生。中學入學年齡有逐漸提早而且修業年限有逐漸延長之趨勢，如早期以八—四制為主流，後來改以六—三—三制為主，最近正萌芽五—三—四制或四—四—四制。中學均採小規模制，多數中學的學生數均在一千人以下。同時各班級的學生數也少，約在二十至二十五人之間。

7.中學畢業生升大學係採申請制，大學根據學生的中學學業成績、推薦信，及校外考試成績，來決定錄取與否。而校外考試係由私人團體辦理，學生在中學就讀時就可報考，且無報考次數之限制。

8.極為重視實驗研究以求不斷進步發展，如實驗集中學習制、迷你學科制、提早畢業制、開設未來學等。同時課程逐漸納入有關現代生活問題之教材，如酒、藥、煙、婚姻、性教育、有關美國當代社會生活問題之教材。

第二節　英國的中等教育

本節先討論英國中等教育的演進，其次依序討論其學制、行政、課程、學生入學及升學，最後再歸納出其特徵及趨勢。

壹・英國中等教育的演進

公元五七九年，英國坎特伯利大主教（Archbishop of Canterbury）在該城所設立的主教學校（School of the Archbishop and the City），乃為今日英國中等學校之鼻祖。以後皇室貴族、教會、工商行會，及市民等，亦逐漸創設或捐立類似的學校。此等學校至中世紀時，因漸漸限於七藝中首藝「文法」（拉丁語及文學之研究）的學習，故被改稱為文法學校（grammar school）。其中規模較大而成績卓著者，漸被稱為公學（public school）。公學中又以九所最著名，號稱為九大公學，即溫徹斯特（Winchester）、伊頓（Eton）、聖保羅（St. Pauls）、許羅斯堡（Shrewsbury）、西敏寺（Westminster）、商人泰勒（Mechant Taylor）、路比（Rugby）、哈羅（Harrow），及嘉特號斯（Charterhouse）。這些公學都屬私立的，除最末一所是十七世紀間創設的。公學最初是以招收貧寒子弟為主，但至十七世紀後逐漸演變為貴族富豪子弟的學校，課程仍以古典語（文法）為中心。（國立臺灣師範大學學術研究委員會，民 71：18；張訓誥，民 54：287）

迨至十九世紀中葉，鑒於中等教育無法適應工業革命後的社會需求，議會乃任命二個委員會負責研擬改進之道。其一為一八六一年所任命的「公學調查委員會」（Public School Commission, or Clarendon Commission），以上述公學為調查對象。此委員會於一八六四年提出報告書，建議公學課程除了古典語及宗教科目外，應增設數學、近代外國語（法語或德語）、歷史、地理、自然科學、音樂或圖畫等科目，以適應社會需要。另一委員會為一八六四年所任命的「學校調查委員會」（School Inquiry Commission, or Taunton Commission），以公學以外的 942 所中等學校為調查對象。該會於一八六八年提出報告書，主張根據現存社會階段，將中等學校分為三類：(1)第一類中等學校實施升學預備教育，課程偏重古典，在學年限至十八或十九歲為止，限於招收貴族富豪子弟；(2)第二類中等學校實施專門職業預備教育，課

程偏重現代學科，在學年限至十六歲為止，招收實業界及富農子弟；(3)第三類中等學校實施普通教育，在學年限至十四歲，招收中層階級的子弟，使之能擔任普通工作。此方案雖未被實施，但仍有其影響。

一九○二年，英國政府為促進中等教育的發展，制頒了白爾福教育法案（Education Act, 1902, or Balfour Act），授權地方教育行政當局辦理初等教育以外的教育，於是各地方紛紛以公款設立公立中等學校，同時並補助私立文法學校。於是中等教育日益發展，不復為富貴子弟的專利品，一般貧苦子弟亦漸有接受之機會。惟此時所辦之公立中學都屬帶學術性課程者，類似文法學校。許多平民子女無力升學或不能通過十二、三歲間中學免費額考試的，只得留在小學高年級讀完義務教育即算了事。（中國教育學會，民 58：90）

一九一八年，為適應第一次世界大戰後的社會變遷，英國政府制頒了費休法案（The Fisher Act），除提高義務教育年齡至十四歲，增加中學的免費學額及實施獎學金制度外，並授權地方教育行政當局設立高級學校（senior school）或中央學校（central school），使未能接受中等學校的優秀學生就讀。這類學校雖仍屬初等教育範疇，但程度已類似中學的初年級。此外並規定學生於受完全日制義務教育後，尚須接受部分時間制的義務教育至十八歲為止。

一九二六年，工黨為實現「中等教育大眾化」（secondary education for all）之主張，所任命的「青年教育諮詢委員會」（Consultative Commission on the Education of Adolescent, or Hadow Commission）提出報告書，在此份名為《青年教育報告書》（*Hadow Report on the Education of the Adolescent*）中，提出下列建議：(1)十一歲以後的各種教育，均稱之為中等教育；(2)延長義務教育年限至十五歲；(3)為適應學生的個別差異，應設置下列三種類型的學校或班級——文法學校、現代中學（modrn school，係由中央學校改組而成），及小學高級班（senior class，收容未能升入中學的學生）；(4)學生若發現轉校有益時，則應於十二、三歲之間轉入他類學校。現代中學自此之後，得以與文法中學並

立。

一九三八年，英國政府發表了《司賓斯中等教育報告書》（*The Spens Report on Secondary Education*），建議設立與傳統文法中學性質不同的技術中學（secondary technical school），並主張文法、技術，及現代中學應各有其特定的使命。

一九四三年，中央教育行政機關又發布了有關中學課程及考試的《諾伍德報告書》（*The Norwood Report on Curriculum and Examinations in Secondary School*），討論改革中學文憑考試等問題外，尚建議中等教育的課程應能適應三種不同類型青年的需要，故應設立文法、技術，及現代等三類中學以資適應。這些學校前兩年的課程應無甚差異，以便學生讀至十三歲時若發現興趣不合時，尚可轉學以作調整；如因事實需要，以上三種或兩種類型之學校，亦可合辦為多種類型學校。

一九四四年六月，以符來鳴（D. P. Fleming）為主席的公學委員會（一九四二年成立），提出其所研擬的如何溝通公學與一般教育系統的辦法，認為公學有其優良傳統不應廢除，但要開放部分名額給予公立小學畢業生，使適合接受公學教育者也有入學機會，其名額或定為該年度招生名額的 25%以上，或由各地教育行政當局與各公學協商之。

一九四四年八月，政府制頒了柏特勒法案（Butler Act, or The Education Act, 1944），集過去歷次改革運動之理論與法令之大成，確立了今日英國中等教育的架構。此法案之要點為：(1)自一九四七年四月一日起，延長義務教育年限一年，即自五至十五歲之十年為義教年限，且授權教育部長於必要時，得將義教年限提高至十六歲；(2)十一歲至十五歲的所有兒童，均應接受免費的中等教育，使中等教育大眾化；(3)除了特殊教育外，中等教育與初等教育必須分別在不同學校實施；(4)地方教育行政當局負責設立青年學院（youth college），對年逾義教適齡者施以部分或全部時間制的教育，直至屆滿十八歲為止；(5)公立學校系統應分為初等、中等與擴充教育三級連貫的組織；(6)地方教育

行政當局有責任設立足夠的學校，以提供適合於不同年齡、能力與性向的中等教育。此一法案確立今日英國整個學制的架構，惟此法案並未對中等學校組織的型態，作明確的規定。一九四五年教育部在其出版的一本小冊子與一次通報中，指示各地方教育行政當局建立文法、技術，及現代中學三足鼎立的制度。文法、技術，及現代中學鼎立的制度因而建立且普及，只有少數地區設立綜合中學、兩立學校，及聯立學校。

一九六五年，工黨政府鑒於三足鼎立的中等教育制度不合民主的潮流，乃由教育部發布六五一○號通報（Ciroular 10/'65），要求各地方將鼎立制改組為綜合中學。經政府積極推動之後，綜合中學乃日益增多。在此通報中，教育部曾提出六種綜合中學的主要型式，供地方參考設置。一九七○年保守黨在大選中獲勝執政，對綜合中學採抗拒態度，將前述工黨政府所頒的六五一○號通報撤回，讓地方教育行政當局依照自己的意願組織其中等學校。於是綜合中學的發展呈緩慢甚或停頓現象。

一九七五年，工黨政府再度執政，才再度計畫將公立中等學校改組為綜合中學，並在一九七六年立法（Education Act of 1976），強制地方向中央提出改組綜合中學的計畫，於是綜合中學又漸增多。其後綜合中學的發展雖仍遭遇若干挫折，但因其符合時代的潮流，故仍不斷增長，至今已成為中等學校的主流。

一九八八年政府公布教育法案（Education Act 1988），規定在尊重地方教育當局及學校前提下，中央教育行政機關有權為公立學校五至十六歲的學童訂定國定課程標準（national curriculum），必要時並得將適用範圍擴大至十九歲以下的學生。至此中等學校的課程自主性大減，全國中等學校的課程漸趨類似，不像以前由各校自訂那般分歧。

貳・英國中等教育學制

英國的中等教育制度中央雖有所規定，但只作原則性或大綱式的

規定，負責辦理公立中等教育的地方教育當局有相當程度的自由來決定其細節，故各地的制度在統一中仍有差異。目前英國的中等學校係以綜合中學（comprehensive school）為主，而以鼎立制（tripartite system）為輔，茲分述於後。

一、綜合中學

英國自一九六五年推展綜合中學以來，雖曾遭到若干阻力，但至今已成為主流。由表 10-3 可知，迄一九九一至九二年為止，英格蘭地區的中學生就讀綜合中學的比率高達 85%強，威爾斯地區的比率更高達 99%。

表 10-3　英國各類型中學學生所占比率（％）

	英格蘭			威爾斯		
	1970～71	1980～81	1991～92	1970～71	1980～81	1991～92
中間學校	1.9	7.0	6.4	0.1	0.1	
現代中學	38.0	6.0	3.6	22.3	1.8	
文法中學	18.4	3.4	3.8	15.4	1.3	
技術中學	1.3	0.3	0.1			
綜合中學	34.4	82.5	85.4	58.5	96.6	99.1
其　　他	6.0	0.9	0.8	3.7	0.3	0.9
學生數（萬人）	295.3	384.0	290.6	31.4	40.8	29.6

說明：本表資料只包括公立及政府補助的中學（maintained secondary schools），1991～1992
　　　年包括中央補助學校在內。
資料來源：楊瑩、李奉儒，民 84：11。

綜合中學的種類頗為複雜，有完全打破三類學校（文法、技術及現代中學）界線的統整型綜合中學，亦有僅僅將文法與技術中學合設或文法與現代中學合設在同一校園內的「兩科中學」（biateral school），或將三類中學合設在同一校園內的「多科中學」（multilateral school）。兩科中學及多科中學，都屬於聯合型的綜合中學。根據

統計，綜合中學的類型頗多，但以下列四種較為普遍：

(一)單級綜合中學

單級綜合中學（single comprehensive school）只有一級，修業期限為十一至十六歲。其畢業生如欲繼續求學者，得進第六級學院（sixth form college）或第三級學院（tertiary college）。

(二)兩級制綜合中學

兩級制綜合中學（two-tier system）包括初級及高級兩級。其修業年限因地而異，其中以下列三種方式較普遍。一是全體小學畢業生於十一歲時升入初級綜合中學，於十三或十四歲時再全體一律轉入高級綜合中學（senior comprehensive school）。二是小學畢業生於十一歲時全體轉入初級綜合中學，至十三或十四歲時只有部分升入高級綜合中學，其餘則繼續留在初級綜合中學肄業。三是小學畢業生於十一歲時全體升入初級綜合中學，至十三或十四歲時學生得自由選擇升入高級綜合中學修業至義務學齡期滿（十六歲）為止，或選擇升入高級綜合中學修業至義務學齡以上。由這三種型態可知，初級綜合中學的修業期限為十一至十三或十四歲，而高級綜合中學的修業期限則以十三或十四歲至十八歲。

(三)三級制中的綜合中學

英國有一種較新發展出來的學制，即將初等與中等教育分成三個階段，稱為三級制（three-tier system）。這三個階段依序稱為初級學校（first school）、中級（或中間）學校（middle school）及高級學校（upper school）。其中高級學校屬綜合中學，初級學校屬於小學，至於中級學校則或屬小學或屬中學，因地而異。中級學校如修業年限為八至十二歲者則屬小學；如為九至十三歲者則有視為小學者，亦有視為中學者（middle deemed secondary）；如為十至十四歲者則屬中學。（中國教育學會，民81：194－195；楊瑩、李俸儒，民84：3）由上可知在三級制中的綜合中學，有些地方是採一級制（中級學校屬於小學時），有些地方則採二級制（中級學校屬於中學時）。

㈣一貫制綜合中學

一貫制綜合中學（all-through comprehensive school）的修業年限由十一歲至十八歲，貫穿整個中等教育的期程，學生入學後要持續修業七年才得畢業。

綜觀上述綜合中學的主要類型，可發現大致可歸納為三型，即一級制、兩級制及一貫制。一級制綜合中學的修業期限有從十一至十六歲者，有從十一或十二至十八歲者。兩級制綜合中學初、高級的界線有在十三歲者，也有在十四歲者。

二、鼎立制中學

文法、技術，及現代中學三足鼎立的制度，為戰後英國公立中學的主要型態。這三種學校的性質、功能、課程、與招生均各有所不同，其情形如下。惟鼎立中學制已隨著綜合中學的勃興，日趨凋零，由表 10-3 可知，在英格蘭其學生數只占全部中學生總數的 7% 左右而已；在威爾斯則已銷聲匿跡。

㈠文法中學（grammar school）

文法中學招收智力較高的學生，其課程偏重於升學預備，為大學的學術研究奠立基礎。學生通常在十六與十八歲時，參加兩次與升大學有關的普通教育證書考試。凡初級五科與高級兩科及格者，始具有申請升入大學之資格。

㈡技術中學（secondary technical school）

技術中學所招收到的學生，通常是屬於次好的；即進不了文法中學，才進技術中學。技術中學的課程與文法中學差不多，惟較為注重科學與技術方面的科目而已。技術中學的學生欲升大學者，也須參加校外普通教育證書考試，一般多升入技術學院（technical college），少數升入大學；否則即參加皇家工藝學會（Royal Society of Arts）的工藝與商業證書考試等，以便就業。

(三)現代中學（secondary modern school）

　　現代中學招收未能進入文法及技術中學的學生，依當初設立的構想，現代中學的功能是在實施廣博的普通教育，課程因之不著重升學預備的科目。然而發展的結果，卻仍受校外考試的壓力，而稍悖離其原來構想。現代中學的畢業學生，主要參加皇家工藝學會、商業文憑、工藝證書，及中等教育普通證書（GCSE）等考試，以便就業；然亦有少數參加高級普通教育證書考試（GCE－A level）而升學者。

　　若就設立的主體來分，英國的中等學校可分為公立的和私立的兩種。公立中學由郡（county）政府設立，通稱公立或郡立中學（county secondary school）。私立中學由私人團體（主要是教會）設立，其中有完全不接受政府補助者，有接受政府補助者。完全不接受政府補助者，稱為獨立學校（independent school）。接受政府補助者又可分為接受中央補助及地方政府補助兩種，接受中央補助的，稱為中央補助學校（grant-maintained schools）；接受地方政府補助的學校，稱為地方補助學校（或志願學校）（voluntary school）。而地方補助學校又依其接受補助的多寡分為三種，即監管學校（controlled school）、津貼學校（aided school），及特別協定學校（space agreement school）。郡立學校和補助學校合稱為維持學校（maintained school），表示是由政府負擔或補助的學校。獨立學校又稱為非維持學校（non-maintained schools），表示不是由政府經費支持的學校。

　　英國政府對補助學校的管理程度，係依其受補助數額的多少而異，對補助多的學校管理越多，對補助少的學校則給予相當自主性。如監管學校的經費全由地方教育當局（local education authority, LEA）負擔，故其行政權大都由地方教育當局行使，可說是已由地方監管的學校。津貼學校及特協學校接受補助的數額較少，故受政府的影響程度較小。獨立學校因不接受政府補助，故自主性極大。

　　茲將英國的中等學校系統圖示如表 10-4，以供參考。

　　在獨立學校中，有一種舉世聞名的學校稱為「公學」（public

表 10-4　英國中等學校之分類

```
中等學校 ─┬─ 非維持學校—獨立學校
         │
         └─ 維持學校 ─┬─ 中央補助學校 ─┬─ 特協學校
                      │               │
                      ├─ 地方補助學校 ─┼─ 津貼學校
                      │               │
                      └─ 郡立學校      └─ 監管學校
```

school）。其中以溫徹斯特（Winchester，建於一三八七年）、伊頓（Eton，建於一四四一年）、聖保羅（St. Paul's，建於一五〇九年）、許羅斯堡（Shrewsbury，建於一五五二年）、西敏寺（Westminster，建於一五六〇年）、商人泰勒（Merchant Taylor's，建於一五六一年）、路比（Rubby，建於一五六七年）、哈羅（Harrow，建於一五七一年），及嘉特號斯（Charterhouse，建於一六一一年）等九大公學最有名。公學除了是私立學校一特徵外，尚具有下列特點：(1)屬於文法中學性質，課程偏重古典語文科目，以升大學預備為唯一目標，尤以升入牛津及劍橋兩所大學居多；(2)招收預備學校（preparatory school）的學生，預備學校招收年滿八歲或九歲的學生，修業至十三歲畢業，畢業生須通過公學的入學考試才能入公學；(3)大多男女分校；(4)多數採寄宿制度；(5)實施幹事制（prefect），由高年級學生負責訓導工作；(6)重視宗教教育，校內設有教堂，且實施宗教教學；(7)重視聯課或社團活動；(8)注重運動遊戲與競技，以培養學生的運動家精神。（張訓誥，民 54：287）

叄・英國中等教育的課程

在一九八八年以前，英國中等教育的課程係由地方教育當局及學校共同決定，中央並不介入。中央並不制定課程標準，而只透過皇家督學（HM Inspectors）的視導，對中等學校提出指導和建議來發揮影響力。這種極端地方分權的課程制度，固然給學校有相當彈性來適應

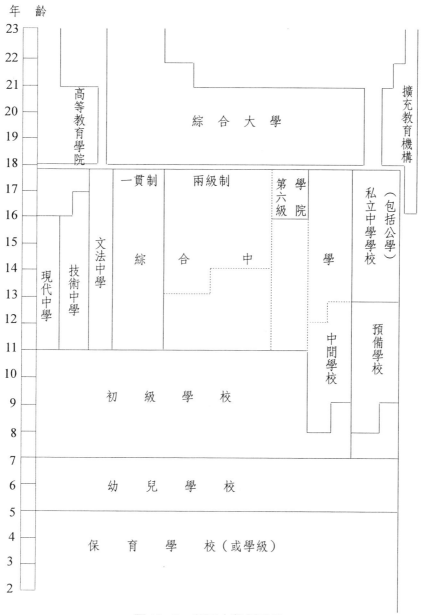

圖 10－2　英國之學制系統

地方需要，但卻造成各地教育水準的參差不齊，影響教育機會均等理想的實現，檢討改進之聲乃蜂湧而起，甚至形成全國性的大辯論（The Great Debate）。在此一背景之下，英國中央教育行政機關不得不進行課程的研究與改革。

一九八八年英國政府制定公布了教育改革法案（Education Reform Act 1988），創設了國定課程制度（national curriculum），不只規定了中小學校的必修基礎學科，而且賦予中央教育行政機關在課程上的廣泛權限，並有權監督中小學確實加以執行。至此，英國各中等學校的課程開始有了某種程度的統一。國定課程依照規定實施於所有的維持學校（maintained schools），獨立學校則不受其限制。因此，所有的公（郡）立及補助學校在訂定該校的具體課程時，均須遵守國定課程的原則規定。（謝文全，民 84：105; HMSO, 1989: 1）

一九八八年教育改革法案規定，中小學校課程的目標在促進學生精神的、道德的、文化的、心理的及生理的發展，並為學生未來成人生活的機會、責任及經驗做準備。為達成上述目標，課程包括基本課程及其他課程（如選修課程）兩大部分。基本課程（basic curriculum）又包括宗教教育（religious education）及國定課程（national curriculum）兩部分。

國定課程包括十一個基礎科目（foundation subjects），其中又可分為核心科目及其他基礎科目兩部分。核心科目（core subjects）包括英語、數學、科學，另威爾斯地區尚包括威爾斯語。其他基礎科目（other foundation subjects）則包括藝術、地理、歷史、音樂、體育、科技（technology），及現代外語。以上每個科目，都可由中央教育行政機關訂定其成就目標、學習方案及評量辦法。成就目標（attainment targets）係指學生至每個關鍵階段（key stage）所應學到的知識、技能與理解能力。學習方案（programs of study）係指達成各關鍵階段成就目標所用的教材教法或程序。評量辦法（assessment arrangements）係指評量學生是否達成關鍵階段成就目標的方法。所謂關鍵階段係指義

教年齡（五至十六歲）的四個階段：五至七歲為第一關鍵階段，七至十一歲為第二關鍵階段，十一至十四歲為第三關鍵階段，十四至十六歲為第四關鍵階段。其中第一及第二階段屬於初等教育階段，第三及第四階段則屬於中等教育階段。茲將學校課程的結構列如表 10-5 及表 10-6，以供參考。

表 10-5　英國學校課程的結構

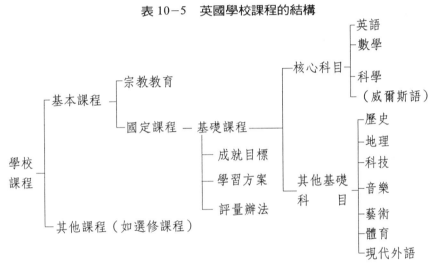

資料來源：修改自中華民國比較教育學會，民 79：386-387。

表 10-6　英國學校各關鍵階段的課程

	關鍵階段 1	關鍵階段 2	關鍵階段 3	關鍵階段 4
英　　語	V	V	V	V
數　　學	V	V	V	V
科　　學	V	V	V	V
體　　育	V	V	V	V
科　　技	V	V	V	V
現代外語			V	V
歷　　史	V	V	V	
地　　理	V	V	V	
音　　樂	V	V	V	
藝　　術	V	V	V	

宗教教育的內容必須是一般性的，不偏於任何教派（non-denomi-national），而且要根據協議大綱（agreed syllabus）實施。協議大綱由地方教育當局召集地方社會代表及有關宗教界代表共同研擬，再由地方教育當局核備之，修正時亦須經此同一手續。惟津貼學校（aided schools）及特協學校（special agreement schools）的宗教教育得屬於教派性質的（denominational），但父母得為其子女選擇接受前述協議大綱的非教派性質課程。所有就讀郡立及補助學校的學生，每天都要參加學校舉行的集體禱告（collective worship）。集體禱告以在校園舉行為原則，但津貼學校、特協學校及中央補助學校如有特殊情形時，得偶爾於校外適當地點進行。集體禱告得全體一次舉行，亦得分組分數次實施。集體禱告的細節在郡立學校由校長諮商校董會（governing body）後決定之，在地方補助學校則由校董事諮商校長後決定之。為尊重國民宗教信仰的自由，學生可經由家長向校方提出申請獲准後，得不參加前述的宗教教育課程及集體禱告。

　　各中等學校的課程訂定，係由該校的學校董事會（goveming body）根據地方教育當局的課程政策，再參酌學校的特性後決定之。而地方教育當局的課程政策則是依據國定課程及中央的相關規定訂定出來的。此外，中央教育行政機關時而會提供一些建議，供地方教育當局及學校訂定課程之參考。這些建議地方及學校不一定要遵守，但其發揮的影響力仍很大。譬如中央教育主管機關於一九八七年出版了一本參考文件，稱為《五至十六歲的國定課程——一份參考文件》（*The national curriculum 5-16: a consultation document*），文件中建議初等教育的授課時間應大部分用於三個核心科目上，而中等教育階段各基礎科目占授課總時數的比率如表 10-7 所示，全部合計為 75%～85%，其餘的25%～35%則用於宗教教育及選修課程之上。（DES, 1987；中華民國比較教育學會，民 79：387-388）

　　有關教科書的編寫及選用，英國的法律並未有所規定，留給地方教育當局及學校相當大的彈性，有的地方採自由制，有些地方則採認

表 10-7　英國中等學校各科目時數所占比率

科　　目	百分比%
英　　語	10
數　　學	10
綜合學科	10～20
科　　技	10
現代外語	10
歷史／地理	10
藝術／音樂／舞蹈／設計	10
體　　育	5
合　　計	75～85

資料來源：中華民國比較教育學會，民 79:387。

可制。通常是由民間出版社以合約方式邀請私人編寫，應邀之編寫人大致包括大學校院教師、中小學教師、教師中心職員、皇家督學、地方教育當局督學，及其他有經驗的教育工作者。編寫人撰寫時，要參照國定課程的相關規定，文憑考試內容（如 GCSE 考試等）、學校的性質，及社會條件等因素來進行。初稿完成後，通常會先在特約學校進行試教，再參考試教教師及學生的意見修訂。（吳正牧，民 83：21-22）

　　至於教科書的選用，在採自由制的地方，通常是由校長或副校長於參考校董會及教師的意見後決定之。在採認可制的地方，則由地方教育當局就出版的教科書中加以審查認可，學校再就認可的書單中選用。經認可的教科書一般分為 ABC 三級，A 級表示推薦，B 級表示可採用，C 級表示不準採用。（謝文全，民 81：267）

肆・英國中等學校學生的入學與升學

一、中學生的入學

　　英國中等學校學生的入學方式因學校性質而異，郡立及監管學校的入學由地方教育當局負責辦理，而津貼、特協及獨立學校的入學則由各校負較大責任。此處只討論郡立及監管學校的入學方式，因其容量最大。

　　郡立學校及監管學校的入學方式，係由學生家長提出申請。地方教育當局再參酌家長申請的意願，進行學校的分發。每年十月左右，地方教育當局須將該一地區的中等學校資料、申請表格，與學校名冊（記有各中學下一年度招生名額），一併寄給預備升學的學生家長。各校亦自印詳細的「學校手冊」（schools booklet）寄給家長，以協助家長及學生對中等學校及升學情形的深入瞭解。學校手冊由校董會及校長負責編成，內容必須包括學校課程、對需特殊教育的學生安置辦法、學校的內部組織狀況、家庭作業相關規定、學校紀律的一般規定、主要的課程活動、學生制服政策、報名考試的方法，及學生參加校外考試的成績概況等。

　　家長於考量各種因素後，再填寫申請學校的志願書。志願書上可以列出數所（各地不一）希望就讀的中學名稱，並依志願優先順序排列。該志願書於當年十二月至次年一月間寄回地方教育當局而完成申請手續。地方教育當局再依據家長的申請書、小學校長的報告書，及小學的成績記錄進行分發。若志願入學某校的人數超過該校容量時，則依下列標準定其優先順序：(1)凡住家離校越近的學生予以優先考慮；(2)凡有兄弟姊妹刻正就讀於該校者予以優先權；(3)有身心健康或社會因素需就近入學的學生予以優先權。經上述三條件分配後若尚有餘額，則委由專人處理，依據有關資料逐次考慮學區外之申請人（家長可向任何學區提出申請，但多數向學區內申請）。

教育行政機關分發後再將分發結果通知各中學，若中學不表異議，則於每年四月至五月間將正式的分發通知寄給家長。若家長對分發的結果不滿意，可以向地方教育當局提出詢問，若未能獲得滿意的答覆時，家長可提出訴願要求改分發。依一九八〇年教育的法案（Education Act, 1980）之規定，各校有訴願處理小組（appeal panel）負責處理這些訴願案件，訴願處理小組應包括一位郡議員在內，以示客觀。（譚光鼎，民 71：113－118; Cumbria Education Committee, 1981: 8－14; Department of Education and Science, 1992: 31－32）

英國的義務教育年限為十一年，即至中學的第五年級為止。義務教育年限修業期滿的學生若想繼續就學，則應申請升入第六年級（即畢業班，sixth form），一般並無升級或入學考試，而是以中等教育普通證書為入學條件。核准入學者通常須考取數科相當等第（reasonable grade）以上的中等教育普通證書（GCSE），以顯示其具有從事高深學術研究之能力。此外，申請入學者亦應提出完整的在校綜合記錄，供甄選之參考。

對義務教育適齡學童，地方教育當局有義務通知家長送子女入學。如家長違反規定不送子女就學，地方教育當局得予強迫就學，必要時得對家長科以罰款，或送法院強制執行。

二、中學生的升學

英國的中等學校畢業生，欲升入高等教育機構就學者，須憑參加校外證書考試（external school examination）的成績提出申請。高教機構再根據各校的入學規定條件，擇優錄取。

校外證書考試主要有三種，分別是中等教育普通證書（General Certificate of Secondary Education, GCSE）、高級普通教育證書（General Certificate of Education-Advanced Level, GCE－A level），及高級補充級（Advanced Supplementary Level, AS level）等考試。這些考試都包含許多考試科目，學生依擬升入之大學的要求及自己的興趣，從中選

擇一科或數科報考。無論通過一科或多科，均可獲得註明及格科目之證書。每一種證書考試，都是由數個區域性的考試委員會（regional examination board）主辦，在全國各分區舉行。各考試委員會由有關大學及中學的教師代表組成，且有相當獨立自主性，只與中央教育行政機關保持協調聯繫的關係而已。考試命題係依考試綱要辦理，而考試綱要或由考試委員會擬定，或以其他方式擬定後報考試委員會核定。各區考試綱要的擬定，須參照全國性的標準訂定；而全國性的標準，則係根據大學及中學教師、地方教育當局、學科專家學者，及其他相關單位或人員的意見訂定之。

中學生通常於十六歲時（義務教育年齡結束）參加中等教育普通證書考試；於十八歲中學畢業時，參加高級普通教育證書考試。中等教育普通證書考試的成績，分為 A、B、C、D、E、F、G 七個等級，越屬於前面的等級表示成績越好。為避免一試定江山的缺失，中等教育普通證書的評分，除考試分數外，尚將各考生在校的學習成績計算在內。各學科在校成績所占的比率因科而異，但至少不低於 20%。高級普通教育證書考試的評分亦分為七級，其中 A、B、C、D、E 五個等級屬於及格（pass）等級，F 代表不及格（fail），而 N 則表示雖不及格但離最低及格等級（E）不遠。（詹火生、楊瑩，民 78：17－21；謝文全，民 81：272－274）

高級補充級考試（AS level）的應考對象為十六至十九歲之學生，其設置目的（一九八九年起始舉辦）在使學生於考完中等教育普通證書（GCSE）考試之後，能有機會在報考高級普通教育證書（GCE－A level）考試之前，選擇其他更多科目的報考機會。此類考試課程之設計，其教學及自習時間的份量各約一半，教學時間只達高級普通教育證書課程的一半，故雖其學術水準要求與高級普通教育證書相當，但實際計算時，往往以性質相近的兩科 AS level 級抵算一門 GCE－A level 級。（詹炎生、楊瑩，民 78：17；黃政傑等 85a：37－38）

凡參加上述三種校外證書考試通過大學規定科目及成績等級的學

生，均有申請升入大學的資格。各大學對入學所要求的及格科目與等級因院系而異，學生申請時須注意遵守各院系的規定。因具有申請入學資格的中學畢業生日多，遠超過各大學的容量。為方便處理申請入學事宜，英國自一九六四年起設立一個資料交換處（clearing house），凡屬申請入大學事項一律送由大學入學中央委員會（Universities Central Council on Admission）辦理，而不必送交各大學。該委員會的資料處理處會將第一志願（通常每生填有六個以上的志願）之大學未接受之學生申請資料，依次送交學生所填之第二、第三等志願的大學。學生提出申請的日期，依規定為入學前一年的九月一日至十二月十五日，牛津和劍橋兩大學則定為九月一日至十月十五日。

通常各大學在決定是否錄取各申請者之前，會要求申請前往面試（interview）。不過是否安排面試，各校及各科系的規定有所差異，有些科系並不對所有申請者進行面試，而只要求處於錄取邊緣的人進行面試。大學於決定是否錄取後，便會通知申請者。

伍・英國中等教育的特徵

綜合上面的敘述，可歸納出英國中等教育的特徵如下：

1. 中等教育制度同中央作原則性規定，地方有相當彈性決定型態，故全國各地的中等教育制度在同中有異。目前中學以綜合型居絕對多數，功能型的鼎立制已寥寥無幾。綜合中學的型態雖因地而異，但大致可分為一級制、二級制（初、高兩級）及一貫制三種。

2. 中等教育的大部分年限屬於義務教育，故中學校相當普及。英國的義務教育年限為十一年，扣除六年小學的義教年數後，中等教育的前五年均屬於義務教育範圍。

3. 公立中等學校都由地方設立及管理，中央只給予經費補助。私立中學大部分接受地方政府補助，稱為地方補助學校；少部分接受中央政府補助，稱為中央補助學校；其餘的則完全不接受政府補助，稱為獨立學校。地方補助學校又依補助額之多寡而有不同名稱，依序稱

為監管學校、特協學校及津貼學校。

4.中等教育的課程中，中央訂有國定課程的相關規定，但仍留給地方教育當局及學校相當的彈性，以適應各地的特殊需要，故全國各地的中等學校課程呈同中有異的現象。

5.中等學校的教科書均由私人團體編寫出版。教科書的選用有的地方採自由制，由學校自由選用；有的地方採認可制，由學校就地方教育當局所認可的書單中選用。

6.中等學校除獨立學校採入學考試招生外，其餘均由地方教育當局分發入學。地方教育當局分發時，必須參考學生家長的意願決定之。家長如對分發不滿，得依規定提出申訴。

7.中等學校畢業生欲升入大學者，須參加校外證書考試，再憑校外證書考試成績向大學申請入學。校外證書考試主要有三種，分別稱為中等教育普通證書考試（GCSE）、高級普通教育證書考試（GCE－A level），及高級補充級考試（AS level）。這些考試皆設有許多考試科目，學生考過一科即可取得一科的證書。

第三節　法國的中等教育

本節先討論法國中等教育的演進，再依次討論其學制、行政、課程、學生的入學及升學，最後再歸納出其特徵和趨勢。

壹‧法國中等教育的演進

法國的中等教育，起源於十六世紀中葉耶穌會所辦的「考萊治」（Collège）。此種學校採八年或九年制，學生約在十至十二歲之間入學，畢業後升入大學深造。

一七九五年國民會議（La Convention）通過杜祿（Daunou）法案，規定設置「中央學校」（École Centrale），以代替原來的考萊治。凡居民每三十萬人即設立一所，以招收十二至十八歲的青年。課程有

數學、物理、化學、博物、農業、商業、論理、經濟、法制、哲學、衛生、技藝、文法、文學、圖畫、古典語及近代外國語。其中古典語較過去減少很多，頗有近代化的趨勢。

一八○二年，拿破崙政府訂定學校法令，規定設置兩種中等學校：一種是考萊治（Collège），另一種是里賽（Lycée）。考萊治由私人或地方設立，用度全靠學費收入維持，課程有拉丁文、法文、地理、歷史及數學等等，要受政府的監督，教科書由政府選定，教師也由政府指派。里賽為國立學校，為拿破崙所認定的標準中學，其課程包括語言、修辭、論理、美文、倫理、數學、物理，有時又增授近代語和繪畫，用度除靠所收學費及膳宿費外，更可得到國家補助。一七九五年以來所設立的中央學校被取消了。（臺灣中華書局，民 54：351）

一八五○年頒布佛洛法案（La Loi Falloux），規定里賽由國家當局負責辦理，而考萊治則由市鎮當局負責設立。一八八○年政府再公布法令，除減少中等教育課程中的古典語而加強國語與理科外，並確立女子中等教育制度。此後男女中學分校成為慣例，直至第二次世界大戰結束後始漸廢除。

一九○二年，依國會所組織之中等教育調查委員會（一八九九年成立）提出調查報告，再作劃時代之改革，規定中等學校前四年為預科及初等科，大體等於小學相當學年之教育，在此四年之上才為七年的本科。七年本科又分為第一期四年及第二期三年。第一期課程分為二部，第一部以拉丁文為必修，第二部則不修拉丁文。第二期的課程前兩年分為四部，第一部以拉丁文及希臘文為必修，第二部以拉丁文及近代外語（較為偏重）為必修，第三部以拉丁文及科學（較偏重）為必修，第四部以科學及現代外語為必修而無古典語；第二期的最後一年則分為哲學及數學兩組。此一改革使中等教育具有三特性：(1)課程分為兩期而每期自成單元，如學生因故必於第一期終退學，仍可獲得完整的知識；(2)每期課程學生均得視性之所近而選擇科目的機會；(3)人文教育與科學教育同等重視。

第一次世界大戰期間，若干戰士有鑑於藉教育以統整國民精神之重要，遂於戰後發起「單一學校」（École Unique）運動。此種運動當時雖未有多大成就，但為日後法國教育的統整化奠下了基礎。

一九三七年，在教育部長齊依（Jean Zay）領導下又進行改革，將中等教育列為第二階段教育。其第一學年定為輔導學級（Class d'Orientation），注重學生個性之試探及興趣之培養。自第二學年起經一短期之觀察後，依學生之性向能力分為三組：(1)僅授拉丁文而不授現代外國文；(2)不授拉丁文而僅授現代外國文；(3)不授外國文而只授實用性與技術訓練課程。此一改革使職業教育及試探分化的輔導工作日受重視，可惜改革隨著第二次世界大戰的爆發而受到擱置。

一九四四年法國為適應戰後情勢，乃組織教育改革計畫委員會研擬改革方案，由郎之萬（Paul Langevin）及華倫（Henri Wallon）先後擔任主席。經三年之審議研擬，於一九四七年提出研究報告，名之曰「郎之萬及華倫改革教育方案」。此方案之要點為：(1)各種教育系統應使一切具有接受各該教育能力性向之學生皆得接受之，並使其能力及性向能得到最大的發展；(2)學生進入各種教育系統的學校，均以其能力及性向為依據而定之，而不應以其社會階級及家庭財富為依據；(3)為使學生能依其能力及性向作適性的發展，從某一教育系統或課程轉到另一系統或課程，應儘量給學生方便。根據此一方案，義務教育擬由原來的八年延至十二年（六歲至十八歲），這教育分為三期：第一期為共同課程期（六至十一歲），屬初等教育，全體兒童均須接受；第二期為性向指導期（十一至十五歲），屬中等教育前期，儘量設置共同科目，另設部分選修科目，以發揮性向輔導的功能；第三期稱為方向決定期（十五至十八歲），屬中等教育後期，分為三個組：實用教育組（section pratique）、職業教育組（section professionelle），及理論教育組（section theoretique）。理論教育組畢業生於參加「稚士證書考試」（Bacclaurét），及格後升入大學深造。學生依其志願及性向，自由選習這三組之一。選定

之後，若要從某一組轉到另一組時，只要接受短期的補課後，就可以轉變。此一改革案因戰後財政困難而無法全部實施，但實為今日法國的教育奠下了基本架構。

一九五九年，戴高樂總統公布了冠以當時教育部長名字的柏桑教育改革案（Réform Berthoin），其重點為：將義務教育年限由原來的八年延為十年；中學最初二年定為觀察期（Cycle d'Observation），儘量設置共同課程對所有學生實施一般教育，並仔細觀察每個學生之性向。在此期終了之後，即依觀察結果實行課程的專門分化。一九六四年，因鑒於二年的觀察期太短，乃將其延為四年並改稱為觀察輔導期（Cycle d'Observation et d'Orientation），並新設一種稱為「中等教育學校」（Collége d'Enseignement Secondaire, CES）的中學，作為實施觀察輔導的機構。

戰後經一連串改革而至此之後，法國中等教育即分為前期及後期兩段。前期即四年的觀察輔導期，在中等教育學校（Collège d'Enseignement Secondaire），或普通教育學校（Collège d'Enseignement Général），或普通中學（Lycée）實施。後期中等教育為期二至三年，課程分為四種：(1)長期普通教育課程──在普通中學（Lycée，或譯為里賽）實施，修業年限三年，為取得大學入學資格（Baccalauréat）進入高等教育作預備；(2)長期職業教育課程──在技術中學（Lycée Technique，或譯為技術里賽），修業年限三年，為取得中級技術人員資格證書或升入各種高等職業技術教育機關作預備，惟亦得為取得升入各種高等教育機關之「大學入學資格」（Baccalauréat）作預備；(3)短期普通教育課程──在普通教育學校（Collège d'Enseignement Général，亦譯為普通教育考萊治）實施，修業二年，除一般教育科目外，並必修若干職業科目，可以取得普通教育證書，從事非技術或輕度技術性的工作，或進入師範學校；(4)短期職業教育課程──在技術教育學校（Collège d'Enseignement Technique，或譯為技術教育考萊治）實施，修業二至三年，可以取得職業適性證書或下級技術人員資格證書，成為工商

為工商業方面的手工熟練工人。

　　一九七五年法國國會通過了「初等與中等教育改革法案」（Loi Relative á la Réforme des Enseignements Primaire et Secondaire），或稱「哈比改革案」（Réforme Haby，哈比為當時之教育部長）。一九七六年又相繼公布「考萊治教育及性向輔導組織令」（Organisation de la Formation et de l'Orientation dans les Collège）及「里賽教育組織令」（Oragnisation des Formations dans les Lycées）。這三項法令之主要改革重點為：(1)將過去的中等教育學校及普通教育學校統合，改組為「考萊治」（Collège），為一種綜合性質的初中；(2)將以往前期中等教育的四年觀察輔導期，延至後期中等教育的第一學年，以配合十年義務教育的實施；(3)將原來的普通中學（Lycée）、技術中學（Lycée Technique），及技術教育學校（Collège d'Enseignement Technique）加以統合，改組為兩種學校，一種是相當於我國高級中學的里賽（Lycée），另一種為相當於我國職業學校之「職業教育里賽」（Lycée d'Enseignement Professionnel）；(4)將前期中等教育課程單一化；(5)廢除按性向及能力來編班的方式，而採混合能力編班制。（王家通等，民 71：163－164）這次的改革確立了法國今日的中等教育制度。

　　一九八九年法國公布了教育導向法（Loi d'Orientation de juillet 1989），指出法國教育的未來方向，一是設法提高中學生獲得高中會考文憑的機會，二是在促進教育機會均等的前提下，仍應提昇教育的品質，以培養學生的真才實力。

貳‧法國中等教育的現行學制

　　法國的中等教育學制係由中央統一規定，因此各地制度一致，不像英美兩國的分歧。

　　法國的中等教育修業年限為七年，其年級的計數採倒數法，第一學年稱為六年級，第二學年稱為五年級，依次推算，第六學年稱為一年級，第七學年則稱為終結級（Class Terminale）。中等教育實際上分

兩段；第一段（Premier Cycle）及第二段（Second Cycle）。第一段中等教育在初級中學（Collège）實施，第二段則在普通高中（Lycée）、技術高中（Lycée Technique）、職業高中（Lycée d'Enseignement Professionnel）實施。茲分別說明如下：

一、初級中學

法國的前段中等教育係在初級中學（Collège）實施，其性質相當於我國的國民中學，屬綜合型，修業年限四年，被定為觀察輔導期，前二年稱為觀察期（Le Cycle d'Observation），後兩年定為輔導（或定向）期（Le Cycle d'Orientation），以實施普通教育為重點，其具體目標有三：一是發展學生的邏輯思考能力；二是促進學生精熟的閱讀能力、流暢的書寫表達能力及豐富的想像力；三是養成學生獨立工作及學習的習慣。學生畢業前需通過會考才能取得初中畢業證書（Brevet des Collèges, BC）。會考考法文、數學及史地三科，另加以初中最後一年在學成績併計而成。（林貴美，民80：153－160）

二、高級中學

法國的高級中學分成一般高中及職業高中兩個系統。前者較偏升學預備導向，而後者較偏就業預備導向，茲分別說明如次：

㈠一般高中

一般高中（lycée）又可分為兩個系統，一為普通高中（lycée général），一為技術高中（lycée technique），都以預備升學高等教育為主要目的。普通高中招收初級中學畢業生，修業三年，以升學預備為目標，修業期滿經高中畢業會考及格者，可取得高中普通科會考文憑（baccalauréat d'enseignement général）。持此文憑可申請免試升入大學相關科系深造，亦可進入高等專門學校（grandes écoles）預備班就讀，準備投考高等專門學校。

技術高中招收初級中學畢業生，修業年限亦為三年，課程較偏重

工業、資訊及服務業的性質，當然也有不少普通課程。修業期滿經高中畢業會考及格者可取得高中技術科會考文憑（baccalauréat technologique, BTn），得以申請升入大學或投考技術院校。技術高中有部分學生想於畢業後即就業者，可不選讀上述課程，而選讀一種較實用的組別，稱為技術員證書（brevet de technicien, BT）課程，修業三年即可取得技術員證書。

（二）職業高中

職業高中（lycée professionnel, LP）在一九八五年之前稱為職業教育高中（lycée d'enseignement professionnel, LEP），為實施職業教育與訓練之學校，類似我國的職業學校，修業年限有二年及三年兩種。二年制得係招考初級中學畢業生，畢業時授予職業教育證書（brevet d'étude professionnelle, BEP）。三年制者招收初級中學二年級結業生，畢業時授予職業適性證書（certificat d'aptitude professionnelle, CAP）。取得上述職業教育證書（BEP）及職業適性證書（CAP）者，再繼續進修二年，得應考職業會考，及格者取得職業會考證書（Baccalauréat professionnel, BP），除可提昇其職業資格外，並可申請升入高等教育機構就讀。（林貴美，民 80：165-166；中國教育學會，民 81：273）

依據一九九二至一九九三年的統計，顯示一般高中的學生數遠比職業高中多。在全體高中學生中，一般高中生約占 69%，職業高生只占 31%左右。

就其設立的主體來分，法國的中等學校可分為公立及私立中學兩種。公立中等學校由政府設立，原則上初級中學由府（département）負責設立；高級中學過去由中央設立，自一九八二年地方分權法（Laws of Deccentralization）公布後，改由行區（region，為府之上級政府）負責設立。私立中等學校則由私人團體（其中大部分為宗教團體）設立，頗受法國人歡迎，其學生數占全體中學生數的比率年有變化，但大多維持在 20%～25%左右。表 10-8 為中等學校學生數歷年來的實況，可供參考。（林貴美，民 80：143；劉賢俊、林貴美，民 84：

6-8）法國的公立中學雖由地方設立，但其所有的教職員人事費及教科書費均由中央負擔。政府亦對私立中學給予經費補助，並按補助額度之多少而定其接受政府管理程度。

表 10-8　法國歷年中等學校發展數量一覽表

單位：千人

	1960～1961	1970～1971	1980～1981	1985～1986	1986～1987	1987～1988
公立：						
初　中	3,372	4,017	4,751	4,795	4,810	4,825
高　職	906	1,136	1,311	1,351	1,351	1,349
高　中	1,203	1,159	1,119	1,139	1,144	1,168
總　計	5,481	6,312	7,181	7,285	7,305	7,342
私立：總計	5,009	4,563	3,878	3,910	3,902	3,905
公私立總數	10,490	10,875	11,059	11,195	11,207	11,247

資料來源：林貴美，民 80：143。

若就中等學校規模大小而言，法國的中等學校多數為小規模或中等規模的學校，初中每校平均學生人數為五百人，而高中每校的平均人數則為二千人左右。

就中等教育的普及程度而言，因法國的義務教育年限為十年（六至十六歲），扣除小學階級義務教育年限五年後，中等教育的前五年亦屬於義務教育，故法國的中等教育相當普及，依一九八七至八八年的統計顯示：法國十一至十七歲學童的就學率已高達 93.8%。（林貴美，民 80：173）

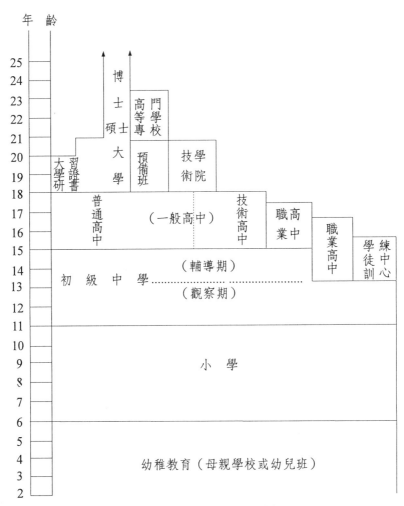

年　齡

25
24
23
22
21
20
19
18
17
16
15
14
13
12
11
10
9
8
7
6
5
4
3
2

博士　碩士　大學

門學校　高等專

大學研　習證書

普通高中　（一般高中）

預備班

技術院　學

技術高中

職業高中　職高中

職業高中

學徒訓　練中心

（輔導期）

初　級　中　學 ....

（觀察期）

小　　學

幼稚教育（母親學校或幼兒班）

圖 10-3　法國之學制系統

參·法國中等教育的課程

　　法國中等學校的課程，係由中央教育部訂定課程標準規定，故全國相當一致。課程標準的訂定，是先由教育部主管中等教育的單位擬定草案，再送交教育部所設的課程相關審議會審議通過後，教育部以部令公布施行。課程標準規定了各類中等學校的教學科目、各科目每

週教學時數、教材大綱、教學方法指導等。課程標準每隔數年即會修訂一次，以適應社會及時代發展的需要。

現行初級中學的課程如表 10-9 所示。由表中可看出下列要點：

表 10-9　法國初級中學各科時數分配表

科目 \ 時數 \ 級別 年度	1993～1994				1993～1994	
	6	5	4	3	4	3
法　文	4.5	4.5	4.5	4.5	4.5	4.5
數　學	3	3	4	4	4	4
現代語文 1（第一外語）	3	3	3	3	3	3
歷史、地理、經濟、 公民教育	2.5 1	2.5 1	2.5 1	2.5 1	0 3	0 3
物　理			1	1	1	1
生物與地質	1.5	1.5	1.5	1.5	1	1
工藝（或技術）	2	2	1.5	1.5	7	7
藝術（造形藝術、音樂）	2	2	2	2	2	2
體育與運動	3	3	3	3	3	3
各校自行決定的加強課程	3	3	0	0		
自由選修　現代語文 2（第二外語）	3	3			技術組	
現代語文 1 之加強課程	2	2				
拉丁文	3	3				
希臘文	3	3				
一般教育						
總　計	28				28.5	

資料來源：劉賢俊、林貴美，民 84：12。

1. 課程分為必修和選修兩部分。

2. 每週必修科目的時數合計在二十四節左右，選修科目可選一至二科，約在二至六節之間。

3.必修科目有十科，即法文、數學、外語、史地及經濟、公民教育、物理、生物與地質、工藝、藝術、體育與運動等。

4.前二年各校可自行決定加強課程一門，以配合學生的需要，並發展學校特色。

5.重視外國語及古典語，除必修有外語外，自由選修五科目中有四科屬於外國語，包含拉丁文及希臘文在內。

法國的高級中學課程較為複雜，一般高中的課程與職業高中的課程有所不同。一般高中又分為普通及技術兩類，這兩類從二年級起又再分成許多組，複雜性由此可見。因資料限制，本處以討論一般高中的課程為主。

綜觀法國的高中課程（參見表 10－10、表 10－11、表 10－12），可歸納出下列要點：

1.課程由中央教育行政機關制定，故全國同類型高中的課程相當一致。

2.實施課程分組，以導向不同的專長。如一般高中分為第一類組（技術高中組）及第二類組（普通高中組）。第一類組（技術組）第二年又再分為 E（數學與技術）、F（工業技術、社會醫療與應用藝術）、D（生物技術與農藝）等三組。到了第三年，F 組又再分為十二小組。

第二類組（普通組）於第二年分為A（文學、藝術）、B（經濟、科學）、H（資訊）、G（商業及行政服務）四組。各組到第三年又再分組。分組的詳情請參見表 10－12。

3.課程分為共同必修、分組必修及自由選修三類。共同必修旨在加強基本素養，並發揮統整及試探的功能，為日後的分化作預備。分組必修旨在發揮彈性適應及專門化的功能，而自由選修則進一步發揮適應個別差異的作用。

表 10−10　法國一般高中一年級課程及每週教學時數

	科　目　名　稱	時　數
共同必修	法　文 史—地 現代語文（第一外國語） 數學與化學 物理與化學 生物科學與技術及地質學 運動與體育 　共計	4～5 3～4 2.5～3 3～4 3～3.5 2 2 19.5～23.5
分組必修 第一類組（技術）	工業技術 　—自動化系統技術 　—生產 實驗室科學與技術 社會醫療科學 生物學與農業技術 應用技術 　共計	二個 Modules 4 4 8～11 8～11 7～9 8～11 39～50
分組必修 第二類組（普通）	第二外國語（現代或古典） 資訊與管理 藝術教育 特殊運動活動 自動化系統的技術 公文（文書處理） 　共計	2.5～3 2.5～3 3～4 2.5～3 4 2 16.5～19
自由選修	資訊 第三外國語文（現代） 藝術教育 家庭社會生活準備 　共計	2～3 2.5～3 1.5～2 1 7～8

資源來源：林貴美，民 80：178−180。

4.共同必修的科目及時數因學校類型不同而略有差異，以一般高中為例，技術組及普通組（即第一與第二類組）的共同必修科目如表10-10所示，包括法文、史地、外國語、數學、物理與化學、生物與地質、體育等七科，各科每週授課時數在二至五節之間，合計為十九點五至二十三點五節，詳情請見表10-10。共同必修科目主要設於一年級。

5.分組必修為各分組的必修科目，其科目因組別性質之不同而異。各組必修時數每週約在二十至三十五節之間。以一般高中為例，一年級第一（技術）及第二（普通）類的必修科目如表10-11所示；二年級及三年級A、B、C、D、D'、E組的必修科目如表10-11所示。

6.自由選修旨在以更大彈性適應學生個別需要，學生除了可在所屬組羣及其他組羣選課外，尚可在學校所開的自由選科中選修。能自由選修的節時較少，因大部分的時間已被用於共同必修及分組必修科目上。自由選修科目配合學校的性質開設，以一般高中為例，較常開設的有資訊、外國語、藝術教育、家庭與社會生活等。（林貴美，民80：178-182）

就教科書制度而言，中學的教科書係採自由制，由民間出版社在國家規定課程標準規範下，自由編印發行。政府對教科書之編輯、審查及發行，並無特別的規定。教科書的編寫者一般為師範校院相關學科教授、中學教師、教育部或地方督學，編寫後即交由公、民營出版社出版，不須經過政府的審查。中學即從出版的教科書中自由選用，通常由學校的各學科教學委員會（teaching committee）負責選定。一般而言，有師範校院教授及督學參與編寫的教科書最具權威性，被選用的機會最高。法國自一九八〇年起，屬義務教育階段的中學教科書採免費借用制，費用由國家負擔；但不屬義務教育範圍的年級（高二及高三兩年），學生則必須自費購置教科書。前述免費借用制係由學校統一購買，再轉發給學生使用，學期結束時再由教師收回，以供下屆學生使用。（中華民國比較教育學會，民78：418；鍾啟泉，民80；

表 10－11　法國一般高中二、三年級課程及每週教學時數

科目 ＼ 班（級）別　時數	A1, A2, A3 組 第一級	A1, A2, A3 組 結業班	B 組 第一級	B 組 結業班	C 與 D 組 第一級	C 與 D 組 結業班 C	C 與 D 組 結業班 D	D' 組 第一級	D' 組 結業班	E 組 第一級	E 組 結業班
法　　文	4.5～5	—	4	—	4	—	—	4	—	4	—
哲　　學	—	8	—	5	—	3	3	—	4	—	3
史　　地	3.5～4	4	3.5～4	4	3.5～4	3	3	2	2	2	—
第一外國語文（現代）	2.5～3	3	2.5～3	3	2.5～3	2	2	3	3	2.5～3	2
第二外國語文（希臘或拉丁文）	—	3	2.5～3	3	—	—	—	—	—	—	—
數　　學	2(A2－A3) 5(A1)	(A2－A3) 5(A1)	4～5 3.5～4	5	5～6	9	6	6	6	5～6	9
社會學與經濟學	—	—	2	5	—	—	—	2(a)	2	—	—
自然科學	2	—	1.5	—	2.5	2	5	3(b)	3	—	—
物　　理	1.5	2	2	—	4.5	5	5	4(c)	4	4～5	5
體育與運動	2	2	2	2	2	2	2	4	4	2	2
藝術教育	(A1－A2) 4(A3)	(A1－A2) 4(A3)	—	—	—	—	—	2(d)	2	—	—
工藝學	—	—	—	—	—	—	—	—	—	10～12	11
科技理論與實際	—	—	—	—	—	—	—	6	6	—	—
合　　計	29.5～31.5	29	25.5～28.5	27	23.5～26.5	26	26	36	36	29.5～34	32

註：(a)修經濟學；(b)修生物科學；(c)修物理化學；(d)修文化教育。

資料來源：林貴美，民 80：181。

表 10-12　法國高中分組課程一覽表

高一		高二	高三	文憑類別
普通課程共修	經濟與社會導論	A1 語　　文	A1	文學
		A23 語　　文	A2	
		A3 語文—藝術	A3	
第二類組	古典語文或第二語文或繪　　畫或音　　樂或運　　動或技　　術或資訊與管理	B2 語文＋經濟	B	經　　濟
		B 數學—科學	C	數學—物理
			D	數學—科學
		H 資　訊	H	資　　訊
		G 第二職類技術	G1 秘書 G2 會計 G3 貿易	第三種類技術
第一類組	工業技術	E 數學與技術	E	BACE 數學—科學
		F1 機　　械	F1	十二種高中技術文憑（12 BAC）
		F2 電　　子	F2	
		F3 電　　工	F3	
		F4 土木工程	F4	
		F9 設備工程	F9	
		F10 顯微技術	F10	
	科技實驗	F5 物　　理	F5	二十幾種的技術員證書（BREVETS de TECHNI-CIENS）
		F6 化　　學	F6	
		F7 生　　化	F7	
		F7 生　　物	F7	
	社會醫療	社會醫療	F8	
	應用藝術	應用藝術	F12	
	生物技術與農藝	D'	D'	農業科學
		農　　藝	BTA	農　　藝
	高一專門訓練課程	音　　樂	F11	音　　樂
		BT	BT	技術員證書

普通課程共修：法文、數學、物理、自然科學、現代語文、史地、體育

資料來源：劉賢俊、林貴美，民 84: 17。

吳正牧，民 83：26－27）

肆・法國中等學校學生的入學及升學

　　初級中學新生之入學係實施分發入學方式，除若干特殊情形外，並不舉行任何入學考試。依法令規定，小學畢業生升入中學的分發係由府教育廳長所任命的初級中學入學委員會統籌辦理。初級中學入學委員會（Commission of Admission in First Cycle）之成員包括府督學、初中校長、初中第一學年教師、心理學家、輔導顧問、學校健康中心的醫生，及學校社會工作人員等各一人，與三位學生家長代表，均由府教育廳長任命之，並由府教育廳長擔任主席。

　　府教育廳長每年應調查轄區內小學應屆區畢業生之名冊，並蒐集每位學生的個人資料（記載各生的小學成績、身心狀況及家庭社會背景），彙交給初級中學入學委員會。委員會再根據此等資料，決定分發學生升入初級中學或續留在小學。分發完畢之後，教育廳應將分發情形通知家長、小學、初級中學，及當地輔導中心，並將學生個別資料送往該生被分發到的學校存查。如果家長不服入學委員會「繼續留讀小學」之判定時，該會則由府教育廳長召開另一次會議，對學生資料作第二次審查並定期舉行考試，依考試成績再作裁決。私立小學畢業生或在家自修之學生，若欲升入公立中學時，一律須參加府教育廳所舉辦之考試，及格者方能升入。上述之考試科目，包括法文、數學，及能力測驗三科。初級中學入學委員會在分發學生入學之時，每所學校都會保留若干名額，供這些參加考試之學生入學。

　　為輔導學生決定其發展方向，各初級中學均設有輔導委員會（Guidance Committee）負觀察輔導之責。輔導委員會之成員，包括導師、府教育廳之升學就業輔導人員、學校醫師、學校心理衛生專家，和學校輔導員，以校長為主席。輔導委員會在第一學年之第一學期、第二學年及第四學年結束時，前後三次向家長提出有關學生進路之建議，以供學生選課及選擇升學方向之參考。（Halls, 1976: 90－91）

初級中學屬於義務教育，政府訂有強迫就學的法令，其中規定學生若遲遲不註冊入學，家長將被科以罰款。學校須定期將學生出缺席情形，通知主管教育行政機關，學生若無故缺席，家長會受重罰，如每個月缺席超過四個半天，即被停止領取各種國家津貼，如持續違反義務就學規定，家長要受監禁之處分。惟從事農漁業之家長，於忙碌季節時，得向有司申請讓子女休學六週，以協助農耕捕魚工作，家長遇有採葡萄時，亦有類似權利。（Lewis, 1985: 12−13；林來發等，民82：90）

　　初級中學畢業生係根據輔導意見而非入學考試升入高級中學。通常學生到了第四學年（即初中最後一年）時，即由校長與前述輔導委員會先行就性向觀察與平日輔導所獲資料，研議輔導建議，並約談學生家長聽取意見。綜合這些資料和意見所獲得的初步結論，於第二學期（法國採三學期制）正式向學生家長提出。如家長接受學校的輔導建議，則學生即依建議升學。否則若家長反對，學校即安排家長與導師見面，進行溝通協調，如家長仍堅持反對，即可向當地府教育廳長主持的訴願委員會（La Commission D'appel）提出請求改變輔導建議的決定。訴願委員會經審議個案資料後，或接受家長請求，或安排學生參加入學考試，如通過考試則學生即可如願進入家長所請求類型的高中。此種考試科目包括法文、數學，及英文。私立初級中學之畢業生，若欲進入公立的高級中等學校就讀，則須參加前述教育廳長所舉辦之甄選考試。而畢業於接受政府經費補助之私立中學之學生，若欲升入公立高級中等學校就讀時，則由一特別審查委員會審查其在校成績及各種記錄，然後決定取捨並分發入學。

　　初級中學應屆畢業生多數在離校之前，參加分設於各地之輔導中心（Guidance Centre）所舉辦之能力測驗。該測驗共分四科：語文測驗（Verbal Test）、非語文測驗（Non-Verbal Test）、數字與機械推理測驗（Numerical and Mechanical Reasoning Test），及空間能力測驗（Spatial Ability Test）。測驗結果由輔導中心寄給考生所屬之初級中學

輔導委員會，作為決定該生進路建議的參考條件之一。（Halls, 1976: 97）

　　法國初級中學及高級中學均採用學區制（Districts Scolaires），高中學區的範圍較初級中學的學區為大，每一高中學區通常包括若干初級中學學區。學區通常依人口分布與地理狀況而劃定，每一初中學區至少設有一所公立初級中學，而每一高中學區至少應包括有不同類型公立高級中等學校各一所，以利該學區內初中畢業生依輔導意見就近升學。初級中學的學區稱為 Secteurs Scolaires，而高級中學的學區稱為 Districts Scolaires。（郭為藩，民 71：13－14）

　　高級中等學校畢業生若欲升入高等教育機構者，必須通過高中畢業會考（Baccalauréat, Bac），取得會考文憑方具有入學資格。換言之，高中畢業會考及格文憑（又譯稚士證書）兼具雙重功能：一方面銓定高級中學畢業的資格，另一方面也是升入大學院校的憑證。高中畢業會考每年舉行一次，另外補考一次。考試科目限於畢業班（即終結級）課程，惟法文則考全部高中的教材。考試分兩次舉行：第一次為必修科目考試，採筆試和口試方式為之，另有若干科目採實地考試（如體育測驗等）；第二次為選修科目考試。畢業會考區分為許多類組，各組所考的科目與加權比重均不同，每組平均考四至五科，每科考三至四小時，口試約為二十分鐘。（雷國鼎，民 67：289－290；黃政傑、歐陽教，民 83：371－372）

　　高中畢業會考各類組的聲譽並不相等，而其聲譽之高低與升入的高等學府類型頗有關係。例如通過技術教育類組會考者，大部分升入聲譽較低的二年制技術學院（University Institute of Technology）；而通過普通教育類組會考者，升入聲譽較高的高等專門學院預備班的機會較多。由此可見，從高中分組開始，就漸決定了學生未來的學術研究方向與前途。

　　通過高中畢業會考的高中畢業生，若欲升入一般大學（université）者，即可申請入學，不必再經過其他競爭考試（concours）。申請入

學方法相當簡單，只要到當地或到擬升入大學附近之大學就學服務處（Services de Scolarité de l'université）辦理登記即可。大部分大學都有接受預先註冊（préinscription）之措施，於每年三月寄出有關資料申請入學，就算登記。如畢業會考不及格，而於補考通過者，大學如尚有缺額，通常會第二次接受申請，再擇優錄取補滿。（林貴美，民 80：261-262）

法國的高等教育機構中，有一種重視專業技能教育的學府，稱為高等專門學院（grands écoles）。這種學院畢業生的出路甚佳，社經地位甚高，是大多數高中生所嚮往的學校。因僧多粥少，故以入學考試來甄選學生。欲升入此類學院者，須於通過高中畢業會考後申請進入其先修班（les classes préparatoires）就讀二年，結業後再參加高等專門學院的入學考試，成績優秀者按申請志願才得升入，修業三年畢業而獲頒高等專門學院文憑（diplômes de grandes écoles）。高等專門學院的預備班通常附設於高級中學裡，有近二百個左右。（林貴美，民 80：231-232；Lewis, 1985：109）

伍·法國中等教育的特徵

綜合前面的敘述討論，可歸納出法國中等教育制度的特徵如下：

1. 中等教育的學制由中央規定，故全國各地的中等教育學制相當一致。初級中學採綜合型；高級中學則採功能型，分為一般高中及職業高中兩大類，而一般高中又分為普通高中及技術高中兩種。

2. 中等教育十分普及，就學率已近 94%。法國的義務教育年限為十年，扣除小學教育年限五年後，中等教育前五年屬於義務教育，在義教階段的學童若不入學，家長會受罰款或監禁。

3. 公立中等學校均由地方設立。初級中學由府設立，而高級中學則由行區（region）設置；但所有教職員的人事費及教科書經費卻由中央政府負擔。私立中等學校由私人團體設立，以教會設立者居多，但不少接受政府的補助。

4.中等教育的課程標準由中央教育部制定，因而各校的課程類似性頗高。初中課程以必修為主，選修為輔。高中課程則實施分組，而且分組十分複雜，藉以導向不同專長的學習與發展。

5.中等學校的教科書採自由制，由民間出版社依國家課程標準之規定，自由編寫發行，政府不予審查。教科書由學校各學科教學委員會選用，屬義務教育階段之教科書由國家免費借用給學生使用。

6.初級中學屬義務教育範圍，小學畢業生由府教育廳的初中入學委員會分發入學。初中畢業生則由學校根據輔導資料及家長意見輔導升入高中。家長如對子女的升學分發或輔導有所不服，均得向府教育廳提出申訴，以求救濟。

7.高中畢業生欲升入大學者，須先通過高中畢業會考，再向大學申請註冊入學，不須再經過入學考試。惟如欲升入聲譽較好的高等專門學院，則須先就讀其預備班二年結業後，再參加學院的入學考試及格才得入學。

第四節　德國的中等教育

本節仍先討論德國中等教育的演進，再依次討論其現行學制、課程、行政管理、學生入學及升學方式，最後再歸納出其特徵。

壹·德國中等教育的演進

德國的中等教育發展甚早，係源於西元七八九年法蘭克王查理大帝訂頒教育法令後所設立的寺院學校（Klosterschule）及教堂學校（Domschule）。惟此等學校係為貴族子弟與教會人士而設，故課程偏重於讀寫、七藝，和神學科目。及至文藝復興之後，中等學校才改為偏重古典語文及藝術課程，而人文主義者也在德國各城市設立人文主義的拉丁文法學校，其中尤以司徒穆（J. Sturm）在斯特拉斯堡（Strassburg）所主持的文法中學（Gymnasium）最為有名，而成為今日德國

文法中學的典型。（楊亮功，民 54：282－285）

　　啟蒙運動發展之後，自然科學日益發達，工商業也日漸發展，社會對工商人才之需求更為迫切。原有之文法中學，教育漸不能滿足這種變動社會的需求，故到十八世紀時遂有「實科中學」（Realschule）的出現（創自一七四七年），偏重自然科學及數學課程。後來又參照實科中學的精神並提高程度，而另創設一種「高級實科中學」（Oberrealschule）。於是文法中學、實科中學及高級實科中學，成為鼎立之勢。

　　十八世紀末葉，新人文主義領導人物之一的洪保爾德（W. V. Humboldt, 1767－1835）出管普魯士教育，著手改革中等教育，於一八一二年將過去不同名稱的文法中學，如 Gymnasium、Lyceum、Pädagogium、Collegium、Lateinische Schule、Akademie 等，統一其程度。達九年者稱為文法中學（Gymnasium），達六年者稱為前期文法中學（Pro－Gymnasium），至此文法中學遂獲特殊地位，注重傳統的學術研究並作升學預備。此外，當時尚有專為中等階級子弟而設的市民學校（Burgerschulen），以培養適應日常生活的能力，故其課程不設古文而設近代語。創自一七四七年的實科中學，此時為數甚少。

　　一八五九年，政府公布實科學校教學及考試規程，於是實科中等學校得依法令而正式誕生。實科中等學校分為兩型：九年制及六年制實科中學兩種。九年制實科中學於一八八二年改稱為文實中學（Realgymnasium），其課程注重拉丁文、現代語、數學及其他學科，而不偏重古典科目，藉以培養基本知識並使之瞭解普通文化，與文法中學立於平行而互補的地位。

　　一八七二年，在鐵血宰相俾斯麥力求革新下，又公布法令對教育多方改革，其革新方案之一為創立一種所謂的「中間學校」（Mittel Schule），其性質近於英、法等國之高級小學，使無法升入中等學校、但又希望在小學畢業後仍有受教育機會者就讀，以適於從事工商職業之需要。（臺灣中華書局，民 54：335－336）

一九〇一年，政府頒布「學則」，將文法中學（Gymnasium，注重古典文化之研習）、文實中學（Realgymnasium，注重西歐文化之研究），及高級實科中學（Oberrealschule，注重自然文化之研習）三者的地位拉平，其課程均以宗教、德文，及本國史為核心，以培養德國文化修養的國民。

第一次世界大戰之後，德國於一九一九年制頒魏瑪憲法，其第一百四十六條規定：「公立學校應為有機的組織，在全民共同的基礎學校（Grundschule）之上，銜接中級學校（Mittlere Schulwesen）及高級學校（Höhere Schulwesen），此等學校之設置應以職業的多種性為依據，學生進入某一特定學校應依其能力性向而定，而非以其父母的社經地位或宗派派別為依據」，於是「單一化的教育制度」終得實現。一九二〇年復制頒法令，一則明令廢止中等學校預備班，將初等教育完全統一在四年制基礎學校實施；二則保留戰前之文法中學、文實中學，及實科中學；三則增設德文中學（Deutsche Oberschule）與建立中學（Aufbauschule）。德文中學之設置目標，在傳授本國語文及發揚民族文化，故規定以德意志學科為課程核心。建立中學則與國民學校之第七年相接，旨在顧及鄉村優秀子弟，使之有接受中等教育之機會。惟此時對中等教育之興革，並未制頒全國性之法律，而任由各邦自行其是，故中等教育制發展分歧，在一九三七年達八十種之多。

一九三三年國社黨執政，屬行獨裁統治，乃於一九三七年宣布改革法令，把過去的許多不同中學類型，除建立中學及中間學校外，均加以合併縮減為高級中學及文法中學兩種。高級中學（Oberschule）專重德國文化及歷史之傳授；文法中學（Gymnasium）則偏重古典課程之訓練。一九三九年並將文法中學的修業年限縮短為八年（原為九年）。

第二次世界大戰結束之後，德國分裂為東德及西德兩部分。西德於一九四九年公布基本法（即憲法），將教育行政權力保留給各邦，聯邦政府不再干預教育事務。於是各邦自行發展其中等教育制度，只

透過各邦教育廳長常設會議作溝通協調，故各邦制度頗為分歧。惟不管如何，各邦均本著「民主化」的原則，改革其中等教育制度。

一九五五年，西德聯邦及各邦政府聯合設置「德意志教育制度委員會」，聘請專家學者研擬教育改革方案。該會於一九五九年提出研究報告，名曰「德國公共學制統一及改革方案」，簡稱為拉盟計畫（Rahmenplan）。該計畫在中等教育上的改革重點為：(1)各邦的教育制度應設法由分歧而歸於統一；(2)中等教育應因才施教以促進個性發展，故宜在基礎學校之上設置兩年的促進（即觀察輔導）階段（Förderstufe）；(3)中等學校宜分為主幹中學（Hauptschule）、實科中學（Realschule）、文法中學（Gymnasium），及高級中學（Studienschule）。其中高級中學直接銜接在基礎學校之上，無促進階段之設，以供優異學生就讀。（王煥琛，民 61：172－177）

一九六四年，各邦教育廳長在漢堡決議「有關統一學校制度的各邦協定」──通稱漢堡協定（Hamburger Abkommen），其改革重點為：(1)所有兒童的第一至第四學年的共同階段，稱為基礎學校（Grundschule）；(2)所有兒童的第五及第六學年，稱為促進階段（Fördestufe）或觀察階段（Beobachtungstufe）；(3)銜接在基礎學校之上的中等學校，有主幹中學、實科中學，及文法中學三種；(4)基礎學校與主幹中學得統稱為國民學校（Volksschule）；(5)全日制義務教育為九年，但亦得延為十年；(6)實科中學及文法中學各設一貫型及高級型（即後半段）兩種；(7)各類中學之間的轉學靈活化。（王煥琛，民 61：178－185）

一九七〇年，德意志教育審議會（Deutscher Bildungsrat, The German Education Council）提出其研究報告，名曰「教育制度的結構計畫」（The Strukurplan fur Bildungswesen）。報告的主要建議為：(1)倡設綜合中學（Gesamtschule）；(2)將學制由垂直多軌制改為水平單軌制，並將中等教育分為前後兩個階段；(3)打破普通教育與職業教育之間的界限；(4)把中等教育的前兩年定為定向階段（Orientierungstufe）。（Hearnden, 1976: 67－70）

　　一九七三年，聯邦與邦教育計畫委員會（Bund-Länder-Kommission fur Bildungsplanug）提出其長期的研究報告，名曰「教育整體計畫」（Bildungsgesamtplan, Overall Education Plan），對一九八五年以前的教育發展作了預估及計畫。這個計畫獲聯邦及各邦政府首長批准，計畫在中等教育方面的建議重點為：(1)將所有的中等學校改制為綜合型中學；(2)將中學分為第一段（Sekundarbereich Ⅰ）及第二段（Sekundar-bereich Ⅱ），亦即有初、高中之分；(3)中學前段止於第九或第十學年（包括小學在內之年限），應設共同的核心課程（common core curricu-lum）讓全體學生學習，並逐年增設選修課程；中學後段修業二年或三年（依學校而定），其職業及普通課程應加強溝通聯繫；(4)為加強試探分化之功能，應將第五及第六兩學年定為定向階段（Orientierun-gsstufe）。（Hearnden, 1976: 71－74）

　　一九九〇年十月三日，東德併入西德，德國再度成為統一的國家。統一後的德國，仍適用原西德的基本法及其他法規，故其學制仍沿用原西德的制度。為因應統一初期的過渡狀況，德國曾於統一後訂定「九〇年代學制基本結構」（Grundstruktur des Bildungswesens 90），把原來東德的部分學制納入。但後來政府仍決定於過渡期後把納入的東德學制併消，完全採用西德的學制作為德國的學制。（中華民國比較教育學會，民 82：286－296；謝文全，民 84：186）

貳・德國中等教育的現行學制

　　德國為一聯邦國家，由十六個邦組成。因德國的教育制度係由各邦自行決定，故各邦之中等教育制度有若干差異。惟透過各邦教育廳長常設會議及各邦聯合組成的各種研革委員會的規劃及協調，目前各邦的制度已呈大同小異的局面，即在基礎學校（Grundschule）之上設立文法中學（Gymnasium）、實科中學（Realschule），及主幹中學（Hauptschule）。此外，各地方逐漸發展綜合中學，並在後段設有多

種職業學校。

基礎學校為小學，其修業年限除漢堡、西柏林及不來梅三邦為六年外，其餘八邦均採四年制。德國的中等教育可分為兩個階段：第一階段包括主幹中學、實科中學、文法中學，及綜合中學的第五學級（在柏林則從第七學級）至第九或第十學級；第二階段則包括文法中學及綜合中學的第十一至第十三學級，也包括中等教育第一階段之後施行職業教育的各種職業學校，主要有職業學校（Berufsschule）、職業專門學校（Berufsfachschule）、職業基礎學校（Berufsgrundschule）、職業建立學校（Berufsaufbauschule）、專門高級學校（Fachoberschule）及專門學校（Fachschule）等。茲將各類中學簡述如下。

一、主幹中學

主幹中學（Hauptschule）招收無法或不願就讀文法中學及實科中學之學生，使其完成義務教育，培養國民基本能力。由於所占數目較多，故其資質一般說來較差。主幹中學一般均止於第九學級，惟其開始學級則因邦而異，有的邦（如柏林、不來梅）始於第七學級（共三年），有的邦（多數邦）則始於第五學級（共五年），畢業生可得畢業證書（Abschlusszeugnis）。惟近十多年來，很多邦在主幹中學設置第十學級，使學生得藉以取得中等教育第一階段畢業證書（即中間成熟證書），以升入文法中學第二階段或其他職業技術學校。主幹中學的畢業生以升入職業學校為主，或升入職業專門學校。如不升學而就業，以擔任手工藝學徒為主，或到中小型企業機構工作，惟仍有義務接受部分時間制職業教育，直至滿十八歲為止。

二、文法中學

文法中學（Gymnasium）亦可譯為文理中學，實施升學預備教育，招收的學生都是上智類的人。文法中學可大別為傳統型、建立型、特殊型及夜間型等四種形式。

「傳統型」文法中學屬一貫制，即同時擁有中等教育第一及第二階段，通常始自第五學級，但在基礎學校年限為六年（如柏林）或設有二年「定向階梯」的邦裡則始自第七學級，均終於第十三學級，故修業年限共為九年或七年。傳統的文法中學又可分為三種，即古文文法中學（Altspruchilches Gymnasium）、今文文法中學（Newsprachilehes Gymnasium），及數理文法中學（Mathematisch-Naturwissenchaftliches Gymnasium）。

　　「建立型」的文法中學屬於擴充或補救性質的中學，主要是招收主幹中學及實科中學的肄業或畢業生，經補救教學後得取得升入大學的資格。建立型文法中學都止於第十三學級，但其開始的學級則因邦因地而異，有的起於第七學級（如赫森邦）、有的始自第九學級（如柏林）、有的始自第十一學級（如北萊茵西法倫邦），故其修業年限有七年者、有五年者、有三年。（鄭重信，民66：77－78）

　　「特殊型」文法中學始於第十一而終於第十三學級（共三年），銜接於文法中學或實科中學第十學級之上，通常屬職業或技術性的文法中學，畢業生有的取得一般大學的入學資格，有的只能取得大學相關科系的入學資格。特殊型文法中學之名稱因邦因地而異，也因其課程目標不同而異，技術文法中學（Technisches Gymnasium）、經濟文法中學（Wirtschafts Gymnasium）、社會科學文法中學（Sozialwissenschaftliche Gymnasium）、音樂文法中學（Musisches Gymnasium）、女子文法中學、體育文法中學、農業文法中學、教育學文法中學等均屬之。

　　「夜間型」文法中學（Abendgymnasium）在夜間上課，入學條件為取得「中間成熟證書」後已完成職業訓練或已有二年正式就業經驗者，學生通常是白天工作而夜間就學；修業年限至少三年半，畢業者可取得一般大學入學資格。

三、實科中學

實科中學（Realschule）過去有的邦稱為中間學校（Mittelsch-ule），惟目前各邦均統一稱為實科中學。其教育目標在實施介於技術訓練與學術教育之間的一種中道教育，使畢業後擬從事職業或技術工作的學生，得以接受職業或技術預備課程；亦可對擬轉入文法中學作升學預備的學生，提供升學預備教育。惟其重點目標為前者，即在使學生接受工業、行政、農業、商業、手工、養護、社會工作、技藝、家政等方面之職業或技術預備教育。

各邦的實科中學均止於第十學級，惟開始學級則因邦而異，有的邦（如柏林、漢堡、不來梅）始於第七學級（共四年），有的邦則始於第五學級（共六年）。實科中學學生畢業時須經考試及格，始取得畢業證書，稱為中等教育第一階段畢業證書，簡稱為中間成熟證書。畢業生多數就業；有志升學者則可在畢業後進入建立型文法中學、特殊型文法中學，及專門高級學校（Fachoberschule）就讀，畢業後即可取得大學的一般或相關科系的入學資格。在一些邦裡，甚至任何年級的實科中學學生均得轉入文法中學。實科中學所招收的學生，通常是資質次於文法中學學生者。

一九八六年的統計顯示，約有 30%的適齡學生就讀實科中學，比率雖低於主幹中學，但卻高於文法中學。畢業生大部分進入公共服務部門工作，其餘則進入產業或行會擔任學徒，或接受訓練成為技術勞工。（Fuhr, 1989: 91；黃政傑等，民 85a：67）

四、綜合中學

為適應民主平等及加強試探分化功能的世界潮流，德國自一九六〇年代後期開始發展綜合中學（Gesamtschule），至目前已有五百多所，占中學的比例約為 10%上下。綜合中學可分兩種，即聯合型綜合中學及統整型綜合中學。聯合型綜合中學（Kooperative Gesamtschule）

係主幹、實科，及文法第三種中學共存於一校園之內，校內三種中學各有各的校長、教師、課程及設備，惟彼此相互支援（通常由文法中學校長負責協調）。統整型綜合中學（Integrierte Gesamtschule）則打破主幹、實科及文法中學的界線，只設一校長，學生依個人能力及性向，經由各種分化形式的課程及教學，最後分別得到主幹中學畢業、實科中學畢業，或文法中學畢業的資格。綜合中學有的只屬第一階段（第四或第六學級至第十學級），有的屬第二階段（第十一至第十三學級）。（中華民國比較教育學會，民 82：290－291，黃政傑等，民 84：27）

五、職業學校

職業學校（Berufsschule）為部分時間制的職業義務教育機關，凡主幹、實科及文法中學結業或畢業生，未升學而就業或賦閒在家且年未滿十八歲者，均須就讀職業學校，每週上課約八到十二小時，為期三年，免繳學費。學生於職業學校畢業後，可取得參加學徒結業考試資格，通過學徒結業考試者，即由各有關公會發給技士、熟練工證書，或商人證書等，此種考試例由各職業公會主辦而由職業學校協辦之。職業學校大都由縣市政府設立，少數由邦、學校協會，及私人（企業機關或公會）設置。工業企業機關設置時所支付之費用，可於應納稅捐項下扣除或申請減免。職業學校的類別很多，有工業類、農業類、商業類、礦業類、家政類、混合類，及其他等。就在校學生的職業組別而言，有專修農業、林業、家政、園藝、建築、金屬、電子、化工、木工、紡織、皮革、食品、自然科學、版畫、保健、理髮、行政、商業……等。學生中以十五至十八歲者居多，占一半以上，且大多一面在企業機構工作實習，一面在校當學生。

六、職業專門學校

職業專門學校（Berufsfachschule）為全時制的職業學校，修業年

限一至三年。入學資格為主幹中學中等以上成績之畢業者（占多數）、實科中學畢業者，或文法中學第十學級結業者。職業專門學校的類別很多，有工業、商業、家政等類。學生以專攻商業及餐旅業科者最多，其次為家政、兒童養護或其他適合婦女工作的類科；少數學生攻讀農業、工業、手工或其他技術類科；攻藝術學科的則極少。職業專門學校畢業者可得畢業證書（其名稱不一），此種畢業證書極少部分（如鐘錶職業專門學校畢業證書）可視同技工考試及格證書，而多數則只表示具有參加技工考試的資格而已。必須通過此種技工考試者，才能取得從事工作的資格證書。

七、專門高級學校

專門高級學校（Fachoberschule）有屬全時制者，亦有屬部分時間制者。修業年限多數為二年（第十一至十二學級），少數為三年（第十至十二學級）。三年制招收主幹中學畢業之成績優異並受完職業訓練者。二年制招收實科中學畢業者，或文法中學第十學級結業後至少有一年職業經驗者，或完成職業訓練的實科中學畢業生。專門高級學校有技術、社會、家政、經濟、造型、航海，及農業等類科，均極重視實習。實習以在企業機關內進行為主，而在校內工廠為輔。學生實習及格後，才可參加畢業考試。畢業考試及格者，可取得高等專門學院（Fachhochschule）相關科系的入學資格。高等專門學院屬高等職業教育機構，偏重實用知能之研習，修業三年並另加實習一年，畢業者可取得從事職業的資格證書，亦可得到相當於學士的學位，成績優異者尚可轉入學術性大學之相關科系進修。

八、專門學校

專門學校（Fachschule）招收主幹中學、職業學校，或職業專門學校畢業，且完成職業訓練並有過實際工作經驗者，以培養中上級職業人才。其授課或採全時制或採部分時間制，修業年限因科別性質而

異，大致說來全時制為一年半至二年，而部分時間制為三至四年。專門學校畢業生經參加政府的職業證書資格考試及格者，即可取得相關職業的從業資格。專門學校種類繁多，幾乎一切職業類科均有，如工業、手工業、商業、經濟、銀行、行政、礦業、農業、航海、運輸、餐館、法律、家政、玻璃、金屬、機械、電子、建築、紡織、社會教育、醫護、化學技術、記錄處理，及文藝……等。

茲將德國的學制繪示如圖 10-4，以供參考。

就中等學校的設立主體來分，德國的中等學校可分為公立及私立中學兩種。公立中學由邦或地方設立，通常邦政府所設置的以文法中學為主。地方（縣市鄉鎮）所設置的中學，以主幹中學、實科中學，及各種職業學校為主。私立中學則由教會團體或私人團體（包括企業機構）設置，據估計在各類私立中學就讀之學生數，占各該類公私立中學總學生數的百分比為：在實科中學及文法中學裡各占 12%，在職業學校裡約占 27%。（Frissen, Frine, and Meek, 1980: 131）以一九九一年全國平均為例，每一百位文法中學畢業生中有十二位來自私校，一百位綜合高中畢業生有十八位來自私校。（何慧羣、周玉秀，民 84：13）

叁・德國中等教育的課程

德國中等學校的課程標準，係由各邦的教育廳（局）制定的。各邦教育廳（局）在制定課程標準時，通常是任命教師、專家學者代表與廳（局）有關官員，組成課程標準編定委員會負責辦理之。委員會均根據各邦教育廳長常設會議所定的指示或指引或各邦之間的協定來擬定，以免各邦的課程標準歧異過大。課程標準擬就之後，先暫時試用一段時間，在試用期間不只在實際教學中實驗，而且讓教師、政府官員及學者公開討論，再根據實驗及討論的結果修正後公布實施。課程標準通常規定有各類學校的教學科目之名稱、教學時數、教學目標，及應採之教材，各中等學校即須依各邦所公布之課程標準施教。

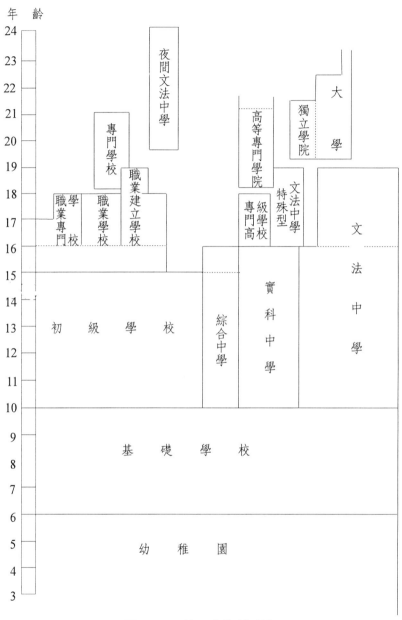

圖 10-4　德國之學制系統

德國的中等學校教科書是採認可制的，教科書都由私人或書商依各邦公布的課程標準編寫並出版，然後各邦教育廳（局）再從已出版的眾多教科書中加以選擇認可。此種選擇工作是由廳（局）所任命組成的教科書選擇委員會擔任，委員包括有資優教師、校長、教師中心代表，及大學教授。選好經教育廳（局）認可後，各邦教育廳（局）即將所認可的教科書名單公布，各校再從這些被認可的書單中，選擇其所欲使用的教科書。學校在選擇時，或由有關教師開會共同討論決定，或由各科教師自行決定。不過有部分的邦，係由數校或市鄉鎮組成教科書選擇委員會選擇，以決定該縣範圍內採用同樣的教科書。德國中學的教科書採免費借用制，由邦負擔經費，因一本教科書要使用數年，故製作十分堅固耐用。（鍾啟泉，民 80；吳正牧，民 83：23-24）

德國中等學校的課程係由各邦自訂，而中等學校的類型又多，故課程多少會因邦及因學校類型之不同而有所差異。以下謹舉若干邦的若干類中學為例，以供參考。

一、主幹中學

主幹中學的教學科目雖因邦而異，但呈大同小異現象。一般說來，主幹中學的必修科目為德文、外語、數學、理化、生物、地理、歷史、工作與社會學理、宗教、音樂、藝術、家政、體育等，另外設有選修時間及科目以適應個別差異，每週上課總時數約在三十至三十六節之間。有些邦為適應學生個別差異，在某些科目上（主要為英文及數學）將教材分為 A、B 兩組。A 組的教材及學生所需能力相當於實科中學的水準，B 組則教授一般主幹中學的教材。選讀 A 組者畢業時能轉入實科中學。除了正課之外，學生可以自願參加各種學習小組（通常每週二節）；如歌唱、戲劇、舞蹈、園藝、勞作、攝影……等，以發展特殊興趣性向。茲將萊茵蘭－法爾茨邦的主幹中學課程列如表 10-13，以供參考。

表 10-13　德國萊因蘭－法爾茨邦主幹中學課程表

週學時（節數）學級　　學科	七	八	九	十
宗　　教	2	2	2	2
德　　語	4	4	4	6
第一外語	4	4	4	6
數　　學	4	4	4	6
歷　　史	2	2	2	-
社會常識	1	1	1	4
地　　理	2	1	1	-
物　理 化　學	2	2	2	2 2
生　　物	2	2	2	2
勞動學	3	4	4	2
音　　樂	2	2	2	-
體　　育	3	3	3	2
各種選修學科	3	3	3	-
總週時數	34	34	34	34

資料來源：吳文侃等，民 83：208。

二、實科中學

　　實科中學的課程因邦而異，惟仍大同小異，一般有德文、英文、數學、物理、化學、歷史、地理、生物、宗教、音樂、美術、手工、體育、園藝、速記及打字、家事、縫紉等必修科目，另設有選修的第二外國語（多係法文）。自第三、四年級起，為配合學生的個別差異及未來的職業方向，實科中學的必修教材開始分化，以便學生在外語、數理化、音樂、經濟、社會、家政，或技藝方面稍作重點學習

（重點因邦因校而異），故其節數有上下限之彈性規定。實科中學每週上課時數，因邦因年級而異，通常在三十至三十四節之間。茲舉萊因蘭－法爾茨邦的實科中學課程如表 10－14，以供參考。

表 10－14　德國萊因蘭－法爾茨邦實科中學課程表

週學時（節數）學級 學科	七	八	九	十
宗教	2	2	2	2
德語	4	4	4	4
第一外語	4	4	4	4
數學	4	4	4	4
歷史	2	2	2	2
社會常識	-	-	1	1
地理	2	2	1	1
物理	2	2	2	2
化學			2	2
生物	2	2	-	2
音樂	2	2	2	2
造型（手工）／織造	2	2	2	
體育	3	3	3	33
各種選修學科	5	5	4	4
總週時數	34	34	33	33

資料來源：吳文侃等，民 83：210。

三、文法中學

　　文法中學的課程重在升學預備教育。因文法中學可分為傳統型、建立型、特殊型，及夜間型四種，故分別說明其課程如下。

　　傳統型的文法中學，又可分為古文、今文，及數理文法中學三種。各種文法中學的教學科目大同小異，只是加強點有所不同而已。各種文法中學所開設的科目因邦而略有不同，然一般均包括有宗教、德文、歷史、公民、地理、音樂、美術、手工、體育、外語、數學、

物理、化學、生物，及選修科目等。惟古文文法中學的重點，在加強拉丁文及希臘文的學習；今文文法中學的重點，在加強英語與法語（或拉丁文）的學習；而數理文法中學的重點，則在加強數學與自然科學的學習。

建立型的文法中學旨在招收實科或主幹中學的畢業或肄業生，施以補救教學之後，使學生取得升入大學的資格。其課程因邦因類科而異，但普通科目大致上仍包括宗教、德文、歷史、地理、音樂、體育、英文、數學、物理、生物、化學等科目。

特殊型的文法中學通常修業三年（十一至十三學級），有經濟、技術、社會科、音樂、體育、家業、教育……等類。各類都有其課程重點，重點如其名稱，如經濟型文法中學偏重經濟科目，技術型文法中學偏重技術科目等。惟各類除其重點科目外，通常均設有宗教、德文、外國語、歷史、體育、數學、物理、化學等科目。

夜間型文法中學在夜間上課，在校期間除最後的一年半可以不從事職業外，其餘時間必須白天有職業或工作。學生每週上課至少十七節，必修科通常為德文、社會、兩種外語、數學、物理，及選修科目。

四、綜合中學

德國正在發展綜合中學，而綜合中學有聯合型及統整型兩種。聯合型綜合中學的第一及第二年級是促進階梯或定向階段，所有學生不管將來是進主幹、實科或文法中學，皆在年級編班原則下共同修習德文、歷史、地理、生物－自然或理化、美術、音樂、體育，及宗教等科；只是在數學、英文，及德文（部分）等學科採能力分組的教學方式進行，這三科的教材各分為與主幹、實科及文法中學相對等的三級教材，有時另加「介於主幹與實科」或「介於實科與文法」中學之間的二個等級。學科能力分組的方式有二：一為同一學生依各科能力高低修習不同等級的學科教材，另一為學生修習同一等級的各科教材。

在分組教學過程中，學生可以隨時或每年至少兩三次的轉組機會。過了促進階段，學生即分別被導入聯合型綜合中學裡的主幹、實科或文法中學內，直至完成學業。

在統整型的綜合中學裡，主幹、實科及文法中學的界線完全打破。在第一階段部分，各年級均實施年級編班及能力分班制，前兩年課程相同，至第三與第五年級時，學生必須依其興趣性向之所在分別選讀重心科目或組別，一旦選定某一科目，就須連修兩年。茲將赫森邦（統整型）綜合中學的第三至第六年級的教學科目及時數列如表10-15，以供參考。屬於第一階段的綜合中學課程偏於普通教育，而極少有職業科目。惟為配合職業準備教育，有些綜合中學已在第九與第十學級開設職業選修科目，使學生在商業、行政、金屬工業或社會養護等方面得到重心不同的職業基礎教育，有的邦更圖使綜合中學高級部能繼續這種職業預備教育，直至學生取得大學入學資格為止。

綜合中學有屬於第二階段中等教育的高級綜合中學，修業年限為第七至第九年級（共三年）。在高級綜合中學裡，沒有班級制度，係設置共同「基礎課程」（Grundkurse）與依能力分組的「加強課程」（Lestungkurse），並實施學分制。學生在二至四年之間完成其學業，然後大多數升入大學而少數則接受職業訓練。如表10-17所示，課程分必修與選修兩種，學習領域主要有下面三種：(1)語言─文學─藝術：必修包括外文、德文、造形藝術，及音樂等；(2)社會：必修包括社會或歷史、地理等；(3)數學─自然─技術：必須包括經濟數學、物理、化學、生物等，此外尚有宗教及體育，詳見表10-17。學生每週上課大約為三十節，其中必修與選修科目時數之比為2：1。選修科目除包括上述必修科目之外，尚包括教育學、心理學、法律、地理、天文、技術、統計、資料處理等。上述三種學習領域及體育，均各有基礎科與加強科。基礎科每週各上二至三節；加強科則教授較深學術預備的知識與較專門與應用的知識，每週五至六節。除必修科外，學生必須作重點學習。學生必須主修兩種「學習領域」，並選讀兩種「加

表 10-15 德國北萊茵西法倫邦主幹中學、實科中學、文理中學第五至第十學級的課程比較

學級 科目	第五學級 主幹	實科	文理	第六學級 主幹	實科	文理	第七學級 主幹	實科	文理	第八學級 主幹	實科	文理	第九學級 主幹	實科	文理	第十學級 主幹	實科	文理	總計 主幹	實科	文理
1.必修科目																					
1.1 德文	5	4	4	5	4	4	4	4	4	4	4	4	4	4	3	4	4	3	26	24	22
1.2 社會科	3	3	3	4	4	4	3	4	4	4	4	4	3	4	4	3	4	4	20	23	23
1.3 數學	4	4	4	4	4	4	4	4	4	4	4	4	4	4	3	4	4	3	24	24	22
1.4 自然科學	4	4	4	3	3	3	3	3	3	3	4	3	2	4	5	4	4	5	19	23	23
1.5 外語	5	5	5	5	5	5	4	4	8	4	4	8	3	4	6	3	4	6	24	26	38
1.6 工作研究或技藝科（科技、經濟、家政）	—	—	—	—	—	—	3	—	—	3	—	—	2	—	—	4	—	—	12	—	—
1.7 音樂、美術、勞作、紡織	3	4	4	3	4	4	3	3	3	3	3	3	2	4	2	2	4	2	16	22	18
1.8 宗教	2	2	2	2	2	2	2	2	2	2	2	2	2	2	2	2	2	2	12	12	12
1.9 體育	3	3	3	3	3	3	3	3	3	3	3	3	3	3	3	3	3	3	18	18	18
2.選修科目	—	—	—	—	—	—	2	3	—	2	3	—	3	3	4	3	3	4	10	12	8
3.定向	1	1	1	1	1	1	—	—	—	—	—	—	—	—	—	—	—	—	2	2	2
4.課業輔導	—	—	—	—	—	—	—	—	—	—	—	—	3	—	—	3	—	—	6	—	—
總　計	30	30	30	30	30	30	31	31	31	31	31	31	32	32	32	32	32	32	186	186	186

資料來源：Führ, 1989: 215；黃政傑等，民 85a: 74。

表 10-16　德國赫森邦綜合中學授課時數

科目＼年級	三	四	五	六
必修科目				
社會學理（心理、社會、歷史）	4	4	4	4
自然科學（生物、物理、化學）	4	4	4	4
德　　　　　　　　　　文	4	4	4	4
第　一　外　語	4	4	3	3
數　　　　　　　　　　學	4	4	4	4
體　　　　　　　　　　育	3	3	2	2
宗　　　　　　　　　　教	2	2	2	2
各　種　技　藝　教　育	1	1	2	2
選修科目				
第　　一　　組				
美　　術 ⎫	2	2	2	2
音　　樂 ⎭				
第　　二　　組				
外　　語 ⎫				
自　然　科　學 ｜				
工　　藝 ⎬	4	4	7	7
音　　樂 ｜				
體　　育 ⎭				
合　　　　　　　　　計	32	32	32	32

資源來源：鄭重信，民 66: 92-93。

強科」——其中一種須為外語或數學或自然科，另一種由學生自由決定。有的邦甚至規定學生須修讀第三種加強科，而且相應地對第二與第三種加強科的配合作了限制。基礎科及加強科均為半年，在半年或一年的輔導階段（第七年級）之後，在八、九年級裡學生須修滿一百二十學分，其中二十二學分應屬第一學習領域（至少有二科為德文、二科為外語、二科是文學或藝術或音樂），有十六學分須屬第二學習

領域，二十二學分須屬於第三學習領域（至少有二科數學、四科自然），另八學分的體育。（鄭重信，民 71：37－38；黃政傑等，民 84：29）

表 10-17　德國綜合高中課程內容

學　習　領　域	必　　　　　修	選　　　　　修
1. 語言－文學－藝術	德文、外文、造形藝術、音樂哲學	除必修科目外，尚含其他社會科學與自然科學學科。
2. 社會	社會或歷史、地理	
3. 數學－自然－科技	經濟數學、物理、化學、生物	
4. 宗教		
5. 體育		

＊必修與選修科目的比例為 2：1。
＊所有學習領域的科目皆設有必選修科目，且均設有基本科及專修科。
＊必須選擇兩種主修領域以及主修領域中至少二科專修科，且專修科之一必須是外文、數學或自然科。
＊後兩年的一百二十學分當中，修習的學習領域規定為：
語言－文學－藝術：至少二十二學分，至少二科德文、二科外文、二科文學、藝術或音樂
社　　　　　　會：至少十六學分
數學－自然－科技：至少二十二學分，至少二科數學、四科自然
體　　　　　　育：八學分
宗　　　　　　教：各邦自定

資料來源：黃政傑等，民 84：29。

五、職業學校

職業學校的課程因邦因學校類科而異，每週上課八至十二小時，謹舉若干例說明如下。下薩克遜邦的農業職業學校課程為：農業專門科目（3 小時）、農業技術（2）、社會及宗教（1）、德文（1）、數學（1），修業三年。巴登維登堡邦的工業職業學校課程為：工業專門科目（2）、工業製圖（2）、工業數學及應用幾何（2）、經濟學

（1）、德文（1）、社會（1）、宗教（1），每週合計十小時。（雷國鼎，民 67：399）

六、職業專門學校

職業專門學校的課程也因邦及因類別而異。一般說來，工業職業專門學校的課程為：宗教（2）、德文（2）、公民或社會（2）、英文（2選修）、體育（2）、音樂或美術（2選修）、物理及化學（2）、數學（2）、歷史及地理（1）、工商管理（2）、專門科目及實習（14）等，每週合計三十二至三十六小時。商業職業專門學校的課程為：德文（3）、社會或公民（2）、英文（2）、體育（2）、經濟學（2）、工商管理（3）、商用數學（3）、簿記與會計（3）、辦公室業務及實習（2）、打字（4）、速記（2）、烹飪縫紉及兒童保育（2），每週合計三十二小時。

七、專門高級學校

專門高級學校的課程也因邦因類科而異，謹舉例供參考。赫森邦的經濟專門高級學校的課程為：德文、英文、政治教育（前一年合為4小時，後一年依序為4、4、2）、宗教（1）、數學（2−4）、物理、化學（以上二科在二年級上而各為2小時）、經濟學（2−4）、企業計算學（2−3）、經濟數學（1）、電子資料處理（下學年，2）、體育（下學年，2）、小組學習（3），及實習（上學年，28），每週合計三十四至四十小時，修業二年。（鄭重信，民 66：141−144）

八、專門學校

專門學校之課程亦因邦及因類科不同而異，謹舉例供參考。赫森邦的技術專門學校課程為：德文（2）、政治與經濟（2）、職業與工作教育學（2）、數學（上一年，8）、物理（上一年，2）、化學（上半年，1）、材料學（上一年，2）、技術（上一年，4）、電子技術

（上一年，2）、檢驗與測量（2-3）、建造（2或6）、機械（5，下一年）、製造技術（4-5，下一年）、工作準備（4-6，下一年），每週合計二十八小時，修業二年；又如該邦的家政專門學校的課程為：家政經理學（2-3）、工作學理（2）、企業計算（2）、企業教育學（1-2）、勞工法（2）、室內佈置（2）、工具與機械學（2）、家政物理學（2）、家政化學（2）、微生學或衛生學（3）、營養學與實習（4-5）、服裝材料學及縫製與管理（3-4）、企業管理與實習（3-4）、德文（2）、英文（2）、政治（2）、宗教（1）、教育（2），及小組學習（2），每週合計三十四至三十六小時，修業二年。（鄭重信，民66：149-156）

綜觀前述各類中等學校的課程，可看出德國中等學校課程的共同特點如下：

1.課程分為必修及選修兩部分，其中必修的時間遠多於選修。就選修時間而言，綜合中學的選修多於功能型（即主幹、實科及文法中學），而第二階段（高中）的選修又多於第一階段（初中）。

2.各類中學的必修科目大同小異，包括宗教、德語、歷史、地理、外語、數學、物理、化學、生物、音樂、體育、美術等。惟各科的授課時數因學校類型之不同而有所差異。

3.各類中學均把宗教列為必修科目，乃基於憲法（稱為基本法）之規定。憲法規定：宗教教育為公立學校課程之一部分，但無宗教信仰之學校則可不開設。其次，家長有權決定其子女是否接受宗教教育，且教師不得被迫違反其意志而負宗教教育之義務。

4.職業相關學校開設的職業科目較多；但一般學校如主幹、實科、文法，及綜合等中學，則開設的職業科目相當有限，此顯示一般學校強調普通人文教育，以培育具廣泛素養的國民為宗旨。

5.中學類型雖然多，但在課程設計上都能兼顧到彼此的互轉，使學制富有彈性，以適應學生需要的變化。譬如有些邦將主幹中學某些科目的教材分為A、B兩組，A組的教材相當於實科中學的水準，以

方便其轉入實科中學。

肆·德國中等學校學生的入學與升學

一、中學生的入學

德國中等學校學生的入學,在以前未實施定向階梯之前,為免試升入主幹中學及綜合中學;惟欲升入文法及實科中學者必須通過入學考試,而欲參加此種考試者通常須先經基礎學校的推薦,再參加中等學校的測驗,及格後又經為期一至兩週的試驗教學(Probleun-Ter-uchts),由中學與基礎學校教師輪流教學與觀察,審慎評鑑是否適合進入該校就讀。

目前各類中學均已實施「定向階梯」(即觀察輔導期),從基礎學校升入各類中學已不再舉行入學考試,而是由家長向中學提出入學申請書,學校再依申請學生的「基礎學校成績」及被試教數日的成績,來決定錄取與否。申請書的處理及錄取與否的決定,通常是由基礎學校及有關的中等學校來共同處理的。惟各校的處理方式不盡相同,在巴伐利亞、不來梅、赫森、下薩克遜、北萊茵西法倫,及萊茵蘭-法爾茨等邦,只要基礎學校的考評不錯,學生不必參加任何考試(包括試驗教學)即可被錄取,只有家長不服學校裁決時,該等學生才被施以試驗教學。學生一旦升入各類中學後,經兩年的觀察輔導(即定向階梯),若被發現有不適合該類中學之情形者,則可在定向階梯結束後作適當的調整。

二、中學生的升學

德國的文法中學畢業生若欲升大學者,須先通過畢業會考,會考及格後才有資格申請升入大學。

文法中學畢業生於畢業前須參加中學畢業會考,及格者才能領受中學畢業證書(Abitur)。此種畢業證書通稱「成熟證書」(Reifezeugnis），故此種畢業考試又稱為成熟證書考試（Reifeprufurg）。成熟證書會考的成績，包括在校成績及畢業考試成績兩部分併計而成。成績採積點方式計算，在校成績及畢業考試成績的積點合計須達規定標準數以上，方能取得成熟證書。

　　就在校成績而言，只計算最後兩年的學習成績。這兩年至少須修滿一百二十學分，其中屬於語文及藝術領域者至少二十二學分，屬於社會科領域者至少十六學分，屬於數理領域者至少二十二學分，體育則須為八學分。所修的科目均可依其成績換算成積點，如基本科目每科最低〇點，最高十五點，積點不得少於一百一十點方算及格；加強科目每科最低〇點，最高三十點，另加一門課題研究，累計積點須達七十點以上方算及格。

　　就畢業考試而言，通常考四科，科目因類型而異。大體上，古文文法中學畢業者考德文、拉丁文、希臘文，及數學；今文文法中學畢業者考德文、兩種語文（一科為現代語、一科為拉丁文或第二外語），及數學；數理文法中學畢業者考德文、數學、一種現代外語，及物理。各科筆試試卷，由各該科教師兩人共同評閱。如兩人評分有出入時，則委由第三人（主考人員）或邦教育廳官員複評，各邦作法不一。每科滿分為六十點，至少須有兩門及格；外加最後一學期二門基本科目與二門加強科目，每科最高三十點。兩者合計不得少於一百點方屬合格。（黃政傑等，民84：30）

　　以上積點的計算詳情，請見表10–18。這只是個例子，因各邦可能會有所不同，而且也因時間的變動而有所修正。成熟證書考試係由各邦教育廳長任命文法中學的教師，組成「成熟考試委員會」（The Committee for Maturity Examination）負責典試，主席由教育廳官員擔任，委員會具獨立性，外人不得干涉。

表 10-18　德國高中畢業點數的計算方式

類　　別	修習總數	每科滿分點數	總　點　數	及格點數
1.基本科	22 科	15 點	330 點	110 點
2.專修科	6 科	30 點	180 點 }	70 點
加課題作業	＊＊		30 點 }	
3.畢業考試　　4 科		60 點 }	360 點	100 點
最後一學期 2 科基本+ 　　2 科專修		30 點 }		
總　　　　　　　　　計			900 點	280 點

資料來源：黃政傑等，民 84：30。

　　學生通過成熟證書考試者，即具有升入大學的資格。過去凡成熟考試及格者，幾乎都有升入大學的機會；惟近年來因升學者日增，競爭激烈，致機會已大為減少。目前一般科系仍採自由申請的方式入學，較熱門的科系則由分發中心分發，最熱門的科系則由分發中心再予甄試後分發。

　　為能集中處理大學入學申請事宜，德國在多德蒙（Dortmund）設有「大學新生分發中心」（Zentralstelle für die Vergabe von StudiePltlzen）負責之。該中心的主要任務有三：(1)調查全國大學哪些科系將於下學期成為熱門科系，並通知各大學，俾使熱門科系訂定最高錄取名額；(2)負責審查熱門科系申請與分發入學許可；(3)針對最熱門科系的申請者，設計及辦理甄試試題，並負責評分。（黃政傑、歐陽教，民83：373-374）

　　大學新生的錄取標準，主要為前述的成熟證書考試成績。為消除各邦成績寬嚴不同所造成的不公平現象，此種成績均經適當的處理，如某邦的成績高於或低於全國的平均分數，則甄選時該邦申請入學者之成績即要相應被減少或增加。志願升學者在申請表上填明所想升讀的科系，並依次列舉一切有此一科系的大學名稱，分發中心即依各大

學的新生名額及申請者的成績，以電子作業完成甄選與分發工作。60%
的名額分給應屆畢業生，其餘分給過去八年間沒被錄取而一直在等待
分發的學生，隨著等待年數的增加而提高其成績（每等一年可升〇‧
二分）。如果係經由「教育第二途徑」而得「大學入學資格文憑」之
申請者，其平均成績可提高〇‧五分。殘障、已婚，或與家長同住的
申請者，有優先權被分發至居住所在地的大學。這些做法旨在保障弱
勢團體子弟的受教機會。（鄭重信，民 66：173－174；黃政傑、歐陽
教，民 83：374）

伍‧德國中等教育的特徵

綜合上面的敘述討論，可歸納出德國中等教育制度的主要特徵如
下：

1. 中等教育的學制由各邦自行規定，故制度全國不盡一致。惟多
年來透過各邦教育廳長常設會議之協調，及透過聯邦與邦教育計畫委
員會的共同規劃，各邦的中等教育制度已漸趨一致。目前各邦的中等
學校以採功能型為主，分設有文法中學、實科中學、主幹中學，及各
種職業學校。為適應民主的發展，綜合中學正逐漸擴增中，目前已有
五百所以上。

2. 中等學校的類型繁多，如文法中學就有傳統型、建立型、特殊
型的分別，而傳統型的文法中學又有今文、古文，及數理型之分。在
職業中等學校方面亦然，也有實科中學、職業學校、職業專門學校、
專門高級學校、專門學校等數種，其中有部分時間制的，亦有全時制
的。綜合中學也有統整型及聯合型兩類。可說琳瑯滿目，目的在適應
學生的不同需要，並培養各類的人才。

3. 中等教育的大部分修業年限已納入義務教育範圍之內，故中等
教育已相當普及。德國各邦的義務教育年限多數為九年，扣除小學四
年（少數邦為六年）之後，中等教育修業年限中有五年屬於義務教
育。其次，學生於受完義務教育後，若不繼續升學者尚須到職業學校

接受部分時間制的職業義務教育，直至滿十八歲為止。

4.公立文法中學由邦政府設立及管理；其他各類中學多由地方設立及管理，但其教職員的人事費均由邦政府負擔，而其他經費亦接受邦政府的補助。由此可知邦對中等教育的權限及影響力很大，是屬於邦集權的制度。

5.中等教育的課程由邦教育行政機關制定，故同一邦之內的同類中學之課程相同，但不同邦的中學課程彼此間則不盡一致。基於憲法之規定，幾乎所有中等學校都設有宗教課程，惟家長有權決定是否接受宗教教學。

6.中等學校的教科書採認可制，由私人團體編寫及出版，再由邦教育廳從中選擇認可。學校則從認可的書單中選用。選用或由各校自行為之，或數所學校聯合選用。由於採用認可制，故同一科目通常有多本教科書可供選擇。

7.中等學校的入學採申請制，沒有入學考試。通常由家長向中學提出入學申請，學校再依學生的基礎學校成績及被試教數日的成績來決定錄取與否。中等學校的前兩年定為觀察輔導期，學生入學後如經觀察輔導發現有不適應現象，則可酌予調整學校，以資補救。

8.中學畢業生欲升入高等教育機構者，須先通過畢業會考取得成熟證書後，方能提出申請。高教機構依申請者畢業會考的成績擇優錄取，必要時（熱門科系用之）尚加辦甄試。畢業會考成績係綜合在校成績及畢業考試成績而成，採積點制。

第五節　日本的中等教育

本節先討論日本中等教育的演進，再依序討論其現行學制、課程行政管理、學生的入學及升學，然後再歸納出其特徵。

壹‧日本中等教育的演進

日本在明治維新之前，學校只有大學與小學之分，並無中等教育機構之存在。至明治三年（西元一八七○年）頒布「大學規則及中小學規則」，始規定設中學作為大學預備教育之實施機關，而為日本中等教育之濫觴。該規則規定中學招收年達十六歲之小學畢業生，修業六年；畢業成績特優者得保送升入大學深造。

明治五年（一八二七）日本頒布「學制」，規定中學分為「下等中學」與「上等中學」兩段，前者招收修畢八年小學年達十四歲之學生，其修業年限上下兩段均各為三年。

明治十二年（一八七九）廢除「學制」，而又公布「教育令」，將中學分為「初等中學科」及「高等中學科」，並取消農、工、商等職業學校分別設置辦法，而試辦美式之綜合型中學，一方面實施普通教育，一方面實施職業預備教育。

明治十三年，日本因鑒於綜合中學制度不能適合國情，另頒「改正教育令」，取消綜合型中學而恢復職業學校的獨立設置。原來規定必須與「高等中學科」合設之「初等中學科」，亦自明治十七年以後可以單獨設立了。依明治十四年制定之「中學校教則大綱」規定，中學校分初等中學與高等中學兩級，初等中學修業四年而高等中學修業二年，初等中學之入學資格為小學六年畢業生。

明治十九年（一八八六），文部省公布「中學校令」，規定中學校分為尋常中學校（五年制）與高等中學校（二年制）兩級。後者為國立，全國僅設五所，至明治二十七年（一八九四）公布「高等學校令」後改稱為「高等學校」，而形成另一教育階段，其修業年限有三年（實施大學預備教育者）及四年（教授專門學科者）兩種。此時小學也改為尋常小學四年及高等小學四年。

明治三十二年（一八九九）頒布「改正中學校令」，將尋常中學校改稱為「中學校」，修業五年，招收滿十二歲以上且修完尋常小學

四年與高等小學二年之課程者，或招收具有同等學力的學生，在必要時並得增設修業年限一年以內之補習科。

為適應第一次世界大戰爆發後的情勢，文部省於大正七年（一九一八）修改「高等學校令」，規定高等學校修業年限為七年，並區分為尋常科四年及高等科三年。翌年（一九一九）又修正「中學校令」及「中學校令施行規則」，規定中學校修業年限為五年，且凡修畢尋常小學第五年之課程學業成績特優、身心發展良好之學童，得由校長出具證明以同等學力參加中學校入學考試；而中學校肄業滿四年者，亦可投考高等學校之高等科。由此可見，此時之「高等小學一、二年級」，與「中學校一、二年級」及「高等學校尋常科一、二年級」是平行的；「中學校三、四年級」與「高等學校尋常科三、四年級」也是平行的，而且「中學校五年級」及「高等學校高等科一年級」又是平行的，雙軌色彩頗濃。

前述為第二次世界大戰前的男子中學教育，至於女子中學教育則自成系統。日本女子中學教育，始於明治十五年（一八八二）東京女子高等師範附設之「高等女學校」，其修業年限為五年，分為下等女學科三年級及上等女學科二年，以小學四年肄業為入學資格。明治二十四年（一八九一）公布之「修正中學校令」，始在法令上正式賦女子中學以地位。依明治二十八年（一八九五）公布之「高等女學校規程」之規定，高等女學校之入學資格為尋常小學校（四年制）畢業（較男子的尋常中學校之入學資格低二年），修業年限為六年，惟可縮短為五年。至明治三十二年（一八九九）制定「高等女學校令」，遂奠立了高等女學校之制度基礎，其入學資格改為高等小學二年級肄業，修業年限以四年為原則，惟得視情況增減一年，故高等女學校有三年制、四年制，及第五年制三種。大正九年（一九二○）文部省修正「高等女學校令」，取消修業年限四年之原則，而准許設置與男子中學校同等程度之五年制，特殊地區並得設立三年制的高等女學校，均招收高等小學校畢業之女生。

第二次世界大戰期間，為適應時代的需要，乃於昭和十八年（一九四三）廢止中學校令、高等女學校令，及實業學校令，而重新公布「中等學校令」，以統一各種中等學校之地位，規定中學校招收男生，高等女學校招收女生，但當時因適在戰中，軍費負擔過重，故除將中等學校修業年限一律縮短一年而改為四年外，其在學制方面並無重大變革。

第二次世界大戰結束後初期，日本被盟軍佔領，為改造日本之教育，乃由盟軍總部於一九四六年三月邀請美國教育使節團（The U. S. Education Mission to Japan）赴日研擬改革方案，該使節團的報告書雖屬建議性質，但卻樹立了戰後日本教育改革方案的重要指針。該使節團之主要改革建議為：(1)採用六三三四制之單軌學制；(2)小學校與中學校一貫的九年義務教育制度；及(3)男女同學制。為求具體而實現上述的改革建議，日本當局特在內閣設立「教育刷新委員會」以司其責。政府根據此一刷新委員會的建議，於一九四七年公布「教育基本法」，規定義務教育為九年及男女同學制。依教育基本法又制頒「學校教育法」，規定採六三三四制的學制，即小學校修業六年、中學校修業三年、高等學校修業三年、大學修業四年，並規定小學校及中學校（初中）的教育為義務教育。

貳・日本中等教育現行學制

日本的學制係由中央制定法令規定，故全國的中等學校制度相當一致。依學校教育法等相關法令的規定，日本的中等學校係採二級制，分為中學校（初中）及高等學校（高中）。另有含部分中等教育性質的高等專門學校，及屬於補習性質的「專修學校」和「各種學校」。茲分別討論如下：

一、中學校

中學校相當於初級中學，修業年限三年，屬義務教育範圍之內，

招收修畢小學校或盲學校、聾學校、養護學校小學部課程之學生（十二至十五歲）。中學校屬綜合型，在小學基礎之上，適應身心之發展，以實施中等普通教育為目的，達成下列三項具體目標：(1)進一步充分達成小學校教育目標，培養國家及社會成員所必備的資質；(2)就社會所需之職業，培養其基本知識與技能、尊重勞動之態度，及適應個性選擇未來進路之能力；(3)促進校內外之社會活動，輔導其情意之發展，並養成公正的判斷力。（兼子仁等，1988：39－40）

二、高等學校

高等學校相當於高級中等學校，在中學校教育的基礎上，以適應身心之發展，實施高等普通教育及專門教育為目的，以達成下列具體目標：(1)進一步擴充發展中學校教育的成果，以培養國家及社會有用成員所需之資質；(2)以個人必須完成的社會使命之自覺為基礎，適應其個性，決定其將來的進路，提高其一般教養，修習熟練的專門技能；(3)培養其對於社會有深入而廣泛的瞭解及健全的批判力，並力圖個性之確立。（兼子仁等，1988：41）

高等學校除全日制外，尚得設「定時制」（即部分時間制）與「通信制」（即函授制），均得單獨設置。修業年限全日制為三年，定時制及通信制均為三年以上。另外高等學校亦得設置「專攻科」及「別科」，其入學資格前者（專攻科）為高等學校畢業，而後者（別科）為中學校畢業，修業年限均為一年以上。「專攻科」旨在就特別的事項做精深的教學，並指導學生從事研究。「別科」旨在實施簡易程度的技能教育。這兩科的學生為數不多，通常均在數千人左右。

基於實施終生教育的理念，自一九八八年起設置了學分制高等學校，其特色如下：(1)不限定學年數，取得必要之學分即可畢業；(2)必修以外之科目，可按自己興趣與時間選擇；(3)上課時間白天或晚上均可；(4)退學者之再入學或轉校時，承認前校取得之學分，大學入學資

格檢定合格科目亦可換成畢業學分。（中國教育學會主編，民 81：243）

　　高等學校原仿美制統整式綜合型，但實際上是綜合型與功能型並行，而且綜合型係採聯合式，即在普通科之外，兼設職業類科。在文部省的學校調查統計中，將設置單科者稱為單獨校，兼設二科以上者稱為綜合校。在單獨校中設普通科者稱為普通高等學校，設職類類科者稱為職業高等學校。一九八九年時，綜合校只占 31%左右，職業單一校占 18%左右，而普通單一校則高達 51%左右。由表 10-19 中可知：普通單一校（即普通高等學校）有逐漸增加的趨勢，而職業單一校（即職業高等學校）及綜合校則有逐漸減少的現象。

表 10-19　日本高等學校類別數

年　　度	總　　數	普通單一	職業單一	綜　　合
1960	4,598	1,565	1,002	2,031
1965	4,849	1,845	1,154	1,850
1970	4,798	1,770	1,157	1,871
1975	4,923	1,987	1,115	1,821
1980	5,219	2,476	1,038	1,705
1985	5,453	2,753	1,031	1,669
1989	5,511	2,816	1,010	1,685

資料來源：中國教育學會，民 81：216。

　　下列兩種學校並不屬於中等學校，但就某些觀點而言仍有部分具有中等教育的性質在內，故一併簡介供參考：

(一)高等專門學校

　　高等專門學校相當於我國之五專，應不屬中等教育範圍內，惟其前三年之教育類似中等教育程度。高等專門學校以教授高深的專門學藝培養職業上必須之能力為目的，得設工業和商船有關的學科，入學資格與高等學校相同（即中學校畢業或具同等學力者）。修業年限在

工業有關學科為五年，而商船有關的學科為五年六個月。

(二)專修學校及各種學校

　　這是類似我國補習學校或補習班之教育機構，原均稱為「各種學校」，不注重入學資格、修業年限或畢業文憑，而強調學習一技之長。這些學校沒有一定制度可循，畢業就業時也不為社會所承認。一九七五年，日本政府為加強這些學校的管理與輔導，乃把「各種學校」中較制度化的部分改制為「專修學校」，其修業年限為一年以上（一、二、三年不等），視教育內容或資格而定，全年授課時數需在八百小時以上，惟夜間部得依修業年限之不同減至四百五十小時以上，學生數須經常維持在四十人以上。專修學校分三種，以中學校畢業生為招收對象者，稱為「高等課程」或高等專修學校；以高等學校畢業生為招收對象者，稱為「專門課程」或專門學校；不限制入學資格的稱為「一般課程」。其中的「高等課程」類似中等教育程度，且其學生數約占全體專修學校學生總數的 15%。

　　茲將日本的學制繪示如圖 10−5。

　　若就設立的主體來分，日本的中等學校可分為公立及私立兩種。公立中學可由中央政府或地方公共團體（即地方政府）設立。由中央設立的為國立，由地方設立的為公立，而地方政府又可分為都道府縣及市町村兩級，依規定中學校以由市町村設立為原則，而高等學校及特殊學校由都道府縣設立為原則。至於私立中學之設立，則由私人或私人團體成立學校法人為之。

　　就近年來的統計顯示，中學校絕大多數屬於公立，屬於國立或私立者極少。高等學校中屬於公立者居多數，屬於私立者居次（25%上下），國立者則很少；屬於全日制者居多數（80%左右），屬於全日制與定時制兼具者次之，屬於定時制者居少數；就讀普通科的學生居多數（70%左右），就讀商業科、工業科者次之，就讀水產科、農業科、家庭科者再次之，就讀其他科者為數極少。所謂其他科，包括看護、理數、體育、音樂、美術、英語等。

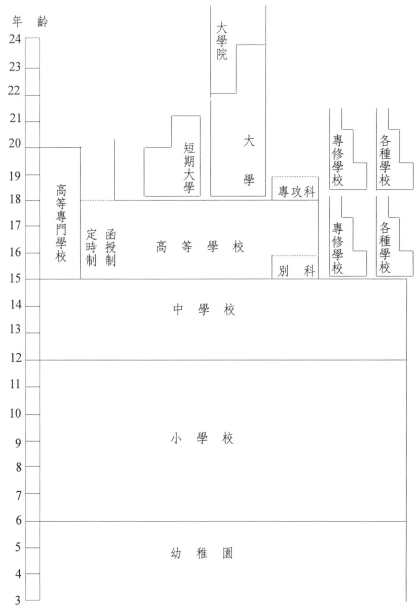

圖 10-5 日本之學制系統

叁、日本中等教育的課程

日本中等學校的課程，是依文部省所制頒的課程標準來實施的。文部省在其所制頒的「學校教育法施行規則」裡，規定了中學校及高等學校的教學科目及其每年教學時數，文部省再根據此一規則並參考教育課程審議會的建議，分別制定公布中學校及高等學校的「學習指導要領」，規定各學科的教學目標及內容。學習指導要領原只供施教參考而已，惟自一九五八年起即具有法定拘束力，中等學校一定要依其規定實施，故已相當於我國的課程標準。學習指導要領每隔若干年（約十年左右）即要修正一次，以適應社會的變遷。其修定的程序通常是這樣的：先由文部大臣向教育課程審議會提出諮詢，審議會經初步審議後，再發表中間報告，以徵求各界對審議的意見。然後再進行複審作成結論，向文部大臣提出答詢。文部省再度對草案檢討修正，等修正定案後才正式公布實施，手續可說十分慎密。（謝文全，民84：243）

中學校的現行課程，是依「學校教育法施行規則」及平成元年（一九八九）公布的「中學校學習指導要領」來實施的。依學校教育法施行規則之規定：中學校的教育課程，由必修科目、選修科目、道德、特別活動所組成。必修科目包括國語、社會、數學、理科、音樂、美術、保健體育、技術家庭、外國語，及「中學校學習指導要領」所定的其他特別必要的科目。選修科目應考慮地方的狀況及學生的需要與特性而定之。一九八九年公布的「中學校學習指導要領」，自一九九三年四月一日起開始實施。此要領規定的學科名稱及各學科每年的教學時數，列如表10-20。如將全年的授課時數除以三十五（日本全年上課三十五週），即可換算成每週授課時數如表10-20。由表中可看出中學校課程的幾個要點：

1. 各年級每週教學總時數均為三十節（每節上課五十分鐘）。這數目與一九七七年公布的相同，但比一九六九年公布的規定（為三十

四節）少。

2.國語、社會、數學、理科及保健體育的教學時數較多，技術家庭、音樂、美術等次之，而特別活動及道德兩科居末。

3.各年級均有選修時數，且隨年級增加，每週最少有三節，最多可達八節。選修時數比以前（每週只有三或四節）略有增加，以較大的彈性來適應學生的個別差異。

4.選修科目的範圍涵蓋國語、社會、數學、理科、音樂、美術、保健體育，及技術家庭等科，比以前增加。以前只能從音樂、美術、技術家庭、保健體育等四科中選修。

5.外國語列為選修科目，而無必修時數。

6.特別活動（包括級會、自治會活動、社團活動）每週只有一至二節，比以前（每週二節）減少。

高等學校的課程因科別之不同而有所差異，亦即普通科、工業科、農業科、商業科及其他職業科別之間的課程彼此間是有點不同的。依平成元年（一九八九年）修訂公布，而自平成六年（一九九四年）開始實施的高等學校學習指導要領規定，普通科的教科（subject area）、科目（subject）及標準單位數如表10－21所示。由表中及其他相關規定，可歸納出高等學校課程的要點如下：（中華民國比較教育學會，民 79：117－122，中國教育學會，民 81：217－234）

1.採單位制（類似美國高中的學分制），以五十分鐘為一單位時間，授課三十五單位時間謂之一單位。因日本日間部（全日制）全年授課以三十五週為準，故一科目每週授課一單位時間（即一節五十分鐘），授完一年即為一個單位。據此看來，一單位相當於我國大學的兩個學分。

表 10-20　日本中學校教學時數表

必修教科授課時數

課程／學年	國語	社會	數學	理科	音樂	美術	保健體育	技術家庭	道德授課時數	特別活動授課時數	選修教科等的授課時數	總授課時數
第 1 學年	175	140	105	105	70	70	105	70	35	35~70	105~140	1,050
第 2 學年	140	140	140	105	35~70	35~70	105	70	35	35~70	105~210	1,050
第 3 學年	140	70~105	140	105~140	35	35	105~140	70~105	35	35~70	140~280	1,050

全年教學總單位時數

必修教科授課時數

課程／學年	國語	社會	數學	理科	音樂	美術	保健體育	技術家庭	道德授課時數	特別活動授課時數	選修教科授課時數	會計
一	5	4	3	3	2	2	3	2	1	1~2	3~4	30
二	4	4	4	2	1~2	1~2	3	2	1	1~2	3~6	30
三	4	2~3	4	3~4	1	1	3~4	2~3	1	1~2	4~8	30

每週授課時數

資料來源：中華民國比較教育學會，民 79：118。
楊思偉，民 88：94－95。

表 10-21　高等學校普通科課程架構及內容

教科	科目	標準單位數	教科	科目	標準單位數
國語	國語 I	4	理科	生物 IA	2
國語	國語 II	4	理科	生物 IB	4
國語	國語表達	2	理科	生物 II	2
國語	現代文	4	理科	地學 IA	2
國語	現代語	2	理科	地學 IB	4
國語	古典 I	3	理科	地學 II	2
國語	古典 II	3	保健體育	體育	7～9
國語	古典講讀	2	保健體育	保健	2
地理歷史	世界史 A	2	藝術	音樂 I	2
地理歷史	世界史 B	4	藝術	音樂 II	2
地理歷史	日本史 A	2	藝術	音樂 III	2
地理歷史	日本史 B	4	藝術	美術 I	2
地理歷史	地理 A	2	藝術	美術 II	2
地理歷史	地理 B	4	藝術	美術 III	2
公民	現代社會	4	藝術	工藝 I	2
公民	倫理	2	藝術	工藝 II	2
公民	政治・經濟	2	藝術	工藝 III	2
數學	數學 I	4	藝術	書道 I	2
數學	數學 II	3	藝術	書道 II	2
數學	數學 III	3	藝術	書道 III	2
數學	數學 A	2	外國語	英語 I	4
數學	數學 B	2	外國語	英語 II	4
數學	數學 C	2	外國語	口頭溝通 A	2
理科	總合理科	4	外國語	口頭溝通 B	2
理科	物理 IA	4	外國語	口頭溝通 C	2
理科	物理 IB	2	外國語	閱讀	4
理科	物理 II	2	外國語	寫作	4
理科	化學 IA	2	家庭	家庭一般	4
理科	化學 IB	4	家庭	生活技術	4
理科	化學 II	2	家庭	生活一般	4

資料來源：中華民國比較教育學會，民 79：121。

2.每位學生至少須修得八十單位始得畢業，這個數目與一九七八年公布的規定相同，但比一九七〇年的規定（為八十五單位）少，可

見有減少的趨勢，以便使學生有較多的時間來選習選修科目，以適應個別差異。因規定是「至少」八十單位，故各校有彈性往上增加，有的學校甚至增至九十六單位以上始得畢業。

3.科目分為必修及選修兩類，全體學生（包括普通科及職業科學生）必修單位數在三十六至四十四之間，表 10−21 中的必修科目如下：(1)國語 I；(2)世界史 A 及世界史 B 中任選一科；(3)日本史 A、日本史 B、地理 A、地理 B 四科中任選一科；(4)現代社會或倫理、政治‧經濟；(5)數學 I；(6)總合理科、物理 IA 或物理 IB、化學 IA 或化學 IB、生物 IA 或生物 IB、地理 IA 或地學 IB 等五區分中，任選二區分二科目；(7)體育、保健二科；(8)音樂 I、美術 I、工藝 I、書道 I 中任選一科；(9)家庭一般、生活技術、生活一般三科中任選一科。必修科目亦有選擇機會，彈性頗大，以適應學生的個別差異。

4.職業科學生選修有關職業專門科目不得少於三十單位，如工業科學生須從工業相關科目中選修三十單位以上。各科的選修科目如表 10−22 所示，學校有權可自定其他相關科目，以適應特殊需要。

5.全日制各學年每週授課時數為三十二單位時間（即三十二節），與一九七八年公布的相同，但比一九七〇年的規定（為三十四單位）為少。

6.外國語列為選修科目，而不屬於必修。根據近年來調查結果顯示，高等學校開設的外語以法語、中國語、德語居多，其他依序為西班牙語、韓語、俄語、義大利語、葡萄牙語、瑞典語、英語，相當多樣化。

7.全日制、定時制、通信制及專修學校所修習的學分（單位），均能互相採計，以方便相互轉學，以增進學制之彈性，而利於學生之學習。

高等學校課程近年來有些突破性的發展，諸如：(1)設置新的學科領域；(2)科目選修的擴大；(3)打破學科選讀的限制；(4)准許在他校互選科目；(5)在學科中設置各種類型（分組）供選修；(6)導入學分制；(7)

准許高校生在學期間出國，並承認國外取得的學分；(8)設置新的職業類科。（中國教育學會，民 81：243-244；文部省，1990：324）

最後談及日本中等學校的教科書制度。依學校教育法的規定，中學校及高等學校均須使用經文部大臣檢定（即審定）合格，或著作權在於文部省的教科用圖書。換言之，日本中等學校教科書依法是兼採審定制及國定制的，惟實際上是以審定制為主。教科書由私人或出版公司依文部省公布的學習指導要領編寫，在出版前要將原稿送請文部省審查，審查合格後才能正式出版。文部省於接受審查申請後，即將該教科書原稿轉送該部「教科用圖書檢定調查審議會」審議，審議會再根據所屬調查員（由現任教師及知名人士兼任）、文部省「調查官」（專任圖書檢定調查人員）及委員本身之調查結果加以審議，以判定其是否合乎規定標準，然後再向文部大臣提出答詢。文部省即依此答詢來決定是否予以核准，經核准後教科書才正式出版。

經審定合格的教科書，每一科目都有若干本，學校如何從中選用呢？依規定，高等學校、國立及私立中學校係以學校為單位，由校長參酌教師的意見後決定之。公立中學校則採「廣域採擇制」，亦即大地區統一採用方式。採用地區的劃分，係由都道府縣教育委員會依自然、經濟及文化等條件來決定。都道府縣教育委員會根據所屬「教科用圖書選定審議會」的意見，給予市町村教育委員會（為公立中學校的主管機關）指導建議，市町村教育委員會再依指導建議來選定教科書。如採用地區跨越兩個以上的市町村，則組成「教科書選定地區協議會」負責採擇決定。公立中學校的教科書一經選定採用，原則上須連續三年採用同一教科書，以維持穩定性。（中華民國比較教育學會，民 78：299-370；吳正牧，民 83：30）

表 10-22　日本高等學校職業類科教學科目

家庭	家庭一般、被服、食物、保育、家庭經營・住居、被服製作、被服材料、被服管理、服飾設計、手藝、調理、營養、食品、食品衛生、公眾衛生、保育原理・技術、小兒保健、兒童心理、兒童福祉、家庭相關的其他科目
農藥	農業基礎、綜合實習、作物、野菜、畜產、食品製造、測量、育林、造園計畫、栽培環境、農業機械、農業經營、養蠶、果樹、草花、家畜營養・飼料、農家經營、食品化學、應用微生物、食品製造機器、農業土木設計、材料施工、農業水利、農地開發、林業土木、林產加工、林業經營、造園材料、造園施工・管理、綜合農業、農業相關的其他科目
工業	工業基礎、實習、製圖、工業數理、機械工作、機械設計、原動機、計測・製御、機械材料、自動車工學、自動車整備、造船工學、電氣基礎、電氣技術 I、電氣技術 II、電子技術 I、電子技術 II、自動製御、情報技術 I、情報技術 II、情報技術 III、系統技術、工業計測 I、工業計測 II、建築構造、建築施工、建築設計、建築計畫、設備施工、空氣調和設備、衛生・防災設備、設備計畫、測量、土木施工、土木設計、水理・土質、土木計畫、地質工學、工業化學、化學工學、設備・管理、化學工業安全、化學工業、環境技術 I、環境技術 II、金屬製煉、金屬材料、金屬加工、窯業技術 I、窯業技術 II、窯業、纖維・纖維製品、纖維製品製造、纖維・染色設計、色染化學、室內裝備、室內計畫、家具生產、木材工藝、設計史、設計技術、設計材料、工業經營、工業英語、工業相關的其他科目
商業	商業經濟 I、簿記會計 I、計算事務、情報處理 I、綜合實踐、行銷、商品、簿記會計 II、工業簿記、文書事務、情報處理 II、商業經濟 II、商業法規、貿易英語、商業設計、稅務會計、打字、經營數學、商業相關的其他科目
水產	水產一般、海洋實習、綜合實習、漁業、航海、漁船運用、水產法規、漁船機關、機械設計工作、船用電機、無線通信、電氣通信理論、無線工學、船舶概要、栽培漁業、水產生物、漁業環境、操船、水產製造、水產食品化學、水產食品衛生、水產製造機器、水產相關的其他科目
看護	看護基礎醫學、基礎看護、成人看護、母子看護、看護臨床實習、看護相關的其他科目
理數	理數數學、綜合數學、理數理科、理數物理、理數化學、理數生物、理數地學、理數相關的其他科目
體育	體育理論、體操、運動 I、運動 II、運動 III、舞蹈、野外活動、體育相關的其他科目
音樂	音樂理論、音樂史、聲樂練習、聲樂、器樂、作曲、音樂相關的其他科目

表 10-22　日本高等學校職業類科教學科目（續）

美術	美術概論、美術史、素描、基本造形、繪畫、版畫、雕塑、視覺設計、工藝設計、圖法‧製圖、映像、綜合造形、美術相關的其他科目
英語	綜合英語、英語理解、英語表現、外國事情、英語一般、LL 演習、英語相關的其他科目
其他特殊必要	該教科相關之科目

資料來源：兼子仁等，1988：100-101。

肆‧日本中等學校學生的入學及升學

　　日本的中學校教育屬義務教育，故小學畢業生係由市町村教育委員會分發升入中學校。父母有使其適齡子女就學的義務，違反者要被科一千日圓以下的罰款；惟適齡子女如有病弱、發育不全或其他無法履行此項義務之行為時，父母得依規定向市町村教育委員會申請，請准暫緩或免除此項義務。對經濟拮据之父母，市町村應給予必要之援助，使其有能力送子女就學。對性行不良有礙其他兒童就讀之學童，市町村教育委員會得命令其父母暫停該童上學，以維持學校秩序並保障其他學童之權益。其次，僱用適齡學童者，不得因其工作而妨礙孩童接受義務教育，否則要被科以三千日圓以下之罰款。（兼子仁，1988：36-40）

　　高等學校則採考試入學制，通常由各校單獨招生，惟有愈來愈多的地方採用「學校羣」招生考試（即聯合招生）制。日本在高等學校方面設有學區制，通常一個區內包括有二至七所的高等學校，學生只能報考所屬學區內的高等學校，而不能越區報考。考試科目由都道府縣教育委員會決定，多數學校均考日文、數學、英文、社會，及自然五科，亦有只考日文、數學，及英文三科者。職業類科的高等學校除了筆試科目外，尚有口試、健康診斷、術科考試，及性向測驗等，作為錄取的參考。考試多數在每年的二月至三月之間舉行。除入學考試

外，大部分的高等學校還兼採調查書的制度，一併作為錄取學生的依據。所謂「調查書」係由中學校（即初中）校長具名而提出之有關學生在學期間的記錄資料，其內容包括各科成績，出缺席記錄、特別活動記錄、行為及性格記錄，及健康狀況記錄，有的還另外加上興趣專長記錄、進路之記錄，乃綜合意見等項目。入學考試成績與調查書記錄的相對比重因地而有所差異，但以同等重視者較居多數，各計以一百分，而合併計算總分以決定錄取與否。各校對於調查書內成績之採計常視各校之良窳而定等級，出身等級較高學校之學生的在校成績如數被採用，而出身等級較差者的學生成績則要被打折扣計算，等級愈差則折扣愈大。

除入學考試制度外，大多數的都道府縣也兼採推薦入學制。高等學校保留若干比例的招生名額，供推薦入學之用。中學校依高等學校規定之條件，將其畢業生推薦給高校，高等學校再予以甄試擇優錄取。甄試方式因校而異，通常包括晤談、小論文、操作等。

高中畢業生欲升入大學者，則須參加大學所舉辦的入學考試。大學入學考試（稱為學力考查）過去均採各校單獨招生或少數學校共同辦理小型聯招的辦法實施，並綜合學生的調查書資料來決定錄取與否。所謂「調查書」係由高等學校（高中）校長具名提出的有關學生之高中平時成績、健康狀況、品德，及行為等重要事項的記載資料。惟國立及公立大學自一九七九年開始改變入學考試型態，將考試分二次舉行，第一次採大型聯合招生考試方式，第二次則由各校自行辦理，再綜合第一次及第二次的考試結果決定學生的被錄取與否。有些大學尚兼採推薦入學制。

第一次聯合考試，日本稱為共通第一次學力試驗，或簡稱為統一初試，係由政府設立的大學入學考試中心辦理，考試科目包括國語、社會、數學、理科、外國語等五科。命題方式多半屬於多答選一（即選擇題）的客觀測驗題，以評量學生就讀高等學校之學習成就，看是否有就讀大學的基本學力。第二次考試由各大學自行辦理，由各校依

據科系特色決定考試方式，以評量考生是否適合各科系所需之能力與性向，故各校方式不盡一致，通常是申論式的考試，考試科目一般在二至三科之間，另加晤談及實地操作，惟有的大學只用晤談或實地操作測驗，而不舉行學科考試。考試後，各校再綜合第一次及第二次的考試結果決定學生的被錄取與否。兩次考試的比重由各校院決定，有的校院較重視第一次考試，有的較重視第二次，亦有兩者同等重視者。統一初試各科目之間的比重亦因校院而異，有的校院有輕重之分，有的則無。（中華民國比較教育學會，民 72：189－244）

　　兼用推薦入學制的大學逐年增多，通常係由大學保留若干百分比的名額供推薦入學之用。高等學校依各大學規定條件將畢業生推薦給大學，大學再依推薦資料或加上晤談、小論文、實際操作等結果，擇優錄取。

伍・日本中等教育的特徵

　　綜合本節的敘述，可歸納出日本中等教育制度的特徵如下：

　　1.中等教育的學制由中央規定，故全國各地的中等教育學制相當一致。中學校（初中）採綜合型，而高等學校則兼採綜合型與功能型；惟高等學校之綜合型係屬聯合型而非統整型，且有日漸減少的趨勢。

　　2.高等學校頗具多樣化，除通常制（全日制）之外，尚有定時制及通信制，同時又可設置別科與專攻科，以充分配合學生不同之就學需要。

　　3.中等教育十分普及。前段（中學校）屬義務教育，普及率已近百分之百；其後段（高等學校）雖非屬義務教育，但就學率亦高達94%左右。中學校的義務教育經費，大部分由上級政府負擔或補助。

　　4.公立中學校大多由市町村設立管理，而公立高等學校及特殊學校則大多由都道府縣設立管理。市町村及都道府縣均設有教育委員會，負責管理學校。私立中學由私人設立，均由都道府縣知事管理。

5.中等教育的課程標準由中央文部省制定，惟留給地方及學校若干彈性，故各地中學的課程在同中有異。為求適應各地及學生的個別差異，高等學校採單位（學分）制，中央只規定最低的畢業學分數，學校得視需要提高。在所規定的最低學分八十學分中，只有半數左右是部定必修科目外，其餘均屬於選修。即使是部定必修，其科目亦有選擇機會。

6.中等學校的教科書採審定制，由文部省負責審定工作。公立中學校因屬義務教育，故教科書的選用係大地區統一採用方式，而高等學校、國立及私立中學校則由各校自行擇定。中學校的教科書由政府免費供應。

7.中學校屬義務教育，學生由主管機關分發入學。高等學校入學則兼採入學考試及推薦入學制。入學招生考試採學區制，一學區包括若干所高等學校，學生只能報考所屬學區內之高等學校。錄取時，除依據考試成績外，還參酌學生的調查書記錄（記載學生就讀中學校的成績及其他資料）綜合決定之。

8.高等學校畢業生升大學時，除部分採推薦入學外，大多要參加大學的入學考試。大學入學考試分兩次舉行，第一次各大學聯合考試，第二次則由各大學自行辦理。大學綜合兩次的考試成績擇優錄取。

中等教育的展望

第一節　各國教育的改革趨勢

由於教育重要性日增及社會變遷加速，近年來各國的教育改革風起雲湧。本節係根據前章所論各國中等教育的發展，並參考其他國家的趨勢，歸納出各國中小學教育發展的重要趨勢，以供研擬我國中等教育展望之參考。（謝文全，民 81；謝文全，民 84b；張煌熙等，民84；楊瑩、李奉儒，民 84；林貴美，民 80；何慧羣、周玉秀，民 84；楊思偉、宋明順，民 84；楊瑞文，民 84；劉賢俊、林貴美，民 84）

壹‧改革的動因及目的

綜觀各國的教育改革，幾乎都是在面臨教育及社會問題叢生之際推動的。而所面臨的問題大致相似，以下列各項為主：

1. 教育水準低落：包括讀寫算基本能力不足、缺乏批判思考能力、道德水準低落、生活知能薄弱等。

2. 青少年問題嚴重：包括校園暴力及學生偏差行為日增等問題，如欺負弱小同學、毆打勒索、加暴師長、逃學、犯罪，甚至自殺等。

3. 升學壓力過大：由於學校容量有限，致學生升學競爭激烈，承

受壓力過重，導致身心受到傷害、重智輕德、重知輕行、重記憶輕思考、重中上智者而輕下愚等弊病。

4.經濟不振：由於就業供需失調、人力不足、職業知能不足、科技不發達、景氣不佳及其他相關因素，造成國家經濟衰退及失業率高等問題。

5.國際競爭失利：在國際學生學業成就比較之下，名次落後，或國家產品在國際市場競爭失去優勢。

6.教育機會不均：由於教育不夠普及、教材教法不當、種族歧視、教育人員觀念偏差及其他相關原因，造成國民教育機會的不均等，有些人就學機會太少，有的學得太少，大多數人更未能自我實現。

有些國家的若干教育改革，係由於政黨輪換執政而政黨教育理念又不同，或由於競選壓力等政治因素而推動的。不過彼等推動改革時，一定會提出改革的背景或動機，而所提出的背景動機亦與上述相類似。

由上述的分析可以看出各國的教育改革，大都是為解決已面臨的教育及社會問題而發動，有點被動消極。不過在提出改革方案時，都會賦予正面的改革目的。這些改革目的之用語，因不同次的改革或國家背景之不同，而有所差異，但歸納起來大致為兩個，那就是追求卓越與均等：

1.追求卓越：希望透過教育改革，使教育更能完成其該完成的使命，培育出卓越的國民，不但人人身心健康，而且智德兼修、能知能思又能行，即能過個人的完美生活，又能促進社會的發展及世界的大同。

2.追求均等：希望透過教育的改革，一則使人人有公平接受教育的機會，達到人人立足點平等的民主理想；二則使人人能得到適性的教育與發展，得以充分發揮其潛能，達到人人自我實現的實質平等。

貳‧改革的主要趨勢

綜觀各國最近中小學教育改革的重點，大約可歸納出下列十五項具體的趨勢：（黃政傑主編，民 85：335）

1. 學制彈性化，以適應學生及社區的不同需要。
2. 加強普通與職業教育的結合，以充實生活知能，並利於差異適應。
3. 擴充教育機會，以促進教育普及與機會均等。
4. 重視生涯教育，以培養終身學習態度與智能。
5. 強調個別差異適應，以發揮人人的潛能。
6. 加強批判思考能力培養，以提高創造及適應能力。
7. 加強公民知能教育（含國際觀的培養），以培育健全的社會及國際公民。
8. 加強資訊教育，以因應知識爆增時代的需要。
9. 加強學習評量，以引導正常教學，並提昇教學成效。
10. 加強課程基準的訂定，以維持適當的水準。
11. 加強學校的自主性及便能，以便能主動設計符合師生需要的課程與教學。
12. 加強教師的決策參與機會，以增加其貢獻專業知能機會，並提升其對學校的認同感。
13. 加強家長的決策參與機會，以促進學校與社區需要的結合。
14. 提高家長及學生的選校自由，以促進學校的競爭及發展，並增加個別差異適應的途徑。
15. 提升師資素質，以提供優良的教學，達成改革目標。

這些趨勢如再進一步歸納，可歸納出三大趨勢，即學校制度彈性化、課程教學靈活化，及行政措施民主化，以下分別說明之：（黃政傑主編，民 85：337－340）

一、學校制度彈性化

　　學制彈性化、加強普通與職業教育結合、擴充教育機會等改革方向，均與學校制度的改革有關，冀求學校制度能更彈性化、統整化及普及化。以下舉幾個例子參考：

㈠縮短小學年限而延長中學年限並提早入學

　　由於學童成熟較快，比以前提早進入青少年階段，故各國有縮短小學修業年限一至二年的作法或計畫，將縮短的年限加到中等教育上，因中等教育主要是為青少年設計的。德國的小學（稱基礎學校）早就修業四年，而英、美、日等國原為六年的，已有縮短為五年或四年的做法或提議出現。由於前項小學年限縮短，將縮短部分併入中等教育，故中學入學隨之提早一至二年，而修業年限隨之延長一至二年。美、英、日等國均有此作法或提議。

㈡將一貫制（或完全）中學分為初、高中兩階段

　　由於一貫制中學修業年限長，高、低年級學生之間的年齡差距大，教學及管理均不容易，而且靈活性較低，故原採一貫制的國家如美、英、法、德等，均已逐漸將之改為兩階段，分為初中及高中。

㈢將功能型中學改為綜合型

　　由於綜合型比功能型中學富有民主性及彈性，故原採功能型的國家均逐步計畫改為綜合性。如英國原為文法、技術及現代三類中學分立的制度，現已大部分改為綜合型；法國中學教育的前一階段（初中）已改為綜合型，高中部分仍維持功能型；德國已有少部分改為綜合型，但全面改組已是既定的政策。

㈣修業年限彈性化（美、英）

　　為適應地區或學生的個別需要，中小學的修業年限並不固定於一種，而是多種組合並列，供地方或學生選擇。美國早就如此，英國及日本亦然。尤其日本新創的學分制（單位制）高等學校不設修業年限，更值得注意。

二、課程教學靈活化

重視生涯教育、個別差異適應、思考力培養、公民知能學習、資訊教育、教學評量,及課程基準訂定等改革方向,均與教學課程改革有關,冀求教學內容能適應社會變遷,教學方法能適應個別差異,及評量方式多元化,以培養出卓越的國民,以下也舉幾個例子說明。

㈠課程基準的訂定

鑑於不訂課程標準則不易維持適當教育水準,若訂得過分細密又會流於僵化,故訂一套適中的基準,已為各國所接受。以前未訂全國性課程標準的英國,自一九八八年起已開始實施國定課程;而過去已訂課程標準的日本,則計畫力求大綱化,以留給教師更多樣化的發揮空間;美國各州則覺得訂得太抽象,計畫訂得更具體點。

㈡人格教育

為加強人格教育,新加坡在課程中引入儒家及宗教教育;日本擬推展自然學校;英國則自一九八七年起禁止體罰。

㈢適應個別差異

為適應學生的個別差異,法國採取學科分組教學、契約學習制、階段學程(只在階段之間准許將學生留級)、分組教學;新加坡實施分流教育。美國試驗或發展校內之校、變通教育、中學生選修大學學分制等。

㈣改進教學評量

為提高評量的效果,並引導教學正常化,各國除強調評量方式宜多樣化之外,尚採取不同的措施。如德國小學捨棄等第制度,改採文字評量,或只記錄學生的特殊能力;美國及英國則開始實施全國性的評量。

㈤選修時間之增加

為增加學生選課自由,以適應其個別需要,各國均逐漸提高其選修時數。如美國高中畢業所需學分中,選修即占三分之一至二分之

一；日本的中學校及高等學校的選修時數，亦均比以往增加；法國的中等學校過去採分組制，但自一九八〇年左右起初中就逐漸廢除分組，而以選修代替之，高中至今雖仍有分組制度存在，但也有逐漸增加選修時數的趨勢。英、德兩國亦有同樣趨勢。

㈥輔導制度之建立

　　各國均逐漸建立輔導制度，加強對學生個性之試探並輔導其自我實現。譬如美國的中等學校均設有輔導室及專業輔導人員（已建立輔導人員專業養成及證書制度）；英國的中等學校亦都設有輔導主任專司輔導之責；法國則將中等教育前五年定為觀察輔導期，以示加強輔導工作之決心；德國亦將中等學校的前兩年定為促進階梯（即觀察輔導期），以加強輔導工作；日本的中等學校亦多設有輔導部或進路輔導部以司輔導之責。

㈦逐漸增設外國語課程

　　由於交通工具的日益發達，國與國之間的接觸日增，而各種人類的接觸均有賴語文的溝通。為適應這種情勢，故各國均逐漸增設多種外國語文課程，以供中學生選習，以培養國民的外語能力，即有助於邦交的增進及貿易競爭的取勝，更有助於文化的交流與吸收。職此之故，目前各國的中等學校（尤其是高級中學階段）均不只設置一種外國語文而已，而是設置多種以上，以供學生選習。譬如美國的高級中學即可依學生之需要，開設西班牙語、法語、德語、俄語、義大利語、拉丁語、希臘語……等；英國的文法中學亦開設有二種以上的外國語，如法語、德語、拉丁語、希臘語、俄語等，其綜合中學亦然。法國的普通高中也允許設置第一、第二，及第三種外國語，並設有拉丁語及希臘語課程。德國的中等學校（尤其是文法中學）亦開設有兩種以上之外國語，如拉丁語、希臘語、法語、英語、西班牙語等。日本的高等學校亦設有多種外語供學生選修，如英語、德語，及法語等。韓國的高等學校亦設多種外國語供選修，主要如中國語、英語、日語、法語、德語、西班牙語等。

(八)教科書揚棄國定制

　　要適應學生的個別差異，就必須在教材上具有彈性，而教科書制度決定了不少教材上的彈性，因此各國多逐漸揚棄缺乏彈性的國定制，而改採較具彈性的審定制、認可制或自由制。例如美國的中學教科書制度係採認可制或自由制（因州而異）、英國係採認可制、法國採自由制、德國採認可制，而日本則採審定制。

(九)增列在學成績及輔導記錄為入學及升學之依據

　　為促進教學的正常化及學生的適性發展，各國均逐漸將「在學成績」及「觀察輔導記錄」，列為中學生入學及升學依據之一。

　　先就中等學校的入學制度而言，英國在採鼎立制（即文法、技術及現代中學並立）之地方，係依據十一歲以上考試（為中學入學考試）成績、家長志願，及學生在小學的成績與觀察輔導記錄作為升入各類中等學校之依據；在採綜合中學的地方，則依家長的志願、學生的小學成績及觀察輔導記錄分發入學。法國亦依據學生在小學的成績及觀察輔導資料，分發小學畢業生升入初級中學；而依觀察輔導記錄分發初中畢業生升入高級中學。德國則依據家長志願、小學成績及試教觀察資料，分發小學畢業生升入各類中學。日本的高等學校雖採招生考試入學，但越來越多的學校兼採調查書制度，而調查書所載者即為學生在中學校的成績及觀察輔導記錄。

　　再就中等學校畢業的升學制度而言，美國的大學係依據學生的中學在學成績、推薦書及學生參加校外考試的成績，來決定學生的入學。德國的大學係依據中學生的畢業會考成績及其中學在學成績，來錄取成績。日本的大學雖採入學考試招生，但越來越多的大學兼採調查書制度，而調查書內容所記載的即為學生的中學成績及觀察輔導資料。

三、行政措施民主化

　　加強學校自主、教師及家長參與、家長或學生選校自由，及提昇

師資素質改革方向，均與行政措施有關，冀求學校更能與社區需求配合，更具競爭力，而能有效支援教學，充分完成教育目標。以下亦舉些例子供參考。

㈠擴大學長及學生的選校自由

為使學校能正視社區及學生的需要，各國都逐漸擴大家長及學生的選校自由。如英國教育法規定中小學入學須更開放，學校除非已達飽和，否則不得以任何理由拒絕學生的入學申請；美國採教育券（voucher plan）及磁石學校（magnet schools）的方式，來增加選校自由；德國自一九九二至九三學年起，准許家長為子女自由選讀基礎學校，不再由校方主導；日本亦擬採擴大學區範圍及准許跨學區就讀方式，增加選校的自由。

㈡強化學校自主

為使學校有彈性空間針對學生需要設計課程及教學，並提升其主動積極作風，各國均設法強化學校的自主性。如美國推動學校中心式管理（school-based management）及教師授權（teacher empowerment）；英國一九八八年教育法擴大對學校董事會（又譯學校管理委員會）的授權，使學校得有相當程度的人事及財政自主權；香港自一九九一年起，亦增賦校董會及學校的財政與行政自主性。

㈢增加教師及家長參與校務機會

為讓教師及家長能貢獻其專長與智慧，並提高學校對社區及教師需求的敏感度，及增加教師與家長對學校的向心力，各國均逐漸增加教師及家長參與校務的機會。如英國及香港的校董會，近年來均增加教師及家長的代表；美國推動的學校中心式管理，亦逐漸增加教師及家長的參與決策權；新加坡的中小學設有學校諮詢委員會，其中即有家長代表在內。

㈣設立教育優先區

為提昇貧困地區學童的就學機會及教育品質，許多國家均設立教育優先區，對該區內的教育給予特別的補助與支援，使其水準能與一

般地區逐漸拉平。英國、美國及法國均有此種優先區的設置。

(五)提升師資素質

任何教育改革若要落實，教師扮演了重要角色，故各國在進行教育改革時，均重視師資素質的提昇。如法國自一九九〇年起，中小學教師改由新設立的大學師範學院（Institut Universitaire de Formation des Maittres, IUFM）培育，小學教師不再由原來的師範學校（ecole normale）負責，其入學資格由原先持有一般大學教育文憑（DEUG）者，提升一年到須持有學士學位（Licence）；美國除了逐漸提昇至研究所階段培養外，更加強證照的檢定制度；香港增設教師中心，以加強教師在職進修。

第二節　我國教育改革報告的建議

由於社會變遷加速，教育不斷面臨環境變化的新衝擊，因此如何改革以適應二十一世紀，乃成為各界共同的焦點之一。近年來陸續有公私機關或團體，針對教育改革問題進行深入研究，並聽取各方意見，先後提出報告書供有關單位及民眾參考。這些報告中，有三篇最具代表性，分別是行政院教育改革審議委員會所提的諮議報告書、教育部所提的中華民國教育報告書，及國立臺灣師範大學教育研究中心所提的開放與前瞻──新世紀中小學教育改革建議書。這三篇報告書對我國中等教育的改革方向，均有詳細討論，很值得參考，故在本節予以介紹。

壹・中華民國教育報告書

這是由教育部於民國八十四年提出來的，全名為「中華民國教育報告書──邁向二十一世紀的教育遠景」。報告書係由教育部組成專案小組，根據第七次全國教育會議結論，並參酌社會各界人士意見，彙整而成的改革案。整個改革係以「紓解升學壓力」及「教育自由

化」為主軸，依下列十個未來教育革新原則開展。這十個革新原則是：(1)強調前瞻發展；(2)促進機會均等；(3)重視人文精神；(4)提升專業素養；(5)追求民主開放；(6)邁向自由多元；(7)推動自主自律；(8)採行分權分責；(9)鼓勵全民參與；(10)力求精益求精。根據上列原則，教育部針對各級各類中等教育提出具體改革策略或方向，茲分別簡述如下。（教育部，民 84：41－165）

一、國民教育的改革

國民教育包括國民中學教育在內，改革方向有十二項：

1.修訂國民教育法，明訂義務教育責任主體，增進實驗研究，落實教育機會均等。重點包括修法賦予政府及家長對國民教育的責任、保障偏遠及特殊地區之國教發展、縮短城鄉教育品質差距、加強生活教育、加強職業陶冶或技藝教育、提高教師參與校務決策機會、研訂教育實驗法源並擴增辦理教育實驗機會。

2.降低班級平均學生人數至三十五人，且每班最多不超過四十人。預計在八十四學年度前降低至每班四十五人為原則，八十七學年度前降至每班四十人為原則，九十學年度起降至每班平均三十五人以下。

3.繼續改進國民教育軟硬體設施，營造適性教育環境。重點為補助地方改進國民教育及設備，更新課桌椅、營造適性教育環境、加強安全方案以保障師生安全。

4.擴大辦理教育優先區，縮短城鄉教育差距。將資源貧乏地區、文化不利地區及弱勢族羣地區，劃定為教育優先區，優先補助其教育經費，以加速其發展。

5.落實新課程標準精神，紓緩學生課業壓力，貫徹教育正常發展。重點包括訂定並落實新課程標準實施計畫、加強教學正常化、規劃多元升學管道等。

6.開放民間編輯教科書，提供學生多元選擇機會。將有關藝能、

活動、選修、非聯考之教科書，逐漸開放民間編輯；並委託有關機構進行教科書審查工作，以達到「編好書，用好書」的目標。

7.活潑鄉土教育內容，培養珍惜鄉土情操。重點包括在國中增設「認識臺灣」乙科，並訂定鄉土教育推廣實施計畫，補助各縣市自編鄉土教材。

8.推展資訊及科學教育，因應現代科技社會需求。重點包括增設國中電腦課為必修科目，並補助國中充實資訊教育設備。

9.加強辦理環境教育，增進對環保的正確認知與實踐。重點包括配合現有學科加強環境保護教學、實施環境教育宣傳週、實施資源回收及垃圾減量等環保措施。

10.落實生活禮儀教育，建立富而好禮的社會。結合家庭、學校與社會，從日常生活中認識與實踐生活禮儀教育，並確立民主法治觀念。

11.推動藝術教育，提升藝術素養，促進身心健全發展。重點包括修訂加強藝術科目之課程教材、增設鄉土藝術活動科目內涵、增加音樂及美術必修科目，及加強藝術特殊才能之教育。

12.加強辦理身心障礙教育，確保教育機會均等。重點包括擴增特殊教育安置場所、落實回歸主流理念、推行巡迴輔導制度，及提升特殊教育教學品質。

二、高中教育的改革

高中教育的改革方面有下列七項：

1.彈性調整高中職學生比例，適應當前社會需求。將高中、高職學生的比例調整為五比五為原則，並藉增改設高中或適量增班達成目標。

2.改進高中入學制度，建立多元入學管道，導引國中教育正常發展。除了改進高中聯合招生方式及入學考試命題技術外，另配合高中學校特色之建立，採用規劃登記、申請、推薦甄選、保送、分發、直

升、甄試等多種入學管道。

3.規劃設置完全中學，試辦直升制度，減輕升學壓力，促進各地區教育均衡發展。將修正高級中學法及相關法規，使完全高中的設置有法源，並准許部分國中畢業生直升高中部就讀。

4.推動綜合高中試辦計畫，提供學生多元教育管道。將增設或將部分學校改為綜合高中，以強化試探與輔導功能。

5.改進課程教材，因應社會和學生需求。重點包括試行學年學分制、規劃不同類型高中、擴大選修課程範圍、開設組羣科目、調整教學科目及內容使之精簡化及生活化。

6.均衡城鄉高中教育發展，普遍提高教育水準。重點包括鼓勵優秀國中畢業生就讀居住地高中（藉獎助學金及保送制度達成）、輔導偏遠或設備不足之高中改善教學環境、加強辦理鄉間高中教師在職進修。

7.獎助並輔導私立高中健全發展，提升其教學品質。重點包括協助私立高中健全人事及會計制度、輔導建立會計師查帳制度、將勵提高合格專任教師比例、補助設備充實及教師進修經費，及輔導學校自我評鑑。

三、技職教育的改革

技職教育包括職業學校教育在內，其改革方向有下列十一項：

1.制訂技術及職業校院法，建立彈性學制。將職業學校法及專科學校法合併，加強技職教育的銜接與彈性化；將部分高職改為綜合高中，並讓績優職校增設專科部。

2.配合國家政策發展，調整培育技術人力。重點包括給予職校視需求調整類科之彈性、實施學年學分制、鼓勵各校研訂中長程發展計畫及發展特色。

3.規劃調整技職教育體系，暢通技職學生進修管道。為擴增職校畢業生升學進修管道，將增設公私立技術學院及專科學校，並研議在

普通大學附設技術學院。

4.加強教師實務教學，落實技職教育目標。重點包括訂法規鼓勵學校聘具實務經驗教師任教、鼓勵教師報考專業技能檢定、續辦實務研習班及教師赴企業界研習實務，並規劃技術學院及大學開設教育學程，以多元培育職校師資。

5.改進入學方式，放寬修業年限。包括改進現有招生方式、研究採用甄審保送或推薦甄選方式、研議開放日夜間部、不同學制及校際相互選課、放寬修業年限、加強職校與高中或五專間之互相轉學、考慮春秋二季均可招生等。

6.合理分配教育資源，輔導私立學校健全發展。重點包括大幅增加對私校之獎補助、賦予私校經費使用及收費彈性、加強私校評鑑，及考慮公立學校成立教育基金自負營運責任等。

7.加強辦理弱勢族羣之技職教育，全面提升國民技術水準。包括加強辦理原住民及偏遠地區職業教育改進計畫、擴大辦理國中特殊學生之技藝教育班及高職之特殊教育班，及加強其他弱勢族羣之技職教育。

8.推廣建教合作，加強教考用結合。包括鼓勵學校推廣辦理建教合作。協調有關單位建立「教、考、用」結合之制度。鼓勵學生報考技能檢定或其他證照考試，及加強辦理職業訓練。

9.結合生涯教育理念，建立全民終身學習環境。包括結合相關機構建立就業輔導網、加強職校生就業輔導、鼓勵學校結合社區資源擴大辦理推廣教育、並增加技職教育彈性以利終身學習。

10.降低班級學生人數，提升教育品質。預計未來十年內將每班人數降至四十人以下為原則，並要求各校之實習或實驗課程採取分組教學，以提升教學品質。

11.重視專業能力教育，加強人文精神陶冶。加強職校學生的生活輔導及個別輔導、加強辦理藝文休閒活動、推行專業藝術教育，並增進學生之生涯規劃、溝通、思考，及運用資訊等能力。

在報告中的其他部分，如社會教育、訓育輔導及支援系統等，亦提及有關中等教育的改革方向。其中較主要的方向包括在中等學校設立社區學院（苑），並置社會教育專業人員，以提供生涯學習管理；補習教育學制彈性化，研究採學分制或分段制方式，分階段授予證書或文憑，突破修業年限之限制；提高學校專任輔導教師員額，落實輔導工作；增加教職員員額，以利朝小班小校發展；推動教育券，對符合特定資格學生做直接補助；加強資訊教育，充實資訊教育設備。

貳·行政院教改會諮議報告書

行政院為推動教育改革，以迎接二十一世紀的挑戰，特於民國八十三年成立教育改革審議委員會，負責研究或審議教育改革方案。該委員會由李遠哲擔任召集人，經長時間研究及諮取各界意見後，先後於八十四年及八十五年提出四次中間諮議報告書，將期中的研究結論公開，讓各界批判回饋。書中提出教育改革的五大方向作為主軸，分別是教育人本化、教育民主化、教育多元化、教育科技化，及教育國際化。此外，並提出八項教育改革原則，以指導改革方案之研擬，這八項原則是：整體考量原則、公私兼顧原則、新舊交融原則、幫助弱勢原則、追求卓越原則、知行貫徹原則、集思廣益原則，及漸進改革原則。

民國八十五年十一月教改會提出教育改革總諮議報告書，除重申上述五大改革方向外，另提出四項教改理念、四項教改目標及五項綜合建議。四項教改理念是：教育鬆綁、保障學習權、父母的教育權、及教師的專業自主。四項教改目標是：達成現代教育目標、滿足個人與社會需求、邁向終身學習的社會、及促成教育體系的改造。五項綜合建議是：(1)教育鬆綁：解除對教育的不當管制；(2)帶好每位學生：發展適性適才的教育；(3)打開新的「試」窗：暢通升學管道；(4)好還要更好：提昇教育品質；(5)活到老學到老：建立終身學習社會。

根據上述改革方向、原則、理念、目標及綜合建議，教育改革審

議委員會在中等教育方面，提出下列改革建議：（行政院教育改革審議委員會，民 84a：1－54；行政院教育改革審議委員會，民 84b：27－57）

一、國民中學教育的改革

在國民中學教育部分，主要建議有下列五項：

1. 建立校際輔導網路，設置臨床心理、諮商輔導與社會工作人員，共同支援以發揮諮商輔導功能。

2. 建立完整一貫補救教學系統，並輔以必要之補償教育措施，以使每位學生都得到良好而公平的照顧。

3. 建立系統生涯教育規劃；對學生的生活輔導應優先於職業輔導，以奠定廣泛的發展基礎及終身教育理念。

4. 統整現行國民中學科目，減少上課時數，發展多元化課程，以減輕課業壓力及適應個別教學需求。

5. 放寬私校設校限制，鼓勵民間興辦國民教育，包括民間興辦小規模之實驗國民中小學。

二、高級中等教育的改革

高級中等學校教育包括高中及高職教育兩項，主要建議如下：

1. 建立以綜合高中為主體的高級中等教育制度並採學區制；高職成為少數且精緻之技藝學校。綜合高中採行學年學分制。

2. 逐年降低高職學生所占之比例，高中與高職生之比例不宜由政府硬性規定。藉師資與選課交流及互相轉學方式，使普通科與職業類科的界線模糊化。

3. 招生方式宜作多元設計，高中高職可因地區不同而各自成立招生區。各地區依據特色做多元設計，來考量學生的各種表現。部分名額或學校得視需要採取某種單招形式招生。

4. 增設地區性職訓中心，或選擇績優高職附設地區技能實習中

心，提供各高中、高職、綜合高中及五專學生集中實習，使實習資源作最有效運用。

5.入學採納在學成績宜以漸進方式行之，惟須先改進國中生成績考查辦法，使其評量結果正確而利於校際評比。

三、課程與教學的改革

課程改革宜朝培養全人教育目標進行，改革重點如下：

1.課程內容不宜過度規劃，減少智育科目時數，增加活動及空白課程，並落實教師共同經營課程的理念。

2.語言及數學之課程與教學，應重視其作為表達、思維與應用之工具性。自然與社會等側重知識之科目，則以引起興趣為優先考量。

3.五育的精神，尤其是倫理及生活教育，應融入各類課程中，並應特別重視職業觀念與態度之培養。

4.高級中等學校之課程宜合併規劃，以期既能延遲分化，又能提供多元進路。

5.教科書應採審定制，惟其選用宜有所規範。

6.積極開發電腦輔助教學之工具與網路。

7.政府應結合民間力量，共同長期發展課程與教材。

四、師資的改革

師資素質的提高，是教育改革順利推行的動力，中等學校的師資宜從下列方向改進：

1.師資的來源宜多樣化，政府應建立多元而卓越的師資培育管道，並予以員額編制及經費上之支持。

2.各校應設教師審議委員會，以處理教師之任用、考核等相關事宜。並考慮將評鑑結果與薪資、退職、分級與換證制度結合。

3.建立合理之校長遴選及任期制度，打破由少數教育主管官員決定之慣例，也要打破一旦當校長就終身是校長的現象。

4.及早實施教師進階制度，並建立地區教師中心及「以學校為本位」的在職進修制度。

5.教育主管部門應將權力交給地方政府及學校，並鼓勵教師成立專業團體，以提高教師專業自主性。

6.尊重師資培育機構的自主權；並調整招生方式，以招收具有從事教育工作志趣與性向之學生。此外，宜推廣臨床教授制度，以強化實習功能。

五、學生輔導的改革

輔導應治本與治標兼重，宜從下列方向改革：

1.建立以學生為主體的教育觀，發展以學生需求與興趣為主的課程、教學與輔導。

2.應合併訓導處與輔導室，建立學生行為輔導新體制，統整學校輔導資源，增設專業人員。

3.重視休閒教育，落實課外活動，積極規劃設置青少年活動場所。

4.重視學校的親職教育與決策行政人員之在職進修，使父母之教養方式與政府政策釐定，均能配合社會變遷之需要。

5.建立青少年輔導之專職機構，並規劃從事長期青少年輔導問題之研究。

六、教育資源的改革

政府對教育資源的運用與監督，應適度尊重市場機能，予以學校若干自由度。具體改革方向如下：

1.政府應增加國民教育經費的支出比例，以協助提升國民中小學教育的水準。

2.開放私立學校設置，放寬私校經營相關產業之限制，並提高捐款與興學誘因，以獎勵私人興學，擴增整體教育資源。

3.在受益者付費原則下，逐步放寬學雜費限制，授予各校更大的資源運用空間；藉由市場價格機能之運作，建立不同品質與特色之教育體系，以供充分選擇空間。

4.建立較具彈性的教師薪資支給標準，按其專業能力與成就，支給合理待遇，以鼓勵教師之教學與研究。

5.給予經濟弱勢族羣就學濟助，以保障其受教育的機會及權利。

第三節　我國中等教育的展望

參酌各國教育發展趨勢、教育改革報告書建議，及作者本人的看法，本節提出我國中等教育未來的改革方向，以供參考。以下將從學制、課程教學、師資、學生輔導，及行政等五方面，逐一討論未來改革的方向。相信透過這些改革，必可使得我國的中等教育更趨完善。當然，教育的改革是無止境的，須做長期而有計畫的改革，效果才會顯著。

壹·學制的展望

我國的中等學制，未來宜從下列方向改革：

1.提前至十一歲入學，並將修業年限由六年延長為七年。其中國民中學修業四年，高級中學修業三年。現代的學生成熟得較快，到了十一歲左右就進入青少年，故中學的入學年齡可以比現在提早一年，中學的修業年限也就跟著延長一年。其次，現代強調全人教育，並重視個性的試探，故國中的修業年限宜長些（四年），以便加強統整及試探功能的發揮。

2.實施十二年義務教育，將中等教育全部納為義務教育範圍內。現代是個知識爆增、科技高度發達、又講求生活品質的時代，而人類的壽命也延長不少，故延長接受教育時間已是人人所必要。因此若國家財力負擔得起，應將義務教育年限逐漸延長，以延至十二年為目

標，使人人至少都能受完中等教育，方足以適應時代的需求。

3.中等學校改以綜合型為主，而以功能型為輔。目前國民中學已屬於綜合型，但高級中等學校卻是以功能型為主。今後應逐步將高級中等學校改制為綜合型，只有少數具特殊目的的學校才維持功能型。和功能型相比，綜合型中學較具民主化、彈性、統整及試探功能又強，這些特性是今日社會所需要的。

4.入學方式宜單純化，但錄取標準則宜多樣化。好的入學方式，應兼具效度、公平、省事，及能引導教學正常化。欲達到這個理想，入學方式宜單純化，一、二種即可，但每種方式的錄取標準卻宜多樣化，既兼顧智、德、體、思，又兼顧知與行。否則，如方式太多（四、五種以上），而每種方式的錄取標準卻單純化（只顧某一、二層面），則不只容易造成不公平、增加工作負擔，而且易造成教學不正常化。

5.大量增設特殊中學或特殊班，使特殊學生有普遍接受中等教育之機會。身心障礙學生在先天上就吃了虧，需要更多的後天教育來彌補其先天之不足。但目前反而是一般學生的受教機會多，特殊學生的受教機會卻少得可憐。這樣既違反公理，也剝奪了殘障者的生存及平等權。因此，今後應大量增設特殊學校及特殊班級，使每位殘障者也都有接受中等教育的機會。當然，如讓特殊學生在一般班級就讀，使特殊教育回歸主流，亦是可接受的方式之一。

6.高級中等學校採大學區制，國民中學採中學區制，以促進各地區中等學校的均衡發展，並給予學校之間有適度的競爭，以提升中等教育的成效。目前國中係採小學區制，而高中（職）則無學區制之設。小學區制固然可以讓學生在住家附近就學，並可預防校與校之間可能的惡性競爭，但卻也容易造成地域觀念，而且學校缺乏競爭，創新及成效均不易提昇。無學區制的優缺點，則與小學區制相反。為兼顧上述優點的發揮及缺失的避免，可考慮國中採中學區制，一學區內包括二、三所左右的國中，讓學生有一些選擇自由，也可就近入學。

至於高中則採大學區制，可以縣市為學區範圍，這種可使高中生有選校自由，又不必遠赴他鄉就讀，亦可促進各地區學校的均衡發展。

7.將補習學校廢除，併入正規學校實施，以利建立生涯或終身教育體系。現在教育分為正規及補習教育兩軌，如因故無法在適齡時入正規學校，逾齡以後就須進入補校就讀。而補校在一般人心目中又屬次等選擇，致人人不管時機是否適合自己的發展，都極力在適齡時限內擠入正規學校，造成升學競爭過度激烈，又令人不能依自己合適的步調學習，有礙個別差異之適應。因此，今後應設法將補習教育併入正規學校實施，教育就只有正規學校一軌，使任何人均有較大的入學時間彈性，既符合生涯教育的理念，也有助於個別差異的適應。其次，未來中等教育普及後，就讀補習教育的人數會大幅減少，併在正規學校實施，也較經濟有效。

8.鼓勵私立中學的發展，讓公私立學校在競爭中求進步及績效，並減輕政府的負擔。私立學校的存在，若政府能給予適度的自由辦學空間，可提供異於公立學校的一種教育實驗，有助於教育的創新進步。其次，私立學校的存在，給學生多了一種選擇，也等於給公立學校一個競爭對象，有助於雙方水準的提昇。我們都知道：一切一致而又缺乏競爭的事業，一定較死氣沈沈。容許變異而又有競爭，會比較有活力。因此，今後政府應鼓勵私立中學的發展，給予較多的辦學自由及經費補助，相信對中等教育的發展有正面的助益。

9.調整高等教育體制，使選修學術及技職課程的中學生，都有均等的升學機會，以均衡學術及技職教育的發展。目前高等教育階段的學術及技職教育，係分開在不同學校實施，前者在大學實施，後者則在技術學院及專科學校實施。但因專科學校及技術學院的容量相當有限，使高職生升學的機率，遠低於高中生甚多，造成大家重高中而輕職校的現象，技職教育淪為次等選擇及次等水準。為改善此種現象，除將高中、職併為綜合高中外，應增加技職高等教育的容量，並逐步將專科學校與技術學院與大學合併，成為如美、英兩國的綜合大學。

如此，方能給予選擇學術及技職課程的中學生，有均等之升學機會，又能給技職教育有升級的機會，技職與學術教育也才能均衡發展。

貳·課程教學的展望

我國中等教育的課程及教學，未來宜從下列方向改革：

1.教育部宜簡化對中等教育課程的規定，留給地方及中學更大的辦學自主空間，使教學更為靈活化及創新化。目前教育部訂定的課程標準，規定十分繁瑣，使中學的課程全國幾乎一致，扼殺各地各校創新實驗的機會。今後教育部應大量簡化課程標準的規定，如減少各校共同必修規定科目數，只規定科目名稱而不規定須於何年級開設，各科教材綱要及實施方法之規定宜再簡化等。現在學校教育人員的專業水準已大為提高，而教育也愈來愈重視個別差異之適應，給地方及學校多一點課程彈性，是合理而符合趨勢的。

2.教科書改採審定制，再逐步改為認可制，以求提升品質及適應個別差異。目前中學教科書是兼採國定制及審定制，其中國定制仍占相當比重。由於國定制之下，每科目的教科書由政府編輯，而且只有一個版本，不只內容流於一致，產生思考的桎梏，又難予適應個別差異之需要，而且因缺乏市場的競爭而陷入故步自封，不易提升品質。因此今後應先朝全部採審定制改進，然後再視時機改採事後審查的認可制，使教科書制度解嚴，在有競爭情況下求進步，在有選擇機會下求個別差異適應，在不受統制的自由下創新及發展。

3.各科教材的編輯，能兼顧認知、技能及情意三個層面。就教育理論來說，任何一個科目的教學都兼有認知、技能及情意三個目標，這也是「同時學習」原則的精神所在。可是目前大部分科目教材的編輯，都太偏重於認知層面，而很少顧及技能及情意兩方面，致教師教學及學生學習也產生同樣的偏差，結果造成學生知而不能行，有智而寡德，有違培養健全國民的宗旨。因此，今後各科教材的編輯，應兼顧認知、技能及情意三個層面。當然教師的培育，也要讓教師有教學

這三個層面教材的能力。

4.加強鄉土教育及國際教育，以培養既能立足本土又能胸懷天下的國民。目前對鄉土教育及國際教育，均不夠重視，今後應進一步加強。就鄉土教育言，除應於各科納入臺灣及鄉土的教材外；並應在團體或社團活動中，將本土（含中國、臺灣及鄉土）活動納入，如國劇、歌仔戲、民俗運動等。就國際教育言，除應在各科納入重要國家的現代文化及風土人情外，應開設多種外國語供學生選修；俾提供中學與外國學校交流的機會。

5.有計畫的重視潛在課程，使學生能接受良好環境的潛移默化，發揮與正式課程相輔相成的作用。說實在的，學生今日所處的環境，並未能給予學生良好的示範與陶冶，致教育效果被抵消不少；今後要切實加以改進。影響學生的環境因素，包括學校的環境與教職員工及社區的環境與居民。學校應有計畫改善其環境，如美化校園、開放圍牆、減少政治圖騰、教職員工以身作則等。其次，學校應透過社會教育及親職教育，協助社區改善其環境，也讓居民能注意言教及身教。教職員工及居民的以身作則，是最有影響力的潛在課程，這些人應自勵自勉，務必給學生一個好榜樣。

6.開發更有效的教學方法，以適應未來知識更加爆增的時代需要。未來知識增加及社會變遷的速度，必然會大量提高，中學的課程教材也會隨著日趨艱深與量多，教育界有必要開發出比現在更有效率的教學及學習方法，使未來的教材雖量較多而質較深，但教師教起來及學生學起來也都能勝任愉快。近年來各界都抱怨中學的教材太多太難，這種抱怨不見得有理，因在知識爆增的時代，教材不可能和昔日一樣了。多年來教與學的方法沒有多大改進，才是值得深思的地方。總之，與其抱怨教材太多太深，不如積極開發更有效率的教學方法。

7.研究改進並充分運用電腦及其他媒體教學方式，以提高中等教育的普及面與教學效果。電腦及媒體（如電視、廣播、電傳等）教學方式，是具相當潛力的教學媒體，未來應不斷改進及利用。就電腦輔

助教學而言，如能善加研用，未來電腦的教學能力及人性化程度雖不如少數頂尖的教師，但會勝過大部分的師資，用在團體教學及個別化教學上，都會比一般的教師強，教育人員千萬不能忽視。就電視、廣播及其他媒體而言，這些都可實施遠距教學，對教育的普及極有助益，未來除可用作正式教育的方式之一，更可以作為非正式教育的一環，對終身教育理想的實現大有貢獻。

參·師資的展望

我國中等教育的師資，未來宜從下列方向改革：

1.師資培育維持開放制，但宜取消一般大學的教育學程，至少須設教育院、系、所始得培育師資。以維持師資的水準。目前師資培育已由過去的閉鎖制改為開放制，這是符合潮流的作法，未來應續予維持。惟大學只要設教育學程即可培育師資，並非常道，在先進國家也乏先例。因教育學程的編制及地位均不如系，較易被學校忽略，而學程教授的凝聚力也會降低，要爭取學校的資源恐較不利。以上這些因素都會影響其師資培育的水準，因此應修法將教育學程廢除，規定大學須設教育院、系、所者，始得培育師資。

2.建立教師資格的試驗檢定制，以維師資的素質。目前教師在取得合格資格之前，雖須經過初檢及複檢兩道手續，但初、複檢都採無試驗檢定制，即不需任何考試或甄試，實在過分寬鬆，恐對師資素質的提升不利。今後應參考美、法、德等國的作法，改採試驗檢定制，在初檢或複檢時須經筆試及（或）口試及格者，方可取得合格資格。如因故無法採試驗檢定制，至少教育部在核定大學開設師資培育課程時，應嚴予把關，只有辦學優異的學校始得培育師資。

3.建立教師生涯階梯制（career ladder），將教師分為若干職級，依職級賦予不同名稱、權責，及待遇，以促進教師的專業成長，並滿足教師追求成就感的需求。目前教師並無分級，無法就其優良表現而酌予升級，以資鼓勵；亦無就其職責之不同而賦予不同名稱，以利專

業分工之加強，均有礙教師士氣及教學績效之提升。改進之道，在於實施教師生涯階梯制，將教師分為若干職級（如三至四級），賦予一、二、三、四級教師，或實習、初任、資深、主任教師等名稱。各級教師須定期接受評鑑，評鑑成績合乎規定水準、並有若干年教學經驗者，依級遞升。職級愈高者所擔負責任也愈大，原則上低階教師以擔任教學為主，高階教師則負擔研究、發展、協調、評鑑及輔導等任務。（白雲霞，民84：174-176）

4.建立強制進修及換證制度，鼓勵教師不斷進修，以持續提升教師素質及績效。目前教師於取得合格教師資格證書後，原則上即永久有效，終身不須再換證。但今日社會變遷迅速，知識又不斷爆增，教師如不能隨時進修，將很難適應時代的需求。為鼓勵教師不斷進修，除現有的獎勵措施繼續施行外，尚可建立換證制度，教師於取得合格教師證書後，在若干年內必須進修若干規定學分後，始得換領新證書；否則原領證書效期屆滿，即告失效。為方便教師進修，除師資培育機構須多辦理進修教育外，應在各地普遍增設教師進修中心，推廣遠距教學式的進修，並建立學校本位進修制度（shool-based in-service education），以方便教師就近進修。

5.落實教師成績考核，建立績效責任制，以鼓舞教師士氣，提升教學績效。目前教師成績考核流於形式，使績效優良及不良之教師，在獎懲及待遇上並無差異。由於優良教師無法得到應有的鼓勵，不良教師又未得到應有的懲罰及輔導，造成人人「法乎下」而非「法乎上」的現象，士氣及績效日益低落，至少無法提昇。為改善起見，今後一定要落實教師考核工作，具體做法除了修訂考核標準使之合理化外，宜增加下列的做法，如實施教師自我考核、讓學生及家長參與考核、實施教師同儕互評、考核發現的優缺點應通知教師、確實做好考核後的輔導工作。當然，考核委員會的成員及校長應發揮專業精神，嚴守考核原則及法令規定，善盡考核責任，是最有效的改進途徑。

6.應尊重教師的專業自主，以充分發揮專業分工的功能，提昇教

學成效。行政及教學是兩種不同的專業，原則上行政事務應由行政人員決定，教學事項應由教師決定，才能充分發揮專業分工的功效。但目前不少教學專業事項均由行政人員決定，干擾了教師的專業自知。有鑑於此，教師法乃明定教師於教學上享有專業自主權。今後應努力加以落實，如編班方式、教科書選用、補充教材編選、考試次數、參考書可用與否、教法的選擇等，均應由教師或其代表共同決定，而不宜由教育行政機關或家長來決定。所謂由教師決定，並不排除行政人員、家長及其他相關人員的參與，這些人可有機會參與意見，但最後的決定權應是在教師手上。

肆·學生輔導的展望

我國中等學校學生之輔導，未來宜從下列方向改革：

1.建立校際輔導網路，以充分發揮輔導的功能。目前中等學校的輔導工作仍是各自獨立的，只是點的存在，而未建立全面性的輔導網，無法發揮相互支援的強大力量，而且各校獨立作業，要重複建立學生輔導資料，浪費人力也浪費財力。今後應將各級各類學校的輔導工作做全面的配合，形成體系嚴密的輔導網，使平行的各個學校能互相支持，而且不同級的學校也能相互支援。如此一來，學生在校內不只可以受到充分的輔導，而且在校外也可受到充分的輔導，享有各種輔導人力及資源所提供的服務。當然，要使輔導網運作順暢有效，必須增加輔導人員的編制，並酌予增置臨床心理諮詢輔導人員及學校社會工作人員，使輔導工作專業分工化。

2.建立中途學校，供部分行為嚴重偏差的學生得接受適當的教學與輔導。目前學校中常有極少部分學生有嚴重偏差行為，學校教師實無能力加以輔導，而那些學生在校又會嚴重干擾其他學生的學習，逼得學校或設法強迫其轉學，或予以勒令退學，影響了這些學生的學習權。基於此，可設立中途學校，聘請受過特殊輔導訓練的師資，行為嚴重偏差學生即暫時在此接受教學與輔導，等行為恢復至適合狀態，

再回原校繼續就讀。為使中途學校能發揮功能，其班級人數宜少，師生比宜提高，而且其設備、課程及教法均應特別設計。此外，為防止學校濫將學生送至中途學校，政府應訂立一套嚴格標準及鑑定程序，以供遵循。

3.准許學生成立校際學生組織，以發揮學生對教育的影響力，並培養其自治自律的能力。目前政府禁止學生成立校際學生組織，致學生的自治活動範圍僅限於一校之內，辦理自治活動的內容及能力因而相當有限，而且全體學生的意見無適當的整合機構，對教育決策當局的影響有限。人民有集會結社的自由權利，是憲法所保障的。學生不能因一腳踏進校門就被剝奪憲法所賦予的權利。因此，今後政府應取消禁令，准許學生成立校際學生組織。學生除得聯合成立地區性的學生組織外，亦得成立全國性的學生組織，以增加學生辦理自治活動的能力，並取得其影響教育決策應有的影響力。如此一來，將有益於學生自治自律能力的提升。當然，為避免學生組織產生負面作用，政府得訂定相關法規做適當規範。

4.建立處分學生的正當法定程序，以保障學生的權益，並減少師生之間的衝突。目前對學生的處分，並無一套明確的法定程序，致學生權益不能受充分保障，也常造成學生與校方的衝突。為改善起見，應修訂相關法令，規定明確的適當法定程序（due process of law）以供遵循。凡剝奪學生受教權或其他重大權益之處分，在處分前，應將理由書面通知學生及家長，並定期召開聽證會讓學生有為自己辯護的機會，最後需有相當證據才得施予處分，而且要給學生有申訴機會。至於較輕的處分，只須以口頭將理由告知學生及家長，並聽取其意見即可，而無需召開聽證會，惟仍需給予申訴機會。正當法定程序之設置，除可保障學生權益外，尚可培養學生尊重別人權益的觀念與態度，因學生可從中瞭解未經適當的程序，任何人都不能任意剝奪他人的法定權益。

5.適度降低學生編班人數及學校規模，以利學生輔導工作之推

行。學生的教育與輔導是件困難度極高的工作，師生之間的互動必須達到適當程度，才足以產生教育及輔導的效果。但目前班級人數在三十五人以上，或學校規模在五十班以上的情況，仍相當普遍，有待改進。今後政府應設法降低班級人數及學校規模，以降低每班二十五至三十五人為原則，每校則以降至五十班以下為限。如因受財政及土地的限制，無法達成上述理想，則較大規模的學校可實施校內之校（schools within a school）制，以資補助。總之，無論如何，做某種程度的改善是必要的。

伍・學校行政的展望

我國中等教育行政若要適應未來，提供支援教學的績效，則須從下列方向改革：

1.學校行政組織彈性化，讓各校得視需要決定部分處室、組的名稱及其增減，以適應各校之需要，並發揮各校之特色。目前各級各類中學的行政組織，雖因學校規模之不同而略有差異，但差異很小，而且所設的處、室、組別名稱也都一樣，實無法彰顯特色及適應各地差異，不易發揮最佳效果。今後應修訂相關法令，只規定最基本而必設的單位，其餘則由各校視情況決定，只要其所需經費不超過法定預算即可。如此一來，有的學校就可以把訓導處及輔導室合併，有的學校可以增設研究發展處、社區關係處、升學就業輔導處等。這樣既能展現特色，也是一種實驗，可從中發現較好的行政組織模式。

2.學校行政人員應專業化，以提升行政效能，充分支援教學之所需。行政工作與教學是不同的專業，但目前學校的組長、主任及校長，都是由具教師資格者兼任或擔任，並未受過教育行政或學校行政方面的專業教育；甚至主管中等學校的教育行政機關人員，也都如此。為發揮專業分工的效能，今後應廣設教育行政學系及研究所，培養專業化的教育行政及學校行政人員，並建立這些人員的專業證照制度。同時也應修訂任用法令，規定須修滿若干規定教育行政或學校行

政學分者，或受完專業養成訓練而取得相關證照者，方得擔任行政人員。

3.增加對私立學校的補助，並放寬對私校的各種限制，以鼓勵私立學校的成長及健全發展。私立學校的存在，不只可增加學校的容量及教育的普及性，減輕政府的財政及責任負擔，而且提供公立學校一個競爭對象，有助於教育的實驗發展與進步。惟目前對私立學校的管理及限制太多，使私校不易展現出異於公立學校的特色。因此，今後政府有必要適度放寬對私校的限制及管理，如放寬其收費標準；其課程、設備、師資、行政組織、人員編制、待遇福利制度等，也都准予與公立學校不同。當然，政府仍須訂出一套私校的最低基準，但不宜過嚴過高，使私校在合理的基準上，能頭角崢嶸，自由發展。其次，政府也須增加對私校的經費補助，以提供必要的扶助或鼓勵。原則上，對接受政府補助越少的私校，政府對它的管理也應越少；對補助越多的學校，則可予以較多的管理。

4.讓教師、學生及家長參與更多決策的機會，以求集思廣益，促進學校行政的民主化。目前教師參與學校決策的機會較多，但意見尚未受到應有的重視與尊重，這是日後要改進之處。至於學生及家長參與決策的機會尚少，今後應設法增加。就學生而言，今後應修訂相關法令，讓學生代表有出席或列席學校各項會議的權利。學生是教育的消費者，其意見對校務行政實施絕對有參考價值。其次就家長而言，今後學校的相關會議，也應視性質讓家長代表（人數不宜多）有出席或列席機會。家長是學校教育的幕後提供人，也是教育的間接消費者，其意見有重要參考價值，也應受到尊重。那麼這樣做，是否會侵害到教育人員的專業權呢？不會的，因各項會議的成員仍以教職員居多數，學生及家長代表人數有限，最後的決定權基本上仍掌握於專業人員之手，學生及家長的意見一定要具相當合理性及說服力，才有可能被居多數的教職員支持而通過。讓學校相關人員參與學校的決策，符合學校本位管理（school-based management）的發展趨勢。

附　錄

1　國民教育法

民國六十八年五月二十三日總統令制定公布

民國八十八年二月三日總統令修正公布

第　一　條　國民教育依中華民國憲法第一百五十八條之規定，以養成德、智、體、群、美五育均衡發展之健全國民為宗旨。

第　二　條　凡六歲至十五歲之國民，應受國民教育；已逾齡未受國民教育之國民，應受國民補習教育。

②六歲至十五歲國民之強迫入學，另以法律定之。

第　三　條　國民教育分為二階段：前六年為國民小學教育，後三年為國民中學教育。

②對於資賦優異之國民小學學生，得縮短其修業年限。但以一年為限。

③國民補習教育，由國民小學及國民中學附設國民補習學校實施；其辦法另定之。

第　四　條　國民教育，以由政府辦理為原則，並鼓勵私人興辦。

②國民小學及國民中學，由直轄市或縣（市）政府依據人口、交通、社區、文化環境、行政區域及學校分布情形，劃分學區，分區設置。

③前項國民小學及國民中學，得委由私人辦理，其辦法由直轄市或縣（市）政府定之。

④為保障學生學習權，國民教育階段得辦理非學校型態之實驗教育，其辦法由直轄市或縣（市）政府定之。

第　五　條　國民小學及國民中學學生免納學費；貧苦者，由政府供給書籍，並免繳其他法令規定之費用。

②國民中學另設獎、助學金，獎、助優秀、清寒學生。

第　六　條　六歲之學齡兒童，由戶政機關調查造冊，送經主管教育行政機關按學區分發，並由鄉、鎮（市）、區公所通知其入國民小學。

②國民小學當年度畢業生，由直轄市或縣（市）主管教育行政機關按學區分發入國民中學。

第　七　條　國民小學及國民中學之課程，應以民族精神教育及國民生活教育為中心，學生身心

健全發展為目標，並注重其連貫性。

第　八　條　國民小學及國民中學之課程綱要，由教育部常設課程研究發展機構定之。

第八條之一　國民小學及國民中學設備基準，由教育部定之。直轄市或縣（市）政府亦得視實際
　　　　　　需要，另定適用於該地方之基準，報請教育部備查。

第八條之二　國民小學及國民中學之教科圖書，由教育部審定，必要時得編定之。教科圖書審定
　　　　　　委員會由學科及課程專家、教師及教育行政機關代表等組成。教師代表不得少於三
　　　　　　分之一；其組織由教育部定之。

　　　　　　②國民小學及國民中學之教科圖書，由學校校務會議訂定辦法公開選用之。

第　九　條　國民小學及國民中學各置校長一人，綜理校務，應為專任，並採任期制，在同一學
　　　　　　校得連任一次。

　　　　　　②國民中、小學校長任期屆滿時得回任教師。

　　　　　　③縣（市）立國民中、小學校長，由縣（市）政府組織遴選委員會就公開甄選、儲
　　　　　　　訓之合格人員、任期屆滿之現職校長或曾任校長人員中遴選後聘任之。

　　　　　　④直轄市立國民中、小學校長，由直轄市政府教育局組織遴選委員會就公開甄選、
　　　　　　　儲訓之合格人員、任期屆滿之現職校長或曾任校長人員中遴選後，報請直轄市政
　　　　　　　府聘任之。

　　　　　　⑤師範校院及設有教育院系之大學所設附屬國民中、小學校長，由各該校、院組織
　　　　　　　遴選委員會就各該校、院或其附屬學校教師中遴選合格人員，送請校長聘兼（任）
　　　　　　　之，並報請主管教育行政機關備查。

　　　　　　⑥前三項遴選委員會應有家長會代表參與，其比例不得少於五分之一。遴選委員會
　　　　　　　之組織及運作方式，分別由組織遴選委員會之機關、學校定之。

第　十　條　國民小學與國民中學設校務會議，議決校務重大事項，由校長召集主持。校務會議
　　　　　　以校長、全體專任教師或教師代表、家長會代表、職工代表組成之。其成員比例由
　　　　　　設立學校之各級主管教育行政機關定之。

　　　　　　②國民小學及國民中學，視規模大小，酌設教務處、訓導處、總務處或教導處、總
　　　　　　　務處，各置主任一人及職員若干人。主任由校長就專任教師中聘兼之，職員由校
　　　　　　　長遴用，均應報直轄市或縣（市）主管教育行政機關核備。

　　　　　　③國民小學及國民中學應設輔導室或輔導教師。輔導室置主任一人及輔導教師若干
　　　　　　　人，由校長遴選具有教育熱忱與專業知能教師任之，輔導主任及輔導教師以專任
　　　　　　　為原則。

　　　　　　④輔導室得另置具有專業知能之專任輔導人員及義務輔導人員若干人。

　　　　　　⑤國民小學及國民中學應設人事及主計單位，學校規模較小者，得由其他機關或學
　　　　　　　校專任人事及主計人員兼任；其員額編制標準，依有關法令之規定。

第　十一　條　國民小學及國民中學教師應為專任，但必要時得聘請兼任教師。

第 十 二 條　國民小學及國民中學，以採小班制為原則；其班級編制及教職員員額編制標準，由教育部定之。

第 十 三 條　國民小學及國民中學學生修業期滿，成績及格，由學校發給畢業證書。

第 十 四 條　國民教育階段，對於資賦優異、體能殘障、智能不足、性格或行為異常學生，應施以特殊教育或技藝訓練；其辦法由教育部定之。

第 十 五 條　國民小學及國民中學應配合地方需要，協助辦理社會教育，促進社區發展。

第 十 六 條　政府辦理國民教育所需經費，由直轄市或縣（市）政府編列預算支應，財源如左：

一　直轄市或縣（市）政府一般歲入。

二　直轄市或縣（市）政府依平均地權條例規定分配款。

三　為保障國民教育之健全發展，直轄市或縣（市）政府，得依財政收支劃分法第十八條第一項但書之規定，優先籌措辦理國民教育所需經費。

②中央政府應視國民教育經費之實際需要補助之。

第 十 七 條　辦理國民教育所需建校土地，由直轄市或縣（市）政府視都市計畫及社區發展需要，優先規劃，並得依法撥用或徵收。

第 十 八 條　國民小學及國民中學校長、主任、教師之任用及考績，另以法律定之；其甄選、儲訓、登記、檢定、遷調，進修及獎懲等辦法，由教育部定之。

第 十 九 條　師範院校及設有教育學院（系）之大學，為辦理國民教育各項實驗、研究，並供教學實習，得設實驗國民中學、國民小學或幼稚園。

②實驗國民中學、國民小學或幼稚園校（園）長，由主管學校校（院）長，就本校教師遴選合格人員充任，採任期制，並報請主管教育行政機關核備。

③實驗國民中學、國民小學或幼稚園教師，由校（園）長遴聘；各處、室主任及職員，由校（園）長遴用，報請主管校、院核轉主管教育行政機關備查。

第 二 十 條　私立國民小學及私立國民中學，除依私立學校法及本法有關規定辦理外，各處、室主任、教師及職員，由校長遴聘，送直轄市或縣（市）政府備查。

第二十一條　本法施行細則，由教育部定之。

第二十二條　本法自公布日施行。

2　國民教育法施行細則

民國七十一年七月七日教育部訂正發布

民國八十八年七月二十九日修正發布

第 一 條　本細則依國民教育法（以下簡稱本法）第二十一條規定訂定之。

第 二 條　國民小學及國民中學之設置，除依本法第三條及第四條之規定外，應依下列各款辦理：

一　國民小學及國民中學之設置，以便利學生就讀為原則。

　　二　國民小學及國民中學以分別設置為原則。

　　三　國民小學及國民中學之規劃，以不超過四十八班為原則。學校規模過大者，直轄市、縣（市）政府應增設學校，重劃學區。

　　四　交通不便、偏遠地區或情況特殊之地區，未設置國民小學或國民中學者，視實際需要，選擇採取下列措施：

　　　　㈠設置分校或分班。

　　　　㈡依強迫入學條例第十四條規定提供膳宿設備。

　　　　㈢提供上下學所需之交通工具或補助其交通費。

　　　　㈣其他有利學生就讀之措施。

第　三　條　實施國民教育之學校名稱如下：

　　一　國民小學依設置地區，稱某某縣（市）某某鄉（鎮、市、區）某某國民小學。

　　二　國民中學依設置縣（市），稱某某縣（市）立某某國民中學；國民小學與國民中學合併設置者，稱某某縣（市）立某某國民中小學。

　　三　直轄市國民小學，稱某某市某某區某某國民小學，國民中學，稱某某市立某某國民中學；國民小學與國民中學合併設置者，稱某某市立某某國民中小學。

　　四　師資培育機構依規定所設附屬或實驗國民小學或國民中學，稱某某校（院）附屬或實驗國民小學或國民中學。國民小學與國民中學合併設置者，稱某某校（院）附屬或實驗國民中小學。

　　五　私立國民小學及私立國民中學依設置地區稱某某市、某某縣（市）某某國民小學或國民中學。國民小學與國民中學合併設置者，稱某某市、某某縣（市）某某國民中小學。

第　四　條　本法第三條所定國民補習教育，依補習及進修教育法及其有關規定辦理。

第　五　條　直轄市、縣（市）政府依本法第四條第二項劃分學區時，應顧及學校容量，並保障學區內學生優先就學之權利；其學區劃分原則及分發入學規定，由直轄市、縣（市）政府定之。

　　②相鄰直轄市、縣（市）地區之學區劃分，得由直轄市、縣（市）政府依實際狀況協商定之。

第　六　條　本法第四條第四項所稱非學校型態之實驗教育，指學校教育以外，依本法第一條及第七條，以實驗課程為主要目的、不在固定校區或以其他方式所實施之教育。

　　②補習及進修教育法所定之短期補習教育，不得視為非學校型態之實驗教育。

　　③直轄市、縣（市）政府依本法第四條第四項訂定非學校型態之實驗教育辦法時，應邀請家長、教師、學校行政人員代表及其他相關人士參與。

第　七　條　國民中學依本法第五條第二項設置獎、助學金，其經費除由直轄市、縣（市）政府

編列預算支應外，學校得自行籌措。

第　八　條　國民小學及國民中學學生入學，除依本法第六條之規定外，依下列各款辦理：

一　六歲應入國民小學之學齡兒童，戶政機關應於每年五月底前完成調查造冊，送經主管教育行政機關於六月十日前依學區分發，並由鄉（鎮、市、區）公所於六月二十日前通知入學。學齡兒童入學年齡之計算，以當年度九月一日滿六足歲者，均予列冊。

二　國民小學應於每年五月底前造具當年度畢業生名冊，報請主管教育行政機關分發入國民中學；並於六月二十日前按學區通知之。

三　分發學生入學之通知應記載下列事項：

　㈠分發入學之學校名稱及地址。

　㈡新生報到、學校開學、註冊及上課之日期。

　㈢學生註冊須知及其他有關入學注意事項。

四　因故未入學之學生，其未超過規定年齡者，主管教育行政機關應輔導其入學。

②前項第一款戶政機關之造冊，於戶政機關請商主管教育行政機關同意者，得以戶政資訊系統連結取得戶籍資料之方式代之。

第　九　條　國民小學及國民中學依本法第八條之二第二項規定選用各科教科圖書，如無適當教科圖書可供選用時，得由直轄市、縣（市）主管教育行政機關或學校依本法第八條規定之課程綱要編輯教材。

②前項教材由學校編輯者，應報請各該主管教育行政機關備查。

第　十　條　國民小學及國民中學校長任期一任為四年，但山地、偏遠、離島等地區之學校校長任期，由組織遴選委員會之機關、學校定之。

②本法修正施行前，現職校長得在原校繼續任職至該一任期屆滿為止，或依本法第九條之規定參加遴選。

③任期未滿之校長如有不適任之事實，經主管教育行政機關提請遴選委員會評定屬實者，應予改任其他職務或為其他適當之處理。

第　十一　條　本法第九條第三項、第四項所定公開甄選、儲訓之合格人員，指符合下列各款情形之一者：

一　本法修正施行前，由臺灣省政府或直轄市政府公開甄選且儲訓合格之校長候用人員。

二　本法修正施行後，由直轄市政府或縣（市）政府公開甄選且儲訓合格之校長候用人員。

三　本法修正施行前經公開甄選儲訓合格，且具備教育人員任用條例第二十條所定校長任用資格之縣（市）政府教育局現任督學、課長。

②前項第三款所列人員，以參加偏遠或特殊地區校長遴選為限。

第 十二 條　依本法第九條第三項至第六項組織遴選委員會之機關、學校，應就校長辦學績效詳為評鑑，以為應否繼續遴聘之依據；現職校長經評鑑績效優良者，應考量優先予以遴聘。

②遴選委員會應在校長第一任任期屆滿前一個月，視其辦學績效、連任意願及其他實際情況，決定其應否連任。

第 十三 條　現職校長具有教師資格願依本法第九條第二項規定回任教師者，由主管教育行政機關分發學校任教。

②現職校長未獲遴聘，未具教師資格無法回任或具有教師資格不願回任教師者，直轄市、縣（市）政府得依下列方式辦理：

一　符合退休條件自願退休者，准其退休。

二　不符合退休條件或不自願退休者，依其意願及資格條件，優先輔導轉任他職。

第 十四 條　本法第十條第一項所定校務重大事項，其內容如下：

一　校務發展計畫。

二　學校各種重要章則。

三　依法令規定應經校務會議議決之事項。

四　校長交議事項。

第 十五 條　國民小學及國民中學之訓導及輔導工作，應兼顧學生羣性及個性之發展，參酌學校及學生特性，並依相關法令之規定辦理。

②校長及全體教師均負學生之訓導及輔導責任。

③直轄市、縣（市）主管教育行政機關應訂定學生獎懲規定，切實實施。

第 十六 條　為因應教學及行政需要，主管教育行政機關應規定國民小學及國民中學所應訂定或陳報之學校章程、規則、辦法等規定，及應備置之各種表、簿、冊等。

第 十七 條　國民小學及國民中學之行政組織，除依本法第十條、國民小學與國民中學班級編制及教職員工員額編制標準及其他相關法令之規定外，得參照下列各款辦理：

一　國民小學行政組織：

㈠十二班以下者，設教導、總務二處及輔導室或輔導教師。教導處設教務、訓導二組，必要時得置資訊教師。

㈡十三班至二十四班者，設教務、訓導、總務三處及輔導室或輔導教師。教務處設教學、註冊、資訊三組；訓導處設訓育、體育、衛生三組；總務處設文書、事務二組。

㈢二十五班以上者，設教務、訓導、總務三處及輔導室。教務處設教學、註冊、設備、資訊四組；訓導處設訓育、生活教育、體育、衛生四組；總務處設文書、事務、出納三組；輔導室得設輔導、資料二組。

二　國民中學行政組織：

㈠六班以下者，設教導、總務二處及輔導室。教導設教務、訓導二組，必要時得置資訊教師。

㈡七班至十二班者，設教務、訓導、總務三處及輔導室。教務處設教學設備、註冊二組，必要時得置資訊教師；訓導處設訓育、體育衛生二組；總務處設文書、事務二組；輔導室得設輔導、資料二組。

㈢十三班以上者，設教務、訓導、總務三處及輔導室。教務處設教學、註冊、設備、資訊四組；訓導處設訓育、生活教育、體育、衛生四組；總務處設文書、事務、出納三組；輔導室得設輔導、資料二組。

㈣設有技藝教育班者，得視實際需要於適當單位增設技藝教育組。

三　六十班以上之國民小學及國民中學，直轄市、縣（市）主管教育行政機關得訂定辦法，充實行政人員。

四　人事及主計單位之設置，依本法之規定辦理。

五　國民小學及國民中學每班置導師一人。

六　國民小學及國民中學各學科應成立教學研究會，並置召集人。其規模較小學校性質相近科目，得合併設置。

七　設有特殊教育班級者，輔導室得依特殊教育類別增設各組。

八　實驗國民小學及實驗國民中學得視需要增設研究處，置主任一人，並得分組辦事。

②國民小學及國民中學各處、室掌理事項如下：

一　教務處：各學科課程編排、教學實施、學籍管理、成績考查、教學設備、資訊與網路設備、教具圖書資料供應及教學研究，並與輔導單位配合實施教育輔導等事項。

二　訓導處：學生民族精神教育、道德教育、生活教育、體育衛生保健、學生團體活動及生活管理，並與輔導單位配合實施生活輔導等事項。

三　總務處：學校文書、事務、出納等事項。

四　輔導室（輔導教師）：學生資料蒐集與分析、學生智力、性向、人格等測驗之實施，學生興趣成就與志願之調查、輔導及諮商之進行，並辦理親職教育等事項。

五　人事單位：人事管理事項。

六　主計單位：歲計、會計及統計等事項。

③設教導處者，其掌理事項包括前項教務處及訓導處業務。

④處以下分組者，其分層負責明細表，由直轄市、縣（市）主管教育行政機關定之。

第 十八 條　國民小學及國民中學專任教師應於規定時間內在校服務；非經校長同意，不得兼任校外職務。

第 十九 條　國民小學及國民中學聘請兼任教師，依相關法令規定辦理。

②前項兼職，以不違反法令規定者為限。

第 二十 條　國民小學及國民中學學生學籍資料，應切實記錄，並永久保存；其學籍管理辦法，由直轄市、縣（市）主管教育行政機關定之。

第二十一條　教育部應邀集直轄市、縣（市）主管教育行政機關及國民小學、國民中學代表，訂定國民小學、國民中學學生成績評量準則。

②直轄市、縣（市）主管教育行政機關應依前項規定，訂定學生成績評量辦法。

③國民小學及國民中學得依其發展特色訂定補充規定。

第二十二條　國民小學及國民中學依本法第十五條之規定協助辦理社會教育時，應依各級學校辦理社會教育辦法規定辦理。

第二十三條　私立國民小學及私立國民中學經徵得其董事會及主管教育行政機關同意，得按公立國民小學及國民中學劃分學區，分發學生入學，學生並免納學費；其人事費及辦公費，由直轄市、縣（市）政府依規定標準編列預算發給之。建築設備費，得視實際需要編列預算補助之。

第二十四條　私立國民小學及私立國民中學應依本法第八條規定之課程綱要，本國民教育精神施教，並受主管教育行政機關視導監督。

②私立國民小學及私立國民中學之學區劃分，由直轄市、縣（市）主管教育行政機關參照地方特性定之。

③私立國民小學及私立國民中學之學生入學，由學校本教育機會均等及國民教育健全發展之精神，訂定招生辦法，報經主管教育行政機關核定。

第二十五條　本細則自發布日施行。

3　國民中小學學生成績評量準則

中華民國九十年三月廿九日教育部令發布

第 一 條　本準則依國民教育法施行細則第二十一條第一項規定訂定之。

第 二 條　國民中小學學生成績評量旨在了解學生學習情形，激發學生多元潛能，促進學生適性發展，肯定個別學習成就，並作為教師教學改進及學生學習輔導之依據。

第 三 條　國民中小學生成績評量應依學習領域及日常生活表現，分別評量之；其評量範圍如下：

一、學習領域評量：依能力指標、學生努力程度、進步情形，兼顧認知、技能、情意等層面，並重視各領域學習結果之分析。

二、日常生活表現評量：學生出席情形、獎懲、日常行為表現、團體活動表現、公共服務及校外特殊表現等。

第 四 條　國民中小學學生成績評量應本適性化、多元化之原則，兼顧形成性評量、總結性評量，必要時應實施診斷性評量及安置性評量。

第 五 條　國民中小學學生成績評量，分定期評量及平時評量二種；定期評量之次數，由直轄市、縣（市）主管教育行政機關定之。

第 六 條　國民中小學學生成績評量，應視學生身心發展及個別差異，依各學習領域內容及活動性質，採取筆試、口試、表演、實作、作業、報告、資料蒐集整理、鑑賞、晤談、實踐等適當之多元評量方式，並得視實際需要，參酌學生自評、同儕互評辦理之。
　　　　前項評量方式，由任課教師依教學計畫在學期初向學生及家長說明，並負責評量。

第 七 條　國民中小學學生成績評量紀錄應兼顧文字描述及量化紀錄。文字描述應依評量內涵與結果詳加說明，並提供具體建議。量化紀錄得以分數計之，至學期末應轉換為甲、乙、丙、丁、戊五等第方式紀錄。

第 八 條　國民中小學學生成績評量紀錄，每學期至少應以書面通知家長及學生一次；其次數、方式、內容，由直轄市、縣（市）主管教育行政機關定之。

第 九 條　國民中小學學生修業期滿，成績及格，由學校發給畢業證書。

第 十 條　國民中小學學生成績評量結果及紀錄，應本保密及維護學生權益原則，非經學校、家長及學生本人同意，不得提供作為非教育之用。

第十一條　國民中小學學生各項成績評量相關表冊，由直轄市、縣（市）主管教育行政機關定之。

第十二條　直轄市、縣（市）主管教育行政機關應依本準則訂定國民中小學學生（含身心障礙學生）成績評量辦法。前項辦法應衡酌身心障礙學生之學習優勢管道，彈調整其評量方式。非地方政府所屬之國民中小學學校學生，其成績評量得參照所在地主管教育行政機關所定之成績評量辦法辦理之。

第十三條　國民中小學實施九年一貫課程前，其學生成績評量辦法，由直轄市、縣（市）主管教育行政機關參照國民中小學學生成績考查辦法、國民中學學生成績考查辦法定之。

第十四條　本準則自中華民國九十年八月一日施行。

4　高級中學法

民國六十八年五月二日總統公布施行

民國八十八年七月十四日修正公布

第 一 條　高級中學以陶冶青年身心，培養健全公民，奠定研究學術或學習專門知能之預備為宗旨。

第 二 條　本法所稱主管教育行政機關：在中央為教育部；在直轄市為直轄市政府教育局；在縣（市）為縣（市）政府。

第 三 條　高級中學入學資格，須具有國民中學畢業或同等學力者，經入學考試、推薦甄選、登記、直升、保送、申請或分發等方式入學。

高級中學修業年限以三年為原則。

第一項同等學力之標準，由中央主管教育行政機關定之；高級中學多元入學之各項辦法，由各級主管教育行政機關定之。

第 四 條　高級中學學生修畢應修課程或學分，成績合格，應由學校發給畢業證書。

高級中學學生成績考查辦法，由中央主管教育行政機關定之。

第 五 條　高級中學，應由中央政府、直轄市政府、縣（市）政府設立，私人亦得設立之。

高級中學依其設立之主體為中央政府、直轄市政府、縣（市）政府或私人，分為國立、直轄市立、縣（市）立或私立；其設立、變更或停辦，依下列規定辦理：

一、國立：由中央主管教育行政機關核定。

二、直轄市立：由直轄市主管教育行政機關核定後，報請中央主管教育行政機關備查。

三、縣（市）立：由縣（市）主管教育行政機關核定後，報請中央主管教育行政機關備查。

四、私立：在直轄市由直轄市主管教育行政機關核定後，報請中央主管教育行政機關備查。在縣（市）由中央主管教育行政機關核定。

第 六 條　高級中學分為下列類型：

一、普通高級中學：指研習基本學科為主之普通課程組織，以強化學生通識能力之學校。

二、綜合高級中學：指融合普通科目與職業科目為一體之課程組織，輔導學生根據能力、性向、興趣選修適性課程之學校。

三、單類科高級中學：指採取特定學科領域為核心之課程組織，提供學習成就特別優異及性向明顯之學生，繼續發展潛能之學校。

四、實驗高級中學：指為從事教育實驗設立之學校。

普通高級中學為適應特殊地區之需要，得報經主管教育行政機關核准，附設職業類科或國民中學部。

實驗高級中學申請設立之條件、程序、附設職業類科或國民中小學部等事項，其辦法由中央主管教育行政機關定之。

第 七 條　為發展社區型中學，各級政府或私人得設立完全中學，提供學生統整學習；其學區劃分原則、修業年限、應修課程或學分、設備標準及畢業條件，由中央主管教育行政機關定之。

第 八 條　第六條各類高級中學及前條完全中學之設立及核准程序，依第五條第二項各款規定辦理。

第六條各類高級中學之課程標準或綱要及設備標準，由中央主管教育行政機關定之。依第六條第二項、第三項附設職業類科或國民中小學部者，附設部分之課程及設備標準，並分別適用職業學校或國民中小學之規定。

第 九 條　高級中學教科用書，由中央主管教育行政機關審定，必要時得編定之。

第 十 條　高級中學應就學生能力、性向及興趣，輔導其適性發展；其輔導辦法，由各該主管教育行政機關定之。

第 十一 條　高級中學為特殊需要及改進教育素質，報經主管教育行政機關核准，得辦理各種教育實驗；其教育實驗辦法，由中央主管教育行政機關定之。

第 十二 條　高級中學設立校長一人，專任綜理校務，除擔任本校教課外，不得兼任他職。

高級中學校長，國立、直轄市立、縣（市）立者，由各該主管教育行政機關就合格人員中，遴選聘任之；私立者，由董事會就合格人選中，遴選聘任之。

前項遴選，應由各該主管教育行政機關或董事會組織遴選委員會辦理；其遴選聘任辦法，由中央主管教育行政機關定之。

依師資培育法規定所設之附屬高級中學，其校長由各該大學校長，就該校教師中遴聘合格人員擔任之，並報請主管教育行政機關備查。

高級中學校長應採任期制；其任期及考評辦法，由中央主管教育行政機關定之。

第 十三 條　高級中學設教務、學生事務、總務三處，各置主任一人，由校長就專任教師中聘兼之，秉承校長，主持全校教務、學生事務、總務事項。

第 十四 條　高級中學設有國民中小學部及職業類科者，得置部主任或科主任，由校長就專任教師中聘兼之。

第 十五 條　高級中學設輔導工作委員會，置主任委員一人，由校長兼任之。其委員由校長就各處、室主任及有關專任教師聘兼之。

輔導工作委員會置專任輔導教師，由校長遴選具有專業知能之教師充任之；校長應就輔導教師中聘兼一人為主任輔導教師。

輔導工作委員會得聘請具有專業知能之輔導人員及義務輔導人員為兼任委員。

第 十六 條　高級中學設圖書館，置主任一人，由校長就具有專業知能之專任教師中聘兼之，或遴選具有專業知能人員擔任之。

第 十七 條　高級中學得視學校規模大小及業務需要，就第十三條、第十五條及第十六條所定單位，分組辦事。

第 十八 條　高級中學設人事室或置人事管理員；其設人事室者，置主任一人，得置組員、助理員或書記若干人，依法辦理人事管理事項。

第 十九 條　高級中學設會計室或置會計員；其設會計室者，置會計主任一人，得置佐理人員若干人，依法辦理歲計、會計事項，並兼辦統計事項。

第 二十 條　高級中學得置秘書、主任、組長、幹事、組員、助理員、佐理員、管理員、書記、

醫師、營養師、護理師或護士、技士、技佐；國立者，其組織規程及員額編制表，由各高級中學擬定，報請中央主管教育行政機關核定；直轄市立、縣（市）立，其組織規程準則，由各該主管教育行政機關訂定，報請中央主管教育行政機關備查，私立者，其組織規程準則，由中央主管教育行政機關定之。前項秘書、主任、組長，由校長就專任教師聘任之。但總務處之組長不在此限。

第二十一條　高級中學教師應為專任，但有特殊情形者，得聘請兼任教師，教師之聘任應依教師法之規定辦理。

第二十二條　高級中學置軍訓主任教官、軍訓教官及護理教師；其遴選、介派、遷調辦法，由中央主管行政機關定之。

第二十三條　高級中學設校務會議，議決校務重大事項，由校長召集主持之。校務會議由校長、各單位主管、全體專任教師或教師代表、職員代表及家長會代表組成之；其組成方式由各校定之。

第二十四條　高級中學設教務會議、學生事務會議及輔導會議，分別研討教務、學生事務及輔導等有關事項。

第二十五條　高級中學應建立學生申訴制度，以保障學生權益；其辦法由各該主管教育行政機關定之。

第二十六條　高級中學為推展校務，除法令另有規定外，得設各種委員會。

第二十七條　私立高級中學除適用本法外，並依私立學校法辦理。

第二十八條　本法修正施行前之省立高級中學，其變更或停辦，由中央主管教育行政機關核定。

第二十九條　國防部為培育軍事人才設立之高級中學教育校班，准用本法之規定，並兼送中央主管教育行政機關之督導；其適用範圍，由國防部會商中央主管教育行政機關定之。

第 三十 條　本法施行細則，由中央主管教育行政機關定之。

第三十一條　本法自公布日施行。

5　高級中學法施行細則

民國八十九年八月四日
教育部台（八九）參字第八九○九七二七五號令發布

第 一 條　本細則依高級中學法（以下簡稱本法）第三十條規定訂定之。

第 二 條　高級中學依本法第三條第一項規定辦理招生入學，應由各校單獨或聯合組織招生委員會辦理之；其招生計畫及招生簡章，由招生委員會擬訂，報請該管主管教育行政機關核定後實施。

第 三 條　本法第三條第二項所定高級中學修業年限，除法令另有規定外，以三年為原則。必要時得延長二年。

第　四　條　本法第三條第一項、第三項所稱同等學力，指有下列情形之一者：
　　　　　　一、曾在公、私立國民中學或相當於國民中學教育階段之學校修業三年級課程，持
　　　　　　　　有修業證明書者。
　　　　　　二、曾在公、私立國民中學補習學校或已立案之私立中級補習學校結業，取得結業
　　　　　　　　證明書者。
　　　　　　三、經國民中學畢業程度自學進修學力鑑定考試及格，取得學力鑑定及格證書者。
　　　　　　四、取得丙級技術士證或相當於丙級以上技術士證之資格者。
第　五　條　高級中學學生因個人、家庭或其他之特殊情形，得申請休學、退學或轉學。
　　　　　　前項休學得申請一學期或一學年，休學最長以二年為限，且不計入修業年限。
　　　　　　未成年學生休學、退學或轉學之申請，應經家長或監護人之同意為之。
　　　　　　休學期滿之學生，得申請復學，編入與原學期或學年銜接之學級肄業。
　　　　　　學生申請轉學他校，學校應發給轉學證明書或修業證明書。
第　六　條　高級中學應造具應屆畢業生名冊，報送該管主管教育行政機關備查。
第　七　條　高級中學之設立、變更或停辦，應提出計畫或理由，依本法第五條第二項規定程序
　　　　　　辦理。
第　八　條　本法第六條、第七條各類型高級中學校名應為某某高級中學，單類科高級中學應冠
　　　　　　類科別。
　　　　　　公立學校校名，由各主管教育行政機關定之；私立學校校名，不得以地名為校名。
　　　　　　師範大學、師範學院、教育學院及設有教育學院（系、所）之大學附屬高級中學，
　　　　　　稱為某某附屬高級中學。
　　　　　　高級中學使用相同、近似或其他足以使一般民眾誤認之校名，該管主管教育行政機
　　　　　　關得令其變更之。
第　九　條　高級中學應於每學年第一學期開學後一個月內，將下列各項資料，報該管主管教育
　　　　　　行政機關備查：
　　　　　　一、本學期新生、轉學生、復學生、延修生，休學生及退學生名冊。
　　　　　　二、本學年教職員名冊。
　　　　　　高級中學應於每學年第二學期開學後一個月內，將前項資料異動部分之異動表，報
　　　　　　該管主管教育行政機關備查。
第　十　條　高級中學徵收學生費用種類如下：
　　　　　　一、學費。
　　　　　　二、雜費。
　　　　　　三、代收代辦費。
　　　　　　前項費用之收取標準，以該管主管教育行政機關核定者為限。
第　十一　條　高級中學依課程進度，分年級實施教學；每班學生人數，以不超過四十五人為原則。

高級中學新開辦第一年，不得招收二年級以上學生，第二年不得招收三年級學生。

第 十二 條　高級中學各科教學應活用教材，並須注重實驗及實習。

高級中學除依本法第九條規定採用中央主管教育行政機關審定或編定之教科用書外，得依本法第八條第二項、第三項所定之課程標準或綱要，自編補充教材。

第 十三 條　高級中學校長及全體教職員均負訓育與輔導責任，並須以身作則，指導學生課內課外之活動。

第 十四 條　高級中學每班置導師一人，由校長就專任合格教師中聘兼之，辦理本班學生之訓育及輔導事項。

第 十五 條　高級中學專任教師及兼任導師、行政職務者，其每週教學時數，由該管主管教育行政機關定之。

第 十六 條　高級中學依本法第二十二條所置之軍訓教官及護理教師，其編制員額，由中央主管教育行政機關定之。

第 十七 條　本法第二十三條所定高級中學校務會議，每學期至少開會一次。

第 十八 條　高級中學依本法第二十四條所設之教務、學生事務及輔導會議，由相關行政人員及教師代表組成之，必要時得邀請學生代表列席。

前項會議，由該管處主任、主任輔導教師召集主持之，每學期至少開會一次。

第 十九 條　高級中學依本法第二十六條規定設有學科教學研究委員會者，置召集人一人，負責協調教師進行研究，改進教材教法、推展教學活動，並得減少授課時數。

第 二十 條　本細則自發布日施行。

6　完全中學設立辦法

民國八十九年九月二十五日教育部令發布

第 一 條　本辦法依高級中學法（以下簡稱本法）第七條規定訂定之。

第 二 條　完全中學之設立、變更或停辦，依本法第五條規定辦理。

第 三 條　完全中學含中等教育前、後二階段。前三年為國民中學教育階段，後三年為高級中學教育階段。

第 四 條　完全中學學區劃分，由各該主管教育行政機關依據人口、交通、社區、文化環境、行政區域及學校分布情形劃定之。

第 五 條　完全中學學生之入學資格與方式、修業年限、成績考查、畢業條件等事項，在國民中學教育階段，依國民教育法及其相關規定辦理；在高級中學教育階段，依本法及其相關規定辦理。

第 六 條　完全中學學生，在國民中學教育階段，其應修課程，依國民中學課程標準或綱要之規定；在高級中學教育階段，其應修課程與學分，依本法及其相關規定辦理。

第 七 條　完全中學設備標準，依本法第八條第二項及第三項規定辦理。

第 八 條　完全中學為建立社區型中學特色，提供學生統整學習，得依高級中等學校教育實驗辦法之規定辦理教育實驗。

第 九 條　完全中學採單一行政組織為原則，學校班級數以一年級至六年級合併計算。

第 十 條　完全中學之組織及其員額編制，依本法及其相關規定辦理。

第 十一 條　完全中學專任教師及兼任行政職務教師，其每週教學時數，由各該主管教育行政機關定之。

第 十二 條　本辦法自發布日施行。

7　高級中學多元入學方案

民國八十七年七月四日教育部函訂定發布

壹　依據

高級中學法第二條。

貳　目標

一、紓解國民中學學生升學壓力，多元評量學生學習成就，使學生適性發展，以培養五育並重的國民。

二、輔導高級中學進行入學制度之改革，以建立符合時代及學校需要的多元入學方式。

三、鼓勵高級中學發展特色，吸引國民中學畢業生升學當地高級中學，以發展高水準高級中學。

四、結合社區資源及特色，提升多元入學測驗試題品質，以發展學生及家長社區意識。

參　配合措施

教育部	㈠建立各地區高級中學教育發展指標。 ㈡建立國民中學學生基本學力指標。 ㈢修訂國民中學成績考查辦法。 ㈣規劃高級中學多元入學方案，蒐集並分析相關資料。 ㈤訂定高級中學多元入學方案相關法令。 ㈥宣導高級中學多元入學方案事宜，以溝通各界觀念。 ㈦補助各級教育行政機關推動多元入學方案相關經費。 ㈧辦理公聽會或說明會，宣導多元入學方案。 ㈨委託辦理專案研究，針對各項實施策略進行研議。 ㈩輔導成立國民中學學生基本學力測驗研發單位。 (十一)評鑑並輔導各地區辦理高級中學多元入學方案。 (十二)其他相關事項。

省（市）政府教育廳（局）及縣（市）政府	㈠規劃成立高級中學多元入學推動小組或相關委員會。 ㈡委託學術機構辦理國民中學學生基本學力測驗之研發。 ㈢督導各招生區公布基本學力測驗分數入學成績參酌或採計方式。 ㈣增改設立高級中學，以均衡區域高級中學教育發展。 ㈤規劃設立完全中學及綜合高級中學，以提高各地區國民中學畢業生就讀高級中學之機會。 ㈥調整高中職學生適當比例，逐年增加高級中學學生數。 ㈦八十七學年度起，取消公布各聯招區各校最低錄取分數。 ㈧九十學年度起停止辦理高級中學聯合招生考試及各校單獨招生考試。 ㈨輔導所屬高級中學配合實施多元入學方案之籌備。 ㈩辦理各項多元入學方案說明會，並加強與招生區內國民中學及各界人士溝通。 ㈤輔導國民中學教學內容及方法以生活教育、人格教育及繼續學習能力之培養為重點。 ㈤其他相關事項。

肆　入學方式

一、基本學力測驗分發入學

　　㈠分發區域

　　　　1.依主管教育行政機關之規定。

　　　　2.主管教育行政機關得依實際需要做適切調整，並提前公告。

　　㈡實施範圍

　　　　各地區高級中學得申請參加。

　　㈢實施對象

　　　　1.國民中學應屆畢業生取得國民中學學生基本學力測驗分數者。

　　　　2.非應屆國民中學畢業生及同等學力已取得國民中學學生基本學力測驗分數者。

　　㈣組織分工

　　　　各地區高級中學應成立招生委員會辦理分發入學等相關事宜。

　　㈤實施方式

　　　　1.採登記分發之方式辦理，符合登記條件者皆可參加。

　　　　2.以國民中學學生基本學力測驗分數為分發依據，得參酌或採計國民中學學生在校表現。

　　㈥實施時間

　　　　自九十學年度入學高級中學之學生起實施。

二、推薦甄選入學

　　㈠推薦區域

1.推薦甄選入學之區域，依主管教育行政機關之規定。

2.主管教育行政機關得依實際需要調整，並提前公布。

㈡實施範圍

各地區高級中學得依規定向主管教育行政機關申請參加。

㈢實施對象

各地區國民中學應屆畢業生或國民中學資賦優異提早升學學力鑑定考試及格學生，符合推薦條件者皆可參加。

㈣組織分工

1.各地區高級中學得成立推薦甄選委員會，辦理推薦甄選招生等事宜。

2.各高級中學應成立招生委員會，辦理招生規劃等事宜。

3.各國民中學應成立推薦委員會，辦理推薦學生等事宜。

㈤實施方式

以國民中學在校成績為基礎，並得參酌或採計國民中學學生基本學力測驗分數。

㈥實施時間

依主管教育行政機關之規定。

三、申請入學

㈠申請區域

申請入學之區域，依主管教育行政機關之規定或經主管教育行政機關核定者。

㈡實施範圍

各地區高級中學得依規定向主管教育行政機關申請辦理。

㈢實施對象

各地區國民中學應屆畢業生、國民中學資賦優異提早升學學力鑑定考試及格學生或具同等學力符合申請條件者皆可參加。

㈣組織分工

高級中學應成立招生委員會辦理招生規劃等事宜。

㈤實施方式

以國民中學在校成績為基礎，並得參酌或採計國民中學學生基本學力測驗分數。

㈥實施時間

依主管教育行政機關之規定。

四、自願就學輔導方案分發入學

依現行各地區「試辦國民中學畢業生自願就學輔導方案」繼續辦理。

五、資賦優異及特殊身分學生保送入學

依「特殊教育學生入學年齡修業年限及保送甄試升學辦法」及相關法規繼續辦理。

六、直升入學

（一）實施範圍

高級中學附設國中部及完全中學。

（二）組織分工

各高級中學或完全中學應成立招生委員會，辦理招生規劃等事宜。

伍 各高級中學得依學校特色及校務發展，採取適切之招生方式。

陸 高級中學辦理招生得參酌或採計國民中學學生在校表現，其參酌方式或採計比例由各地區招生委員會或學校配合本方案之推動提前公告。

柒 經費

一、辦理本方案所需經費由教育部相關經費項下支應，必要時得編列專款。

二、省（市）主管教育行政機關及縣（市）政府應編列年度預算配合實施或由教育部補助款項下支應。

捌 本方案經部、廳、局首長會報通過並奉核定後實施。

8 高級中學學生成績考查辦法

民國七十三年十二月十四日教育部令發布

民國八十八年十二月二十八日修正發布

第 一 條 本辦法依高級中學法第四條第二項規定訂定之。

第 二 條 高級中學學生成績考查，分學業成績及德行成績。學業成績採百分制評定，德行成績採等第制評定。

第 三 條 學業成績考查之科目，依教育部頒訂課程標準或課程綱要之規定辦理。每一科目學分之計算，以每學期每週授課一小時，或總授課時數達十八小時，為一學分。

第 四 條 學業成績考查應參照學生身心發展與個別差異，並依學科及活動之性質，兼顧認知、技能及情意等學習結果，採擇多元適當之方法，於日常及定期為之。

第 五 條 學業成績以六十分為及格；成績不及格者，應予補考；補考不及格者，得申請重修或自學輔導。

重修成績不及格或自學輔導後考試成績不及格者，應予再補考，並以一次為限。

第 六 條 學期學業總平均成績之計算，為各科目學期成績乘以各該科每週教學學分數所得之總和，再以每週學科教學總學分數除之。

第 七 條 學生缺課除因公、因病或因特殊事故經學校核准給假外，缺課日數達全學期教學總日數三分之一者或某一科目缺課時數達該科目全學期教學總時數三分之一者，不予成績考查及補考。

第 八 條 德行成績應考查學生修己善羣之美德，考查應以文字評述德行表現並以等第評定之。

第 九 條 德行成績依優、甲、乙、丙、丁等五等第評定之，丁等為不及格。其成績依下列規定以等第計列：

一、九十分以上為優等。

二、八十分以上未滿九十分為甲等。

三、七十分以上未滿八十分為乙等。

四、六十分以上未滿七十分為丙等。

五、未滿六十分為丁等。

第 十 條 德行特殊表現之考查，依下列規定辦理：

一、學生之獎勵分為嘉獎、小功、大功；懲罰分為警告、小過、大過。

二、學生之獎懲，除應通知學生、導師、家長或監護人外，於學期結束時列入德行成績計算。

第 十一 條 德行成績之考查，以八十分為基本分數，並依導師綜合學生平時德行表現、出缺席情形、獎懲紀錄、社團活動、生活競賽等有關資料初評後，提學生事務會議審議。

第 十二 條 全學期曠課達四十二小時者，德行成績應列為丁等。

第 十三 條 德行成績列為丁等者，經提學生事務會議審議後，報由校長核定之結果仍列為丁等者，應輔導其轉學。

第 十四 條 全學期缺課達上課時數三分之二者，應辦理休學。

第 十五 條 成績考查結果，依下列規定處理：

高級中學學生成績考查辦法

一、除各學期學業總平均成績及格外，其學科累計學分數於修業期間達一百六十學分以上，且德行成績每學期均及格者，准予畢業並發給畢業證書。

二、成績考查結果不符合畢業規定者，發給修業證明書。

第 十六 條 各校為適應實際需要，應自行訂定補充規定，提經校務會議通過後，報請各該主管教育行政機關備查。

第 十七 條 本辦法自發布日施行。

9 職業學校法

中華民國二十一年十二月十七日制定公布

中華民國八十九年二月二日修正公布

第 一 條 職業學校，依中華民國憲法第一百五十八條之規定，以教授青年職業智能，培養職業道德，養成健全之基層技術人員為宗旨。

第 二 條 職業學校以分類設立為原則，並按其類別稱某類職業學校；必要時得併設二類，每類各設若干科。

第 三 條　職業學校之設立標準，由教育部定之。

第 四 條　職業學校入學資格，須曾在國民中學畢業，或具有同等學力者，經入學考試合格、甄試錄取、登記、分發或保送入學。

職業學校之修業年限以三年為原則。

職業學校經主管教育行政機關核准得設實用技能班，其修業年限分一年段、二年段、三年段，得分年修習。

第一項同等學力之標準、甄試、登記、分發及保送入學辦法，由教育部定之。

第 五 條　職業學校得設夜間部，以招收在職人員為主；其辦法由教育部定之。

第 六 條　職業學校由直轄市設立。但應地方實際需要，得由縣（市）設立，或由私人依私立學校法設立。

教育部審查實際情形，得設立國立職業學校。

第 七 條　職業學校之設立、變更或停辦，由直轄市設立者，應由直轄市政府核准，報請教育部備查；由縣（市）設立者，應由縣（市）政府核准，報請教育部備查，私人設立者，依私立學校法之規定辦理。

第 八 條　職業學校之教學科目，以著重實用為主，並應加強實習與實驗；其課程標準、設備標準及實習辦法，由教育部定之。

為建立職業學校基礎，國民中學之職業科目及技藝訓練，應參照前項規定辦理。

第 九 條　職業學校應配合社會需要，辦理推廣教育及建教合作；其辦法由教育部定之。

第 十 條　職業學校置校長一人，綜理校務。國立職業學校校長，由教育部任用之。直轄市立職業學校校長，由直轄市政府教育局遴選合格人員，報請直轄市政府任用之。縣（市）立職業學校，由縣（市）政府遴選合格人員任用之。私立職業學校校長，由董事會遴選合格人員，報請主管教育行政機關。校長不得兼任校外專職。

公私立職業學校校長，經主管教育行政機關核准任用或聘任後，應按期彙報教育部備查。

公立職業學校校長應採任期制，其辦法由教育部定之。

第 十一 條　職業學校教師，由校長聘任之，應為專任。

職業學校得置技術及專業教師，遴聘富有實際經驗之人員，以擔任專業或技術科目之教學：其辦法由教育部定之。

職業學校職員，由校長任用之，報請主管教育行政機關備查。

第 十二 條　職業學校軍訓主任教官、軍訓教官及護理教員之遴選、介派、遷調辦法，由教育部定之。

第 十三 條　公立職業學校校長及教職員之任用標準，由教育部定之。

第 十四 條　職業學校學生修畢應修課程，成績及格，由學校發給畢業證書；修畢實用技能班一、二年段課程，成績及格，由學校發給年段修業證明書，修畢三年段課程，成績及格，

由學校發給結業證明書，結業生得參加由主管教育行政機關舉行之資格考驗，成績及格，給予資格證明書，其考驗辦法，由教育部定之。

第 十五 條　公立職業學校得不收學費，並設獎學金。

第 十六 條　職業學校規程，由教育部定之。

第 十七 條　本法自公布日施行。

10　職業學校規程

民國二十四年六月二十八日教育部令訂定發布

民國八十八年十二月十四日修正發布

第 一 條　本規程依職業學校法（以下簡稱本法）第十六條規定訂定之。

第 二 條　職業學校為實施職業教育之場所，依本法第一條之規定實施左列各項教育與訓練：

　　　　　一　充實職業智能。

　　　　　二　增進職業道德。

　　　　　三　養成勞動習慣。

　　　　　四　陶冶公民道德。

　　　　　五　鍛鍊強健體格。

　　　　　六　啓發創業精神。

第 三 條　職業學校分為農業、工業、商業、海事、水產、醫事、護理助產、家事、藝術、戲劇及其他等類，二類併設時，商業及家事類、海事及水產類、醫事及護理助產類、藝術及戲劇類得視為一類。

第 四 條　①職業學校一般類科之修業年限為三年。但性質特殊之類科，為教學上之需要，須增減修業年限者，得由主管教育行政機關報請教育部核定之。

　　　　　②夜間部學生修業年限，應較前項規定年限延長一年。

第 五 條　職業學校入學資格，除依照本法第四條規定外，其年齡以未滿二十二足歲為原則。但因情形特殊，經報請主管教育行政機關核准者，不在此限。

第 六 條　本法第四條所稱之同等學力，係指有左列情形之一者而言：

　　　　　一　曾在國民中學或已立案之私立國民中學修畢三年級課程，持有修業證明書者。

　　　　　二　曾在國民中學補習學校或已立案之私立中級補習學校結業，取得結業證明書者。

　　　　　三　經國民中學畢業程度學力鑑定考試及格，取得及格證書者。

第 七 條　①職業學校由直轄市設立為原則，但亦得由縣（市）、社團、職業團體或私人設立之。如因國民生計確有需要或已不宜由地方政府辦理者，並得設立國立職業學校。

　　　　　②職業學校之設立、變更或停辦，應根據學校所在地及附近之經濟、教育、人口、交通及資源等實際狀況，提出計畫或理由，報請主管教育行政機關核准後辦理。

第 八 條 ①國(省)立職業學校校名，由教育部訂定之。

②直轄市或縣（市）立職業學校以所在地名為校名。一地設有類別相同之公立職業學校二校以上時，以區域較小之地名為校名。

③私立職業學校應採用專有名稱，不得以地名為校名。

第 九 條 職業學校應於每學年開始後一個月內，將左列各項逕報各該主管教育行政機關備查：

一 本學年教職員名冊。

二 本學年新生、轉學生、復學生、休學生及退學生名冊。

三 畢業生服務狀況。

四 本年度校舍及設備之變更事項。

第 十 條 職業學校畢業生成績清冊，應於學期試驗完畢後一個月內報請主管教育行政機關備查。

第 十一 條 公立職業學校經費由其所屬政府編列預算支給；私立職業學校經費由董事會籌劃之。

第 十二 條 職業學校每年除人事費外，有關教學及實習等費，應按實際需要妥予編列，以配合職業教育之特性及實施。

第 十三 條 職業學校每年應編列適當預算以維護、擴充及更新設備。

第 十四 條 ①公立職業學校得不收學費，但得收雜費及實習材料費。

②私立職業學校得收學費、雜費及實習材料費。

③前項收費標準，由主管教育行政機關核定之。

第 十五 條 職業學校每班學生以五十人為度，至少須有二十五人，但因情形特殊者得報請主管教育行政機關核定之。

第 十六 條 職業學校為應特殊需要得報經教育部核准辦理各種教育實驗。

第 十七 條 職業學校各科教學應活用教材、注重實驗及實習，並應成立各科教學研究會，以加強教師教學研究及進修。

第 十八 條 職業學校附屬作業組織之膡餘，得提成獎助成績優良學生或參與作業之學生，以資鼓勵，並應列入預算。

第 十九 條 各類職業學校之校址，以適合所設學科之環境，並便於建教合作及實習為原則。

第 二十 條 ①職業學校之校地十二班以下者至少須有二公頃，班級及學生數較多者，應按適當比例增加，由主管教育行政機關予以核定。但都市地區校地不易購置，能利用空間者不在此限。

②農業職業學校視設立科別之不同，應有足夠之實習農場用地。

第二十一條 職業學校校舍應符合左列規定：

一 建築面積十二班以下者至少須有二、六○○平方公尺，班級及學生數較多者，應按適當比例增加，由主管教育行政機關予以核定。

二 須有足量之校舍，包括教室、辦公室、圖書館、運動場、保健室、軍械庫、廁

　　　　　　所、學生宿舍、教職員工宿舍、餐廳、禮堂（或學生活動中心）等。

　　　三　教室每間以容納五十人，每人占地面積二平方公尺為原則。

　　　四　農業、工業、商業、海事、水產、醫事、護理助產、家事、藝術、戲劇等各類
　　　　　職業學校，應有足供學生實習之場所，如實驗室、工廠、農場、實習醫院、實
　　　　　習船舶、實習銀行、實習商店等。

第二十二條　①職業學校之設備，除依前二條規定外，並須符合職業學校設備標準之規定，但得
　　　　　　視設校計畫分年分期購置之。

　　　　　　②職業學校設備標準另定之。

第二十三條　公立職業學校校長任期為四年，得連任一次，但年齡以不超過六十五歲為限。私立
　　　　　　職業學校得比照辦理。

第二十四條　職業學校四十班以上者，得置祕書一人，由教師兼任，辦理文稿之審核及校長交辦
　　　　　　事項。

第二十五條　①職業學校校長及全體教職員均負訓導責任，應以身作則，指導學生一切課內外之
　　　　　　活動。

　　　　　　②職業學校專任教師在校時間每日至少七小時。

第二十六條　職業學校每班置導師一人，由校長就專任教師中聘兼之，辦理本班學生之訓育及輔
　　　　　　導事項。

第二十七條　①職業學校逾九班者，設教務、訓導、總務、實習輔導四處，處以下設組，其規定
　　　　　　如左：

　　　一　教務處：設教學設備、註冊二組；二十班以上者，設教學、註冊、設備三組。

　　　二　訓導處：十二班以下者，設訓育、體育衛生二組；十三班以上未滿二十五班
　　　　　　　　　者，設訓育、生活輔導、體育衛生三組；二十五班以上者，設訓育、
　　　　　　　　　生活輔導、體育運動、衛生保健四組。

　　　三　總務處：設文書、庶務、出納三組；設有附屬作業組織之職業學校，經主管
　　　　　　　　　教育行政機關之核准，得設經營組。

　　　四　實習輔導處：設實習、就業輔導、建教合作三組。

　　　　　　②職業學校九班以下者，設教導、總務二處；教導處之下，設教學、註冊、訓導三
　　　　　　組；總務處不設組。

　　　　　　③職業學校辦理實用技能班六班以上者，得視實際需要於適當單位增設實用技能組。

　　　　　　④前三項所定各單位之職掌，由主管教育行政機關核定之。

第二十八條　各處置主任一人，各組置組長一人，除總務處所屬各組組長得由職員擔任外，各處
　　　　　　主任及其所設各組組長均由教師兼任。

第二十九條　職業學校圖書館得置主任一人，由校長遴聘教師中具有圖書館專業知識者兼任之。

第 三 十 條　職業學校每科置科主任一人，由各該職業學校專任教師兼任之。

第三十一條　職業學校教師、幹事、管理員、書記、醫師、護理師、護士、技士、技佐、實習指導員、電器管理員等員額編制，由主管教育行政機關定之。

第三十二條　職業學校軍訓教官及護理教員之編制員額，依教育部所訂高級中等學校軍訓（護理）人員編制員額設置基準表之規定。

第三十三條　公立職業學校設會計單位，依法令之規定辦理本校歲計、會計及統計事項。私立職業學校得比照辦理。

第三十四條　公立職業學校設人事單位，依法令之規定辦理本校人事管理事項。私立職業學校得比照辦理。

第三十五條　職業學校設校務會議，以校長、各處室主管、各科主任、全體專任教師或教師代表組成之，校長為主席，討論重要興革事項，每學期至少開會一次。

第三十六條　①職業學校應就學生能力、性向及興趣，輔導其適當發展，其範圍如左：
　　　　　　　一　生活輔導。
　　　　　　　二　學業輔導。
　　　　　　　三　就業輔導。
　　　　　　②職業學校學生輔導辦法另定之。

第三十七條　①職業學校設輔導工作委員會，由校長兼任主任委員，聘請各處室主任（含軍訓主任教官）及有關教師為委員。
　　　　　　②輔導工作委員會置專任輔導教師，以每十五班置一人為原則，由校長遴聘具有專業知能之教師充任，並由校長就輔導教師中遴選一人為主任輔導教師，負責規劃、協調全校學生輔導工作。

第三十八條　職業學校設左列委員會：
　　　　　　　一　訓育委員會：由校長、教務主任、訓導主任、軍訓主任教官及由校長聘請導師若干人為委員，校長為主任委員，訓導主任為祕書，研討、規劃有關訓導之重要事項。
　　　　　　　二　顧問委員會：由校長、各處主任、實習科目教師及聘請專家或企業界人士為委員，校長為主任委員，研討有關學校發展、教材、實習及就業等事項，每學年至少開會一次。

第三十九條　職業學校設教務會議，以教務主任、各科主任、訓導主任、軍訓主任教官及全體教師或其代表組成之，教務主任為主席，討論教學有關事項及圖書、儀器設備購置等事項，每學期至少開會一次。

第 四十 條　職業學校設實習輔導會議，以實習輔導主任、教務主任、各科主任、實習科目教師及技術人員組成之，以實習輔導主任為主席，討論有關實習輔導事項，每學期至少開會一次。

第四十一條　①職業學校實習方式分為左列三種：

一　個別實習：如劃區耕種、點件製作、指定事件等。

　　　二　分組實習：如同級或異級學生分組合作。

　　　三　共同實習：如同級或異級學生合作。

　　②職業學校之實習課程，除應屆畢業生得配合建教合作在校外實習與辦理職前訓練
　　　外，非應屆畢業生以在校內實習為原則，但得利用寒暑假期間舉行校外實習。

　　③職業學校實習時應依照課程標準，編訂詳細實習計畫，次第實施並予紀錄。

第四十二條　職業學校應配合推動技藝競賽及技能檢定，以增進教學效果。

第四十三條　職業學校辦理學生就業輔導之工作項目如左：

　　　一　在校生職業指導工作。

　　　二　開拓就業機會輔導畢業生就業。

　　　三　畢業生就業問題之研究暨有關所需就業輔導資料之提供。

　　　四　與各級就業輔導機構之聯繫配合事項。

　　　五　畢業生就業後追蹤輔導。

第四十四條　①職業學校課程、教材與國家經濟發展有關者，必須與經濟建設計畫配合實施，並
　　　應與相關性質之事業機構謀取聯繫，實施建教合作。

　　②有關建教合作之實施應依照建教合作實施辦法之規定辦理。

第四十五條　①職業學校得視師資、設備等條件，辦理與學校教育有關並確具有實用價值之推廣
　　　教育與建教合作等事項。

　　②前項推廣教育及建教合作應先擬訂計畫，報經主管教育行政機關核定後辦理。

第四十六條　職業學校試驗分左列三種：

　　　一　入學試驗。

　　　二　臨時試驗。

　　　三　學期試驗。

第四十七條　①職業學校學生入學試驗，由各校組織招生委員會，於每學年度開始前舉行之。

　　②各校應於入學試驗前擬定招生名額，連同招生簡章，報請主管教育行政機關核定
　　　後辦理。

第四十八條　職業學校學生成績考查辦法，由教育部定之。

第四十九條　本規程自發布日施行。

11　職業學校學生成績考查辦法

民國八十九年一月七日教育部令修正公布

第　一　條　本辦法依職業學校規程第四十八條規定訂定之。

第　二　條　成績考查分為學業及德行二項。

第　三　條　成績考查以學期為單位，採百分計分法，以一百分為滿分，六十分為及格。

　　　　　　各項（科）目成績取整數，學期成績及畢業總成績取小數第一位，第二位均四捨五入。

第　四　條　學生成績得採下列標準轉換為等第記分法：

　　　　　　一、九十分以上至一百分為優等。

　　　　　　二、八十分以上未滿九十分為甲等。

　　　　　　三、七十分以上未滿八十分為乙等。

　　　　　　四、六十分以上未滿七十分為丙等。

　　　　　　五、未滿六十分為丁等。

第　五　條　學業成績考查之科目與學分數，依職業學校課程標準辦理。

第　六　條　每一科目學期成績及格即授予學分。學分之計算，以每學期每週授課滿一小時，或總授課時數達十八小時，為一學分。

第　七　條　學業成績考查應參照學生身心發展與個別差異，並依學科及活動之性質，兼顧認知、技能及情意等學習結果，採擇多元適當之方法，於日常及定期為之。

第　八　條　學生學期修習學分數總和除成績積分總和，為學期學業平均成績。各學期（含寒、暑修）修習學分數總和除成績積分總和為畢業成績。

第　九　條　學生學期成績不及格科目，得採補考或其他方式處理；其成績依下列規定採計：

　　　　　　一、及格者，授予學分，以六十分計。

　　　　　　二、不及格者，不授予學分，該科目成績就補考、其他方式處理之成績或原成績擇優登錄。

第　十　條　學期成績不及格（含補考後）之科目，依下列方式處理：

　　　　　　一、必修科目應予重修，重修及格科目之成績，以實得分數登錄，並授予學分。

　　　　　　二、選修科目選擇重修或改修其他相關科目。

第 十一 條　學生於定期考查時，因公、因病、或因特殊事故不能參加全部科目或部分科目之考查，報經學校核准給假者，准予補行考試或採其他方式考查之；其請假規定及成績計算方式，由各校定之。

第 十二 條　不同學制與類科學生，得相互轉學及轉科組。其轉學相關規定，由各該主管教育行政機關定之；轉科組相關規定，由各校定之。

第 十三 條　新生及轉學生入學前，已修習及格之科目與學分，經審查符合課程要求，或必要時經甄試及格者，得列抵免修，不及格或未修之科目學分均應重、補修；其審查及學分抵免規定，由校定之。

第 十四 條　學校對具有特殊才能或發展潛能學生，得辦理學科免修鑑定。經鑑定合格者，得免修該學科該學期或學年有關之課程或科目，並授予學分，其學科成績以鑑定之分數登錄之。

前項學科鑑定規定，用各校定之。

第 十五 條　學生取得之校外學習成就或教育訓練，經審查符合課程要求，或經甄試及格者，得列抵免修；其審查及學分採計規定，由各校定之。

第 十六 條　學校得開設或推薦學生赴專科以上學校預修進階專業課程；其辦理方式及甄選標準，由各校協調專科以上學校定之。

第 十七 條　學生上學期學業成績不及格科目之學分數，達該學期修習總學分數二分之一者，下學期得酌予減修學分；其減修數，由各校定之。

第 十八 條　學生成績有下列情形之一者，學校得輔導重讀或轉學：

一、不及格科目學分數達當學年學分數二分之一以上者。

二、不及格學分過多，重修有困難者。

重讀時對於已修習及格之科目學分，應予免修。

第 十九 條　學生修業期限日間部逾五年、夜間部逾六年（含重讀、延修，不含休學）仍未修足應修之科目及學分數者，由學校發給修業證明書。

第 二十 條　學生修業期滿，並修足應修之科目與學分，成績及格者，應由學校發給畢業證書。

第二十一條　學生成績優異，在規定修業年限屆滿前一學期或一學年修滿該科組應修學分者，得准提前畢業；其成績優異標準，由各校定之。

第二十二條　德行成績應考查學生修己善群之美德，考查除成績之評定外並應以文字評述。

第二十三條　學校對學生之獎懲、出缺席等各項考查，應適時通知學生、導師、家長或監護人，並列入德行成績計算。

第二十四條　重、補修生及延修生德行成績之考查，由學校依其修課情形並參酌一般學生之規定，另定之。

第二十五條　德行成績不及格者，經提學生事務相關會議審議後，報由校長核定之結果仍為不及格者，應輔導其轉學。

第二十六條　學校應於學期末將學生之學期成績通知其家長或監護人，通知中除包括各項成績外，並應記載學生獎懲、出缺席記錄。

第二十七條　各校為適應實際需要，應自行訂定補充規定，提經校務會議通過後，報請各該主管教育行政機關備查。

第二十八條　本辦法自發布日施行。

12 特殊教育法

民國七十三年十二月十七日總統令制定公布

民國八十六年五月十四日總統令修正公布

第 一 條 為使身心障礙及資賦優異之國民,均有接受適性教育之權利,充分發展身心潛能,
培養健全人格,增進服務社會能力,特制定本法;本法未規定者,依其他有關法律
之規定。

第 二 條 本法之主管教育行政機關:在中央為教育部;在省(市)為省(市)政府教育廳
(局);在縣(市)為縣(市)政府。

②本法所定事項涉及各目的事業主管機關業務時,各該機關應配合辦理。

第 三 條 本法所稱身心障礙,係指因生理或心理之顯著障礙,致需特殊教育和相關特殊教育
服務措施之協助者。

②本法所稱身心障礙,指具有左列情形之一者:

一 智能障礙。

二 視覺障礙。

三 聽覺障礙。

四 語言障礙。

五 肢體障礙。

六 身體病弱。

七 嚴重情緒障礙。

八 學習障礙。

九 多重障礙。

十 自閉症。

十一 發展遲緩。

十二 其他顯著障礙。

第 四 條 本法所稱資賦優異,係指在左列領域中有卓越潛能或傑出表現者:

一 一般智能。

二 學術性向。

三 藝術才能。

四 創造能力。

五 領導能力。

六 其他特殊才能。

第 五 條 特殊教育之課程、教材及教法,應保持彈性,適合學生身心特性及需要;其辦法,

由中央主管教育行政機關定之。

②對身心障礙學生，應配合其需要，進行有關復健、訓練治療。

第　六　條　各級主管教育行政機關為研究改進特殊教育課程、教材教法及教具之需要，應主動委託學術及特殊教育學校或特殊教育機構等相關單位進行研究。

②中央主管教育行政機關應指定相關機關成立研究發展中心。

第　七　條　特殊教育之實施，分下列三階段：

一　學前教育階段，在醫院、家庭、幼稚園、托兒所、特殊幼稚園（班）、特殊教育學校幼稚部或其他適當場所實施。

二　國民教育階段，在醫院、國民小學、國民中學、特殊教育學校（班）或其他適當場所實施。

三　國民教育階段完成後，在高級中等以上學校、特殊教育學校（班）、醫院或其他成人教育機構等適當場所實施。

②為因應特殊教育學校之教學需要，其教育階段及年級安排，應保持彈性。

第　八　條　學前教育及國民教育階段之特殊教育，由直轄市或縣（市）主管教育行政機關辦理為原則。

②國民教育完成後之特殊教育，由各級主管教育行政機關辦理。

③各階段之特殊教育，除由政府辦理外，並鼓勵或委託民間辦理。主管教育行政機關對民間辦理特殊教育應優予獎助；其辦法，由中央主管教育行政機關定之。

第　九　條　各階段特殊教育之學生入學年齡及修業年限，對身心障礙國民，除依義務教育之年限規定辦理外，並應向下延伸至三歲，於本法公布施行六年內逐步完成。

②身心障礙學生因故休學者，得再延長其修業及復學年限。

③對於失學之身心障礙國民，各級政府應規劃實施免費之成人教育。

④對資賦優異者，得降低入學年齡或縮短修業年限；其辦法，由中央主管教育行政機關定之。

第　十　條　為執行特殊教育工作，各級主管教育行政機關應設專責單位，各級政府承辦特殊教育業務人員及特殊教育學校之主管人員，應優先任用相關專業人員。

第　十一　條　各師範校院應設特殊教育中心，負責協助其輔導區內特殊教育學生之鑑定、教學及輔導工作。

②大學校院設有教育院、系、所、學程或特殊教育系、所、學程者，應鼓勵設特殊教育中心。

第　十二　條　直轄市及縣（市）主管教育行政機關應設特殊教育學生鑑定及就學輔導委員會，聘請衛生及有關機關代表、相關服務專業人員及學生家長代表為委員，處理有關鑑定、安置及輔導事宜。有關之學生家長並得列席。

第　十三　條　各級學校應主動發掘學生特質，透過適當鑑定，按身心發展狀況及學習需要，輔導

其就讀適當特殊教育學校（班）、普通學校相當班級或其他適當場所。身心障礙學生之教育安置，應以滿足學生學習需要為前提下，最少限制的環境為原則。直轄市及縣（市）主管教育行政機關應每年重新評估其教育安置之適當性。

第 十四 條　為使就讀普通班之身心障礙學生得到適當之安置與輔導，應訂定就讀普通班身心障礙學生之安置原則與輔導辦法；其辦法，由各級主管教育行政機關定之。

②為使普通班老師得以兼顧身心障礙學生及其他學生之需要，身心障礙學生就讀之普通班應減少班級人數；其辦法，由各級主管教育行政機關定之。

第 十五 條　各級主管教育行政機關應結合特殊教育機構及專業人員，提供普通學校輔導特殊教育學生之有關評量、教學及行政支援服務；其辦法，由中央主管教育行政機關定之。

第 十六 條　特殊教育學校（班）之設立，應力求普及，以小班、小校為原則，並朝社區化方向發展。

②少年監獄、少年輔育院、社會福利機構及醫療機構附設特殊教育班，應報請當地主管教育行政機關核准後辦理。

③私立特殊教育學校，其設立標準，由中央主管教育行政機關定之。

第 十七 條　為普及身心障礙兒童及青少年學前教育、早期療育及職業教育，各級主管教育行政機關應妥當規劃加強推動師資培訓及在職訓練。

②特殊教育學校（班）、特殊幼稚園（班），應依實際需要置特殊教育教師、相關專業服務人員及助理人員。特殊教育教師之資格及任用，依師資培育法及教育人員任用條例之規定；相關專業人員及助理人員之遴用辦法，由中央主管教育行政機關定之。

③特殊教育學校（班）、特殊幼稚園（班）設施之設置，應以適合個別化教學為原則，並提供無障礙之學習環境及適當之相關服務。

④前二項人員及設施之設置標準，由中央主管教育行政機關定之。

第 十八 條　設有特殊教育系（所）之師範大學、師範學院或一般大學，為辦理特殊教育各項實驗研究，並供教學實習，得附設特殊教育學校（班）。

第 十九 條　接受國民教育以上之特殊教育學生，其品學兼優或有特殊表現者，各級政府應給予獎助；家境清寒者，應給予助學金、獎學金或教育補助費。

②前項學生屬身心障礙者，各級政府應減免其學雜費，並依其家庭經濟狀況，給予個人必需之教科書及教育輔助器材。

③身心障礙學生於接受國民教育時，無法自行上下學者，由各級政府免費提供交通工具；確有困難，無法提供者，補助其交通費。

④前三項之獎助辦法，由各級政府定之。

第 二十 條　身心障礙學生，在特殊教育學校（班）修業期滿，依修業情形發給畢業證書或修業證書。

②對失學之身心障礙國民，應擬定各級學校學力鑑定辦法及規劃實施成人教育辦法；
其相關辦法，由各級主管教育行政機關定之。

第二十一條 完成國民教育之身心障礙學生，依其志願報考各級學校或經主管教育行政機關甄試、
保送或登記、分發進入各級學校，各級學校不得以身心障礙為由拒絕其入學；其升
學輔導辦法，由中央主管教育行政機關定之。

②各級學校入學試務單位應依考生障礙類型、程度，提供考試適當服務措施，由各
試務單位於考前訂定公告之。

第二十二條 身心障礙教育之診斷與教學工作，應以專業團隊合作進行為原則，集合衛生醫療、
教育、社會福利、就業服務等專業，共同提供課業學習、生活、就業轉銜等協助；
身心障礙教育專業團隊設置與實施辦法，由中央主管教育行政機關定之。

第二十三條 各級主管教育行政機關應每年定期舉辦特殊教育學生狀況調查及教育安置需求人口
通報，出版統計年報，並依據實際需求規劃設立各級特殊學校（班）或其他身心障
礙教育措施及教育資源的分配，以維護特殊教育學生接受適性教育之權利。

第二十四條 就讀特殊學校（班）及一般學校普通班之身心障礙者，學校應依據其學習及生活需
要，提供無障礙環境、資源教室、錄音及報讀服務、提醒、手語翻譯、調頻助聽器、
代抄筆記、盲用電腦、擴視鏡、放大鏡、點字書籍、生活協助、復健治療、家庭支
援、家長諮詢等必要之教育輔助器材及相關支持服務；其實施辦法，由各級主管教
育行政機關定之。

第二十五條 為提供身心障礙兒童及早接受療育之機會，各級政府應由醫療主管機關召集，結合
醫療、教育、社政主管機關，共同規劃及辦理早期療育工作。

②對於就讀幼兒教育機構者，得發給教育補助費。

第二十六條 各級學校應提供特殊教育學生家庭包括資訊、諮詢、輔導、親職教育課程等支援服
務，特殊教育學生家長至少一人為該校家長會委員。

第二十七條 各級學校應對每位身心障礙學生擬定個別化教育計畫，並應邀請身心障礙學生家長
參與其擬定與教育安置。

第二十八條 資賦優異學生經學力鑑定合格者，得以同等學力參加高一級學校入學考試或保送甄
試升學；其辦法，由中央主管教育行政機關定之。

②縮短修業年限之資賦優異學生，其學籍及畢業資格，比照應屆畢業學生辦理。

第二十九條 資賦優異教學，應以結合社區資源、參與社區各類方案為主，並得聘任具特殊專才
者為特約指導教師。

②各級學校對於身心障礙及社經文化地位不利之資賦優異學生，應加強鑑定與輔導。

第 三十 條 各級政府應按年從寬編列特殊教育預算，在中央政府不得低於當年度教育主管預算
百分之三；在地方政府不得低於當年度教育主管預算百分之五。

②地方政府編列預算時，應優先辦理身心障礙學生教育。

③中央政府為均衡地方身心障礙教育之發展，應視需要補助地方人事及業務經費以
辦理身心障礙教育。

第三十一條　各級主管教育行政機關為促進特殊教育發展及處理各項權益申訴事宜，應聘請專家、
學者、相關團體、機構及家長代表為諮詢委員，並定期召開會議。

②為保障特殊教育學生教育權利，應提供申訴服務；其服務設施辦法，由中央主管
教育行政機關定之。

第三十二條　本法施行細則，由中央主管教育行政機關定之。

第三十三條　本法自公布日施行。

13　教師法

民國八十四年八月九日總統令公布
民國八十九年七月十九日修正公布

第一章　總則

第　一　條　為明定教師權利義務，保障教師工作與生活，以提升教師專業地位，特制定本法。

第　二　條　教師資格檢定與審定、聘任、權利義務、待遇、進修與研究、退休、撫卹、離職、
資遣、保險、教師組織、申訴及訴訟等悉依本法之規定。

第　三　條　本法於公立及已立案之私立學校專任教師適用之。

第二章　資格檢定與審定

第　四　條　教師資格之取得分檢定及審定二種：高級中等以下學校之教師採檢定制；專科以上
學校之教師採審定制。

第　五　條　高級中等以下學校教師資格之檢定分初檢及複檢二階段行之。
初檢合格者發給實習教師證書；複檢合格者發給教師證書。

第　六　條　初檢採檢覈方式。
具有下列資格之一者，應向主管教育行政機關繳交學歷證件申請辦理高級中等以下
學校實習教師之資格：
一、師範校院大學部畢業者。
二、大學校院教育院、系、所畢業且修畢規定教育學分者。
三、大學校院畢業修滿教育學程者。
四、大學校院或經教育部認可之國外大學校院畢業，修滿教育部規定之教育學分者。

第　七　條　複檢工作之實施，得授權地方主管教育行政機關成立縣市教師複檢委員會辦理。
具有下列各款資格者，得申請高級中等以下學校教師資格之複檢：
一、取得實習教師證書者。
二、教育實習一年成績及格者。

教師合格證書由教育部統一頒發。

第 八 條　高級中等以下學校教師資格檢定辦法由教育部定之。

第 九 條　專科以上學校教師資格之審定分初審及複審二階段，分別由學校及教育部行之。教
　　　　　師經初審合格，由學校報請教育部複審，複審合格者發給教師證書。

　　　　　教育部於必要時，得授權學校辦理複審，複審合格後發給教師證書。

第 十 條　專科以上學校教師資格審定辦法由教育部定之。

第三章　聘任

第 十一 條　高級中等以下學校教師之聘任，分初聘、續聘及長期聘任，經教師評審委員會審查
　　　　　　通過後由校長聘任之。

　　　　　　前項教師評審委員會之組成，應包含教師代表、學校行政人員代表及家長會代表一
　　　　　　人。

　　　　　　其中未兼行政或董事之教師代表不得少於總額二分之一；其設置辦法由教育部定之。

　　　　　　專科以上學校教師之聘任分別依大學法及專科學校法之規定辦理。

第 十二 條　高級中等以下學校教師之初聘以具有實習教師證書或教師證書者為限；續聘以具有
　　　　　　教師證書者為限。實習教師初聘期滿，未取得教師證書者，經教師評審委員會審查
　　　　　　通過後得延長初聘，但以一次為限。

第 十三 條　高級中等以下學校教師聘任期限，初聘為一年，續聘第一次為一年，以後續聘每次
　　　　　　為二年，續聘三次以上服務成績優良者，經教師評審委員會全體委員三分之二審查
　　　　　　通過後，得以長期聘任，其聘期由各校教師評審委員會統一訂定之。

第 十四 條　教師聘任後除有下列各款之一者外，不得解聘、停聘或不續聘：

　　　　　　一、受有期徒刑一年以上判決確定，未獲宣告緩刑者。

　　　　　　二、曾服公務，因貪污瀆職經判刑確定或通緝有案尚未結案者。

　　　　　　三、依法停止任用，或受休職處分尚未期滿，或因案停止職務，其原因尚未消滅者。

　　　　　　四、褫奪公權尚未復權者。

　　　　　　五、受禁治產之宣告，尚未撤銷者。

　　　　　　六、行為不檢有損師道，經有關機關查證屬實者。

　　　　　　七、經合格醫師證明有精神病者。

　　　　　　八、教學不力或不能勝任工作，有具體事實或違反聘約情節重大者。

　　　　　　有前項第六款、第八款情形者，應經教師評審委員會委員三分之二以上出席及出席
　　　　　　委員半數以上之決議。

　　　　　　有第一項第一款至第七款情形者，不得聘任為教師。其已聘任者，除有第七款情形
　　　　　　者依規定辦理退休或資遣外，應報請主管教育行政機關核准後，予以解聘、停聘或
　　　　　　不續聘。

第 十五 條　因系、所、科、組、課程調整或學校減班、停辦、解散時，學校或主管教育行政機

關對仍願繼續任教且有其他適當工作可以調任之合格教師，應優先輔導遷調或介聘；現職工作不適任或現職已無工作又無其他適當工作可以調任者或經公立醫院證明身體衰弱不能勝任工作者，報經主管教育行政機關核准後予以資遣。

第四章　權利義務

第 十六 條　教師接受聘任後，依有關法令及學校章則之規定，享有下列權利：

　　　　　一、對學校教學及行政事項提供興革意見。

　　　　　二、享有待遇、福利、退休、撫卹、資遣、保險等權益及保障。

　　　　　三、參加在職進修、研究及學術交流活動。

　　　　　四、參加教師組織，並參與其他依法令規定所舉辦之活動。

　　　　　五、對主管教育行政機關或學校有關其個人之措施，認為違法或不當致損害其權益者，得依法提出申訴。

　　　　　六、教師之教學及對學生之輔導依法令及學校章則享有專業自主。

　　　　　七、除法令另有規定者外，教師得拒絕參與教育行政機關或學校所指派與教學無關之工作或活動。

　　　　　八、其他依本法或其他法律應享之權利。

第 十七 條　教師除應遵守法令履行聘約外，並負有下列義務：

　　　　　一、遵守聘約規定，維護校譽。

　　　　　二、積極維護學生受教之權益。

　　　　　三、依有關法令及學校安排之課程，實施教學活動。

　　　　　四、輔導或管教學生，導引其適性發展，並培養其健全人格。

　　　　　五、從事與教學有關之研究、進修。

　　　　　六、嚴守職分，本於良知，發揚師道及專業精神。

　　　　　七、依有關法令參與學校學術、行政工作及社會教育活動。

　　　　　八、非依法律規定不得洩漏學生個人或其家庭資料。

　　　　　九、其他依本法或其他法律規定應盡之義務。

　　　　　前項第四款之辦法，由教育部定之。

第 十八 條　教師違反第十七條之規定者，各聘任學校應交教師評審委員會評議後，由學校依有關法令規定辦理。

第五章　待遇

第 十九 條　教師之待遇分本薪（年功薪）、加給及獎金三種。

　　　　　高級中等以下學校教師之本薪以學經歷及年資１定薪級；專科以上學校教師之本薪以級別、學經歷及年資１定薪級。

　　　　　加給分為職務加給、學術研究加給及地域加給三種。

第 二十 條　教師之待遇，另以法律定之。

第六章　進修與研究

第二十一條　為提升教育品質，鼓勵各級學校教師進修、研究，各級主管教育行政機關及學校得視實際需要，設立進修研究機構或單位；其辦法由教育部定之。

第二十二條　各級學校教師在職期間應主動積極進修、研究與其教學有關之知能；教師進修研究獎勵辦法，由教育部訂之。

第二十三條　教師在職進修得享有帶職帶薪或留職停薪之保障；其進修、研究之經費得由學校或所屬主管教育行政機關編列預算支應，其辦法由教育部定之。

第七章　退休、撫卹、離職、資遣及保險

第二十四條　教師之退休、撫卹、離職及資遣給付儲金方式，由學校與教師共同撥繳費用建立之退休撫卹基金支付之，並由政府負擔最後支付保證責任。儲金制建立前之年資，其退休金、撫卹金、資遣金之核發依原有規定辦理。教師於服務一定年數離職時，應准予發給退休撫卹基金所提撥之儲金。

前項儲金由教師及學校依月俸比例按月儲備之。

公私立學校教師互轉時，其退休、離職及資遣年資應合併計算。

第二十五條　教師退休撫卹基金之撥繳、管理及運用應設置專門管理及營運機構辦理。

教師之退休、撫卹、離職、資遣及保險，另以法律定之。

第八章　教師組織

第二十六條　教師組織分為三級：在學校為學校教師會；在直轄市及縣（市）為地方教師會；在中央為全國教師會。

學校班級數少於二十班時，得跨區（鄉、鎮）合併成立學校教師會。

各級教師組織之設立，應依人民團體法規定向該管主管機關申請報備、立案。

地方教師會須有行政區內半數以上學校教師會加入，始得設立。全國教師會須有半數以上之地方教師會加入，始得成立。

第二十七條　各級教師組織之基本任務如下：

一、維護教師專業尊嚴與專業自主權。

二、與各級機關協議教師聘約及聘約準則。

三、研究並協助解決各項教育問題。

四、監督離職給付儲金機構之管理、營運、給付等事宜。

五、派出代表參與教師聘任、申訴及其他與教師有關之法定組織。

六、制定教師自律公約。

第二十八條　學校不得以不參加教師組織或不擔任教師組織職務為教師聘任條件。

學校不得因教師擔任教師組織職務或參與活動，拒絕聘用或解聘及為其他不利之待遇。

第九章　申訴及訴訟

第二十九條　教師對主管教育行政機關或學校有關其個人之措施，認為違法或不當，致損其權益者，得向各級教師申訴評議委員會提出申訴。

教師申訴評議委員會之組成應包含該地區教師組織或分會代表及教育學者，且未兼行政教師不得少於總額的三分之二，但有關委員本校之申訴案件，於調查及訴訟期間，該委員應予迴避；其組織及評議準則由教育部定之。

第 三十 條　教師申訴評議委員會之分級如下：

一、專科以上學校分學校及中央兩級。

二、高級中等以下學校分縣（市）、省（市）及中央三級。

第三十一條　教師申訴之程序分申訴及再申訴二級。

教師不服申訴決定者，得提起再申訴。學校及主管教育行政機關不服申訴決定者亦同。

第三十二條　申訴案件經評議確定者，主管教育行政機關應確實執行，而評議書應同時寄達當事人、主管機關及該地區教師組織。

第三十三條　教師不願申訴或不服申訴、再申訴決定者，得按其性質依法提起訴訟或依訴願法或行政訴訟法或其他保障法律等有關規定，請求救濟。

第十章　附則

第三十四條　本法實施前已取得教師資格之教師，其資格應予保障。

第三十五條　各級學校兼任教師之資格檢定與審定，依本法之規定辦理。

兼任、代課及代理教師之權利、義務，由教育部訂定辦法規定之。

各級學校專業、技術科目教師及擔任軍訓護理課程之護理教師，其資格均依教育人員任用條例之規定辦理。

各級學校之專業及技術科目教師之資格，依教育人員任用條例之規定辦理。

第三十六條　本法各相關條文之規定，於公立幼稚園及已完成財團法人登記之私立幼稚園專任教師准用之。

未辦理財團法人登記之私立幼稚園專任教師，除本法第二十四條、第二十五條外，得准用本法各相關條文之規定。

第三十七條　本法授權教育部訂定之各項辦法，教育部應邀請全國教師會代表參與訂定。

第三十八條　本法施行細則，由教育部定之。

第三十九條　本法自公布日施行。但待遇、退休、撫卹、離職、資遣、保險部分之施行日期，由行政院以命令定之。

14 高級中等以下學校及幼稚園教師資格檢定及教育實習辦法

資格檢定及教育實習辦法

民國八十四年十一月十六日教育部令發布

民國八十九年六月廿八日修正發布

第一章 總則

第 一 條 本辦法依師資培育法（以下簡稱本法）第八條、第九條及教師法第八條規定訂定之。

第 二 條 本辦法專用名詞，定義如下：

一、教育實習機構：指經遴選供教育實習之高級中等學校、國民中學、國民小學、幼稚園、特殊教育學校（班）或其他教育機構。

二、教師研習進修機構：指各級主管教育行政機關依本法施行細則第八條第三項所設置之機構。

三、修畢師資職前教育課程：指修畢本法第七條第一項所規定之課程。

第二章 組織

第 三 條 直轄市政府教育局及縣市政府應設教師資格檢定委員會（以下簡稱教師檢定委員會），辦理教師資格檢定工作。

前項縣（市）政府辦理教師資格檢定工作之規定，自八十八年七月一日施行。

第 四 條 直轄市教師檢定委員會置主任委員一人，由直轄市政府教育局長兼任；縣（市）教師檢定委員會置主任委員一人，由縣（市）長兼任，均聘請相關學者、專家、資深教師、社會公正人士及教育行政人員為委員。

第 五 條 直轄市及縣（市）教師檢定委員會之任務如下：

一、學歷、經歷證件之審查。

二、國外學歷之查證認定。

三、科目學分疑義之審查。

四、教育實習成績之審查。

五、複檢實施方式之審查。

六、其他有關檢定事項。

第三章 初檢

第 六 條 修畢師資職前教育課程，其課程符合本法施行細則第六條第二項教育專業科目及本法第十條專門科目之規定，擬任教職者，應依本辦法之規定參加教師資格初檢。

第 七 條 教師資格之初檢，依下列方式為之：

一、中等學校教師：採科別教學檢定。

二、國民小學及幼稚園教師：採教育階段別教學檢定。

三、特殊教育教師：採資賦優異、身心障礙二類及前二款規定教學檢定。但身心障礙類教師，其擔任智能障礙及多重障礙學生教學，以採教育階段別教學檢定為限。

第　八　條　申請參加教師資格初檢者，應依下列規定申請初檢：

一、國內畢（結）業生：由其所屬師資培育機構造具名冊，同師資培育機構所在地直轄市政府教育局、縣（市）政府申請初檢。

二、國外畢業生：由申請人檢具申請表、學歷與經歷證件及成績單（或學分證明書），向戶籍所在地之直轄市政府教育局、縣（市）政府申請初檢。

初檢合格者，由直轄市政府教育局、縣（市）政府核發實習教師證書。

第四章　教育實習

第　九　條　取得實習教師證書者，應配合其檢定之教育階段別科（類）別，依下列規定參加教育實習：

一、應屆畢（結）業生：由原畢（結）業師資培育機構負責輔導至訂約之教育實習機構，參加教育實習。

但具有兵役義務之畢（結）業生，其未依規定申請核准延期徵集入營者，應俟服役期滿後，由原師資培育機構輔導至教育實習機構，參加教育實習。

二、非應屆畢（結）業生或國外畢業生：應自覓師資培育機構，由該師資培育機構負責輔導至訂約之教育實習機構，參加教育實習。

參加前項第一款所定教育實習者，得比照參加政府機關主辦之訓練，申請延期徵集入營。

第一項第一款實習教師應於師資培育機構規定期限內，向教育實習機構報到；屆期不報到且未能提出經師資培育機構認可之正當理由證明者，應於以後年度依同項第二款自覓師資培育機構負責輔導至教育實習機構參加教育實習。

應屆畢（結）業之實習教師，具有正當事由者，得向原畢（結）業師資培育機構申請跨校教育實習，並經原畢（結）業與跨校師資培育機構及其教育實習機構同意；其作業規定，由師資培育機構協商擬訂，報請教育部核定。

第　十　條　師資培育機構應依下列遴選原則，選定教育實習機構，報請教育實習機構所屬之主管教育行政機關同意後，訂定實習契約，辦理教育實習：

一、辦學績效良好者。

二、具有足夠合格師資者。

三、師資培育機構易於輔導者。

第 十一 條　師資培育機構應與教育實習機構共同會商擬訂實習教師應享之權利及應盡之義務，以為簽訂實習契約之準據。

第 十二 條　教育實習機構提供各科實習教師之名額如下：

一、中等學校：不得超過各該學（類）科編制內合格教師人數。

二、國民小學及幼稚園：不得超過該校（園）編制內合格教師總人數。

三、特殊教育學校（班）或其他教育機構：依前二款之規定辦理。

教育實習機構與二以上師資培育機構訂定實習契約者，其提供實習教師之總名額，不得超過前項之規定。

第 十三 條　實習教師應在同一教育實習機構實習一年；實習期間自當年七月起至翌年六月止。

實習教師因重大疾病或不可歸責於己之事由，報教育部核准者，得不受前項在同一教育實習機構實習及實習起訖年月之限制。

第 十四 條　各師資培育機構應邀集教師研習進修機構、教育實習機構及教育實習機構所屬主管教育行政機關，組成實習輔導委員會，規劃實習教師整體輔導計畫，彙報教育部備查後實施。

實習輔導委員會之實習輔導工作，得聯合鄰近區域其他師資培育機構組成區域實習輔導委員會辦理之。

第 十五 條　為協調規劃實習教師之輔導工作，教育部得邀請各實習輔導委員會共同研商之。

第 十六 條　教育實習輔導以下列方式辦理：

一、平時輔導：由教育實習機構在該機構給予輔導。

二、研習活動：由直轄市政府教育局、縣（市）政府、師資培育機構、教育實習機構及教師研習進修機構辦理。

三、巡迴輔導：由實習教師所屬師資培育機構，前往教育實習機構予以指導。

四、通訊輔導：由師資培育機構編輯實習輔導刊物，定期寄發實習教師參閱。

五、諮詢輔導：由師資培育機構設置專線電話，提供實習諮詢服務。

第 十七 條　實習教師應於實習開始後，與師資培育機構之實習指導教師及教育實習機構之實習輔導教師研商訂定實習計畫，其內容包括下列事項：

一、實習重點及目標。

二、主要實習活動及實習方式。

三、預定進度及完成期限。

前項實習計畫，應於教育實習機構開學後一個月內，送由師資培育機構及教育實習機構建檔列管，以作為實習輔導及評量之依據。

第 十八 條　實習教師之教育實習事項如下：

一、教學實習。

二、導師（級務）實習。

三、行政實習。

四、研習活動。

實習期間以教學實習及導師（級務）實習為主，行政實習及研習活動為輔。

第 十九 條　在教育實習機構擔任實習輔導教師者，應具有合格教師資格。但新增類科或稀少性
　　　　　類科無足夠合格師資可供遴選，專案報請教育部備查者，不在此限。
　　　　　每一實習輔導教師以輔導一實習教師為原則，並得視需要實施團體輔導。
　　　　　實習輔導教師由教育實習機構遴選，薦送師資培育機構；其遴選原則如下：
　　　　　一、有能力輔導實習教師者。
　　　　　二、有意願輔導實習教師者。
　　　　　三、具有教學三年以上之經驗者。
第 二十 條　各師資培育機構擔任實習輔導工作之實習指導教師，每位以指導二十五名實習教師
　　　　　為限，並得酌計授課時數一至四小時。
　　　　　實習指導教師由各師資培育機構遴選；其遴選原則如下：
　　　　　一、有能力指導實習教師者。
　　　　　二、有意願指導實習教師者。
　　　　　三、具有在中等學校、國民小學、幼稚園、特殊教育學校（班）或其他教育機構一
　　　　　　　年以上之教學經驗者。
第二十一條　實習教師實習期間，應參加教師研習進修機構辦理之研習活動。
第二十二條　為加強師資培育機構對實習教師之輔導，師資培育機構應規劃實習教師於學期中每
　　　　　月至少一次參加座談或研習。
第二十三條　實習教師應在教育實習機構，由實習輔導教師指導下，從事教學實習。
　　　　　實習教師每週教學實習時間如下：
　　　　　一、中等學校：不得超過編制內合格專任教師基本授課時數之二分之一。
　　　　　二、國民小學：不得超過十六節。
　　　　　三、幼稚園：不得超過教學活動之二分之一。
　　　　　四、特殊教育學校（班）或其他教育機構：依前三款之規定辦理。
　　　　　實習教師除前項教學實習時間之，應全程參與教育實習機構之各項教育活動。
第二十四條　實習教師實習成績分為平時評量及學年評量二項，採百分計分法。二項評量成績均
　　　　　達到六十分者，為實習成績及格，並以二項成績之平均數為其實習總成績。
　　　　　平時評量及學年評量成績，分別依下列比率計算：
　　　　　一、師資培育機構：占百分之五十。
　　　　　二、教育實習機構：占百分之五十。
第二十五條　平時評量包括下列事項：
　　　　　一、品德操守。
　　　　　二、服務態度及敬業精神。
　　　　　三、表達能力及人際溝通。
　　　　　四、教學能力及學生輔導知能。

五、研習活動之表現。

第二十六條　實習教師實習期間，應撰寫實習心得報告或專題研究報告，由教育實習機構初評後，送交師資培育機構複評。

實習評量由師資培育機構邀集教育實習機構，共同就實習教師所撰寫之實習計畫、實習心得報告或專題研究報告，以口試及試教方式予以評量。

第二十七條　實習教師實習一年成績不及格，得自覓師資培育機構負責輔導至訂約之教育實習機構參加教育實習；或經原教育實習機構教師評審委員會同意後，重新在原機構參加教育實習。但在原機構重新實習者，以一年為限。

第二十八條　（刪除）

第二十九條　實習教師於教育實習期間得發給實習津貼；其標準由教育部擬訂，報請行政院核定。

實習教師支領之實習津貼，合計以一年為限。

第　三十　條　各級主管教育行政機構應定期考核評鑑所屬師資培育機構、教師研習進修機構及教育實習機構辦理教育實習輔導成效，其考核評鑑結果成績優良者，應予獎勵。

第五章　複檢

第三十一條　實習教師之各項實習成績，由師資培育機構彙總，並將實習成績及格者造具名冊，函報師資培育機構所在地之直轄市政府教育局、縣（市）政府複檢合格後，轉報教育部發給合格教師證書。

前項合格教師證書之發給作業，必要時得由教育部委託直轄市政府教育局、縣（市）政府辦理。

第三十二條　下列人員於初檢合格取得實習教師證書後，得以其最近十年內連續任教二學年以上，或最近十年內每年連續任教滿三個月以上累計滿二年，並與初檢合格同一教育階段別、類別、科別且成績優良或經評量達八十分以上之任教年資，折抵教育實習一年：

一、依有關法令規定進用之試用教師、合格偏遠或特殊地區教師證書尚在有效期間內者。

二、本辦法八十七年六月二十日修正施行前，依有關法令規定進用，並取得合格技術及專業教師證書，其證書尚在有效期間內者。

三、中小學兼任代課及代理教師聘任辦法八十六年六月六日生效前，經直轄市政府教育局、縣（市）政府或學校公開甄選進用之代課或代理教師。

四、本辦法八十七年六月二十日修正生效前，依中小學兼任代課及代理教師聘任辦法進用之代理教師。

五、八十九年九月三十日前，已修畢師資職前教育課程，且依中小學兼任代課及代理教師聘任辦法進用之代理教師。

合於前項規定之各款人員，其任教年資得合併計算。

第一項各款之人員，依下列程序辦理複檢合格後，按前條規定發給合格教師證書：

　　　　　一、現職人員：由服務學校報請學校所地之直轄市政府教育局、縣（市）政府。

　　　　　二、非現職人員：由當事人自行報請戶籍所在地之直轄市政府教育局、縣（市）政府。

第三十三條　下列人員於修畢師資職前教育課程，初檢合格取得實習教師證書後，得以其與初檢合格同一教育階段別、類別、科別，且連續任教二學年之年資，折抵教育實習一年；其服務成績優良經評量達八十分以上者，得以連續任教一學年之年資，折抵教育實習一年：

　　　　　一、依中小學兼任代課及代理教師聘任辦法規定經學校聘任為代理教師者。

　　　　　二、依職業學校技術及專業教師甄審登記遴聘辦法進用並取得合格技術及專業教師證書，經學校依規定聘任為技術及專業教師者。

　　　　前項人員比照參加教育實習，得申請延期徵集入營，以一年為限。

　　　　第一項人員應比照本辦法實習教師之有關規定辦理輔導、評量及檢定。

　　　　第一項人員有不可歸責於己之事由，報經教育部核准者，其合於規定之實習、代理年資得予併計。

　　　　前四項規定適用至八十九年六月三十日止。但八十九年八月三十一日前已修畢師資職前教育課程者，得於九十年八月三十一日前依前四項規定辦理教師資格複檢。

第六章　附則

第三十四條　經登記或檢定合格之教師，未曾擔任教職或脫離教學工作連續十年以上，擬重任教職者，應重新申請資格檢定及參加教育實習。但有下列情形之一者，不在此限：

　　　　　一、具有第三十七條第四款所定情形之一者。

　　　　　二、未擔任教職或脫離教學工作期間，係擔任教育行政工作者。

第三十五條　高級中等以下學校及幼稚園合格教師，任職滿一年以上，具有修畢其他教育階段別、科（類）別師資，具有下列情形之一者，得由其服務學校造具職前教育課程者，得檢具合格教師證書、修畢其他教育階段別、科（類）別師資職前教育課程證明及服務證明文件，報請所在地直轄市政府教育局或縣（市）政府審查合格後，依第三十一條規定發給合格教師證書，免依本辦法申請資格檢定及參加教育實習。

第三十六條　中等學校同一科合格教師，於繼續擔任教職期間相互轉任時，免依本辦法申請資格檢定及參加教育實習。

　　　　中等學校合格教師，修畢師資培育機構規劃認定之他科教師專門科目者，得於任教期間檢具合格教師證書、成績單（學分證明書），向服務學校所在地之直轄市政府教育局、縣（市）政府申請加註他科教師資格，免依本辦法申請資格檢定及參加教育實習。

第三十七條　本辦法施行前之下列人員，自本辦法施行之日起十年內，其教師資格之取得，得依本辦法施行前之法令，以登記方式辦理之；屆期未辦理者，其教師資格之取得悉依

本辦法之規定：

一、於師範校院及設有教育院、系、所之大學，已修習或修畢教育專業科目之大學畢業生。

二、師範學院進修部各類學士學位班畢（肄）業生。

三、師範學院進修部幼稚教育專業學分班結（肄）業生。

四、具有教師資格，尚未辦理合格教師登記，或已辦理合格教師登記或檢定，未曾擔任教職或脫離教學工作連續十年以上者。

第三十八條　本辦法除另訂施行日期者外，自發布日施行。

15　教師輔導與管教學生辦法

中華民國八十七年七月十六日教育部訂定發布

中華民國八十九年十一月十四日修正發布

第一章　總則

第　一　條　本辦法依教師法第十七條規定訂定之。

第　二　條　各級學校教師輔導與管教學生，依本辦法之規定。本辦法未規定者，適用其他相關法令及各校校規。

第　三　條　教師輔導與管教學生應符合下列之目的：

一、鼓勵學生優良表現，培養學生自尊尊人、自治自律之處世態度。

二、導引學生身心發展，激發個人潛能，培養健全人格。

三、養成學生良好生活習慣，建立符合社會規範之行為。

四、確保班級教學及學校教育活動之正常進行。

第　四　條　教師輔導與管教學生時，應依下列原則處理：

一、尊重學生人格尊嚴。

二、重視學生個別差異。

三、配合學生心智發展需求。

四、維護學生受教權益。

五、發揮教育愛心與耐心。

六、啟發學生反省與自制能力。

七、不因個人或少數人錯誤而懲罰全體學生。

第　五　條　凡經學校或教師安排之教育活動，教師應負起輔導與管教學生之責任。

第　六　條　教師應參加輔導知能之進修或研習，以增進專業知能。

第　七　條　教師應對學生實施生活、學習、生涯、心理與健康等各種輔導。

前項輔導需具特殊專業能力者，得請輔導單位或其他相關單位協助。

第 八 條　學生干擾或妨礙教學活動正常進行，違反校規、社會規範或法律，或從事有害身心
　　　　　健康之行為者，教師應施予適當輔導與管教。
　　　　　前項輔導與管教無效時，得移請學校訓輔單位或其他相關單位處理。
第 九 條　教師管教學生，應事先瞭解學生行為動機，並明示必要管教之理由。
　　　　　教師不得為情緒性或惡意性之管教。
第 十 條　教師因實施輔導與管教學生所獲得之個人或家庭資料，非依法律規定，不得對外公
　　　　　開或洩漏。
第 十一 條　教師輔導與管教學生，不得因學生之性別、能力或成績、宗教、種族、黨派、地域、
　　　　　家庭背景、身心障礙、或犯罪紀錄等，而為歧視待遇。
第 十二 條　教師應秉客觀、平和、懇切之態度，對涉及爭議之學生為適當勸導，並就爭議事件
　　　　　為公正合理處置，力謀學生當事人之和諧。

第二章　大學與專科學校

第 十三 條　大學應依本辦法、大學法及其相關規定，訂定學生輔導與獎懲要點。
　　　　　大學教師輔導與獎懲學生應依前項規定辦理。
第 十四 條　專科學校應依本辦法及相關規定，訂定學生輔導與獎懲要點。專科學校教師輔導與
　　　　　獎懲學生應依前項規定辦理。

第三章　高級中等以下學校

第 十五 條　教師為鼓勵學生優良表現，得給予嘉勉、獎卡或其他適當之獎勵。
　　　　　教師對於特殊優良學生，得移請學校為下列獎勵：
　　　　　一、嘉獎。
　　　　　二、小功。
　　　　　三、大功。
　　　　　四、獎品、獎狀、獎金、獎章。
　　　　　五、其他特殊獎勵。
第 十六 條　教師管教學生應依學生人格特質、身心健康、家庭因素、行為動機與平時表現等，
　　　　　採取下列措施：
　　　　　一、勸導改過、口頭糾正。
　　　　　二、取消參加課程表列以外之活動。
　　　　　三、留置學生於課後輔導或矯正其行為。
　　　　　四、調整座位。
　　　　　五、適當增加額外作業或工作。
　　　　　六、責令道歉或寫悔過書。
　　　　　七、扣減學生操行成績。
　　　　　八、責令賠償所損害之公物或他人物品等。

九、其他適當措施。

前項措施於必要時，教師除通知家長或監護人外，得請訓導處、輔導室、或其他相關單位協助之。

第 十七 條　依前條所為之管教無效時，或違規情節重大者，教師得移請學校為下列措施：

一、警告。

二、小過。

三、大過。

四、假日輔導。

五、心理輔導。

六、留校察看。

七、轉換班級或改變學習環境。

八、家長或監護人帶回管教。

九、移送司法機關或相關單位處理。

十、其他適當措施。

高級中等學校除前項之措施外，必要時得為輔導轉學之處分。

第一項第二款、第三款與第六款之記過與留校察看不適用國民小學。

第 十八 條　依第十六條第九款與第七條第十款之規定，以其他適當措施管教學生時，其執行應經適當程序，且不得對學生身心造成傷害。

第 十九 條　學生攜帶之物品足以影響學生專心學習或干擾教學活動進行者，教師或學校得保管之，必要時得通知家長或監護人領回。

第 二十 條　學生攜帶或使用下列物品者，教師或訓輔人員應立即處置，並視其情節移送相關單位處理。

一、具有殺傷力之刀械、槍砲、彈藥及其他危險物品。

二、毒藥、毒品及麻醉藥品。

三、猥褻或暴力之書刊、圖片、影片、磁碟片或卡帶。

四、菸、酒、檳榔或其他有礙學生身心健康之物品。

五、其他違禁品。

第二十一條　學校應邀集校內相關單位主管、家長會代表、教師代表及學生代表，依本辦法之規定，共同訂定學校輔導與管教學生要點，報請主管教育行政機構核定後實施。

第二十二條　學校為處理學生獎懲事項，應設學生獎懲委員會。其組織、獎懲標準、運作方式等規定，由各校邀集校內相關單位主管、家長會代表、教師代表及學生代表共同訂定之。

第二十三條　學生獎懲委員會審議學生重大違規事件時，應秉公正及不公開原則，瞭解事實經過，並應給予學生當事人或家長、監護人陳述意見之機會。

第二十四條　學生獎懲委員會為重大獎懲決議後，應做成決定書，並記載事實、理由及獎懲依據，通知學生當事人及其家長或監護人。必要時並得要求家長或監護人配合輔導。

前項決定書，應經校長核定後執行，校長認為決定不當時，得退回再議。

第二十五條　學生因重大違規事件經處分後，教師應追蹤輔導，必要時會同學校輔導單位協助學生改過遷善。對於必須長期輔導者，學校得要求家長配合並協請社會輔導或醫療機構處理。

第四章　救濟

第二十六條　學生對對學校有關其個人之管教措施，認為違法或不當致損害其權益者，得以書面向學校申訴。

前項學生申訴得由學生父母、監護人或其受託人代理之。

第二十七條　學校應成立學生申訴評議委員會，其組織及評議規定，大學及專科學校自行訂定，高級中等以下學校由各該主管教育行政機關定之。

第二十八條　學生受開除學籍、退學或類此之處分，足以改變學生身分致損及其受教育權益者，經向學校申訴未獲救濟，得依法提起訴願及行政訴訟。

第五章　附則

第二十九條　各級學校得訂定懲罰存記及改過銷過要點，以鼓勵學生改過遷善。

第 三十 條　本辦法自發布日施行。

16　公立學校教職員成績考核辦法

民國六十年七月二十一日教育部令訂定發布

民國八十九年九月二十六日修正發布

第 一 條　公立高級中等以下學校（以下簡稱各校）編制內專任合格教師（以下簡稱教師）之成績考核，除法令另有規定外，依本辦法處理。

第 二 條　教育人員任用條例施行前已遴用學校編制內未納入銓 1 之職員，其成績考核准用公務人員考績法及其施行細則規定辦理。但考核年度為學年度。

前項規定自八十七學年度施行。

第 三 條　各校教師任職至學年度終了屆滿一學年者，應予成績考核，不滿一學年而連續任職已達六個月者，另予成績考核。其在考核年度內有下列各款情形之一者，得併計年資參加考核。

一、轉任其他學校年資中斷者。

二、服役期滿退伍，在規定期間返回原校復職者。

依法服兵役，如合於參加成績考核之規定者，應併同在職人員列冊辦理，並以服役情形作為成績考核之參考。但不發給考核獎金。

另予成績考核，於學年度終了辦理之。但辭職、退休、資遣、死亡或留職停薪者得隨時辦理之。

在同一考核年度內再任人員，除已辦理另予成績考核者外，其再任至學年度終了已達六個月者，得於學年度終了辦理另予成績考核。

第　四　條　各校教師之成績考核，應按其教學、訓導、服務、品德及處理行政之紀錄，依下列規定辦理：

一、在同一學年度內合於下列條件者，除晉本薪或年功薪一級外，並給與一個月薪給總額之一次獎金，已支年功薪最高級者，給與二個月薪給總額之一次獎金。

　　㈠按課表上課，教法優良、進度適宜、成績卓著，且未採用或推銷坊間出版專為應付升學或考試之各種參考書或測驗紙者。

　　㈡訓輔工作得法，效果良好者。

　　㈢服務熱誠，對校務能切實配合者。

　　㈣事病假併計在十四日以下，並依照規定補課或請人代課者。

　　㈤品德良好能為學生表率者。

　　㈥專心服務，未違反主管教育行政機構有關兼課兼職規定者。

　　㈦按時上下課，無遲到、早退、曠課、曠職紀錄者。

　　㈧未受任何刑事、懲戒處分及行政懲處者。

二、在同一學年度內合於下列條件者，除晉本薪或年功薪一級外，並給與半個月薪給總額之一次資金，已支年功薪最高級者，給與一個半月薪給總額之一次獎金：

　　㈠教學認真、進度適宜。

　　㈡對訓輔工作能負責盡職者。

　　㈢對校務之配合尚能符合要求者。

　　㈣事病假併計超過十四日，未達二十八日，或因病住院致病假超過二十八日而未達延長病假，並依照規定補課或請人代課者。

　　㈤無曠課、曠職紀錄者。

　　㈥品德、生活考核無不良紀錄者。

三、在同一學年度同有下列情形之一者，留支原薪：

　　㈠教學成績平常，勉能符合要求者。

　　㈡有曠課、曠職紀錄者。

　　㈢事、病假期間，未依照規定補課或請人代課者。

　　㈣未經校長同意，擅自在外兼課兼職者。

　　㈤品德生活較差，情節尚非重大者。

另予成績考核，列前項第一款者，給與一個月薪給總額之一次獎金；列前項第二款者，給與半個月薪給總額之一次獎金；列前項第三款者，不予獎勵。

教師有教師法第十四條第一項各款規定情形之一或教育人員任用條例第三十一條各款規定情事之一者，應依法定程序予以解聘、停聘或不續聘。

第　五　條　高級中等學校軍訓教官及經主管教育行政機構核准有案之試用教師，得依本辦法規定參加成績考核。

軍訓教官成績考核結果，除獎金部分比照前條第一項第一款及第二款發給外，其餘悉照有關規定辦理。

試用教師除符合前條第一項第一款規定者，給與一個月薪給總額之一次獎金，符合同條第一項第二款規定者，給與半個月薪給總額之一次獎金，均不予晉敍薪級外，其餘均照本辦法之規定。

第　六　條　各校教師在考核年度內曾記大功、大過之考核列等，除本辦法另有規定外，應依下列規定辦理：

一、曾記二大功者，不得考列第四條第一項第二款以下。

二、曾記一大功者，不得考列第四條第一項第三款。

三、曾記一大過者，不得考列第四條第一項第二款以上。

第　七　條　各校對教師之平時考核，應隨時根據具體事實，詳加記錄，如有合於獎懲標準之事蹟，並應予以獎勵或懲處。獎勵分嘉獎、記功、記大功；懲處分申誡、記過、記大過。嘉獎三次作為記功一次，記功三次作為記一大功；申誡三次作為記過一次，記過三次作為記一大過。平時考核同一學年度之獎懲得相互抵銷。

前項獎懲報核程序期限，由各主管教育行政機構自行規定，並應於核定之學年度內辦理。

第　八　條　前條平時考核之獎懲，除記功、記過以下之獎懲另訂標準外，記大功、記大過之標準，規定如下：

一、有下列情形之一者，記一大功：

㈠對教學或遇重大困難問題，能及時提出具體有效改進方案，圓滿解決者。

㈡辦理重要業務成績特優，或有特殊效益者。

㈢在惡劣環境下克盡職責，圓滿達成任務者。

㈣搶救重大災害，切合機宜，有具體效果者。

㈤執行重要法令克服困難，圓滿達成任務者。

二、有下列情形之一者，記一大過：

㈠違反政令或不聽調度者。

㈡挑撥離間，破壞紀律，情節重大者。

㈢違反紀律或言行不檢，致損害教育人員聲譽，或擾亂學校秩序，情節重大者。

㈣故意曲解法令，致學生權利遭受重大損害者。

㈤貽誤公務，造成重大過失，導致不良後果者。

㈥生活奢侈腐化，言行偏激乖張，足以影響校譽或師道尊嚴者。

第　九　條　各校辦理教師成績考核，應組成成績考核委員會執行初核，校長執行覆核，參加考核人數不滿二十人者，得免組成成績考核委員會，由校長逕行考核之。

第　十　條　成績考核委員會由委員九人至十七人組成，除教務、訓導、輔導、總務、實習輔導及人事主管人員為當然委員外，其餘由本校人員中推選產生後報請校長遴聘之，並指定一人為主席。

　　　前項委員，每滿五人應有一人為非主管人員。

　　　成績考核委員會委員之任期，自當年八月一日至次年七月三十一日止。

第 十一 條　各校人事人員辦理教師成績考核前，應將各項應用表件詳細填妥，並檢附有關資料送成績考核委員會初核。

第 十二 條　成績考核委員會會議時，須有全體委員三分之二以上出席，出席委員過半數之同意，方得為決議，可否同數時，取決於主席。

第 十三 條　各校成績考核委員會依下列各款之規定執行初核：

　　　一、審查受考核人數。

　　　二、審查受考核人平時考核紀錄及下列各項資料：

　　　　　㈠審查受考核人工作成績。

　　　　　㈡審查受考核人勤惰資料。

　　　　　㈢審查受考核人品德生活紀錄。

　　　　　㈣審查受考核人之獎懲。

　　　三、其他應行考核人事項。

第 十四 條　各校成績考核委員會初核時，應置備紀錄，記載事項如下：

　　　一、考核委員名單。

　　　二、出席委員姓名。

　　　三、受考核人數。

　　　四、決議事項。

第 十五 條　各校教師成績考核結果，應於學年度結束後二個月內分別列冊報送主管教育行政機構核備。

第 十六 條　各校校長對本校成績考核委員會之初核結果有不同意見時，應交回復議，對復議結果仍不同意時，得變更之，並於考核案內記明其事實及理由。

　　　各校教師之考核結果，核備機關認有疑義時，應通知原辦理學校詳1事實及理由或重新考核，必要時得調卷或派員查核，如認為考核結果不實或與視導所報之事實不符時，得逕行改核，並說明改核之理由。

第 十七 條　各校教師成績考核經核備後，應由學校以書面通知受考核人。

第 十八 條　教師成績考核結果應自次學年度第一個月起執行。

本辦法所稱薪給總額，係指受考人考核後之本薪、年功薪及其他法定加給。但教師在考核年度內因職務異動致薪給總額減少者，其考核獎金之各種加給均以所任職務月數，按比例計算。

第 十九 條　各校參與考核人員在考核未核定前，應嚴守秘密。考核委員執行初核時，對於本身之考核，應行迴避。

第 二十 條　各校對於教師之成績考核，應根據確切資料，慎重辦理，如有為不實之考核者，一經查覺，除考核結果予以撤銷重核外，其有關失職人員並予議處。

第二十一條　教師配合國策或公務需要，奉派出國協助友邦技術工作或借調其他機關服務，經主管教育行政機關核定保留底缺留職停薪人員，准予列冊參加成績考核。但不發給考核獎金，其列冊事由並應於備考欄內註明。因案停聘准予復聘人員在考核年度內任職達六個月以上者，准予辦理另予考核，其列冊事由並應於備考欄內註明。任職不滿六個月者，不予辦理。

第二十二條　教師成績考核所需表冊格式另訂之。

第二十三條　公立幼稚園職員之成績考核準用本辦法之規定。

第二十四條　本辦法自發布日施行。

17　高級中等以下學校教師評審委員會設置辦法

民國八十六年三月十九日教育部令訂定發布

民國八十八年五月十二日教育部令修正發布

第 一 條　本辦法依教師法（以下簡稱本法）第十一條第二項規定訂定之。

第 二 條　①高級中等以下學校教師評審委員會（以下簡稱本會）之任務如下：

　　　一　關於教師初聘、續聘及長期聘任之審查事項。但依法令分發教師之初聘免經審查。

　　　二　關於教師長期聘任聘期之訂定事項。

　　　三　關於教師解聘、停聘及不續聘之審議事項。

　　　四　關於教師資遣原因認定之審查事項。

　　　五　關於教師違反本法規定之義務及聘約之評議事項。

　　　六　其他依法令應經本會審查之事項。

　　②本會辦理前項第一款有關教師初聘之審查事項時，應以公開甄選或現職教師介聘方式為之。辦理公開甄選時，得經本會決議成立甄選委員會、聯合數校或委託主管教育行政機關辦理。

　　③前項甄選委員會之組織及作業規定，由辦理之學校或機關定之；現職教師之介聘，依相關法令規定辦理。

第　三　條　①本會置委員五人至十九人，其組成方式如下：
　　　　　　　一　當然委員：包括校長、家長會代表、教師會代表各一人。校長因故出缺時，
　　　　　　　　　以代理校長為當然委員；學校尚未成立教師會者，不置教師會代表。
　　　　　　　二　選舉委員：由全體教師選（推）舉之。
　　　　　　②本會委員中未兼行政或董事之教師不得少於委員總額之二分之一。但教師之員額
　　　　　　　少於委員總額二分之一者，不在此限。
　　　　　　③第一項第二款之委員選（推）舉時，得選（推）舉候補委員若干人，於當選委員
　　　　　　　因故不能擔任時依序遞補之。無候補委員遞補時，應即辦理補選（推）舉。
　　　　　　④本會委員之總額及委員選（推）舉之方式，由校務會議議決。
第　四　條　①本會委員任期一年，自九月一日起至翌年八月三十一日止，連選得連任。遞補之
　　　　　　　候補委員或補選（推）舉產生之委員，其任期均至原任期屆滿之日止。
　　　　　　②本會委員任期於民國八十八年八月三十一日前屆滿者，依本辦法修正施行後產生
　　　　　　　之次屆委員，其任期自上屆委員任期屆滿之次日起至民國八十九年八月三十一日
　　　　　　　止。
　　　　　　③本辦法修正施行前依規定產生之委員，其任期至民國八十八年八月三十一日仍未
　　　　　　　屆滿者，調整至民國八十八年八月三十一日止。
　　　　　　④選舉委員於任期中經本會認定無故缺席達二次或因故無法執行職務者，解除其委
　　　　　　　員職務。
第　五　條　①新設立學校無法依規定組成本會前，得由校長（籌備主任）聘請地方教師會代表、
　　　　　　　社（學）區公正人士或其他相關人員組成遴選委員會，報經主管教育行政機關核
　　　　　　　定，辦理第二條有關事項。
　　　　　　②學校成立後三個月內應即依第三條規定成立本會，前項遴選委員會並於本會成立
　　　　　　　之日解散。
第　六　條　①本會由校長召集。如經委員二分之一以上連署召集時，得由連署委員互推一人召
　　　　　　　集之。
　　　　　　②本會開會時，以校長為主席，校長因故無法主持時，由委員互推一人為主席。
第　七　條　本會之決議，除有下列情形之一者外，以委員二分之一以上之出席，出席委員半數
　　　　　　以上之同意行之；可否同數時，取決於主席：
　　　　　　一　審查教師長期聘任事項，應有全體委員三分之二以上之通過。
　　　　　　二　審議本法第十四條第一項第六款、第八款事項，應有全體委員三分之二以上之
　　　　　　　　出席，出席委員半數以上之通過。
第　八　條　本會委員於審查有關委員本人或其配偶、三親等內之血親、姻親或曾有此親屬關係
　　　　　　者之事項時，應自行迴避。
第　九　條　①本會委員均為無給職。

②教師執行本會委員職務時，以公假處理。

第　十　條　①本會開會時，得視需要邀請有關人員列席。

②本會審查第二條第一項第三款至第五款事項時，應邀請當事人列席說明。

第 十一 條　本會之行政工作，由學校人事單位主辦，教務、總務等單位協辦；人事單位並就審查（議）案件會同相關單位，依據有關法令研提參考意見，開會時並應列席。

第 十二 條　本辦法自發布日施行。

參考書目

〈中文部分〉

王文科（民 77）　課程論。臺北：五南圖書出版公司。

王文科（民 80）　學習心理學：學習理論導論。臺北：五南圖書出版公司。

王文科（民 83）　課程與教學論。臺北：五南圖書出版公司。

王家通等（民 71）　中等教育。高雄：復文圖書出版社。

王淑如（民 83）　國民中學實施親職教育之研究。國立臺灣師範大學教育研究所碩士論文。

王煥琛（民 61）　戰後各國教育改革方案比較研究。臺北：臺灣書店。

中國教育學會主編（民 58）　中學教育研究。臺北：正中書局。

中國教育學會主編（民 75）　有效教學研究。臺北：臺灣書店。

中國教育學會主編（民 81）　二十一世紀的高級中學教育。臺北：臺灣書店。

中國教育學會主編（民 82）　多元文化教育。臺北：臺灣書店。

中華民國比較教育學會主編（民 68）　世界中等教育改革動向。臺北：幼獅文化事業公司。

中華民國比較教育學會主編（民 71）　世界技術職業教育改革動向。臺北：幼獅文化事業公司。

中華民國比較教育學會主編（民 72）　世界各國大學入學制度之改革動向。臺北：五南圖書出版公司。

中華民國比較教育學會主編（民 77）　終生教育。臺北：臺灣書店，

中華民國比較教育學會主編（民 78）　各國教科書比較研究。臺北：臺灣書店。

中華民國比較教育學會主編（民 79）　各國中小學課程比較研究。臺北：師大書苑。

中華民國比較教育學會主編（民 82）　邁向二十一世紀之教育改革。臺北：師大書苑。

中華民國師範教育學會主編（民 84）　教師權力與責任。臺北：師大書苑。

方炳林（民 70）　普通教學法。臺北：三民書局。

司琦（民 71）　中等教育。臺北：三民書局。

司琦（民 78）　課程導論。臺北：五南圖書出版公司。

白雲霞（民 84）　美國中小學教師專業階梯制度之研究。國立臺灣師範大學教育研究所碩士論文。

行政院教育改革審議委員會（民 84a）　第一期諮議報告書。臺北：行政院教改會。

行政院教育改革審議委員會（民 84b）　第二期諮議報告書。臺北：行政院教改會。

吳正牧（民 83）　我國中小學教科書供應品質研究。臺北：臺灣書店。

呂愛珍（民 67）　國民中學課程組織型態之研究。臺北：教育文物出版社。

吳武雄等（民 84）　臺北市國中畢業生甄選升入完全中學高中部可行性之研究。臺北：臺北市政府教育局。

何慧羣、周玉秀（民 84）　德國教育改革。臺北：國立臺灣師範大學教育研究中心。

宋湘玲等（民 74）　學校輔導工作的理論與實施。高雄：復文圖書出版社。

余書麟（民 56）　國民教育原理。臺北：師大出版組。

李園會（民 80）　班級經營。臺北：五南圖書出版公司。

林本（民 54）　現代的理想中學生。臺北：臺灣開明書店。

林本（民 55）　現代的理想中學課程。臺北：臺灣開明書店。

林本（民 56）　世界各國中學教育制度。臺北：臺灣開明書店。

林玉體（民 69）　西洋教育史。臺北：文景出版社。

林來發等（民 82）　國民教育法、國民教育法施行細則、強迫入學條例修法研究。臺北：教育部國民教育司。

林紀東等（民 84）　新編六法全書。臺北：五南圖書出版公司。

林生傳（民 77）　新教學理論與策略。臺北：五南圖書出版公司。

林彩岫（民 76）　國民中學教師專業自主性之研究。國立臺灣師範大學教育研究所碩士論文。

林貴美（民 80）　法國教育制度。臺北：國立編譯館。

林寶山（民 77）　教學原理。臺北：五南圖書出版公司。

林寶山（民 77）　個別化教學之理論與實際。臺北；五南圖書出版公司。

周志宏、陳舜芬主編（民 89）　教育法規。臺北：學林文化事業有限公司。

周淑卿（民 81）　英國國定課程之研究。國立臺灣師範大學教育研究所碩士論文。

邱維城（民 54）　青年期心理發展。臺北：國粹出版社。

法務部犯罪問題研究中心（民 81）　八十一年青少年犯罪狀況及其分析。臺北：法務部。

施慧敏（民 83）　國民小學班級常規管理之研究。國立臺灣師範大學教育研究所碩士論文。

高屏屏譯（民 66）　中學生心理學。臺北：哲志出版社。

唐山（民 76）　美國中等教育課程分類。臺中：臺灣省政府教育廳。

教育部（民 83a）　教育法規彙編。臺北：教育部員工消費合作社。

教育部（民 83b）　國民中學課程標準。臺北：教育部。

教育部（民 85）　高級中學課程標準。臺北：教育部。

教育部（民 89）　中華民國教育統計。臺北：教育部。

教育部（民 87a）　職業學校一般科目課程標準暨設備標準。臺北：教

育部技職司。

教育部（民87b）　職業學校各類科課程標準總綱。臺北：教育部技職
　　司。

教育部（民89b）　國民中小學九年一貫課程試辦工作輔導手冊。臺北：
　　教育部。

教育部（民90）　國民中小學九年一貫課程暫行綱要。臺北：教育部。

教育部秘書室（民84）　教育部公報，二四九期。臺北：教育部。

教育部秘書室（民85a）　教育部公報，二五四期。臺北：教育部。

教育部秘書室（民85b）　教育部公報，二五五期。臺北：教育部。

教育部教育研究委員會（民73）　中國學制改革之研究。臺北：正中書
　　局。

教育部員工消費合作社（民83）　教育法規彙編。

教育部技術及職業教育司（民87）　職業學校課程標準修訂工作簡報。
　　臺北：教育部技術及職業教育司。

教育部體育司（民79）　臺閩地區各級學校學生身高、體重、胸圍測量
　　報告。臺北：體育司。

馮觀富（民80）　輔導行政。臺北：心理出版社。

張文昌（民36）　中等教育。臺北：中華書局。

崔岡（民68）　政府以愛心保護青少年。中央日報，二月十日，第三
　　版。

陳珏君（民84）　國民中學階段中途輟學學生的學校經驗與生活狀況之
　　研究。國立臺灣師範大學教育研究所碩士論文。

陳伯璋（民74）　潛在課程研究。臺北：五南圖書出版公司。

陳順和（民81）　我國中小學教師之權利與義務。國立臺灣師範大學教
　　育研究所碩士論文。

陳麗欣（民81）　國中學生生活方式與校園暴行被害經驗之關係。嘉義
　　師範學院學報，第六期。

莊懷義等（民82）　教育問題研究。臺北：國立空中大學。

莊懷義等（民83）　教育概論。臺北：國立空中大學。

國立臺灣師範大學教育研究中心（民81）　高中（職）實施學分制之研究。臺北：國立臺灣師範大學教育研究中心。

國立臺灣師範大學教育研究中心（民84）　開放與前瞻：新世紀中小學教育改革建議書。臺北：漢文書店。

國立臺灣師範大學學術委員會主編（民78）　當前校園活動與教育。臺北：文笙書局。

黃光雄（民79）　教學理論。臺北：復文圖書出版社。

黃光雄等（民82）　教育概論。臺北：師大書苑。

黃茂德等（民70）　現代生活法律顧問百科全書。臺北：龍江文化事業有公司。

黃政傑等（民81）　促進中小學五育均衡發展策略之研究。臺北：國立臺灣師範大學教育研究中心。

黃政傑、歐陽教主編（民83）　大學教育的革新。臺北：師大書苑。

黃政傑等（民84）　綜合高中課程規劃之研究。臺北：國立臺灣師範大學教育研究中心。

黃政傑等（民85a）　六年一貫制完全中學課程規劃及其相關配合措施之規劃研究期中報告。臺北：國立臺灣師範大學教育研究中心。

黃政傑等（民85b）　高職課程標準修訂方向和共同架構之規劃研究。教育研究資訊，四卷二期。

黃政傑主編（民85c）　各國教育改革動向。臺北：師大書苑。

黃庭郁（民88）　全球青少年性事調查：臺灣5項第一。中國時報，八十八年十月二十日。

黃鴻博（民77）　我國高級中學選修課程實施狀況研究。國立臺灣師範大學教育研究所碩士論文。

黃德祥（民83）　青少年發展與輔導。臺北：五南圖書出版公司。

張祝芬（民83）　國中教科書選用制度之研究。國立臺灣師範大學教育研究所碩士論文。

張瓊瑩（民75） 我國國民中學聯課活動實施之研究。國立臺灣師範大學教育研究所碩士論文。

張添洲（民82） 生涯發展與規劃。臺北：五南圖書出版公司。

國立臺灣師範大學學術研究委員會（民70） 明日的國中教育。臺北：幼獅文化事業公司。

國立臺灣師範大學學術研究委員會（民71） 明日的高中教育。臺北：幼獅文化事業公司。

梅佑義（民68） 教育人員之法律常識。南投：臺灣省政府教育廳。

郭芳妙（民85） 美國中小學服務學習之研究。國立臺灣師範大學教育研究所碩士論文。

單文經（民71） 道德教育初探。高雄：復文圖書出版社。

雷國鼎（民67） 歐美教育制度。臺北：教育文物出版社。

雷國鼎（民77） 教育學。臺北：五南圖書出版公司。

楊守全、王正偉（民80） 教育人員法律責任。臺北：臺灣省國民學校教師研習會。

楊思偉、宋明順（民84） 日本教育改革。臺北：國立臺灣師範大學教育研究中心。

楊思偉（民88） 日本教育。臺北：商鼎文化出版社。

楊亮功（民54） 西洋教育史。臺北：協志工業叢書出版公司。

楊深坑（民80） 我國實習教師制度之規劃研究。臺北：行政院國家科學委員會。

楊瑩、李倖儒（民84） 英國教育改革。臺北：臺灣師大教育研究中心。

詹火生、楊瑩（民78） 英國高等教育制度現況及發展趨勢。臺北：國立教育資料館。

潘家珠（民68） 高三症困擾高初三學生。教育資料文摘，一月號。

歐用生（民70） 美、英、法、德、俄等國小學行政之比較研究。新竹師專學報，第七期。

歐用生（民74）　課程發展的基本原理。高雄：復文出版社。

廖純英（民82）　國民中學新進教師輔導制度之研究。國立臺灣師範大學教育研究所碩士論文。

廖傳淮（民63）　美國的高中同等學力測驗。教育與文化月刊，第四十五期。

魯先華（民83）　國民中學校長教學領導之研究。國立臺灣師範大學教育研究所碩士論文。

鄭熙彥（民70）　國民中學學生升學問題與輔導。南投：臺灣省政府教育廳。

鄭重信（民66）　西德的教育制度。臺北：幼獅文化事業公司。

臺灣中華書局（民54）　西洋教育史。臺北：中華書局。

臺灣省立板橋高級中學（民80）　八十年度臺灣省高級中等學校招生入學考試命題研究委員會研究報告。臺北：省立板橋高中。

臺灣省政府教育廳（民77）　臺灣省高級中學附設職業類科學校試行綜合高級中學課程研究計畫及研究結論報告。臺中：臺灣省政府教育廳。

臺灣省政府教育廳（民80）　教師的休閒生活。臺中：臺灣省政府教育廳。

鍾啓泉（民80）　現代課程論。臺北：五南圖書出版公司。

劉賢俊、林貴美（民84）　法國教育改革。臺北：國立臺灣師範大學教育研究中心。

謝文全（民85）　教育行政—理論與實務。臺北：文景出版社。

謝文全（民84a）　比較教育行政。臺北：五南圖書出版公司。

謝文全（民84b）　各國教育改革綜合比較。臺北：國立臺灣師範大學教育研究中心。

謝文全（民89）　學校行政，七版。臺北：五南圖書出版公司。

謝文全、張明輝、游進年、黃嘉莉（民89）　各縣市國民中小學校長遴選辦法分析研究報告。臺北：國立臺灣師範大學教育系。

謝文全等（民90） 青少年人格的建構。臺北：人格建構工程學研究基金會。

顏慧萍（民81） 國民中學校長甄試制度研究。國立臺灣師範大學教育研究所碩士論文。

瞿立鶴（民74） 中等教育。臺北：教育文物出版社。

簡茂發等（民71） 臺灣省高中高職入學考試之改進途徑。臺北：國立臺灣師範大學教育研究所。

簡茂發等（民78） 高中入學加採甄試保送制度之可行性研究。臺中：臺灣省政府教育廳。

譚光鼎（民71） 臺灣省高中高職入學方式之研究。國立臺灣師範大學教育研究所碩士論文。

譚光鼎（民81） 臺灣地區國中學生升學狀況之研究。國立臺灣師範大學教育研究所博士論文。

〈日文部分〉

小山俊也（1988） 教育行政の原理、組織。東京：明星大學出版社。

木田宏（1983） 教育行政法。東京：良書普及會。

木田宏（1989） 教育行政。東京：東信堂株式會社。

兼子仁等（1988） 教育小六法。東京：學陽書房。

〈英文部分〉

Alexander, William M. (1966). **Modern secondary education**. New York: Rinehart & Company, Inc.

Alexander, William M. & Saylor, J. Galen. (1951). **Secondary education**. New York: Rinehart & Company, Inc.

Anderson. L. W. and Van Dyke, L. A. (1972). **Secondary school administration**. New York: Houghton Mifflin Company.

Argyris, Chris. (1974). Alternative schools: A behavioral analysis, **Teachers College Record**, vol.75, no.4.

Bent, R. K. & Kronenberg, H. H. (1956). **Principles of secondary education**. New York: McGraw-Hill.

Bent, K., Kronenberg, Henry H., and Boardman, Charles C. (1970). **Principles of secondary education** (6th Ed.).

Bloom, B. S., et al. (1956). **Taxonomy of educational objectives-classification of educational goals, handbook I: cognitive domain**. New York: David Mckay Company.

Briggs. Thomas H. (1950). **Secondary education.** New York: The Macmillan Company.

Bruner, J. S. (1960). **The process of education**. Cambridge: Harvard University Press.

Byrne. David R., et al. (1978). **The senior high school principals**. Reston, Virginia: National Association of Secondary School Principals.

Cartedge, G. & Milburn, J. F. (1980). **Teaching social skills to children**. New York: Pergamon Press.

Campbell, R. F., et al. (1975). **The organization and control of American schools**. Columbus, Ohio: Charles E. Merrill Publishing Company.

Center For New Schools, Chicago, Illinois. (1973). Strengthening alternative high schools, **Harvard educational review**, vol.42, no.3.

Clark, L. H., et al. (1972). **The American secondary school curriculum** (2nd Ed.). New York: Macmillam Publishing Company.

Commission on the Organization of Secondary Education. NEA. (1918). Cardinal principles of secondary education. **Bureau of education bulletin**, no. 5.

Compton, Mary F. (1976). The middle school: A status report, **Middle school journal**, June.

Coulson, J., et al. (1978). **The new Oxford illustrated dictionary**. Tokyo: Oxford University Press.

Cuff, William A. (1976). Middle schools on the march. **The Bulletin of the NASSP.**

Cumbria Education Committee. (1981). **General information for parents: 1982/83 academic year.** Cumbria: Cumbria Country Council.

Department of Education and Science (1988). **School governors: a new role.** London: HMSO.

Department of Education and Science (1988). **Education reform act 1988.** London: HMSO.

Department of Education and Science (1992). **School governors: a guide to the law.** London: DES.

Douglass, Harl R. (1952). **Secondary education for life adjustment of American youth.** New York: The Ronald Press Company.

Duet, C. P., et al. (1976). Trends in legislating curriculum. **Educational leadership,** vol.33, no.6, March.

Dusek, J. B. (1987), **Adolescent development and behavior.** Englewood Cliffs, NJ: Prentice-Hall.

Dumas. Wayne. and William B. Lee. (1978). **Social studies in West German schools.** Columbia: University of Missouri Press.

Educational Policies Commission, National Education Association. (1938). **The purposes of education in American democracy.** Washington: NEA.

Evans, K. (1975). **The development and structure of the English educational system.** London: University of London Press.

Faber, Charles F. & Shearon, G. F. (1970). **Elementary school administration.** New York: Holt, Rinehart and Winston, Inc.

Fantini, Mario. (1973). Alternatives within public schools. **Phi Delta Kappan,** vol.54, no.7, March.

Fenwich, I. G. K. (1976). **The comprehensive school 1944−1970-the politics of secondary school reorganization.** London: Methuen & Company.

Fraser, W. R. (1973). **Education and society in modern France**. London: Routledge & Kegan Paul.

Frissen, David, et al. (1980). **Educational administration: a comparative view**. Edmonton, Canada: Department of Educational Administration, The University of Alberta.

Fuhr, C. (1989). **Schools and institutions of higher education in the federal republic of Germany**. Bonn: Inter Nations.

Gebbons. Maurice(1976). **The new secondary school education**. Blooming-ton, Indiana: Phi Delta Kappan , Inc.

Goldstein, A. P., et al. (1989). **Reducing delinquency: intervention in the community**. New York: Pergamon Press.

Good, C. V. (1959). **Dictionary of education** (2nd ed.). New York: McGraw-Hill.

Graubard, Allen(1972). The free school movement, **Harvard Education Re-view**, vol.42, no.3.

Guenther, John & Ridgeway, R. (1976). Mini-course: one way to provide more humanistic school program. **NASSP Bulletin**, vol.60, no.399.

Hahn, Robert O. and Bidna, David B. (1970). **Secondary education: origins and directives**. London: Collier-Macmillan, Limited.

Halls, W. D. (1976). **Education, culture and politics in modern France**. Oxford: Pergamon Press.

Hearnden, Arthur (1976). **Education, culture, and politics in West Germany**. Oxford: Pergamon Press.

Hopkins, J. R. (1983). **Adolescence: the transitional years**. New York: Academic Press.

Inglis, Alexander (1918). **Principles of secondary education**. Boston: Houghton Mifflin Company.

Jones, James J., et al. (1969). **Secondary school administration**. New York:

McGraw-Hill Cook Company.

Jones, J. Q. (1975). Advanced placement-taking a hard look. **NASSP Bull-etin,** v.29, no.393.

Kindred, L. W. (1963). **School public relations.** Englewood Cliffs, NJ: Prentice-Hall.

Kindered, Leslie W., et al. (1976). **The middle school curriculum.** Boston: Allyn & Bacon.

King, Edmund J. (1979). **Other schools and ours.** London: Billing & Sons Limited.

King, R. (1973). The head teacher and his authority. **Decision Making in British Education,** London: Heinemann Educational Books Ltd.

Knezevich, S. J. (1975). **Administration of public education,** 3rd Ed. New York: Harper & Row, Publisher.

Kobayash, Tetsuya. (1976). **Society, schools, and progress in Japan,** Oxford: Pergamon Press.

Krathwohl, David R., et al. (1964). **Taxonomy of educational objectives-the classification of education goals, Handbook II: affective domain.** New York: David Mckay, Company, Inc.

Lawton, Denis. (1980). **The politics of the school curriculum,** London: Routledge & Kegan Paul.

Lewis, H. D. (1978). **The French education system.** London: Croom Helm.

Lipham, James M. & Hoeh, James A., Jr. (1974). **The principalship: foundations and functions.** New York: Happer & Row, Publishers.

Mackinnon, D., et al. (1995). **Education in the UK: facts & figures.** London: Hodder & Stoughton.

Miller, V., et al. (1972). **The public administration of American school system** (2nd ed.). New York: The Macmillan.

Ministry of Education, Science and Culture (1979). **Development of educa-**

tion in Japan 1976—1978. Japan: The Ministry of Education. Science and Culture.

National Association of Secondary School Principals (1944). **Planning for American youth**. Washington: NEA.

National Center for Education Statistics, US Department of Education (1989). **Digest of education statistics**. Washington, D.C.: U.S. Government Printing Office.

National Commission on the Reform of Secondary Education (1973). **The reform of secondary education**. New York: McGraw-Hill.

NASSP. (1973). More options: alternative to conventional school. **Curriculum Report**, vol.2, no.3.

NASSP. (1975a). Community service: on path to learning. **Curriculum Report**, vol.4, no.5.

NASSP. (1975b). Early graduation. **The Practitioner**, vol.2, no.1.

NASSP. (1975c). College courses: a twelfth grade option. **Curriculum Report**, vol.5, no.2.

NASSP. (1975d). On studying futures. **Curriculum Report**, vol.7, no.4.

NASSP. (1976a). Schools within schools. **The Practitioner**, vol.3, no.31.

NASSP. (1976b). Intensive education-structuring time for in-depth study. **The Practitioner**, vol.111, no.2.

Newcombe, N, (1977). **Europe at School**. London: Methuen & Co.

Newman, B. m. & Newman, P. R. (1986). **Adolescent development**. Columbus, Ohio: Merrill Publishing Co.

Organization for Economic Co-operation and Development (1976). **Beyond compulsory schools: options and changes in upper secondary education**. Paris: OECD.

Page, G. T. & Thomas, J. B. (1978). **International dictionary of education**. London: The English Language Book Society and Kogan Page.

Pautler, Emmanuelle (1981). The links between secondary and higher education in France, **European Journal of Education**, vol.16, No.2.

Raubinger, F. M. (1974). **Leadership in secondary school**. Columbus, Ohio: Charles E. Merrill Publishing Company.

Raubinger, F. M., et al (1969). **The development of secondary education**. London: Collier-Macmillan Ltd.

Resink, H. s. (1972). High school with no walls it's happening in philadelphia. **The Regeneration of school**. New York: Holt, Rinehart and Winston.

Secretariat of the Standing Conference of Ministers of Education and Cultural Affairs of the Lander in the Federal Republic of Germany (1979). **Federal republic of Germany education development, 1976−1978**. Bonn: The Secretariat.

Slavin, R. E. (1991). **Educational psychology**. Englewood Cliffs, NJ: Prentice-Hall.

Selman, R. L. (1980). **The growth of interpersonal understanding: development and clinical analysis**. New York: Academic Press.

Sinclair, J., et al. (1991). **Collins Cobuild English Language Dictionary**. London: Collins Publisher.

Schultz, T. W. (1961). Investment in human capital. **American Economic Review**, vol.51.

Shertzer, B. & Stone, S. C. (1981). **Fundamentals of guidance**. Boston: Houghton Mifflin.

Smith, V. H. (1973). Option in public education: the quiet evolution. **Phi Delta Kappan**. Vol.54, no.7.

Smith, V. H. (1976). Alternatives in secondary education. **NASSP Bulletin**, vol.60, no.400.

Shertzerand, Bruce & Stone, Shelley C. (1973). **Fundamentals of guidance**. Boston: Houghton Miffin.

Southern States Cooperative Program in Educational Administration. (1975). **Better teaching in school administration**. Nashville: George Peabody College for Teachers.

Spencer, H. (1900). **Education**. New York: D. Appleton & Co.

Sumption, M. R. & Engstrom, Y. (1966). **School-community relations-A new approach**. New York: McGraw-Hill.

Taba, Hilda (1962). **Curriculum development theory and practice**. New York: Harcourt, Brace & World, Inc.

Tanner, Daniel (1972). **Secondary education: perspectives and prospects**. New York: The Macmillan Company.

The National Commission on the Reform of Secondary Education (1973). **The reform of secondary education**. New York: McGraw-Hill Book Company.

Til, William Van (1978). **Secondary education: school and community**. Boston: Houghton Mifflin Company.

Tomlison, J. (1993). **The control of education**. London: Cassell.

Tyler W. R. (1950). **Basic Principles of Curriculum Development**. Chicago: University of Chicago Press.

UNESCO. (1961). **World servey of education : secondary education**. Paris: UNESCO.

UNESCO. (1971). **World servey of education : education policy, legislature and administration**. Paris: UNESCO.

U.S. Department of Education (1993a). **Digest of education statistics**. Washington, D.C.: US Government Printing Office.

U.S. Department of Education (1993b). **Directory of public elementary and secondary education agencies, 1991–1992**. Washington, D.C.: US Government Printing Office.

Walsh. J. E. (1964). **Education and political power**. New York: The Center for Applied Research in Education Inc.

Wiles, J. (1976). **Planning guildlines for middle school education**, US: Kendall & Hunt Publishing Co.

Wright, G. S. and Greer, E. S. (1963). **The junior high school**. Washington, D.C.: U.S. Department of Education, and Welfare.

Wrightsone, J. W. (1968). Ability grouping and the averge child, **National Educational Association Journal**.

Wyoming State Department of Education (1981). **The Wyoming education code of 1969 as amended**. Cheyenne: Wyoming State Department of Education.

國家圖書館出版品預行編目資料

中等教育:理論與實際／謝文全著.
—五版.—臺北市：五南，民90
面； 公分.
ＩＳＢＮ 978-957-11-2544-2（平裝）
1.中等教育
524　　　　　9001113

1137
中等教育:理論與實際

作　　者 — 謝文全(396)
發 行 人 — 楊榮川
總 編 輯 — 王翠華
主　　編 — 陳念祖
編　　輯 — 李敏華
出 版 者 — 五南圖書出版股份有限公司
地　　址：106台北市大安區和平東路二段339號4樓
電　　話：(02)2705-5066　傳　　真：(02)2706-6100
網　　址：http://www.wunan.com.tw
電子郵件：wunan@wunan.com.tw
劃撥帳號：01068953
戶　　名：五南圖書出版股份有限公司
法律顧問　林勝安律師事務所　林勝安律師
出版日期　1996年 8 月初版一刷
　　　　　1997年 3 月二版一刷
　　　　　1997年12月三版一刷
　　　　　1999年 3 月四版一刷
　　　　　2001年 7 月五版一刷
　　　　　2017年 3 月五版七刷
定　　價　新臺幣550元